KB244278

모더니즘의 심연을 건너는 시적 여정

The Poetic Journey Crossing the Abyss of Modernism

지극히 시시한 이 발견을 웃지 마라
비로소 충만한 이 韓國文學史를 웃지 마라
저들의 고요한 숨길을 웃지 마라
저들의 무서운 放蕩을 웃지 마라
이 무서운 浪費의 아들들을 웃지 마라

—김수영, 「이 韓國文學史」

일찍이 김수영이 예의 그 냉소와 열광이 어우러진 목소리로 현대문학사의 숨은 순교자들을 호명했을 때, 그는 덤핑출판사의 이십 원짜리 원고를 번역해야 하는 자신의 불우를 슬퍼했을 것이다. 그러나 선배 문인들처럼 사재를 털어 문학에 헌신하지도 못하고, 거지짓을 하면서까지 시쓰기에 골몰하지도 못했던 그는 그 부끄러움의 고백을 통해 선배들의 소명과 헌신이 일구어낸 '광휘에 찬 신현대문학사'를 발견하였다. 자신의 비굴과 누추한 삶을 고백함으로써 우리 문학사의 곤궁함을 자신의 운명으로 겪어낸 것이리라.

이 책에서 나는 현대사의 굴곡 속에 시적 언어를 새겨 넣었던 선배 시인들의 궤적을 탐색하고자 하였다. 그것은 불우와 환멸의 시간으로 점철된 우리 문학사의 흔적을 따라가서 마침내 그 광휘의 지점에 닿고자 하는 욕망에서 촉발된 작업이었다. 박인환과 김수영·김춘수 등 서로 다른 언어적 호흡과 색채를 지닌 시인들이 함께 묶여질 수 있었던 것은 근대의 시간을 관통해가고자 했던 이들의 시적 운명의 공통성 때문일 터이다. 이들의 시쓰기는 서구의 문명사적 포획 앞에서 비서구 시인들이 감당해야 할 피로와 고투 그리고 고독한 운명의 도정이었다. 그리하여 이 시인들이 살다간 궤적은 그 자체로 숨 쉬는 하나의 거대한 텍스트였으며, 그 호흡의 가파름 앞에서 나는 늘 아득하였다. 나의 작업은 '방탕'과 '낭비'로 타오르는 텍스트의 언저리를 배회한 기록일 뿐 그들의 근본적인 열정을 관통하지 못하였음을 깨닫는다.

이 책의 1부는 근대성의 자장 내에서 시간의식과 시쓰기의 실천이 갖는 의미를 탐색한 글이며, 2부는 김수영의 시를 중심으로 하여 박인환과 신동엽의 시를 각각 비교 검토한 글들이다. 다시 읽어보니, 이들은 앞의 글과 겹쳐지면서도 관점과 시각에서 미묘하게 어긋나는 차이를 드러내고 있었다. 이러한 결절과 틈새는 각각의 글이 쓰인 시간의 차이에서 비롯되는 것이며, 이는 미흡하나마 시사의 어두운 행간을 더듬어간 나의 사유의 변모를 보여주는 것이라 생각하여 애써 수정하지는 않았다. 늘 부족하고 목마른 길 위에 선 내게 배려와 사랑을 아끼지 않으신 많은 분들께 이 자리를 빌려 고개 숙인다.

고백하노니 한국문학사의 미로를 더듬어오면서 나를 고통스럽게 한 것은, 김수영이 무서운 낭비와 방탕이라 이름 한 그 열정의 결핍이었다.

비천한 자본의 시대를 살다간 그의 고통과 환멸은, 열정도 곤궁함도 없이 문학을 공부하려는 나의 부끄러움이기도 할 터, 이 무감한 시대를 뚫고 나가기 위해서는 더 많은 고통과 열정이 요구되리라.

2006년 10월
이기성

1 부

1950년대 모더니즘 시의 시간의식과 시쓰기

제1장 상실의 언어와 1950년대의 시적 출발

1. 문제제기 및 연구사 검토

우리 시사에서 1950년대는 전쟁이라는 정치적 사회적 격절로 인해 문학 주체들이 급격한 의식의 단절과 굴절을 경험하는 시기로 파악된다. 한국전쟁은 세계 자본주의의 전개 과정에 내재된 모순의 폭발점이며, 동시에 근대이성의 이면에 숨겨진 광기가 폭력적으로 분출된 사건이었다.1) 이러한 전쟁의 폭발력은 세계와 주체를 동시에 무화시키는 재

---

1) 한국전쟁은 일제 식민지 이후 해방기를 거치면서 지속되어 온 근대적 국가 건설을 둘러싼 이념적 대립의 연장이며, 한반도에서 미소의 분할 점령으로 구체화된 세계적 냉전 구조의 귀결이다. 권력 투쟁이자 정치적 이념의 대결로 드러나는 전쟁의 이면에는, 국제자본주의 질서의 재편이라는 자본주의적 근대의 원리가 내재되어 있으며, 이런 점에서 전쟁의 체험은 근대성의 완성이라는 길로 나가야 할 필요성과, 동시에 근대성의 한계를 동시에 감수해야 했던 당시의 모순적 상황을 드러내준 사건이라 하겠다.

난의 체험으로 시인들에게 각인되었다. 전쟁이 가져온 죽음과 공포의
현실, 그 속에서 주체가 감지하는 불안과 혼돈은 세계의 황폐화에 필적
하는 내면의 상실이라는 문제를 낳는다.[2] 이 점은 이 시기를 지배하는
실존적 위기의식과 깊숙하게 연관되어 있다.[3] 따라서 1950년대 시의 특
성을 이해하기 위해서는 근대성의 파탄에 대한 체험과 그로 인한 위기
의식의 심화라는 문제에 주목할 필요가 있다.

전후 카오스적 상황에서 시인이 어떻게 자기 위상을 확립해가는가
하는 문제는 1950년대 시사를 관통하는 중요한 문제이다. 당대의 비평
가인 고석규·최일수·이봉래 등에 의해 이루어진 모더니티에 관한 논
의들은 전후의 위기와 불안의식을 해명하고, 세계에 대한 비판적 성찰
을 통해 새로운 주체성을 모색하려는 작업이었다. 이들의 논의에서 공
통적으로 확인되는 것은 실존의 불안과 위기의식을 주체가 놓인 조건으
로 파악하고, 주체의 회복을 통해서 모더니티를 확립할 것을 주장하고
있다는 점이다.[4] 이런 점에서 전후 시쓰기의 출발점은 파탄된 주체의
회복이라는 미학적 실천의 문제에 놓여 있었다고 하겠다.

한편 현실적 준거로 작용하는 모든 가치와 신념 체계가 붕괴되는 상
황에 놓인 시인들에게 현실은 파편화되고 단절된 시간으로 인식된다.
이러한 시간적 파탄은 자기 반성적 준거를 상실한 주체들에게 끊임없는
불안과 자기 해체의 위기로 감지된다. 이러한 의식의 균열을 극복하기
위한 질서의 모색은 결국 파편화된 주체에게 경험적 통일성을 부여할

김동춘, 『전쟁과 사회』, 돌베개, 2000, 46~47면.

2) R. N. 마이어, 장남준 역, 『세계상실의 문학』, 홍성사, 1981, 96면.

3) 1950년대 시에서 실존의식은 모더니즘을 구성하는 내적 계기로 작용한다. 따라서 전
후의 실존의식은 역사적 사조로서의 실존주의에 국한되지 않고, 근대적 세계의 위기
와 불안의식을 드러내는 포괄적인 의미로 사용된다. 모더니즘과 실존주의적 세계관에
대해서는 김욱동, 『모더니즘과 포스트모더니즘』, 현암사, 1992, 76~80면 참조.

4) 고석규, 「이상과 모더니즘」, 「비평가의 교양—모더니티를 위한 탐색」, 『사상계』, 1958.7;
이봉래, 「한국의 모더니즘」, 『현대문학』, 1956.4; 최일수, 「모더니즘 백서」, 『자유문학』,
1959.2.

수 있는 시간적 연속성과 통일성을 확보하는 문제로 환언된다. 그리하여 1950년대의 시쓰기는 이 파탄된 시간에 대한 대응 지점에 자신의 준거를 마련하고, 세계와의 관계 속에서 실천적 행위를 기획할 수 있는 새로운 시간을 모색해 나간다.[5] 파탄된 현실의 체험과 시간의식의 굴절은 1950년대 모더니즘 시인들이 공유하는 인식론적 상수로서, 이 지점으로부터 갈라져 가는 다양한 시간의식의 차이는 이들의 시쓰기를 이끌어가는 바탕을 이루게 된다. 이 글의 목적은 전후 시인들의 시간의식을 통해, 이들의 시적 사유의 기반을 이루고 있는 내면풍경을 탐구하는 것이다. 이러한 과정은 전후라는 시대적 장(場) 속에서 모더니즘 시의 미학적 인식이 구축되어 가는 내적 과정을 밝혀보는 작업이기도 하다.

앞서 말했듯이 우리 시사에서 1950년대는 해방 이후 이념의 좌절과 전쟁이라는 재난이 가져온 상실의 체험으로 인해 급격한 굴절을 겪는 시기로 파악되어 왔다.[6] 그럼에도 불구하고 시사적 관점에서 접근한 초기 연구에서는 1950년대의 의미를 해방과 4·19라는 역사적 마디를 매개하는 과도기에 한정함으로써 이 시기의 고유한 의미와 미학적 특질을 부각시키지 못하였다.[7] 한편 비교적 최근에 이루어진, 1950년대의 고유한 특성

---

5) 기든스에 의하면 자기 정체성을 구성하기 위해서는 자아-서사(self-narrative)가 전제되는데, 그것은 일기나 자서전을 쓰듯이 자신의 전기를 구성함으로써 시간적 연속성 속에서 정체성을 구성하는 것을 말한다. 즉 자아-서사는 자신의 현재를 있게 한 근원으로서의 과거를 시간적 흐름 속에서 파악하는 것, 다시 말해 시간에 대한 통일적 인식과 시간의 흐름 속에서 자기 연속성을 구축하는 것이다(A. 기든스, 권기돈 역, 『현대성과 자아정체성』, 새물결, 1997, 145면). 한편 리쾨르는 자서전이나 전기에서처럼 한 개인의 삶을 허구적 역사 또는 역사적 허구로 만드는 과정 속에서 인간적 시간과 정체성의 문제가 연관된다고 본다. 리쾨르에 의하면 인간은 한 생애의 역사를 시간적 연속성 속에서 재구성함으로써 자기 고유의 정체성을 드러내고자 한다. 그는 수미일관한 시간 구조에 근거하여 구성되는 정체성을 '서사적 정체성'이라 명명한다(김한식, 「시간, 이야기, 그리고 존재의 시학」, 『현대비평과 이론』 9호, 1995).
6) 김재홍은 전후문학의 범위를 해방공간에서 1960년대까지로 확장하고, 전쟁에 대한 응전의 양상을 통해서 이 시기 문학의 의미를 밝혀냈다. 그러나 그는 전쟁의 의미를 지나치게 부각시킴으로써 1950년대 시 내부에서 다양하게 변주되는 의식의 분화와 미학적 특질들에 주목하지 못하였다. 『한국전쟁과 현대시의 응전력』, 평민사, 1978.

에 초점을 맞춘 연구들은 주로 당대의 지배적 흐름이었던 모더니즘에 집중되어 왔다. 1950년대 모더니즘 시에 관한 연구는 일차적으로 1930년대 모더니즘과의 연속성을 찾아내려는 작업으로 진행되었다. 1930년대의 연장선상에서 1950년대 모더니즘을 평가하는 경향은 비교적 최근에 이르기까지 이 시기를 바라보는 지배적인 관점이 되어 왔다. 계보학적 연관성에 주목한 이러한 연구들은 모더니즘의 시사적 흐름을 탐색한다는 점에서 의미를 지닌다. 그러나 이런 논의에서는 각각의 시기가 기반하고 있는 특수한 정황이 고려되지 못함으로써 1950년대 모더니즘의 독자적 미학과 시사적 의미가 제대로 드러나지 못하였다. 뿐만 아니라, 이러한 연구는 1950년대 모더니즘과 1960년대 이후의 시적 흐름과의 연관성을 밝혀내는 데 주목하지 않음으로써, 이 시기의 시사적 의미를 상대적으로 축소시키는 결과를 낳기도 하였다.

근래에 1950년대 시의 의미를 새롭게 검토할 필요가 있다는 문제의식이 제기되면서 이 시기에 대한 연구자들의 관심도 높아지고 있다. 특히 1950년대 모더니즘 시에서 『후반기』 동인의 시가 갖는 중요성에 대해서 많은 관심이 모아졌다. 오세영은 1950년대 모더니즘 시의 중요한 흐름을 『후반기』 동인에서 찾고, 이들 동인의 구성과 그 결성 과정을 고찰하였다. 그는 1950년대 모더니즘운동이 해방 이후의 문학적 공백기에 전대 모더니즘과 1960년대 모더니즘을 이어주는 우리 시의 교량역할을 하였다는 점, 모더니즘이 자신의 미학적 입장을 표명한 집단적 문학이었다는 점에 주목하고 있다.8) 윤정룡·이광수 등은 한국 모더니즘운동의 위상에 대한 평가가 서구 중심적 태도에서 벗어나지 못했다는 점, 1930년대와 1950년대 모더니즘을 동일선상에서 파악해온 점에 문제를 제기하면

---

7) 김현·김윤식, 『한국문학사』, 민음사, 1973; 김윤식, 『한국현대문학사』, 일지사, 1976; 김윤식, 『해방공간의 문학사론』, 서울대 출판부, 1989; 권영민, 『한국현대문학사』, 민음사, 1993; 정한모, 「광복 30년의 한국시 개관」, 『심상』, 1975.8.
8) 오세영, 「후반기동인의 시사적 위치」, 『20세기 한국시 연구』, 새문사, 1989.

서 '새로이 형성된' 것으로서의 1950년대 모더니즘의 특성을 규명하고자 한다.9) 이들은 모더니즘을 변화와 진보의 의지를 담은 정신으로 이해할 필요가 있다는 전제에서 1950년대 모더니즘의 독자적 의미를 밝혀내고 그 시사적 의미를 새롭게 조망하고자 하였다. 주지하듯 1950년대 시의 출발은 1940년대 후반에 등장한 신세대 모더니스트들에 의해 주도적으로 전개되어 간다. 이들은 1930년대 모더니즘과 당대의 전통시인들에 대한 부정을 통해서 자신의 위치를 정립하고자 하였다. 이렇게 볼 때, 좌익 문인들의 월북으로 인한 이념적 공백을, 모더니즘운동이 표방하는 새로운 문학이념을 통해서 대치하고자 한 시인들, 즉『신시론』·『후반기』동인들의 시사적 비중은 결코 가벼운 것은 아니다. 그럼에도 불구하고 '후반기'의 모더니즘이 1950년대 시사 전체를 포괄할 수 없다는 점, 그리고 이들의 실패를 1950년대 모더니즘 전체의 공과로 환원시킬 수 없다는 점은 여전히 문제로 남는다.

한편 전후시의 인식적 패러다임을 설정하고 그 내부에서 분화되는 다양한 양상을 살펴봄으로써, 1950년대 시의 미학적 특질과 의미를 조망하고자 한 연구도 있다.10) 한계전은 박인환·김수영·김춘수·김종삼을 모더니즘의 범주에 포함시키고, 전후 모더니즘 시의 기저에 깔린 실존의식을 통해 이들의 인식적 특질을 밝히고 있다.11) 조영복은 전쟁을 전후시기의 원체험으로 보고, 전쟁 체험과 실존의식이 텍스트 내에서 의미화되는 과정을 조명하고 있다. 류순태는 모더니즘 시를 모더니티의 위기에 적극적으로 대응하고자 하는 시들로 정의하면서, 1950년대 모더니즘 시

---

9) 윤정룡, 「1950년대 한국모더니즘 시 연구」, 서울대 박사논문, 1992; 이광수, 「1950년대 모더니즘 시 연구」, 고려대 박사논문, 1995.

10) 조영복, 「1950년대 모더니즘 시에 있어서의 '내적 체험'의 기호화 연구」, 서울대 석사논문, 1992; 정구향, 「한국 모더니즘 시의 비교연구」, 건국대 박사논문, 1993; 이승훈, 「1950년대 우리시의 모더니즘」, 『현대시사상』, 1995년 가을; 남기혁, 「1950년대 시의 전통지향성 연구」, 서울대 박사논문, 1998; 박윤우, 『한국현대시와 비판정신』, 국학자료원, 1999; 금동철, 『한국현대시의 수사학』, 국학자료원, 2001.

11) 한계전, 「전후시의 모더니즘적 특성과 그 가능성」, 『시와 시학』, 1991년 봄~여름.

가 놓인 좌표를, 억압 체계로 전화한 근대성에 대응해가야 하는 시대적 과제와 1930년대 모더니즘 시에 대응하는 새로운 미학을 정립해야 하는 시사적 과제로 설정하고 있다. 류순태의 논문은 모더니즘 시의 자기 인식을 주체와 현실의 실재성 추구 과정을 통해서 살펴봄으로써 1950년대 시의 인식적 측면을 깊이 있게 고찰한다는 점에 의미가 있다. 전후의 혼란 속에서 질서의 회복과 주체 정립의 문제가 중요한 문제로 제기됨을 고려할 때, 근대성의 위기에 대한 대응 양태로서의 주체 구성의 문제를 살펴보는 그의 작업은, 이 시기의 문학적 특질을 규명하는 데 유효한 문제를 제기하고 있다고 하겠다. 그러나 모더니즘 시의 시각적 표상에 논의가 국한됨으로써, 시인들의 인식 구조와 미적 특질을 역동적으로 드러내지 못한 아쉬움이 있다. 이상의 연구들은 1950년대를 1960년대 시의 본격적인 개화를 위한 과도기 정도로만 파악했던 기존의 관점에서 벗어나, 전대의 미학과 비교되는 1950년대 시의 독자적 의의를 부각시킴으로써 시사적 의미를 새롭게 조명하고 있다는 점에서 의의를 지닌다고 하겠다.

한편 송기한은 시간의식의 양상을 통해서 1950년대 시의 특질을 분석함으로써 미적 근대성의 문제를 탐구한다.[12] 그는 전통서정시로 대변되는 서정주와, 모더니즘 시인으로 박인환·전봉건 등의 시간의식을 대비적으로 고찰하면서 1950년대 시의 시간의식이 보여주는 특성을 깊이 있게 고찰하고 있다. 그러나 그의 연구는 전통 지향의 시와 모더니즘 시의 대립적 구도에 초점을 두었으므로, 모더니즘 시인들 간의 비교가 깊이 있게 이루어지지는 않았다. 또 시사의 연속성의 문제를 놓고 볼 때, 1960년대 이후 주요한 시적 흐름을 이어가는 김춘수와 김수영에 관한 논의가 배제되어, 1950년대의 시적 구도가 포괄적으로 드러나지 못한 아쉬움이 있다. 이밖에도 모더니즘 시에서 시간성을 논의한 남진우

---

12) 송기한, 『한국 전후시의 시간의식』, 태학사, 1996.

의 논문이 주목된다.[13) 그는 김수영과 김종삼을 비교 대상으로 삼아 근
대적 시간에 대응하는 양자의 미학적 차이를 조명하고 있다. 근대성의
위기에 대응하는 미학적 순간의 응전력을 상상적 도정과 귀향적 도정으
로 나누어 비교하고 있는 이 논문은, 모더니즘 시의 시간의식에 대한
논의를 심화하고 있다는 점에서 의미를 찾을 수 있다. 이상의 연구는
당대의 모더니즘 시를 현재적 관점에서 다양한 각도로 재해석하고, 미
학적 의미를 새롭게 조명했다는 점에서 1950년대의 시사적 의미를 풍요
롭게 하는 데 기여한 것으로 보인다.[14)

그러나 일련의 연구 작업에도 불구하고 1950년대 모더니즘 시는 자
신을 끊임없이 따라다니는 편견과 추문들, 예를 들면 모더니즘의 포즈
만을 드러냄으로써 서구적 모더니즘을 표피적으로 수용하는 데 그쳤으
며, 모더니즘 특유의 세계관을 확보하는 데 실패했다는 지적 등에서 크
게 벗어나지 못하고 있는 것처럼 보인다. 문제는 이러한 논의와 평가의

---

13) 남진우,『미적 근대성과 순간의 시학』, 소명출판, 2001.
14) 전후 문학에 대한 관심이 전면화되면서, 1950년대 시 전반을 다룬 연구들이 다수 진
   행되어 왔다. 이들 연구는 개별 시인들의 시세계를 세부적으로 조명함으로써, 1960년
   대 이후 이들의 시세계가 보여주는 변모의 초기적 징후를 1950년대의 시를 통해서 밝
   혀내고 있다(문학사와비평연구회,『1950년대 문학연구』, 예하, 1991; 한국문학연구회,
   『1950년대 남북한 문학』, 평민사, 1991; 조남현,『한국현대소설의 해부』, 문예출판사,
   1993; 송하춘·이남호 편,『1950년대 시인들』, 나남, 1994; 구인환 외,『한국전후문학연
   구』, 삼지원, 1995). 한편 1950년대 시의 현대적 성격을 규명하기 위한 논의들로 허무
   의식, 부재, 실존의식과 같은 내면의식을 통해서 이 시기의 시적 특질을 규명해 보려
   는 연구들이 있다(문혜원,「전후 한국모더니즘 성격규명을 위한 시론」,『관악어문연
   구』16집, 1991; 하희정,「1950년대 시에 나타난 '부재의식'의 형상화 양상 연구」, 서울
   대 석사논문, 1995). 이밖에 1950년대 모더니즘 시의 타자로서 전통서정시의 세계를 조
   명함으로써, 모더니즘 시를 이해하는 데 새로운 측면을 제기한 연구(남기혁, 앞의 논
   문, 1998). 외국의 문학이론의 수용 양상을 통한 비교연구(최혜실,「실존주의 문학론」,
   『한국전후문학연구』, 삼지원, 1995; 김형자,「뉴크리티시즘의 한국적 수용양상」, 같은
   책) 등이 있다. 또한 북한문학에 대한 관심이 고조되면서 북한문학사까지 포괄적으로
   다룬 연구들도 다수 등장하고 있다(한형구,「1950년대 한국시」; 김재홍,「6·25와 한국
   문학」,『시와진실』, 이우, 1981; 한국현대문학연구회,『한국의 전후문학』, 태학사, 1990;
   편집부,『한국전후문학의 형성과 전개』, 태학사, 1993; 이지엽,『한국전후시연구』, 태학
   사, 1997).

밑바탕에는 모더니즘을 특정 유파나 집단운동의 차원으로만 국한시키는 관점이 놓여 있다는 사실에 있다. 서구의 모더니즘 개념을 중심으로 놓고 여기서 파생된 수용과 영향의 관점에서 우리의 시를 파악할 때, 이 시기의 모더니즘은 기법이나 수사학적 측면에 긴박된 채, 근대성에 대한 피상적 인식만을 보여주는 불구의 모더니즘이라는 굴레를 피할 수 없게 되는 것이다.[15] 특히 모더니즘의 실패의 주요한 요인으로 근대의 물질적 기반의 허약성, 이른바 식민지 근대의 비정상성이 지적될 때, 이러한 문제는 1950년대 모더니즘에만 국한되는 것이 아니라, 1930년대 모더니즘에서 최근의 근대성 논의에 이르기까지 우리 시사의 전반을 관통하는 중요한 화두로 제기된다.

이렇듯 서구의 모더니즘을 전범으로 삼는 비평적 시각은, 선험적으로 주어진 보편의 모더니즘을 상정하게 됨으로써, 모더니즘의 개념을 단일하게 규정하고 추상화하는 관점에서 벗어나기 어렵게 된다. 그러므로 우리의 모더니즘에 따라붙는 지루한 편견에서 벗어나기 위해서는, 서구 자본주의 발전 과정에서 다양하게 전개되어 온 모더니즘이 식민지 근대라는 왜곡된 토대에 놓인 우리의 시적 현실에서 어떠한 생산적인 함의를 가지게 되는가 하는 점에 물음을 던져야 할 것이다.[16] 즉 모더니즘을 외부로부터 주어진 역사적 범주로서가 아니라, 현실적 맥락 속에서 새롭게 구성되어 가는 역동적인 개념으로 이해할 필요가 있다.[17] 이렇

---

15) 모더니즘을 집단운동의 관점에서 바라볼 때, 우리 시사에서 운동으로서의 모더니즘은 1950년대 이후에는 종결된 것으로 파악된다. 또한 1960년대 이후의 소위 순수／참여의 대립적 구도 속에서, 모더니즘은 리얼리즘과 대타적인 의미로 이해되어 '순수'문학의 동의어로 굳어지게 된다. 이러한 관점들은 결과적으로 모더니즘의 인식적 역동성을 사상시킬 우려가 있다.

16) 윤정룡은 서구에서도 모더니즘의 역사는 철학적 사유의 변화와 함께 진행되었으며, 세계에 대한 물음이 정신이나 의식, 상상력에 대한 물음으로 바뀌는 인식론적 전환이 이루어져 왔다고 본다. 윤정룡, 「1950년대 한국 모더니즘 시 연구」, 서울대 박사논문, 1992, 9면 참조.

17) 채호석, 「지금 우리에게 모더니즘이란 무엇인가」, 『20세기 한국문학의 반성과 쟁점』, 소명출판, 1999, 140～145면 참조.

게 제도화되고 규범화된 범주로서의 모더니즘으로부터 자유로워질 때 근대성의 위기를 성찰하는 미적 원리로서 모더니즘 문학이 가진 생산적 가능성에 주목할 수 있게 될 것이다.[18] 이러한 관점을 통해서, 주체를 규율하는 상징체계에 대한 상상적 동일화를 전복하고 해체하려는 '방해의 미학'으로서의 모더니즘의 역동성이 활성화될 수 있다.[19]

이런 점을 염두에 두고, 이 글에서는 근대성에 대응하는 시인의 내적 인식을 통해 전후 모더니즘의 시쓰기가 의미화되는 양상을 살펴보고자 한다. 이러한 작업을 위해서는 모더니즘의 기법이나 수사학적 관점에 국한되지 않고, 텍스트를 구축하는 인식적 미학적 특질과 시쓰기를 이끌어가는 시인들의 자의식의 문제까지를 포괄적으로 살펴볼 필요가 있다. 주지하듯 1950년대 모더니즘은 전쟁으로 인한 의식의 굴절과 파탄 위에 성립되었으며, 이 시기 시인들의 시간의식은 파탄된 근대성에 대한 비판적 의식과 맞물려 있는 것이다. 따라서 각각의 시인들이 보여주

---

18) 근대(modern)는 넓은 의미로는 중세 이후의 역사적 시기를 가리키는 시대 구분의 개념으로 쓰이며, 특히 근대 자본주의 발전의 전개 과정에 따라 근대(자본주의) / 현대(제국주의) / 탈현대(산업자본주의) 등으로 구분하여 사용되기도 한다. 18세기 계몽사상에 의해 촉발된 근대성의 철학적인 이념들은 이성적인 주체, 주체의 인식에 의해 재현될 수 있는 실재, 실재를 구성하는 본질적인 법칙, 그리고 그 합목적적인 진보성에 대한 신념으로 특징지어진다(윤평중, 「탈현대 논쟁의 철학적 조망」, 『세계의 문학』, 1991년 가을, 247면). 한편 근대성 혹은 현대성의 개념은 철학적 담론에 국한되지 않고, 역사적으로 독특한 사회문화적 현상의 복합체를 가리키는 의미로도 쓰인다. A. 기든스는 '모더니티란 17세기경 유럽에서 시작되어 점차 세계적으로 영향력을 확대하고 있는 사회생활이나 조직 양식을 일컫는 것'으로 보고 있으며, 버먼은 '근대성의 경험'을 유럽봉건사회가 파괴되면서 세계 전체로 확대되는 근대화의 보편적인 경험으로 보고, 세계적 규모의 자본주의에 의해서 추동되는 이러한 경험을 인류 전체가 공유하게 되었다고 본다. 모더니티(modernity)는 흔히 근대성, 현대성으로 번역되는데, 이 글에서는 시기의 구분에 중점을 두기보다는 근대적 삶을 규정하는 이념 체계 전반의 특성을 강조하기 위해서 '근대성'으로 번역하기로 한다. 즉 '근대성'의 개념을 근대적 세계에 놓인 주체들이 경험하는 삶의 방식, 나아가 이데올로기적 상징체계를 의미하는 용어로 사용하며, 문맥에 따라서 근대성 담론, 서구적 근대성 혹은 근대적 세계라는 용어로 바꾸어 쓰기로 한다. 또한 부르주아 근대성에 대한 성찰적 범주로서 모더니즘의 인식적 특질과 연관하여 필요에 따라 미적 근대성이라는 개념을 사용할 것이다.
19) A. 아인스테인손, 임옥회 역, 『모더니즘문학론』, 현대미학사, 1996, 275~277면.

는 시간의식은 전후 모더니즘의 시적 원리를 해명해 주는 유의미한 통로가 된다. 또한 1950년대 모더니즘의 미적 실천에 주목하는 것은, 당대의 시적 인식이 이후 1960년대 시인들의 미적 태도 형성에 어떻게 기여했는가를 함께 밝혀내는 과정이 된다는 점에서, 모더니즘의 시사적 의미를 새롭게 규명하는 작업으로서의 의미를 갖게 될 것이다.

2. 연구의 관점과 방향

이 글은 1950년대의 주요 시인인 박인환·김춘수·김수영을 대상으로 하여 진행된다.[20] 주지하듯 세 시인은 모두 해방 후에 등단하여, 전후의 상황을 겪어내면서 각기 상이한 방식으로 자신의 시세계를 펼쳐나갔다. 이들의 시적 출발 지점은 해방과 전쟁이라는 역사적 전환기를 거치면서 우리 모더니즘 시가 새롭게 형성되어 가는 지점과 맞물려 있다. 특히 1950년대라는 동일한 지평에서 뻗어나간 김수영·김춘수의 시적 지향이, 1960년대 이후 시사의 중요한 흐름으로 이어진다는 점에서, 이들이 시적 인식을 공유하던 1950년대는 중요한 검토 대상이 된다. 서구적 근대성에 대한 지향과 좌절을 시쓰기의 바탕으로 삼는 박인환과 근대성에 대한 비판과 부정의 자의식을 기저로 삼는 김수영·김춘수가 담보하고 있는 성찰적 문제의식을 서로 비교해 보는 것은 1950년대 시

---

20) '전후시'라는 개념으로 1950년대 문학 전반을 포괄하는 것은 1950년대 시의 내부에 존재하는 다양한 의미를 드러내지 못할 우려가 있다. 1950년대 시에 대한 연구는 전쟁 체험과의 직·간접적인 연관성을 해명하는 동시에, 그로 인한 위기의식의 심도를 함께 드러내는 작업이어야 한다. 따라서 필자는 1950년대라는 시기 구분을 사용하고자 한다. '1950년대'는 전쟁과 4·19에 이르는 인식적 전환의 시기로서, 시사에 있어서도 이 시기의 미학적 독자성이 변별적으로 의미화될 가치가 있다고 보기 때문이다.

사를 역동적으로 살필 수 있는 작업이 될 것이다.

그간 많은 연구자들이 1950년대 모더니즘의 한계를 지적하면서, 그 극복의 지점을 1960년대 김수영에게서 찾음으로써, 1960년대의 시적 성취에 되비추어 1950년대의 모더니즘의 의미를 평가하기도 했다.21) 그러나 이 시기 모더니즘의 의미를 탐색하기 위해서는 이러한 소급의 방식이 아니라 1950년대 모더니즘을 당대적 관점에서 파악할 필요가 있다. 이 점은 특히 김수영의 경우에도 해당되는 것으로, 그의 시적 변화의 계기를 4·19라는 역사적 격절과 맞물린 것으로 파악하는 대부분의 논의들은 1960년대 시에 비중을 두고 이를 통해서 1950년대의 시를 소급하여 해석하고 있다. 그러나 외적인 단절과 비약 속에서도 한 시인의 시세계는 내적 연속성을 포기하지 않는다는 점을 고려할 필요가 있을 것이다. 이런 점에서 1950년대 시를 연구하기 위해서는, 당대적 관점으로 이들의 시적 출발을 균형 있게 비교해 보는 작업이 요청된다.

박인환은 공공연하게 모더니즘을 표방했다는 차원에서가 아니라, 전후의 본질적 지점이라 할 수 있는 실존적 불안의 감각과 모더니즘을 연관시켜 탐색하고 있다는 점에서 문제적인 시인이라 여겨진다. 그는 전후의 불안과 공포의 체험을 텍스트화함으로써, 여타 모더니즘 시인들과 변별되는 독특한 세계를 보여주었다. 최근 1950년대 모더니즘에 대한 연구가 활성화되면서, 박인환의 시적 세계가 새롭게 조명되고 있기만 아직도 선체적인 변모와 위상이 드러나지 못하고 있음은 안타까운 일이다. 이런 점에서 박인환에 대한 대중적 편견을 벗겨내고, 그의 시에 객관적으로 접근해 볼 필요가 있다. 이와 달리 김수영과 김춘수에 관한 연구는 시사에서 그들이 차지하는 위상에 걸맞게 방대한 축적을 이루고 있다. 그런데 이 시인들에 관한 논의는 주로 1960년대 이후의 시적 성취에 주목한 것이 대부분이다. 김춘수와 김수영은 1960년대 순수／참여의 양대 진영

---

21) 서준섭, 『한국 모더니즘 문학 연구』, 일지사, 1988.

을 대변하는 시인들이다. 이들에 대한 비교 연구가 많은 것은, 두 시인이 보여주는 시적 세계와 기법, 형태의 극단적 차별성에서 비롯된다. 그런데 1960년대 시적 행보에 비추어 김수영과 김춘수의 시를 대립적 구도로만 파악하는 관점은, 그간 우리 시단을 분할해 온 '순수 / 참여'라는 이분적 구도를 도식화시킬 수 있다는 문제점 이외에도, 1960년대 시세계로부터 연역적으로 1950년대 시를 파악하고 재단하는 양상으로 귀결될 수 있다는 점에서 재고되어야 할 것으로 보인다.

이런 점을 염두에 두고, 이 글에서는 1960년대 이후의 시적 전개와 성과로부터 자유롭게, 이 시인들의 시적 출발과 시쓰기를 이끌어가는 인식적 변화의 양상을 살펴보기로 한다. 앞서 말했듯이 이들의 텍스트는 그 자체로 1950년대 시적 의식의 복합적인 양상을 드러내는 징후로 읽힐 수 있다. 따라서 이들의 시쓰기에서 근대성에 대한 지향과 저항의 양식이 보여주는 공통적 자질과 상이함을 비교·분석하는 작업을 통해서 1950년대의 시적 인식을 깊이 있게 살펴볼 수 있을 것이다. 각각 시인들의 텍스트는 고립적인 것으로 존재하는 것이 아니라 유의미한 역학적 관계를 이루고 있으며, 따라서 각 텍스트의 긴장 관계를 통해 1950년대 모더니즘의 의미망이 새롭게 구성될 수 있을 것으로 보인다.

이 글에서는 전후라는 시대적 지평을 공유하는 가운데서도 다양하게 분화되는 시간의식의 특성을 통해 이들의 시세계를 차별짓는 미학적 인식적 특질과 시쓰기의 양상을 살펴볼 것이다. 다음 2장에서는 시간의식에 관한 역사철학적인 논의를 통해서 근대적 시간의 의미를 정리해 본다. 사회문화적 상황을 통해서 근대의 시간의식이 형성되어 가는 과정을 고찰함으로써 근대적 시간이 주체를 지배하는 권력 혹은 이데올로기의 체계로 전화되는 양상이 드러나게 될 것이다. 또한 시간에 관한 철학적의 논의를 정리하면서 근대의 시간이 주체의 초월성을 보장하는 장치로 기능하고 있음을 살펴볼 것이다. 이러한 이론적 논의들은 시간이 근대성의 핵심적인 지배 장치로서 구성되어 가는 양상을 살펴보는 작업으로 수렴된다. 3, 4, 5장에서는 각 시인들의 텍스트에서 드러나는 시간 의식의 구체적인 양상과 특질을 살펴볼 것이다. 각 시인들이 공유하는 시간의식의 특성과 차별성을 통해, 이들의 주체 구성 과정이 텍스트의 내부에서 어떻게 의미화되고 있는지를 규명해 본다. 각 장의 1항에서 먼저 시인들의 해방기 작품들을 중심으로 하여, 이들의 시간의식의 단 초가 형성되는 양상을 조명한다. 초기 시에서 드러나는 시간의식이 전 쟁을 체험하면서 변화되고 굴절되는 양상은 1950년대 시의 인식적 기조 를 이루게 된다. 따라서 해방기와 1950년대의 시간의식의 변화에 초점 을 맞추어, 텍스트를 구성하는 이미지, 어조 등의 시적 장치들과 시간의 식이 결합되어 표출되는 양상을 살펴본다. 특히 공간에 대한 의식과 육 체의 이미지는 이들의 시간의식을 표현하는 중요한 요소로 고찰될 것이 다. 2항은 시간의식이 구조화되는 양상을 구체적인 텍스트 분석을 통하 여 밝히는 과정으로 진행된다. 한 시인의 시간의식이 구조화되는 양상 은 과거, 현재, 미래라는 시간의 층위를 조직하고 구성하는 방식을 통해 서 나타나게 된다. 따라서 각각의 텍스트에 드러나는 시간 해체와 추방, 생성의 의미를 추적하고, 이러한 시간의식이 근대성의 담론에 대응하는 주체의 동일화와 반동일화, 비동일화의 태도로 표출되고 있음을 살펴볼 것이다. 3항에서는 각 항의 분석 과정을 통해 텍스트 내에서 드러나는 주체 구성 양상이 시쓰기의 의미 실현과 연관되는 양상을 고찰한다. 시 간의식을 통해서 나타나는 의식의 변별성은 각 시인들의 시쓰기에 대한 자의식을 규정하는바, 세 시인의 경우 각각 자기 소멸, 자기 보존, 자기 생성이라는 대응 양상으로 구체화되고 있음이 밝혀질 것이다. 6, 7장에 서는 본론의 논의를 요약하면서 각 시인들이 보여주는 시간의식의 특성 을 정리한다. 그리고 1950년대 모더니즘 시에서 근대성에 대한 반성으 로서의 시간의식의 분화가 갖는 의미를 시사적 연관성 속에서 살펴볼 것이다. 이상의 연구는 각 시인들의 텍스트의 미적 특질을 구체적으로 분석함으로써 1950년대 모더니즘의 시적 추구와 그 미학적 성취를 심도

있게 해명하는 과정이 될 것이다. 이러한 논의를 통해서 1950년대 모더
니즘 시의 인식적 근간이 어떻게 형성되고 진행되었으며, 그것이 1960
년대 이후 우리 시사의 흐름에 어떻게 접속되어 가는지를 해명해 볼 수
있을 것이다.

제 2 장

근대적 시간의 형성과 시쓰기의 주체

개인은 자신이 놓인 세계의 변화 속에서 달라지는 삶의 질감을 내면화할 뿐 아니라, 스스로 매순간 변화하는 주체로 살아간다. 따라서 시간에 대한 인식은 개인이 자신을 둘러싼 세계를 이해하는 바탕이 되며, 동시에 개별 주체의 의식을 구성하는 내적인 원리가 된다. 이는 개인이 시간을 경험하는 고유한 방식과 구조가 세계에 대한 대응 방식을 의미화하는 과정과 깊숙하게 연관되어 있다는 것을 의미히는 것이다. 문학 작품에서도 주체가 세계와 맺는 관계 양상은 텍스트 내에서 특수한 시간의식의 양태로 드러난다. 따라서 모더니즘의 시쓰기와 시간의식의 관계를 해명하기 위해서는 근대적 세계를 구성하는 시간적 특성을 고려하고, 이를 통해서 근대의 시간 원리와 시쓰기의 주체가 관계 맺는 양상을 심층적으로 탐구할 필요가 있다. 이를 위해서 먼저 근대의 시간 원리가 어떻게 지배코드로서 사회문화적 규범과 담론을 구성하며 동시에 개별 주체의 내면화에 연루되어 있는가, 그리고 이에 대응하는 주체의

존재 방식이 어떻게 시쓰기의 방법적 원리로 실현되는가를 살펴보기로
한다.

1. 사회역사적 시간의식의 변모와 근대적 시간의 형성

1) 사회역사적 근대성과 화폐—시간

근대성의 이념은 코기토적 이성을 사유의 중심으로 하여 인간을 둘
러싼 모든 불합리와 우연성을 극복하려는 기획으로 제기되었다. 세계의
합목적적 발전에 대한 강한 신뢰를 바탕으로 성립한 진보의 이념은 미
래를 향해 무한히 뻗어나가는 시간으로 표현된다.[1] 이러한 직선적 시간
의식의 출발은 영원성에 바탕을 둔 전통적인 시간의 붕괴에서 비롯된
다. 농경문화적 삶의 형식에 바탕을 둔 전근대의 시간은 자연, 우주의
순환 원리에 삶의 리듬을 일치시키는 양상을 보여준다. 자연의 리듬과
삶의 리듬이 조화를 이루고 소통하는 세계에서 인간의 삶은 자연의 흐
름과 동일한 순환의 호흡으로 유지되었다. 이러한 자족적 시간은 공동
체적 삶을 지속시키는 근간이 되었으며, 인간은 이 충만한 세계 속에서
존재의 영원성에 대한 감각을 지속할 수 있었다. 한 해의 주기와 계절
의 순환이 죽음과 재생의 기호로 유비되듯, 이 순환하는 시간 속에는
끊임없이 본래적인 것, 즉 과거적인 것으로 되돌아가려는 회귀의 의식
이 담겨 있다. 그리하여 죽음과 재생이 순환하는 이 시간의 원환(圓環)
속에는 과거와 현재만이 꼬리를 물고 이어질 뿐 미래라는 새로운 시간

---

1) 윤평중, 「탈현대 논쟁의 철학적 조망」, 『세계의 문학』, 1991년 가을, 247~274면.

적 전망이 끼어들 여지가 없게 되는 것이다.

근대 이전의 세계를 지배하는 영원한 시간의 개념은 기독교의 종말론적 사유가 개입하면서 변화를 겪기 시작한다. 주지하듯 기독교적 시간은 인간의 타락이라는 사건에서 시작하여 구원으로 끝나는 하나의 플롯을 구성하고 있다. 여기서 종말 혹은 구원을 향해 흘러가는 시간은 한번 지나간 과거의 세계로 되돌아갈 수 없는 비가역적인 시간으로 나타난다. 비유적으로 말하자면 그것은 영원히 회귀하는 순환의 고리를 끊어 선적으로 펼쳐놓은 것으로, 이러한 시간의식에서 주목할 것은 그 내부에 어떠한 질적 변화도 포함하지 못한다는 것이다. 종말의 서사에서는 구원의 순간이라는 시간의 종착점만이 유일한 변화로서 자리할 뿐, 그 이전의 모든 시간 경험은 종말을 향한 동질적인 흐름으로만 인식되는 까닭이다. 그리하여 항상적이고 불변하는 선적인 시간(linear-time)은 인간을 영원히 동질적인 시간의 구속에 묶어 놓게 된다.

이와 달리 근대의 시간은 과거-현재-미래로 이어지는 흐름의 내부에 진보라는 이념화의 과정을 내포하고 있다는 점에서 차별된다.[2] 종말을 향해 달려가는 균질화된 흐름을 진보라는 발전 개념으로 바꾸어 놓은 근대의 시간의식은 자본주의의 성립과 밀접한 관련을 갖는다. 자본주의를 출발, 유지시키는 동력인 과학기술의 발전은 시간을 이윤의 창출이라는 자본의 논리에 종속시키는 과정이기도 하다. 즉 더 나은 미래를 선취하여 현재에 편입시키는 진보의 이념 속에는 시간을 자연적 리듬에서 분리시켜 노동과 생산, 권력과 지배에 예속시키는 과정이 함축되어 있는 것이다. 초기 자본주의는 표준시의 확립, 교통의 발달, 공간의 이동의 가속화 등 물리적 조건에 의해서 구축된 등질적인 시간의 확립 과정과 일치한다. 푸코에 의하면 시간을 표준화하는 것은 사회를 규율화하는 과정이기도 한바, 이러한 시계-시간이 지배하게 된 세계에서 자본은 기계화

2) P. 오스본, 김경연 역, 「사회-역사적 범주로서의 모더니티의 이해」, 『이론』 5호, 1993년 여름, 42~49면.

된 노동 시스템을 통해 개인을 기계화하고 권력에 순응하는 육체로 길들이게 된다. 거대한 공장시스템으로 환유되는 자본주의적 삶의 원리 속에서, 개인의 시간 감각은 표준화된 시계—시간에 맞추도록 강제된다. 공장·학교·군대의 시스템화된 체계 내에서 기계—시간은 일상을 분절하고 반복되는 리듬과 삶의 패턴 속에 개인을 귀속시킨다. 이렇듯 습속화된 시간은 마침내 개인의 무의식과 내면까지도 규제하고 지배하게 된다.3) 채플린의 영화 '모던 타임즈'에서 유쾌하게 풍자되었듯이, 개인의 의식과 정서, 육체의 리듬조차 공장의 시간에 종속되는 디스토피아의 세계가 열리는 것이다.

무엇보다도 자본주의적 시간의 가장 큰 특징은 시간마저도 등가적 교환 원리에 종속되어 양적인 대상물로 간주된다는 점에 있다.4) 이것은 자본주의적 삶을 지배하는 화폐의 기능과 연관되어 이해될 수 있다. 화폐는 모든 노동을 등가의 원리에 의해 평준화함으로써 이질적이고 다양한 것을 균질화시키는 매개 장치이다. 모든 가치의 척도로 등극한 화폐와 결합한 근대의 시간은 다양한 삶과 사유의 방식을 동일한 형식 속에 귀속시키는 권력적 상징이 된다. 이렇게 하여 자본주의를 특징짓는 상품의 물신화는 곧 시간의 물신화와 동일한 의미를 지니게 되는 것이다. 이는 시간이 자본주의 시장의 특징적 요소와 결속되어 있음을 보여주는 것이며, 이러한 시간의 물신화는 이전의 신성한 시간을 세속화하는 시간의 탈신성화, 탈주술화의 과정과 동궤를 이룬다. 이렇게 근대의 시간은 이윤의 창출과 생산이라는 자본의 논리에 종속된 '상인의 시간'으로 존재하게 된다.5) 시간과 화폐를 등치시키는 격언이 근검과 소박의 미덕으로 위장된 자본주의의 천박한 시간 원리를 적나라하게 폭로하고 있듯이, 물화된 시간은 화폐와 마찬가지로 개인의 삶과 무의식을 지배하고

---

3) G. J. 휘트로, 이종인 역, 『시간의 문화사』, 영림카디널, 1998, 292~296면.
4) 이진경, 『근대적 시공간의 탄생』, 푸른숲, 1997, 121~127면 참조.
5) 박영도, 「시간의 사회적 구성과 시간의 정치」, 『이다』 1, 1996, 141면 참조.

규제하는 억압으로 전화된다. 이것은 근대의 시간이 냉혹한 자본의 원리 속으로 개별자들의 삶을 포획하는 지배 장치가 되었음을 증거한다.[6] 한편 자본주의를 지속시키는 동력인 기술의 발전이 끊임없이 새로운 시간을 정복하려는 열망에 의해 추동되고 있음에 주목해야 한다. 자본주의 발전 과정을 특징짓는 신기술 개발과 생산의 가속화는 미답의 영토인 미래의 시간을 포획하기 위한 질주로서 표상된다. 미래를 선점하는 것이 곧 이윤을 창출하는 것이라는 자본의 논리는 이러한 시간의 유토피아를 구성하는 이데올로기의 핵심 원리이다. 이렇게 진보와 발전이 근대의 중심 개념으로 자리 잡게 될 때, 근대의 시간적 지표는 항상 미래에 놓이게 된다. 현재의 상태를 끊임없이 변혁하고 극복하려는 기도(企圖)는 미래를 향해 가속화되는 흐름을 만들어내고,[7] 따라서 생산의 축적과 양적인 증가를 진보의 논리로 이념화하는 근대의 좌표는 미래를 향해서 무한히 팽창하는 시간의 지형으로 그려지는 것이다.

또 한편으로 이러한 근대화의 원리는 진보가 인간의식의 성장을 담보해 주는 세계를 창조한다는 이데올로기에 의해서 유지되어 왔다. 이는 M. 버먼이 지적한 대로, 자아의 발전이라는 문화적 이상과 경제 발전을 향한 사회적 운동 사이의 친연성이 이념화되고 있음을 의미한다.[8] 물질적 근대화를 숭고한 정신적 성취로 여기는 파우스트적 열망은 근대의 소외와 단절을 은폐함으로써 세계를 결말도 없고 한정도 없는 성장의 '과정'으로 만들어 버린다. 이렇게 무한히 팽창하는 자본의 시간은 그 내부에 자리한 자기 파괴와 상실의 문제까지도 성장의 원천으로 변화시키는 '자기 발전의 경제학'을 출현시킨다. 비극적인 것은 이 개발의

---

6) 엘리아스는 시간을 '사회의 외부적 강제를 내부적 규제로 전환시키는 일종의 사회적 제도로, 또 사회구성원들간의 소통을 가능하게 해 주는 사회적 상징'으로 본다. 즉 시간은 사회역사적으로 상이한 사람들의 삶의 리듬을 조직화하는 집합적 습속이요, 아비투스인 것이다. 이진경, 앞의 책, 76~77면 참조.
7) 今村仁司, 이수정 역, 『근대성의 구조』, 민음사, 1999.
8) M. 버먼, 윤호병 · 임만식 역, 『현대성의 경험』, 현대미학사, 1994, 81~91면 참조

원리에 따라 '황무지'적 현실을 개발된 것으로 바꾸어 놓은 시간화의 과정이 역설적으로 개발자인 자신의 내부에 황무지를 재창조하는 것으로 귀결된다는 데 있다. 아도르노와 호르크하이머가 지적했듯이 인간에 의한 자연 지배의 과정은 인간 내부의 자연을 부정함으로써 얻어지는 허구의 드라마이며, 따라서 근대의 합리성과 계몽의 원리는 그것이 극복하고자 한 신화의 세계로의 퇴행이라는 역설적 결론에 도달하게 된다.[9] 자기 보존과 자기 파괴라는 모순을 품고 진행되는 근대화의 서사가 그 내부에서 끊임없는 위기를 창출하게 되는 것은 바로 이런 까닭이다. 미래를 향한 맹목적 질주는 개별적 가치와 진리를 휘발시키고, 모든 이질적인 것을 유토피아적 이상에 흡수시키고 동질화하는 과정이다. 이러한 폭력적인 가속화의 과정에서, 성장과 질주를 멈추는 것은 곧바로 죽음을 의미하게 된다. 결과적으로 진보와 합리성의 이념을 자기 보존의 원리로 삼아 질주해온 근대의 시간은 그 내부에서 인간의 소외와 내적 불안정을 극대화한다는 역설을 내포하고 있는 것이다.

근대성의 울타리 내에서 인간이 경험하는 소외와 위기의 문제는, 미래를 향한 질주의 과정에서 시간이 공간으로부터 분리되는 양상을 통해서도 확인된다.[10] 기술의 발전으로 인해서 공간적 장벽을 극복하는 능력이 확장되고, 이와 더불어 현재의 시공간 속에 과거·현재·미래의 모든 시간상이 공존하는 시간 중첩의 양상이 생겨나게 된다. 이러한 시공간의 분리 혹은 압축의 현상은, 무한질주로 표상되는 속도가 공간에 대한 지배를 가속화하는 데서 기인한다. 이러한 현상은 등질적으로 지속되는 시간 개념을 와해시키고, 객관적이고 균질적 시간과 사적 시간(private time) 사이의 괴리를 낳는다. 객관적으로 주어진 시간과 사적 시간 사이의 간극은, 개인이 경험하는 지속의 감각을 붕괴시키는 것으로 귀결되는데,[11] 이때 시간을 파편화, 공간화된 것으로 인식하게 된 개인은

---

9) M. 호르크하이머 & T. 아도르노, 김유동 외역, 『계몽의 변증법』, 문예출판사, 1995.
10) A. 기든스, 이윤희 역, 『포스트모더니티』, 민영사, 1991, 31~42면 참조.

자기 해체와 분열의 위기를 경험하면서 근대적 시간의 소용돌이 속으로 휩쓸려 들어간다.[12] 이렇게 하여 근대의 개인은 광속의 질주가 낳는 현기증 속에서만 역설적으로 안정감을 느끼는 모순 속에서 살아가게 된다. 현기증 나는 위기와 불안의 감각을 창출하고 이를 다시 동일성의 내부로 포섭해 내는 자본의 시간은, 이제 사회적으로 특정하게 코드화된 행동이나 습속을 통해서 개인을 통제하는 거대한 권력으로 전화되는 것이다.[13] 이상에서 살펴보았듯이 근대를 추동해온 것은 미래를 선취하고 이를 현재화하려는 시간화의 욕망이며, 진보와 발전의 서사는 이러한 시간화의 이념을 떠받치는 근본 원리로서 자리하고 있다. 개인과 사회를 관통하는 상징질서로 전화된 자본—시간의 지배로부터 벗어나기 위해서는, 세계와의 관계 속에서 이러한 시간 지배의 원리를 의식하고 이에 대항해 가려는 성찰적 태도가 요청된다고 하겠다.

2) 코기토의 해체와 시간의 균열

근대적 시간에 대한 성찰과 미학적 대응의 문제를 탐색하기 위해서는 먼저 인간의 존재와 시간 인식을 둘러싼 몇 가지 문제를 살펴보아야 한다. 주지하듯 근대성은 코기토적 이성을 기반으로 하여 인간이 스스로를 주체로서 정립하는 과정이라고 할 수 있다. 이러한 주체의 성립을 가능하게 하는 것은 스스로를 주체로서 인식하도록 보증하는 의식의 동

---

11) D. 하비, 구동회 외역, 『포스트모더니티의 조건』, 한울, 1995, 294면 참조.

12) David Gross, *Space, time and modern culture*, TELOS, 1981.1, Winter, pp.59~78.

13) 이 글에서 사용하는 권력의 개념은 다수를 동일화하여 집단적 가치에 복속시키고 코드화하는 힘을 의미한다. 이 점에 대해서는 푸코의 권력 개념을 상기할 수 있다. 푸코에 의하면 권력은 개인이나 집단이 소유할 수 있는 실체가 아니라, 사회집단들 사이에 발생하는 관계이자 효과로 구성되는 것이다. 그것은 사회적 관계 속에 널리 퍼진 그물망과 같은 미시적인 힘의 체계이다. 김현 편, 『시칠리아의 암소』, 문학과지성사, 1990, 126~127면.

일성일 터인데, 이러한 동일성은 타자에 구속받지 않으면서 자기 연속성을 보장받을 수 있는 현재의 시간에 바탕을 두고 있다. 다시 말해 타자와의 대립을 통해서 스스로를 정립시키고 자기 동일성을 유지해 가는 근대적 주체의 시간은 모든 것을 '지금으로 현재화'하는 의식 활동의 산물이라 할 수 있다. 이때 현재는 외부의 타자를 억압하고 모든 이질적인 것을 하나의 원리로 통합하는 절대화된 시간으로 등장한다.14) 이것은 코기토적 주체에게 절대적 지위를 부여하는 근대의 시간이 부르주아적 주체의 초월성을 보장해 주는 데 봉사하고, 나아가 상징적 억압 체계를 구성하는 핵심적 장치로 작동하게 됨을 의미한다.15) 이렇게 근대적 시간이 주체의 동일성을 보존해 주는 인식적 기저로 자리 잡게 되는 과정은 시간이라는 화두를 둘러싼 다양한 철학적 논의를 통해서 살펴볼 수 있다.

시간에 대한 물음은 인간이 세계를 어떻게 인식하는가 하는 문제와 연관되어 유구한 철학적 논쟁의 바탕을 이루어 왔다. 통상 아리스토텔레스와 아구스티누스로 대변되는 두 개의 시간관, 즉 자연적 / 신학적, 절대적 / 상대적 시간 사이의 끊임없는 대립의 과정은 시간이 단일한 실재로 구성될 수 없다는 철학적 입장을 확인시키는 과정이었다고 볼 수 있겠다. 시간의 주관성에 주목한 아우구스티누스에게 있어서 시간은 현재를 기점으로 하여, 과거 지평과 미래 지평으로 뻗어나가는 특성을 갖고 있는 것으로 이해된다. 여기서 시간은 각각 '기억'과 '직관'과 '기대'로 드러나는 주체의 활동으로 파악된다. 이러한 관점은 시간을 인간의 경험을 가능하게 해 주는 선험적 조건으로 규정하는 칸트에 와서 정교화된 형태로 나타난다. 뉴튼의 절대적이고 객관적 시간을 주관의 내부

---

14) 서동욱, 『차이와 타자』, 문학과지성사, 2000, 15면 참조.

15) 이 점에 대해서 근대적 주체가 부르주아의 초월적 이데올로기를 반영한다고 보는 이스톱의 견해를 참조할 수 있다. 그는 부르주아 담론의 형식들이 주체에게 초월적인 지위를 부여하고 타자에게 상대적인 지위를 부여하려는 억압적인 목적을 드러낸다고 지적한다. A. 이스톱, 박인기 역, 『시와 담론』, 지식산업사, 1994, 63면.

로 끌어들인 칸트는, 인간의 의식을 구성하는 지반으로서의 시간의 독립된 본질에 주목한다.16) 이때 특징적인 것은 과거와 미래가 모두 '지금' 활동하고 있는 주체의 표상 활동으로 환원되며, 이러한 시간은 '영원히 지나가지 않는 현재'로 나타나게 된다는 점이다. 다시 말해 근대적 주체의 표상 활동과 연관된 시간의식은 세계의 이질적인 요소들을 '현재화'하는 의식을 의미하게 되는 것이다.

이 점은 내재적 시간의 지향 구조에 관심을 둔 훗설의 경우에도 마찬가지이다. 훗설은 현재를 중심으로 시간을 이해하면서, 과거·현재·미래의 세 차원으로 뻗어나가는 정신의 내재적 활동을 문제삼았던 아우구스티누스의 시간관을 이어받는다. 그는 '다시당김(Retention)'과 '미리당김(Protention)'의 지평을 수반한 현재의 지향성을 통해, 인간의 시간 경험이 일관성 있고 의미 있는 전체로 구성되어 가는 과정을 밝혀냄으로써 자아의 시간적 경험적 통일성을 설명하고자 한다. 그에게 내적 시간의 흐름은 그 안에서 모든 의식 체험이 통일적으로 구성되는 심층적 터전으로 제시되고, 이러한 터전에서 밝혀지는 순수하게 주관적인 시간이 객관적인 시간보다 더욱 근원적으로 인식된다.17) 따라서 훗설에게 시간의 본질이 드러나는 근원적 영역은, 순수하게 주관적으로 체험되는 의식의 내적 차원이 된다. 이렇게 훗설은 시간을 순수한 의식 활동으로 이해하는데,18) 이러한 시간 이해는 표상 활동의 토대가 되는 '현재'라는 특권적 시간에 대한 이해를 바탕으로 하고 있다. 훗설의 현상학을 자아학으로 규정하는 데리다의 비판은 이 지점을 겨냥한 것으로 읽힌다.19) 데리

---

16) G. 들뢰즈, 서동욱 역, 『칸트의 비판철학』, 민음사, 1995, 135~141면.

17) 김영민, 『현상학과 시간』, 까치, 1994, 83~86면.

18) 훗설 식으로 이해하면 주체는 자신의 지향성에 의해서 세계관심을 표명하는 외면화를 이룩하지 않을 수 없기 때문에 시간을 의식하게 된다. 시간의 의식지향성, 외면화, 초월운동, 탈자운동은 세계에 대한 관심에 관여하게 되며, 따라서 시간은 의식이고 주체이기 때문에 시간을 주체로, 주체를 시간으로 이해해야 한다는 것이다. 김형효, 『메를로 퐁티의 애매성의 철학』, 철학과현실사, 1995, 248~249면.

19) 김형효, 『데리다의 해체철학』, 민음사, 1993, 38면.

다에 의하면, 현재의 현전성은 과거와 미래의 '흔적'에 의해서 규정되는 것으로, 그것은 지나가 버린 것과 다가올 것의 부재에 의해서 끊임없이 '보충'되는 것이다. 즉 데리다는 현재의 현전성이란 과거 지향의 그늘과 미래 지향의 기대에서 파생된 것이기 때문에, 훗설 식의 의식의 투명성은 그 속에 내재하는 타자성과 차이성을 은폐하고 있을 뿐이며, 그것은 끊임없는 자기 분열의 침입 때문에 붕괴될 수밖에 없다고 지적한다.[20]

데리다가 보여주듯 현대철학의 흐름에서 드러나는 새로운 시간 이해는 절대적 주체에 대한 회의에서 출발하고 있다. 현재의 시간적 동일성에 대한 회의는 근대적 주체의 투명성에 대한 불신과 해체 문제와 연관되어 있다. 근대적 주체의 '절대로 지나가지 않는 현재', '순수한 현재'의 동일성을 비판하는 들뢰즈에게 있어서, 시간은 선험적 소여나 주체의 의식 활동에 의한 소산이 아니라 타자로서의 세계를 거쳐 가는 '사건'으로서 이해된다.[21] 이때 과거와 현재는 연속적인 두 시간을 지칭하는 것이 아니라, 공존하는 이질적인 두 요소를 의미하게 되는데, 이러한 이질적인 요소의 우연성과 충돌의 '사건'이 시간의 생성으로 파악되는 것이다.[22] 동일성의 시간을 거부하고 이질적 요소들 사이에 존재하는 차이성을 부각시키는 들뢰즈의 생성의 시간에서 근대적 시간 지평의 붕괴를 읽어내는 것은 어려운 일이 아니다. 한편 시간과 타자와의 문제를 연관시킨 레비나스의 논의도 고정된 주체에 대한 회의에서 출발하고 있다. 레비나스는 시간을 단순히 의식의 선험적 소여로 파악하거나 자기로부터 촉발된 산물로 보지 않고, 타자와의 만남을 통해 생성되는 것으로 본다. 그에 의하면 현재의 시간은 타자인 미래를 통하여 생성되는 하나의 사건이다. 이때 주체는 동일한 고정체로 존재하는 것이 아니라 타자와의 만남을 통해서 생성되는 것이며, 시간은 타자와의 만남을 통

---

20) 윤평중, 『담론이론의 사회철학』, 문예출판사, 1998, 184~185면.
21) 서동욱, 「들뢰즈의 주체개념」, 『현대비평과 이론』 14호, 1997.
22) G. 들뢰즈, 서동욱·이충민 역, 『푸루스트와 기호들』, 민음사, 1997, 94~95면.

해 주체를 생성 가능하도록 하는 내적인 계기가 된다.[23]

이상의 논의에서 주체의 동일성에 바탕을 둔 근대의 시간 이해는 시간의 현실적 맥락에서 출발하지 않고 선험적이고 절대적인 시간에 고착되어 있음을 알 수 있다. 이 점을 겨냥하여, 부르주아적 주체를 보증하는 이러한 절대시간에는 개별자의 삶을 규정하고 세계 안에서 살아가게 만드는 지반으로서의 시간이 배제되어 있다는 비판이 제기된다. 위에서 살펴본 데리다·들뢰즈·레비나스 등의 논의는 이들이 기반한 철학적 논점과 입장의 차이에도 불구하고 초월론적 주체와 시간 인식에 대한 회의와 부정에서 출발한다는 점에서 공통적 요소를 갖고 있다. 따라서 이들의 논의는 주체의 초월성과 공모하는 근대 상징체계를 붕괴시키는 모더니즘의 시간 이해와 적극적으로 연관되어 이해될 수 있겠다.

3) 심미적 근대성과 순간의 미학

세계와의 관계 속에서 시간 경험이 구성되고 재현되는 양상은 개인의 존재 방식을 드러내주는 주요한 요소이다. 이것은 시간의 문제가 선험적 주관성의 영역으로만 파악되거나 역으로 객관적이고 사회적인 속성으로만 간주되는 것이 아니라, 개인의 삶을 통제하는 이념적 장치로서 수체와의 관계 속에서 해명되어야 함을 의미한다. 따라시 문학에서의 시간의식을 탐색하기 위해서는 세계 내에서 경험하는 개별적 시간체험과 사회적 제도로서의 시간이 어떻게 충돌하고 접맥되는지를 함께 살펴보아야 한다. 이러한 작업을 위해서는 먼저 근대성 내부에서 펼쳐지는 복잡하고 이질적인 시간의 양태에 주목할 필요가 있다.

칼리니스쿠는 자본주의 문명의 객관화되고 측정 가능한 시간과, 개인

---

23) E. 레비나스, 강영안 역, 『시간과 타자』, 문예출판사, 1996, 153면.

의 상상적이고 창조적인 시간의 충돌을 근대성에 내재된 화해 불가능한 대립으로 보고 있다. 프루스트가 보여주는 내밀한 기억의 시간은 어떠한 표준적 시간으로도 포착될 수 없으며, 자신만의 속도와 리듬으로 상상적 세계를 펼쳐나간다. 이렇듯 기계적 시간과 사적인 시간의 불일치와 충돌이 낳은 분열된 시간상은 근대적 삶의 불안정성을 특징적으로 보여주는 것이다.[24] 근대성이 개인의 안정된 삶의 기반을 무너뜨리는 해체와 갱신, 투쟁과 대립, 모호성과 고통이라는 소용돌이의 역설적 통합을 의미한다고 할 때,[25] 그것은 근대적 시간의 억압에 대항하는 주체의 분열된 시간의식을 통해 가시화된다.

근대의 시간에 대한 성찰의 의식은, 양화된 시간에 대한 대응으로 지속을 강조하는 베르그송의 시간관과도 연관을 갖는다. 근대이성의 조작에 의한 시간의 기계화, 분절화에 대한 비판에서 출발한 베르그송은 이러한 분절적 시간에 대비되는 지속의 의미를 강조함으로써 내적이고 창조적인 시간 인식의 길을 열어놓고 있다.[26] 베르그송의 시간 이해는 근대의 균열된 시간 체험을 내적 지속을 통해 극복하고자 하는 것이다. 이러한 지속의 문제는 문학에서의 시간 개념을 설명하기 위해서 무수히 인용되어 왔다. 특히 마이어호프는 근대의 시간 경험이 초래한 위기를 영원성의 붕괴와 물리적 시간에 긴박된 주체의 위기의 문제로 진단하면서, 객관적이고 과학적인 시간과 개인의 경험적이고 질적인 시간을 구별하고 있다.[27] 그에게 문학의 시간이란 기계적 현실에 대응하는 인간적 시간(le temps humain), 즉 인간적 삶의 그물망 속으로 내재화된 시간의식을 가리킨다. 객관적 시간에 대항하는 문학적 시간의 특성은 과거와 미래를 내포하는 '표면적 현재'의 양상으로 드러난다는 점에서 찾을 수

---

24) M. 칼리니스쿠, 이영욱 외역, 『모더니티의 다섯 얼굴』, 시각과언어사, 1993, 79면 참조
25) M. 버먼, 윤호병·이만식 역, 『현대성의 경험』, 현대미학사, 1994, 12면 참조
26) 황수영, 『베르그손』, 이룸, 2003, 29~57면.
27) H. 마이어호프, 김준오 역, 『문학과 시간현상학』, 삼영사, 1987.

있다. 이것은 과거의 요소(기억)와 미래적인 요소(기대)가 내포된 현재의 흐름이 인간의식에 지속성·연속성을 부여함으로써 기계적 시간의 분절성을 극복할 가능성을 보여준다는 것이다. 이러한 문학적 시간에 대한 논의는 근대의 체계에 포획된 존재의 분열상을 회복할 수 있는 가능성을 지속의 체험에서 찾으려는 베르그송의 시간관에 닿아 있다.

한편 벤야민은 베르그송의 지속을 조악한 무한성이라고 비판하면서 파편화된 시간 속에서 새롭게 구성되는 시간의 의미를 강조하고 있다.[28] 근대성 이념의 파국적 결과에 대한 통찰력을 보여준 벤야민은 역사적 직선적 시간에 바탕을 둔 진보의 이데올로기를 해체하는 '순간' 속에서 시간적 구원의 가능성을 찾아낸다. 그에 의하면 진보에 대한 믿음 때문에 우리 삶은 '동질적이고 공허한 시간(homogene und leer Zeit)'으로 채워지게 되었으며, 이러한 진보의 시간을 거슬러감으로써 구원의 시간인 '지금 이 시간(Jetztzeit)'이 가지는 의미가 드러나게 된다. 일상적 시간을 정지시키는 '순간'의 시간 표상은 무의미하고 공허한 지속을 단절하는 질적인 시간(kairos)으로 비약한다.[29] 조화롭고 충만한 이 비약의 순간은, 선적인 플롯으로 진행되는 균질적 시간에 대한 혁명적인 부정과 해체의 역동성을 내장하고 있다. 이러한 혁명적 정지의 순간에 대한 이해는 O. 빠스의 미학적 견해와도 상통한다. 빠스는 지속되는 시간의 흐름을 단절하는 순간을 현재에 고정시키려는 창조적 인식 속에서 근대적 시간에 대한 성찰 가능성을 찾고 있다.[30] 그는 공허한 동질싱을 단질시키는 이러한 혁명적 시간이야말로 모더니즘 미학의 기저를 이루는 것으로 파악한다.

---

28) 벤야민은 보들레르가 역사 속에서 흩어진 파편들을 그의 손에 쥐고 있음에 비해, 베르그송의 지속의 관념은 역사로부터 떨어져 나왔다고 비판한다. 베르그송이 지속의 관념에서 죽음을 제거함으로써 그 속에서 역사적 질서를 휘발시켰다는 것이다. W. 벤야민, 반성완 역, 「보들레르의 몇 가지 모티브에 관해서」, 『발터 벤야민의 문예이론』, 민음사, 1983, 155면.
29) F. 커머드는 전자를 크로노스(chronos)와 후자를 카이로스(kairos)로 구분하고 있다. 조초희 역, 『종말의식과 인간적 시간』, 문학과지성사, 1993, 61면 참조.
30) O. 빠스, 김홍근 역, 『현재를 찾아서』, 범양출판사, 1992, 37면 참조.

이렇게 양적 시간에 대립하여 질적인 지속을 강조하거나, 공허한 시간의 선조성을 해체하는 순간에 대한 강조는 모두 사회역사적 근대성에 대한 비판을 겨냥한다는 점에서 동일하게 읽을 수 있다. 이러한 창조적 시간에 대한 강조는, 근대를 이루는 부정적 계기들에 대한 해체적이고 전복적인 태도로서의 미적 근대성의 기저를 이룬다. 사회역사적 근대성에 내장된 모순을 성찰하고 비판하는 미적 근대성은 과거에서 미래로 흐르는 근대적 시간을 해체, 전복하려는 저항의 지점에 자신의 근거를 마련한다. 사물화와 소외로 대변되는 자본의 시간에 대한 성찰적 시선 속에서 미적 근대성의 출현을 읽어낼 때, 공허한 현재의 시간 속에서 영원성의 미학을 발견하고자 한 보들레르의 경우는 이러한 미학적 반항의 전범으로 여겨진다. 근대의 도시를 지배하는 속도와 거리의 욕망을 투시하는 보들레르의 산책자적 시선은 냉소와 환멸로 무장된 미적 근대성의 시간의식을 특징적으로 보여준다고 하겠다.[31] 이렇듯 자본의 영토에 포획되지 않으려는 미적 자의식의 긴장은 비가역과 가역, 흐름과 정지, 직선과 순간이라는 시간의 대립과 충돌 속에서 자신의 존재를 드러낸다. 근대의 지평 내에서 현재를 끊임없이 부정하고 새로운 세계를 창조하려는 예술적 열정, 곧 창조적 파괴의 열정이 이러한 미학적 인식의 동력이다.[32] 이렇게 미적 근대성은 비가역적이고 공허한 시간을 단절하고 새로운 가능성을 투사하고자 하는 주체의 내부에서 벌어지는 미학적 저항을 통해서 개화된다. 다시 말해 근대적 시간의 권력적 지배와 이에 대한 저항으로서의 미학적 시간의 충돌은 자본주의의 세계에서의 상실된 삶과 세계의 조화, 영원한 것과 일시적인 것의 통일성을 회복하려는 보들레르적 의식의 역동성 속에서 새로운 시간 지평으로 펼쳐지게 되는 것이다.

---

31) G. 뿔레, 김기봉 역, 『인간의 시간』, 서강대 출판부, 1998, 361면.
32) D. 하비, 구동회 외역, 앞의 책, 29면.

4) 시간의 제국과 끔찍한 모더니티

미래를 향한 유토피아적 시간의 비전을 통해 근대적 세계는 자신을 유지하고 발전시켜 왔다. 이때 주목할 것은 진보의 이념을 바탕으로 구축된 근대의 시간이, 단순히 미래로 방향지어진 단선적 흐름으로만 파악될 수는 없다는 점이다. 그것은 진보라는 가치의 개념을 통해 공허한 시간의 흐름 속에 비로소 미래적 지평이 열려지는 까닭이다. 문제는 이러한 시간의 유토피아에 은폐된 근대의 시간—정치의 무의식이다. 진보의 이념이 유포한 환상 속에서 현재의 삶은 언제나 더 나은 시간으로서의 미래를 위해서만 복무하게 된다. 즉 미래를 준비하라는 절대적 명제 속에서, 현재를 구성하는 다양한 경험들은 모두 미래를 구축하는 단일한 기대 지평으로 흡수되어 버린다. 20세기 초 우리 사회를 지배해온 근대화의 논리에서 경험했듯, 서구적 근대를 따라잡기 위한 발전 논리가 유일한 집단적 가치로 인정되면서 개인의 구체적 욕망이나 삶의 감각은 모두 이러한 목표를 향해 투사되었다. 이렇게 되면 개인은 삶의 현재적 의미를 향유하지 못하고 언제나 미래를 준비하기 위해 소진되는 시간만을 살게 된다. 이때 공허한 현재의 연속일 뿐인 미래는 언제나 결핍된 시간의 형식으로 주체를 지배하게 된다. 또 문제는 가속화되는 속도가 시간의 중심 원리로 작동하게 됨으로써, 이질적이고 불균정한 시간의 층위들이 하나의 흐름 속으로 수렴된다는 점에 있다. 근대의 시간에 내포된 이러한 억압적 특성은, 비서구라는 타자를 억압하고 배제함으로써 근대를 균질적인 장으로 구성하려는 서구 중심의 근대성 담론을 관통하는 정치적 무의식으로 자리잡는다.

이 점은 서구적 근대로부터 소외된 비서구의 주체들이 보여주는 시간의식의 균열 양상을 통해서 살펴볼 수 있다. 서구적 근대로부터 소외된 비서구의 주체들은, 서구가 도달한 현재를 자신의 미래로 설정하고, 이 직선적인 발전의 논리에 기꺼이 합류하고자 한다. 이것은 서구와 비서구라는 지정학적 공시성(synchronic) 내부에 이들 세계의 이질적인 시간이 통시적(diachronic)으로 배열되는 비대칭적 구도로 환기된다. 이른바 동시적인 것의 비동시성으로 요약되는 이러한 구도 속에서, 서구와 비서구의 관계는 권력화, 위계화된 질서 속에 놓이게 된다. 그리하여 서구가 도달한 현재의 시간은 경제적으로 뒤떨어진 비서구의 국가들에게는 도달해야 할 미래로 인식되고, 이러한 선진ー후진의 위상학적 시간 배열은 권력적 역학 관계로 구축되는 것이다. 시간적 선/후가 권력적 우/열로 치환되는 과정 속에는 비서구세계에 대한 서구의 제국주의적 지배와 응시가 내장되어 있다. 이렇게 제국화된 시간으로 표상되는 근대성 담론 내에서 각기 다른 민족·국가·문화가 이룩한 시간의 질적 차별성은 진보와 발전이라는 단일한 시간의 척도로 환원되고, 이질적 시간의 틈입은 봉쇄된다.33) 그리하여 이러한 단일한 시간 구조 속에서, 비서구의 주체들은 서구의 근대를 미래적 이상으로 수용하고, 미래를 향한 욕망의 투사 과정에서 자신의 '현재'로부터 끊임없이 소외당하고 추방을 경험하게 된다.

　이러한 추방과 배제의 기억은 우리의 경우에도 예외는 아니어서, 서구적 근대로부터의 소외와 결핍의 감각은 근대문학 성립 이후 문학 주체들의 무의식을 구성하는 억압적 원리로 작동하였다. 자신의 외부를 타자화함으로써 스스로를 중심으로 구축해온 서구와 달리, 서구를 이념적 타자로 설정하고 여기에 자신을 투사해온 우리의 문학 주체들에게 보편에 대한 열정은 끊임없는 자기 분열을 내포한 모험적 과정이었다. 이들은 자신이 놓여 있는 현재를 무의미하고 공허한 세계로 인식하게 됨으로써 미래의 비전과 현재 사이의 시간적 붕괴를 경험하게 된다. 이들에게 현재라는 시간은 언제나 서구의 독점물이고, 자신들의 현재는 새로운 시간으로 감각되는 것이 아니라, 발전된 국가들이 앞서 거쳐 간 '과거'의 시간으로만 인식되는 것이다. 이렇게 되면 도달해야 할 이념적

---

33) 코젤렉은 계몽주의적 지평 위에서 비동시적인 것의 동시성이 모든 역사의 기본 경험이라고 보고 있다. R. 코젤렉, 한철 역, 『지나간 미래』, 문학동네, 1998, 360~362면 참조.

표상으로서의 미래는 다가갈수록 멀어지는 유토피아와 다르지 않게 되며, 이 유토피아적 미래와 현실 사이의 영원히 넘을 수 없는 간극은 시간의식의 붕괴로 귀결된다. 우리의 사회를 특징짓는 '사이비 근대', '왜곡된 근대', '끔찍한 모더니티' 등의 술어들은, 서구적 근대에 대한 동일화의 좌절에서 비롯되는 주체의 자기 기만과 고통스런 분열의 흔적을 함축하고 있다. 이렇게 자기가 놓인 현재를 진정한 시간으로 경험하지 못하는 소외된 주체의 불안과 초조가 우리 모더니즘 시의 기저를 지배하게 되는 것이다. 따라서 모더니즘의 시쓰기를 해명하기 위해서는 우리 시가 놓인 이러한 특수한 역사적 상황적 맥락을 일차적으로 고려할 필요가 있다. 이러한 작업은 근대 내부의 이질적이고 차별적인 시간에 주목함으로써,34) 미래를 향한 흐름 속에서 제거되었던 우리의 '현재'에 대한 시적 성찰의 과정을 문제삼는 것이다.35)

이 글에서 주목하는바, 모더니즘 텍스트의 해석을 위해서는 근대적 시간이 담고 있는 이러한 모순적 원리에 대한 인식에서 출발해야 한다. 모더니즘의 시쓰기는 근대의 균질화된 시간에 은폐된 균열과 차이를 가시화함으로써, 지배적 시간 원리를 해체하고 전복하려는 미적 실천이라 할 수 있다. 그것은 동질적 시간 지배로부터 이탈하려는 비서구 주체의 분열된 의식 속에서 역설적으로 새로운 시간 지평의 가능성을 탐색하는 작업이기도 할 터이다.36) 이런 점에서 1950년대 모더니즘의 시쓰기는 서구의 근대로부터 소외되고 억압되었던 주체들이 자신의 시간을 되찾아 오는 미학적 정치적 기획이며, 근대적 시간 표상 속에 고착된 주체의 동일성을 해체하려는 실존적 모험으로 이해될 수 있을 것이다.

---

34) O. 빠스, 김홍근 역, 앞의 책, 33면.

35) J. 하버마스, 「근대의 시간의식과 자기 확신 욕구」, 『모더니티란 무엇인가』(김성기 편), 민음사, 1994, 381면.

36) 이 점과 연관하여, 모더니티의 복합적이고 차별적인 시간성, 불연속적이고 이질적으로 존재하는 시간성에 주목해야 한다고 하는 오스본의 견해를 참조할 수 있겠다. P. 오스본, 김경연 역, 앞의 글, 44~45면 참조.

2. 모더니즘 시의 시간과 시쓰기의 주체

앞에서 살펴보았듯이, 진보와 발전이라는 계몽의 이념화에 종속된 근대의 시간은 순환의 원리에 바탕을 둔 총체성의 시간을 폭력적으로 해체하면서 출발한다. 세계와 주체의 단절과 분리, 소외로 드러나는 일련의 과정 속에서 서정시의 특징적 원리인 동일성의 세계는 붕괴를 경험하게 된다.[37] 역사적으로 시정시의 장르적 기율을 지탱해 왔던 동일성의 원리가 균열되는 이 지점에서 새로운 미학에 대한 탐색이 전개된다.

O. 빠스는 근대의 분열된 세계에 대응하는 시적 흐름을 아날로지와 아이러니로 구별하여 설명하고자 한다. 아날로지는 주체와 객체, 인간과 자연 사이의 분열을 극복하고 현실을 초월하여 세계와의 통합을 회복하려는 시학이며, 이는 생성과 소멸, 죽음과 부활이 이루어지는 순환적 시간에 바탕을 두고 있다. 한편 주체와 세계의 분열과 모순을 적극적으로 드러내는 아이러니의 시학은 신화적 시간의 붕괴와 그로 인한 시간의 분열 속에서 펼쳐진다.[38] 빠스의 견해에 따르자면, 모더니즘은 주체와 세계의 극단적인 불화와 시간적 파탄에 대한 미학적 대응으로서의 아이러니의 시학에 기반하고 있다. 모더니즘은 파편화된 개체의 소외된 의식을 폭로하면서, 동질적 시간의 흐름에 대한 단절과 거부의 태도를 가시화하는 것이다. 모더니즘의 미학에서 시간에 대한 성찰적 기제로서의 '현재성'이 중요한 요소로 고려되는 것은 이러한 맥락에서 이해될 수 있다. 동시성을 강조하는 몽타쥬·콜라쥬 등의 기법은 시간의 계기적 흐름을 거부하는 이러한 현재의식(present consciousness)에 바탕을 둔 미적 장치들이다.[39] 이렇게 근대적 지평과 화해할 수 없는 이질성의 미학을 특

---

37) E. 슈타이거, 이영유 역, 『시학의 근본개념』, 삼중당, 1976, 96면.
38) O. 빠스, 김은중 역, 『흙의 자식들』, 솔, 1999, 96~97면.
39) E. 런, 김병익 역, 『마르크시즘과 모더니즘』, 문학과지성사, 1991, 82면.

징으로 삼는 모더니즘은 '현재'의 시간에 집중함으로써 직선적 시간 원리에 저항하고 있다. 주목할 것은 모더니즘 미학이 어떻게 근대의 비가역적인 시간 내에서 차별화된 이질적인 시간을 발견해 내고, 그것을 통해 사물화된 세계와의 관계를 재조정하는 인식적 전환을 드러내주는가 하는 문제이다. 모더니즘의 시쓰기는 미래를 향해 질주하는 시간과 파편화되고 단절된 시간 사이의 갈등 양상과 이러한 시간 구조를 해체하고 재조직하는 과정을 통해서 실현된다. 따라서 모더니즘 시쓰기의 의미를 해명하기 위해서는 텍스트 내에서 시간의식이 의미화되는 양상과 그것을 이끌어가는 시적 주체의 존재 양상을 함께 살펴보아야 한다.

앞서 살펴보았듯이 근대의 시간은 개별적 경험과 제도화된 관습을 포괄할 뿐만이 아니라, 그 속에서 살아가는 개인의 삶을 규제하고 코드화하는 원리로 구축된다.40) 이는 근대의 시간이 사회의 질서와 규율에 따라서 개인의 삶을 주조하는 권력 매커니즘으로 작동하게 됨을 의미한다.41) 이런 점에서 시간에 대한 반성적 사유는 이데올로기 체계의 호명에 대응하는 주체의 존재 방식과 긴밀하게 연관되어 있다. 근대성 담론의 포획 장치에 의문을 던지는 주체는 자신을 지배하는 이데올로기 체계에 대한 동일화를 거부함으로써 권력의 지배로부터 벗어날 수 있는 가능성을 탐색한다.42) 모더니즘 시의 인식상의 근간을 이루는 것은, 시간화의 형식으로 대상을 복속시키는 근대성 담론에 대한 이러한 탈동일화의

---

40) 알뛰세에 의하면 이데올로기란 인간과 사회집단의 정신을 지배하는 표상의 체계라 할 수 있다. 개인은 상징적 질서로서의 이데올로기의 호명에 응답함으로써, 이데올로기에 종속된다. 이러한 주체는 자신이 이데올로기에 의해서 주체로 구성된다는 것을 의식하지 못한 채, 자신이 주체의 자명성을 지닌다고 오인하게 된다. 결국 동일화에 의한 주체화란 이데올로기에 의한 종속을 의미한다. 윤혜준, 『주체개념비판』, 서울대 출판부, 1999, 146면.
41) 이진경, 『근대적 시공간의 탄생』, 푸른숲, 1997, 66면.
42) 이런 점에서 주체의 정체성 구성과 연관된 동일화의 방식이 주체화의 유일한 방법은 아니라는 점에 주목할 필요가 있다. 다시 말해 동일화는 주체화의 출발 과정이 아니라 반대로 다양한 방법으로 수행되는 그 과정의 결과물로 볼 수도 있는 것이다. 이진경, 『맑스주의와 근대성』, 문학과학사, 1997, 235면 참조.

의식이라 할 수 있다. 다시 말해 동일자의 시간적 포획을 거부하는 미적 저항의 수행자로서의 모더니즘의 주체는 상징체계의 매커니즘을 빠져나가는 비동일화의 주체 혹은 탈동일화의 주체로 실현되는 것이다.[43)

이런 점에서 모더니즘의 시쓰기는 근대적 주체의 위기와 균열이 발현되는 양식과 긴밀하게 연관되어 있다. 이러한 주체의 존재 양식에 대한 논의는 곧바로 시쓰기의 실천적 문제와 연관된다는 점에서 중요한 의미를 갖는다. 시쓰기란 이데올로기적 담론과 시적 주체가 긴장하는 가운데 서로 충돌하고 생성되는 역동적인 과정을 함축한 실천적 기획이라 할 수 있다. 여기서 시적 담론이 언어의 물질성에 의해서만 결정되는 것이 아니라 동시에 이데올로기적으로도 결정된다는 점에 주목해야 한다. 즉 시 텍스트는 사회체제를 구성하는 다양한 이념적 담론과 시적 주체가 긴장을 이루고 있는 역학적 장(場)이며, 이때 텍스트 내에서 생성되는 시적 주체는 자신이 의존하고 있는 이데올로기 체계에 의해서 구성되고 있음을 환기할 필요가 있다. 이것은 시적 주체가 텍스트 내의 화자의 자리에 고정된 순수한 자아 혹은 동일성의 주체가 아니라는 것, 그래서 이데올로기적 담론과 충돌하고 분열하는 과정을 통해 새롭게 실현되는 과정적 주체로 읽혀져야 할 필요가 있음을 의미한다.[44) 이렇게

---

43) 뻬쇠는 언술주체(speaking-subject)들이 특정한 정치적 입장에 따라서 의미를 생산하는 방식을 담론—구성(discoursive-process)이라는 개념을 통해서 설명한다. 뻬쇠는 개인이 자신을 지배하는 언어 구조(담론) 속에 무의식적으로 동화되는 과정에 주목함으로써, 말하는 주체 곧 의미의 자명성을 가진 주체가 어떻게 생산되는가, 그리고 주체의 내부에서 어떻게 텍스트의 생산 과정이 일어나는가를 해명하고자 한다. 그는 이데올로기에 의해 주체가 구성되는 과정을 다음과 같이 세분화한다. ① 동일화에 의한 주체의 형태(선한 주체), ② 반동일화에 의한 주체의 형태(악한 주체), ③ 비동일화의 주체. 이때 이데올로기적 담론을 거부하는 반동일화는 동일화와 대칭을 이루며, 지배적인 담론의 동일한 구조를 인정하고 공모하는 태도를 드러낸다. 한편 비동일화의 주체는 지배이데올로기의 효과를 벗어나 새로운 주체를 구성한다. 로잘린느 코워드 & 존 엘리스, 이만우 역, 『언어와 유물론』, 백의, 1994, 148면 참조.

44) 여기서 기존의 시텍스트를 분석하면서 사용된 몇 가지 개념에 대한 규명이 선행되어야 할 것으로 보인다. '서정적 자아', '시적 자아', '화자', '서정적 주체'에 관한 논의들은 리얼리즘시의 특성을 논의하는 과정에서 많은 진전을 보였으나, 일정한 합의에

볼 때 시쓰기의 과정은 지배 담론과의 시적 주체의 충돌의 과정을 언표화하는 것이며, 그것은 이데올로기적 체계와 주체 사이의 상상적 동일화를 해체하는 지점에서 궁극적 의미가 실현된다고 할 것이다. 이런 점에서 근대의 언어미학과 재현의 위기를 가시화하는 모더니즘의 시쓰기에서는 주체의 소외와 결핍, 균열을 드러내는 과정이 그 자체로 주요한 미적 계기로 작용하게 되는 것이다.45)

이러한 시쓰기의 실천적 함의는, 시인의 무의식에 작용하는 이데올로기적 담론과 그것을 창조의 과정으로 변이시키는 내적 발화가 서로 길항하고 있다고 보는 바흐찐의 견해를 참조할 때 분명하게 드러난다.46) 바흐찐에 의하면 시쓰기는 외부의 담론과 내적 언어 사이의 충돌과 긴장의 과정을 펼쳐 놓음으로써 주체의 욕망을 현실화하는 과정이다. 이때 한 편의 텍스트는 단일한 음성으로 존재하는 것이 아니라, 이데올로기적 담론과 주체의 내적 언어가 충돌하고 반향하는 울림을 내장하고 있는 다성적인 것으로 이해된다. 따라서 시쓰기는 외견상 단일한 주체라도 그 내부에 자리한 다성적이고 분열적 언어를 드러내주는 역동적인 과정이 되는 것이다.

한편 언어형식의 측면에서 글쓰기의 방식(a mode of writing)에 주목한 바르트의 논의도, 글쓰기를 주체가 놓여 있는 사회 역사적 상황과 관련된 행위로 본다는 점, 주체가 자신의 글쓰기를 선행하거나 초과하는 존재

도달하지 못하고 있다. 시적 주체에 관한 논의는 리얼리즘 시에 국한된 것이 아니라, 모더니즘을 포괄한 시 텍스트 전반에 보편적으로 적용될 수 있을 것으로 보인다. 이 글에서는 시인과 텍스트 내부의 언술을 실행하는 주체를 포괄하는 개념으로 '시적 주체'라는 용어를 사용하고자 한다. 즉 시적 주체는 개체로서의 시인의 자아만을 의미하는 것이 아니라 시 텍스트 내에서 드러나는 화자까지도 포괄하는 의미로 사용된다.
45) A. 아인스테인손, 임옥희 역, 『모더니즘문학론』, 현대미학사, 1996, 63면.
46) 바흐찐은 프로이트의 의식과 무의식의 경계를 지우고 대신 내적 기호와 외적 기호를 대응시킨다. 그에 의하면 시쓰기는 내적 기호에서 외적 기호로의 전이 과정에 개입하는 '자기 성찰'의 과정으로 설명할 수 있는데, 이러한 성찰의 과정은 주체 구성의 과정을 통해서 드러나는 정체성의 문제와 연결지어서 이해할 수 있다. M. 바흐찐 & V. N. 볼로쉬노프, 송기한 역, 『바흐찐이 말하는 새로운 프로이트』, 예문, 1998, 163~168면.

를 갖고 있지 않음을 전제한다는 점에서 모더니즘 시쓰기의 의미를 살펴보는 데 참조가 된다. 바르트는 글쓰기의 주체가 공유하는 사회적 규칙 혹은 관습을 의미하는 '언어'와 글쓰기 주체의 독특한 어조나 이미지 등을 의미하는 '문체'를 구별한다.[47] '언어'가 이데올로기적 담론의 체계와 연관된다면, 사회와 무관한 개인의 행위를 의미하는 '문체'는 내적 충동과 무의식의 층위에 닿아 있는 것으로 이해될 수 있을 것이다. 바르트의 견해를 참조한다면, 주체가 자신이 놓여 있는 사회적 상황을 인식하고 자신의 언어를 선택하는 과정이 곧 시쓰기의 의미 실현의 과정이 되는 것이다. 다시 말해 시쓰기는 시적 주체가 코드화된 담론의 체계를 선택적으로 수용하거나 배제하는 과정을 통해 자신을 드러내는 방식으로 실현된다. 고전적 작가로서의 주체 개념을 거부하면서, 시쓰기를 '관계들의 시스템'이라고 보는 데리다의 견해도 여기에 닿아 있다. 데리다에 의하면 시쓰기는 미리 주어진 움직이지 않는 공간의 투명성 곧 담론의 중립성 속으로 이동하는 것이 아니라 의미를 산출하는 것이다. 이것은 시쓰기의 의미가 미리 주어진 것이 아니라 사후적으로 재구성되는 것임을 의미한다.[48] 이러한 논의들은 모두 현실을 텍스트화하는 과정에서의 발생하는 주체와 세계의 긴장과 갈등을 활성화하는 통로로서의 시쓰기의 수행적 의미에 초점을 두고 있다.

이렇게 시쓰기의 문제를 해명하는 작업은 주체가 텍스트에 관여하는 의식적 무의식적 양상 속에서 의미가 어떻게 생성되는가를 밝혀내는 데 초점이 놓이게 된다.[49] 따라서 전후 모더니즘 시쓰기의 실천적 의미를 해명하려는 이 글의 작업은, 고정된 화자—주체를 복원하는 것이 아니라 텍스트 내에서 시적 주체의 허구적 동일성이 해체되고 분열되는 양

---

47) R. Barthes, *Writing Degree Zero*, Annett Lavers and Colin Smith trans., NewYork : Hill and Wang, 1968, pp.44~45.
48) J. 데리다, 남수인 역, 『글쓰기와 차이』, 동문선, 2000, 354~355면.
49) 윤채근, 『차이와 체계—서정과 서사의 존재론』, 월인, 2000, 100면, 244면 참조.

상을 추적하는 과정이 될 것이다. 이러한 작업을 위해서는 텍스트 공간에서 역사적 주체의 빈틈, 곧 여백에 흩어져 있는 다양한 주체의 목소리를 살피는 독법이 요청된다.[50] 그것은 텍스트에 드러난 것과 감추어진 것이 충돌하면서 의미화되는 역동적 과정이기도 하며, 이를 통해 시적 언어를 관통하는 담론간의 의식적 무의식적 역학 관계가 가시화되는 과정이기도 할 터이다.

앞서 살펴보았듯이 근대적 세계에서 시간은 사회적 체제를 구성하는 상징이자 제도적 원리로 기능한다. 이러한 근대적 시간에 대한 반성적 사유는 주체의 존재 양식과 긴밀하게 연관된다. 따라서 텍스트에 드러난 시간의식을 탐색하는 것은, 시적 주체가 타자로서의 근대성을 텍스트 내에서 어떻게 의미화하고 있으며, 이를 통해서 자신의 정체성 문제를 어떻게 사유하는가를 해명하는 통로가 된다. 이 글에서 논의의 대상으로 삼는 1950년대는 전후의 폐허에서 자기를 보존하기 위한 시적 자의식이 어느 시기보다도 강렬하게 드러났던 시기이다. 이 시기 시인들은 세계와 주체 사이의 동일성의 붕괴 지점을 포착하고, 세계 상실의 균열을 극복하기 위한 성찰적 시쓰기를 수행하였다. 이러한 1950년대 시쓰기의 의미를 해명하기 위해서, 이 글에서는 일차적으로 텍스트 속에서 개별 시인의 시간의식 구성되는 과정을 살펴볼 것이다. 이를 바탕으로 실천적 행위로서의 시쓰기와 연관된 미적 자의식을 탐색하고, 이와 연관하여 각 시인의 고유한 시간의식에 바탕을 둔 시쓰기의 구체적 실현 양상과 그 의미를 묻고자 한다.

---

50) 이는 알뛰세적 의미의 '징후적 독법'으로 이해할 수 있다. 주어진 대상의 명증성을 거부하고 대상을 새로운 인식으로 구성하고자 하는 이러한 독법은 텍스트에 감추어진 여백의 의미를 활성화하는 작업이다. 로잘린느 코워드 & 존 엘리스, 이만우 역, 앞의 책, 170면 참조

제 **3** 장

종말의 시간의식과 제의(祭儀)의 시쓰기

박인환은 해방과 전쟁이라는 현대사의 격절 지점에서 당대의 미학적 전위로서 시적 열정을 불태운 시인이다. 10여 년에 못 미치는 짧은 시력 속에서도 식민지 현실의 여진과 전쟁의 고통이 새겨진 그의 시편들은 당대의 가장 고통스런 현실의 풍경을 포착하고 있었다. 그럼에도 불구하고 대중적 감수성으로 왜곡되어진 그의 시에 대한 문학사적 관심과 평가는 매우 인색한 편이다. 박인환의 시에 대한 그간의 평가는 함량미달의 모더니즘 혹은 실존의식에 침윤된 실패한 모더니즘이라는 비판에서 전후 모더니즘의 기수라는 고평에 이르기까지 논자들에 따라 다양한 진폭을 이루어 왔다.[1] 이러한 비평적 관점 사이에 존재하는 낙차는 역

---

1) 1950년대 시사에서 빠짐없이 거론되면서도 1950년대의 다른 시인들에 비해 박인환의 시에 대한 논의가 부족했던 것은 감상성과 대중성의 측면이 지나치게 부각됨으로써, 그의 시가 담고 있는 문제의식이 제대로 조명되지 못했기 때문으로 보인다. 최근 1950년대 문학에 대한 연구의 축적과 더불어 박인환의 시세계에 대한 재조명이 이루어지고 있다. 이러한 현상은 1950년대 시사에서 박인환이 차지하는 위상을 재조정하

설적으로 그의 시가 그만큼 논란의 가능성을 내재한 텍스트라는 점을 보여준다.

그간 박인환 시의 문제점으로 지적되어 온 점들, 즉 모더니즘을 선언적으로 표방했음에도 불구하고 시작 과정에서 근대적 현실을 깊이 있게 천착하지 못함으로써 모더니즘의 피상적 이해에 머물렀다든가, 이국적인 정서의 외피를 감각적으로 수용한 데 불과하다는 지적 등은 곧바로 1950년대 모더니즘에 대한 비판과 직결되는 지적들이다. 그러나 이러한 논의는 자칫 박인환의 '실패'를 1950년대 모더니즘의 실패로 환원시키게 될 우려가 있으며, 역으로 1950년대 모더니즘의 시대적인 한계를 곧바로 박인환의 시세계를 평가하는 근거로 인정해 버릴 수도 있다는 점에서 재고될 필요가 있다.[2] 또한 그의 시의 두드러진 특성으로 지적되

는 것과 더불어, 우리 시사에서 1950년대 모더니즘 시의 의미를 새롭게 인식하는 데도 고무적인 일이라 하겠다.

박인환에 대한 연구는 다음과 같이 진행되었다. 이동하, 『박인환』, 문학세계사, 1986; 한계전, 「전후 모더니즘의 특성과 그 가능성」, 『시와 시학』, 1991년 여름; 송기한, 「역사의 연속성과 그 문학사적 의미─박인환의 경우」, 『1950년대 문학연구』, 문학사와비평연구회, 1991; 조영복, 「1950년대 모더니즘 시에 있어서 '내적 체험'의 기호화 연구」, 서울대 석사논문, 1992; 정재찬, 「예술가의 초상에 관하여─박인환론」, 『한국전후문학연구』(구인환 외), 삼지원, 1995; 김규동, 「박인환론」, 『심상』, 1978.1; 이주형, 「박인환 시고」, 『국어연구』 10집, 1978; 이건청, 「박인환과 모더니즘적 추구」, 『한국현대시사연구』(김용직 외), 일지사, 1983; 유재천, 「박인환론」, 『배달말』 14호, 1989.2; 박민수, 「박인환론」, 『비평문학』 5호, 1991.10; 박미용, 「박인환 시 연구」, 공주사대 석사논문, 1987; 손원상, 「박인환 시 연구」, 영남대 석사논문, 1989; 황경숙, 「박인환 시 연구」, 효성여대 석사논문, 1991; 김정임, 「박인환 시 연구」, 연세대 석사논문, 1993; 최혜숙, 「박인환 시세계 고찰」, 조선대 석사논문, 1994; 양일웅, 「박인환 시 연구」, 전남대 석사논문, 1994; 김영철, 『박인환』, 건국대 출판부, 2000; 정영진, 「박인환 시의 탈식민주의 연구」, 『반공주의와 한국문학』(상허학회 편), 깊은샘, 2005. 이밖에도 연구사에서 언급한 송기한·류순태·조영복·금동철 등의 논문에서 박인환이 다루어지고 있다.

2) 박인환의 시에서 드러나는 경박한 감상적 포우즈의 문제 그리고 센티멘탈리즘적 요소는 모더니즘과 당대의 현실에 대한 박인환의 피상적 이해에서 기인하는 것으로 지적되어 왔다. 즉 서구 모더니즘의 감상적이며, 표피적인 모방에 그침으로써 모더니스트적인 포즈만이 유별나게 드러낼 뿐 진정한 현대성을 놓치고 있다는 평가나(최하림, 「한낮의 이카루스, 박인환」, 『박인환』, 문학세계사, 1986), 박인환이 현대문명의 비극성과 정신적 황량감을 시를 통해 극복하고자 했으면서도 서구의 그것과 우리의 그것이

는 허무주의와 감상성의 문제 역시 박인환의 시세계에 객관적으로 접근하는 것을 방해하는 요소이다. 감상성의 문제를 전후 황폐한 현실에서 직접적으로 기인하는 것으로 보든 혹은 개인적인 성향의 문제로 보든, 이러한 표피적 특성만을 부각시킬 때 박인환은 여전히 실패한 모더니스트라는 평가에서 벗어나기 어려울 것으로 보인다. 따라서 박인환 시세계의 전모를 새롭게 이해하기 위해서는, 전후 모더니즘이 놓여 있는 특수한 시적 상황과의 연관성 속에서 박인환의 시쓰기를 추동하는 내적 필연성을 해명해 볼 필요성이 제기된다. 해방기의 진보적 이념의 수용, 전쟁 체험과 연관된 죽음과 불안의식의 표출에 이르기까지, 박인환의 시에서 근대성의 문제는 실존적 자기 확인의 준거이며, 그의 시쓰기를 이끌어가는 중요한 동인으로 작용한다. 전쟁이라는 재난의 현실에 밀착된 시 의식의 밑바탕에는 근대성의 원리와 삶의 양식에 대한 지속적인 천착과 자기 모색의 치열함이 자리 잡고 있는 것이다.

1. 이념적 시계(視界)의 붕괴와 시간의 해체

박인환의 길지 않은 시작 과정은 해방기와 1950년대의 사회역사적 격절에 상응하는 급격한 단절의 양상을 보인다. 격동하는 현실의 소용돌이 속에서 미래에 대한 낙관적 전망 위에 쌓아올린 해방기의 시세계와, 전후의 불모성에 대한 인식에서 비롯된 허무와 죽음, 우울의 세계는 박인환이 그만큼 현실의 변화에 민감하게 대응하고 있었음을 증거한다. 그의 시적 변모는 해방기와 전후(戰後)를 가르는 시간의식의 변화를 통

갖는 엄청난 차이를 인식하지 못한 데서 시적 파탄을 겪게 되었다고 보는 견해 등이 그것이다(오세영, 『20세기 한국시 연구』, 새문사, 1989, 279면).

해서 보다 구체적으로 살펴볼 수 있다. 해방기 시의 시간 인식을 특징 짓는 것은 미래라는 기대 지평 속으로 현재를 투사해가는 낙관적 세계 인식이다. 반면에 전쟁의 체험은 시간적 연속성에 대한 비전을 붕괴시키고 파편화함으로써 시인이 감지하는 위기와 불안을 더욱 증폭시키게 된다. 전후의 박인환 시에서 주목되는 것은, 그가 해방기의 이념적 지평으로부터 분리된 개체의 위기에 주목함으로써, 근대의 폭력성이 내적 위기로 전화되어 가는 지점을 텍스트화하고 있다는 점이다. 이것은 박인환의 시가 근대적 현실에 대한 반성의 토대 위에 놓인 전후 모더니즘의 인식적 특성을 민감하게 드러내주는 텍스트임을 의미한다. 이 장에서는 해방기에서 1950년대에 이르는 시적 변모를 통해서 전후의 폭력적 현실이 어떻게 시간적 연속성을 붕괴시키는 동인으로 작용하며, 실존적 위기로 심화되어 가는지를 살펴보기로 한다.

1) '활주'의 풍경과 추락을 통한 '환상'의 자각

『새로운 도시와 시민들의 합창』(1949)을 통해서 발표된 「인도네시아 인민들에게 주는 시」, 「인천항」, 「지하실」, 「남풍」 등의 시에서 박인환은 제국주의에 의해 침략당한 약소국의 문제를 시적 대상으로 삼고 있다. 상당 부분 리얼리즘 계열의 시들과 유사한 어법에 기대고 있는 이 시들은 주관적 내면의 노출이 극심한 박인환의 전후 시들과 비교하면 상당히 이질적으로 읽힌다. 그는 국제자본과 제국주의의 힘에 억압된 소수국가들의 현실을 해방 직후 우리의 현실과 등치시켜서 파악하고 있는데, 이러한 특징적 요소들은 박인환의 시가 단순히 이국취향 정도로 폄하될 수 없는, 보다 깊숙하게 시대적 문맥에 닿아 있는 징후적 텍스트임을 보여준다.[3]

해방기 박인환의 시가 보여주는 사회현실에 대한 비판적 인식은, 흔히 파시즘과 전쟁의 공포, 경제적 위기의식에 대한 비판을 중요한 시적 과제로 인식했던 '뉴컨트리파'의 영향에서 비롯된 것으로 지적되곤 한다. 그러나 이 문제를 일방적인 영향의 관계로만 파악하는 것은 해방기의 사회적 현실과의 연관성을 지나치게 협소화하는 평가가 되기 쉽다. 오히려 이러한 시적 양상은 진보적 세계 인식을 공유했던 해방기의 시적 특수성과 연관지어 적극적으로 해석해 볼 필요가 있을 것으로 보인다. 박인환이 '새나라' 건설이라는 공동체의 목표를 향해 전진하는 해방기의 이념적 자장 속에서 이러한 시대적 파장에 직접적으로 반응하면서 시쓰기를 이끌어 가고 있다는 점에 주목해야 하는 것이다.4)

그의 시 「열차」는 해방기의 현실에 대한 비판적 인식과 미래적 전망에 대한 역동적인 인식을 내적 활력과 적절히 결합시켜 성취를 보여준 작품으로 평가되고 있다.

　　폭풍이 머문 정거장 거기가 출발점
　　정욕과 새로운 의욕 아래
　　열차는 움직인다.
　　격동의 시간—

---

3) 해방기의 박인환 시가 담고 있는 진보적 세계 인식은 전후 모더니스트로서 박인환의 인식적 기반을 구성하는 바탕이 된다는 점에서 주목을 요한다. 김영철은 박인환이 리얼리즘적 정신을 바탕으로 해방기의 역사 흐름을 예리하게 포착하고 있음을 지적하면서, 그의 시적 출발이 경박한 모더니스트가 아니라 진중한 리얼리스트적 태도 속에서 이루어지고 있음을 지적하고 있다(김영철, 『박인환』, 건국대 출판부, 2000). 한편 한수영은 박인환의 초기 시가 보여주는 현실 지향적 세계 인식이 개인주의적 경향을 완전히 불식할 수 없는 양심적 지식인의 고뇌에서 비롯된 것이라는 점에서 이념적 지향을 세계 인식의 기초로 삼고 있는 좌파문인들과는 변별된다고 본다(한수영, 『한국현대비평의 이념과 성격』, 국학자료원, 2000, 232면). 박인환이 좌파의 이념이나 뉴컨트리파의 영향을 수용했는가의 문제에 앞서, 이러한 해방기 현실에 대한 관심이 궁극적으로 근대성의 이념에 대한 반성적 대응 양식으로서 시쓰기를 이끌어 가는 동력이 된다는 점에 주목할 필요가 있을 것이다.
4) 서준섭은 '현대성'에 대한 인식과 탐구가 모더니즘의 기본이념이라는 점에서 해방기 모더니즘 시가 정치성을 드러내는 것은 필연적이라고 지적한다. 「모더니즘의 반성과 재출발」, 『현대시사상』, 1995년 가을.

꽃의 질서를 버리고
공규한 나의 운명처럼
열차는 떠난다.
검은 기억은 전원에 흘러가고
속력은 서슴없이 죽음의 경사를 지난다.

청춘의 복받침을
나의 시야에 던진 채
미래에의 외접선을 눈부시게 그으며
배경은 핑크빛 향기로운 대화
깨진 유리창 밖 황폐한 도시의 잡음을 차고
율동하는 풍경으로
활주하는 열차

가난한 사람들의 슬픈 관습과
봉건의 터널 특권의 장막을 뚫고
피비린 언덕 넘어 곧
광선의 진로를 따른다.
다음 헐벗은 수목의 집단 바람의 호흡을 안고
눈이 타오르는 처음의 녹지대
거기엔 우리들의 황홀한 영원의 거리가 있고
밤이면 열차가 지나온
커다란 고난과 노동의 불이 빛난다.
혜성보다도
아름다운 새날보담도 밝게

—「열차」 전문

박인환은 해방기 특유의 이념적 활력과 시인의 내적 열망이 결합된
거침없는 호흡과 속도감으로 시의 역동적인 흐름을 구성하고 있다. 새
세계를 향해 질주하는 '열차'는 미래를 향해 열려진 시간을 상징하는

것으로 읽힌다. 출발 지점에 선 열차의 팽창하는 에네르기는, '황폐한 도시'의 현실을 벗어나 신세계를 향해 벅차게 달려가는 해방기의 열린 시간 지평 속에서 이해될 수 있다. 여기서 '정거장'과 '열차'가 각각 상징하는바, 정지된 현실과 미래를 향한 의지의 시간적 대립은, '헐벗은 수목'으로 표현되는 죽음과 '녹지대'가 상징하는 생명의 대립으로 변주된다. 이때 '황폐한 도시, 관습, 봉건, 특권의 장막'으로 표현되는 폐쇄적인 공간의 특성들은, '처음의 녹지대', '영원한 거리'로 상징되는 미래적 전망 속에서 가차없이 부정되고 있다. 즉 힘차게 질주하는 열차의 운동이 '장막'으로 상징되는 폐쇄적인 과거의 시공간을 붕괴시키고 새로운 세계를 열어가는 것이다. 이러한 질주는 '청춘의 복받침'에서 보이듯, 과거의 역사를 종결시키고 새로운 역사를 시작하려는 청년의 뜨거운 열정으로 가득 차 있다. 시인은 열차가 보여주는 수평적 운동성을 '광선', '바람', '타오르는'이 환기하는 상승의 이미지와 결합시킴으로써, 미래를 향한 이념적 가치로 한껏 고양시키고 있다.

박인환은 이 시에서 '영원의 거리'라는 이상적 시공간을 유토피아로 상정함으로써 자신의 이념적 지향을 선명하게 드러낸다. 여기서 '열차' 는 진보적 세계관의 이데올로기를 상징하는 시적 기호이다. 주목할 것은 해방기의 이념적 지평 내에서 이루어지는 열차의 운동이 그려내는 동선 (動線)이 그 자체로 당대의 이데올로기적 시계(視界)를 결정하게 된다는 점이다.5) 자아의 시선은 열차의 직선적 운동에 완전히 동일화된 채 질주가 종결되는 소실점(vanishing point)을 향해 고정되어 있다. 이 소실점은 유

---

5) 바흐찐은 주체의 특정한 입장이나 주된 관심을 드러내는 것을 이데올로기적 시계 (ideological pureview)라고 한다. 그것은 사회적 교통(intercourse)이 일어나고 있는 일정한 층위를 가리키는 이데올로기적 지평 위에서, 개개인들이 자신의 구체적 삶의 과정이나 사건들을 바라보고 의미화하는 방식을 가리킨다(M. 바흐찐 & V. N. 볼로쉬노프, 송기한 역, 『마르크스주의와 언어철학』, 한겨레, 1988, 27면, 125~128면). 해방기의 이데올로기적 지평에 대해서는 신범순, 「해방기 시의 리얼리즘연구」, 서울대 박사논문, 1990, 125~128면 참조.

토피아로 상정된 '영원의 거리'가 현실의 지평으로 전화되는 지점, 곧 새 나라 건설이라는 역사적 전망이 현실로 착근되기를 기대하는 욕망이 실현되는 지점이다.6) 이렇게 시인은 역사적 시간의 운동이 종결되는 종착점에 자신의 시선을 고정시킴으로써 유토피아적 시간에 대한 강한 열망을 드러낸다. 이러한 시적 인식은 해방기의 진보적 이념의 바탕을 이루는 혁명적 로맨티시즘의 미학 원리와의 내적 친연성을 보여주는 것으로 이해된다. 혁명적 로맨티시즘은 당대의 정치적 소용돌이 속에서 역사를 진보의 방향으로 돌려놓으려는 이념적 의지와 결합된 미학적 방법론이다. 시 「열차」가 보여주는 낙관적 전망은 역사적 미래의 성취라는 혁명적 로맨티시즘의 시간의 원리와 맞닿아 있는 것으로 읽힌다.

그런데 근대의 시간적 특성을 미래를 향한 열린 비전에서 찾을 때, 그것은 미래라는 유토피아를 향한 끊임없는 시간적 모험과 기투의 과정을 의미한다.7) 이 시에서 유토피아의 상징인 '영원의 거리'는 열차의 도달점으로서의 미래에 위치하는데, 그것은 '처음의 녹지대'라는 시원의 이미지와 다시 결합된다. '영원'·'처음' 등의 시어들 역시 역사적 굴곡과 모든 갈등의 흔적이 거세된 근원적인 시간을 지시하고 있다.

나는 불모의 문명, 자본과 사상의 불균정한 싸움 속에서, 시민 정신에 이반된 언어 작용만의 어리석음을 깨달았었다.

자본과 군대가 진주한 시가지에는 지금은 증오와 안개 낀 현실이 있을 뿐……
더욱 멀리 지난날 노래하였던 식민지의 애가며 토속의 노래는 이러한 지구에 갈앉아 간다.

---

6) 근대적 시각 체계는 이러한 가상의 소실점을 설정함으로써 성립된다. 이때 소실점은 이념적 동일화의 대상인 대타자가 자리 잡은 지점을 의미하며, 주체는 이 절대자(타자)의 응시를 통해 정체성을 형성하게 되는 것이다. 주은우, 「현대성의 시각체계에 대한 연구」, 서울대 박사논문, 1998, 162~164면.

7) M. 칼리니스쿠, 이영유 외역, 『모더니티의 다섯 얼굴』, 시각과언어사, 1993, 78면 참조

그러나 영원의 일요일이 내 가슴 속에 찾아든다. 그러한 때에는 사랑하던 사람과 시의 산책의 발을 옮겼던 교외의 원시림으로 간다. 풍토와 개성과 사고의 자유를 즐기던 원시림으로 간다.

아 거기서 나를 괴롭히는 무수한 장미의 뜨거운 온도
— 『새로운 도시와 시민들의 합창』 자서

『새로운 도시와 시민들의 합창』(1949)의 서문으로 쓰인 위의 글 「장미의 온도」에서 박인환은 '불모의 문명, 자본과 사상의 싸움'이라는 현실의 상황, 곧 '증오와 안개 낀' 현실의 시간과 '풍토와 개성과 사고의 자유'가 살아 있는 '시의 원시림'으로 상징되는 두 시간을 대립시킨다. 그것은 '자본과 군대'의 폭력성에 잠식당한 불모의 현재와, '영원한 일요일'이라는 훼손되지 않은 유토피아적 시간의 대립으로 환언된다.[8] 이러한 현실/이상의 사이의 화해 불가능한 대립은 이상적 시간에 대한 동일화를 강화하는 한편 현실(과거)에 대한 절대적 부정을 낳게 된다.

그런데 문제는 이념적 지향점을 향해 질주하는 시간의 흐름 속에서, 현재는 과거에서 미래를 향해 가는 '과정'으로 인식될 뿐 그 자체로 시간적 의미를 담지하지 못한다는 데 있다. 즉 매 순간마다 새로운 시간을 낳으면서 질주하는 운동 속에서는 '부정될 과거'와 '지향으로서의 미래'라는 이중적 시간만이 의미를 가지게 되는 것이다.[9] 따라서 「열차」

---

8) 송기한은 박인환의 시간의식이, 근대의 흐르는 시간에 대한 부정과 주기적 순환이라는 영원의 시간에의 기투를 바탕으로 구성된다고 지적하고 있다. 한편 정채찬은 '교외의 원시림'을 초월과 피안의 세계 곧 예술적 에네르기('장미')를 의미하는 것으로 이해하여, 이 글이 박인환의 탐미주의적 보수주의 의식을 드러내준다고 지적한다. 「예술가의 초상에 관하여」, 『한국전후문학연구』(구인환 외), 삼지원, 1995.
9) 근대의 역사 인식은 항상 자신의 시간을 '가장 새로운 시간(die neueste Zeit)'로 인식함으로써, 현재의 시간을 이행기로 파악한다. 즉 현재의 매순간마다 자기 자신으로부터 새로운 것을 낳는 일이 변함 없이 되풀이됨으로써 진정한 의미의 현재는 존재하지 않게 되는 것이다. J. 하버마스, 「근대의 시간의식과 자기 확신 욕구」, 『모더니티란 무엇인가』(김성기 편), 민음사, 1994, 372~373면.

에서 질주하는 시간의 운동은, 현재와의 갈등이나 충돌이 소거된 선적
인 흐름을 만들어낸다. 이것은 '열차'의 이념에 시인의 욕망이 완전히
합일됨으로써, 자아와 사회적 이념 사이의 모든 갈등이 휘발되고, 질주
의 속도감이 자아의 내부를 완전히 지배하고 있음을 의미한다.

이 점은 개인의 내밀한 체험보다는 집단적 열망과 공동체적 정서가
지배적인 해방기의 특수성과 연관지어 이해될 수 있다. 이념적 시계를
통일시키는 구심적 힘들이 지배적으로 작용하는 해방기는 공동체의 전
망을 향한 계몽의 열망이 개인의 내적 지향과 합치되어 시적 담론을 형
성해 가던 시기이다. 따라서 당대의 시인들은 이념적 목적지를 향해 질
주하는 시간의 원리를 수용하고, 가상의 소실점에 자신의 시선을 완전
히 합치시킴으로써 시적 세계를 구축해 간다. 이때 시적 언어는 이념의
언어—바흐찐의 말을 빌면 타자의 언어—에 합일됨으로써 개성이 휘
발된 집단적 주체의 목소리로 표출되는 것이다.[10] 이러한 폐쇄적인 언
술은 동일자로서의 주체의 자리를 보존해 주는 대신, 시인이 자기 자신
과 맺는 성찰과 반성의 목소리를 억압하게 되는 요인으로 작용하게 된
다.[11] 시 「열차」를 이끌어가는 단일한 음성은 당대의 계몽적 비전에 대
한 시적 자아의 절대적인 동일화에 의해 유지되고 있다.

그런데 문제는 이러한 이념적 동일화의 과정이 타자에 대한 허구적
이며 상상적인 관계 속에 놓인다는 점에 있다. 라캉의 말을 빌면, 이념
적 비전에 대한 박인환의 시적 열망은 사회적으로 승인되는 이미지에
대한 욕망을 자신의 선택으로 착각하는 오인에 의해서 구성되는 것으로
이해된다. 이 점은 근대의 이념에 대한 동일화의 지향과 그 붕괴의 과

---

10) 바흐찐은 이데올로기적인 의식이 개인의 무의식 속으로 스며들어가기 때문에 개인
   의 발화를 통해서 표현될지라도 그것은 사회적인 언어이며, 사회적인 승인에 의해서
   기호화될 수 있다고 본다. N. 바흐찐 & V. N. 볼로쉬노프, 송기한 역, 앞의 책, 33~34면.
11) 바흐찐은 사회적인 가치판단들이 주어진 상황에서 화자의 발화에 개성을 부여해 주
   지 못하는 극도의 명확성을 가진 타자의 말을, 발화자의 개성을 보장해 주는 회화적
   문체와 대비하여 '선적인 문체(der lineare stil)'라고 한다. 위의 책, 164~166면.

정 속에서 진행되는 박인환의 시쓰기 전반을 해명하는 중요한 요소가
된다. 따라서 이념적 유토피아와 자아의 행복한 결합 속에 내재된 오인
구조를 해명할 때, 근대성에 대한 피상적인 이해 혹은 서구적인 것에
대한 무반성적 지향으로 평가되어 온 박인환 시의 내적 갈등과 인식적
변모의 양상이 구체적으로 드러날 것이다.

서적은 황폐한 인간의 풍경에 광채를 띠었다.
서적은 행복과 자유와 어떤 지혜를
인간에게 알려주었다.

(…중략…)
오래도록 사회가 성장하는 동안
활자는 기술과 행렬의 혼란을 이루었다.
바람에 퍼덕이는 여러 페이지들
그 사이에는
자유 佛蘭西 공화국의 수립
영국의 산업혁명
F. 루즈벨트氏의 미소와 아울러
뉴기니아와 오키나와를 걸쳐
戰艦 미조리號에 이르는 인류의 과정이
모두 가혹한 회상을 동반하여 나타나는 것이다.

내가 옛날 위대한 반항을 企圖하였을 때
서적은 白晝의 장미와 같은
창연하고도 아름다운 풍경을
마음속에 그려주었다
소련에서 돌아온 앙드레 지이드氏
그는 진리와 존엄에 빛나는 얼굴로
자유는 인간의 풍경 속에서
가장 중요한 요소이며

> 우리는 영원한 〈風景〉을 위해
> 자유를 옹호하자고 말하고
> 한국전쟁에서의 치열의 高潮에
> 달하였을 적에
> 모멸과 煉獄의 풍경을
> 응시하며 떠났다.

— 「서적과 풍경」 부분

이 시에서 근대이성을 상징하는 '서적'은 과거와 현재의 시간적 변화를 동시에 내장하고 있다. 1연에서 근대 초기의 발랄한 이성은 황폐한 인간의 풍경에 광채를 띄우는 '행복과 자유, 지혜'의 이념으로 표상된다. 이러한 서적의 이념은 기술과 도구적 합리성이 지배하는 응고된 '활자'로 변질되는데, 그것은 서적에 담긴 '역사'적 과정을 통해서 구체화된다. 즉 서적에 담긴 '역사'는 자유와 휴머니즘의 상징인 '프랑스 혁명'에서부터 근대이성의 야만적 폭발인 '이차대전까지'의 시간적 변화를 함축하고 있다. 이렇게 서적은 합리성과 지혜, 야만과 폭력성이라는 이중적 함의를 지닌 근대의 상징물이 된다. 따라서 시인은 "인간의 이지를 위한 서적 그것은 잿더미가 되고"(「잠을 이루지 못 하는 밤」)에서처럼, 빛나던 과거의 이념과 정신이 이미 훼손되었으며, 근대의 시간은 이러한 야만과 폭력성을 은폐하는 과정이었음을 폭로한다.

이러한 서적의 이중적 의미에 대한 지이의 태도는 '위대한 반항을 기도했던' 옛날(과거) / '암흑의 세대'(현재)로 나누어진다. 과거를 상징하는 '백주(白晝)의 장미'는 '광채'(1연), '창연하고 아름다운 풍경'(4연), '원야(原野)와 산과 바다와 구름과 같은 인상의 풍경' 등 심미적인 이미지가 표상하는 행복한 시간으로 제시된다. 과거의 시간이 내포한 유토피아적 의미는 궁극적으로 '자유와 행복과 지혜'(1연), '불멸의 정신'(6연)에 대한 자아의 열망을 뒷받침한다. 그것은 앞에서 살펴본 시 「열차」의 '영원한 풍경', '시의 원시림', '황홀한 영원의 거리', '처음의 녹지대' 등 역사의 종결이자 시원의 시간으로 상정된 유토피아적 이념에 대한 지향과 동일한 의미를 지닌다. 이렇게 근대 출발기의 이성과 합리성에 대한 기대, 그리고 진리와 존엄과 자유로 표상되는 이념에 대한 지향은, 서적의 이상적 기호인 '영원한 풍경'(4연)에 대한 동일화의 의지로 표출된다. 이러한 이상적 시간에 대한 자아의 동일화의 욕망은, '활자'가 의미하는 혼란과 위기에 대한 강한 부정의 태도와 겹을 이루고 있다.

그런데 여기서 주목해야 할 것은 동일화의 표상으로 상정된 '자유'가 부르주아적 담론 내부에서의 자유에 국한되며, 이것은 이념적 타자에 의해서 승인된 하나의 이미지에 불과하다는 점이다. 시에서 '자유와 존엄'으로 상정되는 이념은 '공산주의'라는 이념적 기호와 대립항으로만 인식되고 있다. 언어의 의미는 선험적으로 주어지는 것이 아니라 다른 시니피앙들과의 차이에 의해서 결정되는 것임을 환기할 때, 박인환이 이 부르주아적 자유를 초월적 선험적인 것으로 인식하는 것은 분명 한계를 보여주는 지점이라 하겠다.[12] 라캉에 의하면, 눈과 세계 사이에 존재하는 이미지 / 스크린은 이데올로기와 담론이 시각장에 작용하는 통로이며, 사회역사적 가변적 요소들이 시각장으로 들어오는 배관이 된다. 이 시에서 '자유와 진리'는 서적으로 상징되는 이데올로기적 체계와 자아 사이에 놓인 일종의 스크린 / 필터로 작동하고 있음을 알 수 있다. 이렇게 박인환의 시적 시선은 '자유와 진리'라는 이미지와 상상적 관계에 놓임으로써, 부르주아적 자유라는 시대적 에피스테메를 벗어나지 못하고 있다.[13] 시적 자아는 서적의 표면에 비치는 '아름다운 풍경', '영원한 〈풍경〉'이라는 가상의 이미지를 이상적 풍경으로 인식함으로써, 이념적 타자의 호명에 응답하고 있는 셈이다. 지배적 담론에 의해 구축된 인식

---

12) 류순태는 근대성의 이념을 공산주의와 반대되는 것으로 보는 박인환의 인식이 근본적으로 자유주의 이데올로기적 지평에서 벗어나지 못하고 있음을 지적하면서, 근대성에 대한 제한적 인식으로 귀결될 수밖에 없었던 인식적 한계를 지적한다. 류순태, 「1950년대 한국 모더니즘시의 표상연구」, 서울대 박사논문, 1999, 30면 참조

13) J. 라캉, 권택영 외역, 『욕망이론』, 문예출판사, 1994, 236~240면 참조.

틀로서의 풍경은 그 기원에 대한 반성과 탐색을 요청한다.[14] 그러나 박인환은 주어진 대상―풍경이 당대의 이념적 타자에 의해 규정되고 질서지어진 것이라는 것을 간파하는 대신에, 이러한 풍경을 유토피아의 이미지로 이상화함으로써 상상적 동일화에 머물고 있다.

박인환에게 있어서 전쟁의 체험은 이러한 상상적 동일화에 기반한 해방기의 계몽적 열정의 붕괴를 의미한다. 전후의 박인환은 이념적 타자와의 동일화의 붕괴와 그 과정에서 경험하는 소외와 위기의식을 죽음과 허무, 우울의 정조로 텍스트화하고 있다. 이렇게 전후시를 특징짓는 허무주의, 실존적 불안의 이면에, 근대 이념에 대한 동일화의 붕괴에서 기인하는 자기 분열의 양상이 내재되어 있다는 사실은 그의 시세계를 해석하는 데 중요한 열쇠가 된다. 전후에 쓰인 시 몇 편을 읽어본다.

    ① 미끄럼판에서
       나는 고독한 아킬레스처럼
       불안의 깃발 날리는
       땅 위에 떨어졌다.
       머리 위의 별을 헤아리면서
       (…중략…)
       처음 미끄럼판에서
       내리달리던 쾌감도
       미지의 숲속을
       나의 청춘과 도주하던 시간도
       나의 낙하하는
       비극의 그늘에 있다.

                        ―「落下」 부분

    ② 사랑은 조각에 나타난 추억

---

14) 가라타니 고진, 박유하 역, 『일본 근대문학의 기원』, 민음사, 1997, 50~51면.

泥濘과 작별의 여로에서
기대었던 수목은 썩어지고
電信처럼 가벼웁고 재빠른
불안한 속력은 어데서 오나.

—「奇蹟인 現代」 부분

위의 시에서 전쟁은 거대한 '폭풍'의 이미지로 표현되는데, 이러한 재난의 파괴력은 해방기의 직선적인 시간의 흐름을 추락과 하강의 운동으로 바꾸어 놓는다. ①에서 시인은 '눈에 타오르는 처음의 녹지대'의 열정과 흥분이 '어둠'으로 가라앉는 '비극의 그늘'을 응시하면서, 해방기의 이념적 시계(視界)의 붕괴를 전면화하고 있다. 여기서 '미끄럼판'은 근대의 균질화된 시간 지평을 상징하는 것으로 읽힌다. 그런데 시에서 미끄럼판 위를 질주하던 운동은 땅 위로 추락하는 하강의 움직임으로 변화되고 있다. 이 추락의 동선은 '청춘'을 향한 해방기의 열광이 파탄으로 귀결됨을 상징적으로 보여준다. 이러한 시간적 파탄의 원인을 ②에서 찾아볼 수 있다. 여기서 현재는 '불안한 속력'으로 환기되는 위기의 시간이며, 자아는 이 '전신처럼 가벼웁고 재빠른' 근대의 속도를 위협과 공포로서 감지하고 있다. 이러한 공포로 얼룩진 세계에서 시인이 느끼는 위기감은 '기대었던 수목이 썩어지는'과 같이 존재의 근거가 붕괴되는 사건으로 상징된다. 유토피아를 향해 질주하던 행복한 속도감은 결국 '불안한 속력'으로 바뀌고, 이러한 급격한 변화는 '사랑은 조각난 추억'에서와 같이 파편화되고 분절된 시간으로 경험되는 것이다.

이렇게 박인환의 시에서 전쟁으로 인한 시간적 파탄이 자아를 위협하는 억압으로 전화되고 있음을 알 수 있다. 그의 시에서 '불안'·'비극'·'어둠' 등의 시어들이 자주 등장하는 것은 자아의 분열과 해체의 위기감이 전후의 시적 감수성을 지배하기 때문으로 보인다.

①얇은 고독처럼 퍼덕이는 旗
　그것은 주검과 관념의 거리를 알린다.

　허망한 시간
　또는 줄기찬 행운의 瞬時
　우리는 도립된 석고처럼
　불길을 바라볼 수 있었다
　낙엽처럼 싸움과 청년은 흩어지고
　오늘과 그 미래는 그 확립된 사념이 없다.
　(…중략…)
　잊을 수 없는 의혹의 旗
　잊을 수 없는 환상의 旗
　이러한 혼란된 의식 아래서
　〈아포롱〉은 위기의 병을 껴안고
　고갈된 세계에 가라앉아간다.

―「의혹의 旗」 부분

②온 세상에 피와 비와 종소리가 그칠 때
　시끄러운 시대는 어디로 가나
　강렬한 싸움 속에서
　자유와 민족이 이지러지고
　모든 건축과 원시의 평화는
　새로운 증오와 쓰러져간다
　아 오늘날 모든 시민은
　靜莫한 생명의 존속을 지킬 뿐이다.

―「정신의 행방을 찾아」 부분

　①에서는 이념이 붕괴되는 현실에서 자아가 감지하는 위기와 혼란이
전경화되고 있다. 근대라는 '위기의 병'을 껴안고 '고갈된 세계'로 가라
앉는 모습은 시간의 붕괴가 존재의 위기로 인식되고 있음을 잘 보여준

다. 이념의 표상인 '기'가 고독하게 퍼덕이는 모습은 자신을 투사할 전
망이 상실된 어두운 상황을 환기하고 있다. 이러한 '확립된 사념이 없
는' 이념의 부재 상태는 '오늘과 미래'의 시간을 구별하지 못하는 혼돈
을 낳고, '도립된 석고'처럼 가치가 전도되고 생명력이 상실된 죽음의
상황으로 이어진다. 이렇게 주검 / 관념, 환상 / 의혹, 허망한 시간 / 행운
의 시간이 서로 충돌하는 가운데 자아의 혼란과 위기는 더욱 가중된다.

②에서 평화의 시간으로 상징된 '원시'의 이미지는, 앞에서 살펴본 시
「열차」에서 '처음의 녹지대'로 표현되었던 유토피아적 이상과 동일한
시간적 좌표를 지닌다. 시간의 축조물인 '건축'과 훼손되지 않은 '원시
의 평화'는 모두 근대의 폭력성에 오염되지 않은 근원적 시간을 상징하
는 것으로 읽힌다. 그러나 '시끄러운 시대', '폭풍 속의 인류'와 '불모의
문명'이 보여주듯, 전쟁으로 인해 이 '모든 건축과 원시의 평화'는 붕괴
되고, '靜寞한 생명의 존속을 지킬 뿐'인 무의미한 시간이 이어지게 된
다. 이러한 불모의 시간성은 "우리의 일상과 신변에 / 우리 그림자는 / 명
확한 위기를 말한다"(「어떠한 날까지」)에서 알 수 있듯이, 고립된 존재의
불안으로 내면화된다.15) 미래를 향한 시간적 비전이 사라진 전후 박인
환의 시적 공간은 이러한 '정막'의 상태, 즉 '생명의 존속'을 위협하는
끝없는 불안의 시간으로 채워지고 있다.

---

15) 박인환의 시에서 지배적인 정조로 드러나는 불안은 실질적인 외부의 위험 상황에
대한 대응으로, 그것은 프로이트 식의 분리불안과 연결되어 있다. 프로이트에 의하면
오이디푸스 이후의 불안, 즉 사회적 불안은 집단으로부터의 분리이자 배제에서 비롯
된다(이종영, 『욕망에서 연대성으로』, 백의, 1998, 80~87면 참조). 자본주의사회는, 언
제든 그 사회로부터 배제될 수 있다는 위협을 통해 개인을 지배하는데, 이러한 배제
혹은 분리의 위협은 불안이라는 정조를 통해 개인의 내면을 장악하고 무의식을 지배
하게 된다. 이런 점에서 박인환의 시를 지배하는 불안은, 집단적 이념적 가치로부터
소외된 전후 고립된 자아의 존재 양식을 드러내주는 것으로 읽을 수 있다.

2) '닫힌 방'과 수인(囚人)의 육체

　미래를 향해 질주하는 근대적 시간은 그 내부에 자리한 질적 차이를 무화시키고, 단일한 이념 속으로 수렴하는 선적 흐름으로 표상된다. 박인환의 시에서 '열차'가 상징하는 선적 시간에 대한 동일화의 시선은 시인이 세계를 동질적 시간의 장(場)으로 파악하고 있음을 보여준다. 이것은 시인이 이념적 체계와의 상상적 관계 속으로 미끄러져 들어감으로써 근대성 내부의 이질적이고 비균질화된 시간의 층위를 고려하지 못하고 있음을 의미하는 것이기도 하다. 흥미로운 것은 전후 박인환 시에서는 유토피아적 비전의 붕괴와 파편화된 시간에 대한 인식이 주조를 이룬다는 점이다. 개인은 시간적 연속성 속에 자신을 투사함으로써만 스스로를 통일된 존재로 인식할 수 있게 된다. 이런 점에서 보면, 전후의 박인환의 시쓰기를 지배하는 실존적 위기감은 자기 통일적 서사를 불가능하게 하는 폭력에 대한 인식에서 비롯되는 것이며, 이 점은 파탄된 시간의식과 분리되어 이해할 수 없다. 따라서 '낙하'의 운동이 보여주는 시간적 단절은 자아 통일성의 붕괴를 상징한다는 점에서 박인환의 시세계를 관통하는 문제의식에 닿아 있다고 하겠다.

　다음의 시에서 그는 전쟁의 폭력성이 존재의 위기로 전화되는 지점을 포착함으로써 1950년대 시적 분열의 근원적 지점을 텍스트화하고 있다.

> 안개 내린 시야에
> 新婦의 베일인가 가늘은 생명의 연속이
> 최후의 頌歌와
> 불안한 발걸음을 맞추어
> 어디로인가
> 황폐한 토지의 외부로 떠나가는데
> 울음으로서 죽음을 대치하는
> 수없는 악기들은

이 고요한 계곡에서 더욱 서럽다.

江기슭에서 기약할 것 없이 쓰러지는
하루만의 인생
화려한 욕망
旅券은 산산이 찢어지고
낙엽처럼 길 위에 떨어지는
캘린더의 향수를 안고
자전거의 소녀여 나와 오늘을 살자

—「회상의 긴 계곡」 부분

이 시에서는 전후의 억압적 현실이 시간의 균열을 통해 표현되고 있다. 시인이 놓인 현재는 과거, 미래와의 연속성을 상실한 단절의 시간이다. '안개 내린 시야', '최후의 송가', '불안한 발걸음', '황폐한 토지' 등의 시어가 만들어내는 분위기는 암울한 현실을 직접적으로 환기시킨다. 이러한 현실은 '신부'의 순결함이 훼손된 타락한 시간에 대한 인식을 낳는 동인이 된다. '황폐한 토지'로 상징되는 이러한 불모의 시간에서 벗어나기 위해, 자아는 '회상'을 통해서 과거를 향하게 된다. 그에게 타락한 현재를 위무하고 결핍을 충족시킬 수 있는 과거만이 회귀해야 할 낙원의 시간으로 인식되는 까닭이다. 문제는 과거를 향한 '회상'의 작용이 '비좁은 계곡'의 공간성과 결합되어 시간적인 폐쇄성을 역설적으로 강화시키는 기능을 한다는 점이다. 결국 '황폐한 토지의 외부'에 자리한 과거는 현재의 불모성을 회복할 수 있는 창조적인 시간으로 살아나지 못한다.16) 이러한 시간적 단절의 상황은, '안개 내린 시야', '불안한 발걸음'에서 보듯 현재의 혼돈과 불안을 더욱 심화시키는 것이다. 이때 '여권'이라는 시어는 어두운 절망 속에서 자아가 시간적 출구를 모색하고 있음을 보여준다. 여행을 통해 시공간적 변화를 모색한다는 점에서,

---

16) G. 뿔레, 김기봉 역, 『인간의 시간』, 서강대 출판부, 1998, 380면.

'여권'은 새로운 시간을 꿈꾸는 희망의 상징물이다. 그런데 시에서 '여권'은 찢겨지고, 새로운 시간에 대한 기대는 일상적 세계를 상징하는 '캘린더'로 대치되고 있다. '캘린더'는 양적으로 분할되고 인공적으로 구획된 현실의 시간을 담고 있다. 따라서 무의미한 일상이 영위되는 캘린더의 시간은 낙엽처럼 떨어지는 퇴락과 죽음의 이미지로 채워진다. 이렇게 시간적 출구가 닫힌 캘린더에 고립된 시인의 의식은 '하루만의 인생', '오늘을 살자' 등의 폐쇄된 '오늘'(현재)의 시간에 가두어지게 된다. 다음의 시에서도 '다음날'에의 비전을 상실한 자아의 모습이 폐쇄된 공간에 감금된 '수인'의 이미지로 표현되고 있다.

> 날개 없는 여신이 죽어버린 아침
> 나는 폭풍에 싸여
> 주검의 일요일을 올라간다.
>
> 파란 의상을 감은 목사와
> 죽어가는 놈의
> 숨가쁜 울음을 따라
> 비탈에서 절름거리며 오는
> 나의 형제들.
> (…중략…)
> 囚人이여
> 지금은 희미한 凸形의 시간
> 오늘은 일요일
> 너희들은 다행하게도
> 다음날에의
> 비밀을 갖지 못했다.
> 절름거리면서 교회에 모인 사람과
> 수족이 완전함에도 불구하고
> 복음도 기도도 없이

떠나가는 사람과

傷風된 사람들이여
영원한 일요일이여

―「영원한 일요일」 부분

　이 시에서 구원의 시간인 '일요일'은 '죽어가는 놈', '주검' 등의 시어
와 결합되어 파탄된 삶을 확인하는 비극적인 시간으로 바뀐다. "날개 없
는 여신이 죽어버린 아침"은 장례식의 어두운 이미지와 더불어 현재의
절망감을 더욱 심화시킨다. '절름거리는 형제들'이 보여주는 신체적 불
구성은 이러한 죽음의 위기가 자아를 깊숙하게 장악하고 있음을 보여준
다. 이렇게 시인에게 '일요일'은 육체적 불구자들과 '수족이 완전한 사람
들'의 정신적 불구성만이 가시화되는 닫힌 시간으로 인식된다. '다음날'
에의 희망을 갖지 못하는 이러한 상황의 비극성은, "회의와 불안만이 다
정스러운 / 모멸의 오늘을 살아 나간다"(「살아있는 것이 있다면」)에서처럼,
불모의 현재를 '다행스럽게' 인식하는 아이러니로 표출되기도 한다.
　여기서 해방기의 미래적 비전에 바탕을 둔 '열차'의 열린 시공간과는
변별되는 박인환의 시적 변모를 구체적으로 살펴볼 수 있다. 이념에 대
한 동일화의 욕망과 현실의 언어에 강하게 종속되었던 해방기의 시적
세계와 달리, 전후 박인환의 시는 세계의 압도적인 우위 속에서 감지되
는 위기와 불안을 고백적인 언어로 표출하고 있다. 이러한 불안의 기원
은 이 시에서 '일요일'이 미래와 단절된 채 '영원히' 지속되는 현재의
시간으로 인식된다는 점에서 찾을 수 있다. '영원한 일요일'은 현재의
시간적 좌표로만 존재할 뿐, 새로운 시간적 가능성을 담지 못함으로써
시간의 흐름을 정지시킨다.[17] 여기서 흥미로운 것은 감금된 시간으로서
의 일요일이 '파란의상을 감은 목사'로 드러나는 상징적 아버지의 시간

---

17) 서동욱, 『차이와 타자』, 문학과지성사, 2000, 152면.

에 지배된다는 점이다. 시인은 대타자의 억압에 복종할 수밖에 없는 상황의 억압성을 전경화함으로써, 구원의 이름으로 인간을 불구로 만들어 버리는 시간의 폭력성을 폭로하는 것이다. 이것은 전후 박인환의 시쓰기가 당대의 지배 담론의 억압성과 그로 인한 자기 분열의 지점에서 펼쳐지고 있음을 보여준다.

한편 박인환의 시에서 '영원한 일요일'이 표상하는 고립된 시간성은 '방'과 '벽'·'감옥' 등으로 상징되는 닫힌 공간으로 변주되어 드러난다.

①사랑은 주검의 斜面으로 달리고
　脆弱하게 조직된
　나의 내면은
　지금은 고독한 술병.

　밤은 이 어두운 밤은
　안테나로 형성되었다
　구름과 감정의 經緯度에서
　나는 영원히 약속될
　미래에의 절망에 관하여 이야기도 하였다.

　또한 끝없이 들려오는 불안한 波長
　내가 아는 단어와
　나의 평범한 의식은
　밝아올 날의 영역으로
　위태롭게 인접되어 간다.

—「밤의 노래」 부분

②적막한 곳엔 살 수 없고
　겨울이면 눈이 쌓일 것이
　걱정이다.

시간이 갈수록
바람은 모여들고
한간 방은 잘자리도 없이
좁아진다.
밖에는 우수수
낙엽소리 나의 몸은 무거워진다.

―「田園」 부분

위의 시에서는 '열차'의 열린 시간이, 단절과 폐쇄의 상징인 '수인'의 시간으로 변화됨으로써 유토피아를 향한 열망의 붕괴를 보여준다. ①의 시는 파탄된 현실이 '불안한 파장'으로 내면화되는 상황을 담고 있다. '안테나'의 섬세한 감각을 통해서 감지되는 '끝없이 들려오는' 불안의 기미는 자아의 내면으로 전이되고 있다. '밝아올 날'(미래)에 대한 확신의 부재에서 비롯되는 이러한 절망은 '밤'으로 상징되는 검은 현실의 이미지로 투영된다. 시적 자아를 지배하는 깊은 절망감은 '영원히 약속될 미래에의 절망'이라는 구절이 함축하여 보여주고 있듯, 시간적 비전이 봉쇄된 채 어두운 현재만이 영원히 지속될 뿐이라는 비극적 인식에서 비롯된다. 이렇게 불안한 현재와 불투명한 미래가 '위태롭게 인접'되는 지점에서 시인은 자신의 정체성을 지속적으로 위협 당하는 것이다. '고독한 술병'이라는 폐쇄적인 공간은 이러한 질식할 듯한 위기감으로 가득 찬 자아의 내면을 상징적으로 보여준다.

'술병'이라는 이미지 속으로 흘러들었던 폐쇄적 시간의식은 시 ②에서는 '방'이라는 협소한 공간으로 변주된다. '닫혀진 방'의 공간은 '낙엽'과 '무거워지는 몸', '역풍에 쓰러진 고목'의 이미지와 결합되어 현재의 황폐함을 전경화한다. 이때 자아의 도피처인 '방'은 '시간이 갈수록' 모여드는 '바람'의 강한 잠식력에 의해서 침식당하는 위기의 공간으로 변질된다. '잘 자리도 없이 좁아지는' 방의 협착함은 휴식을 허락하지 않고 공포와 대면하도록 만드는 현실의 무차별적 억압성을 환기한다.

“밀폐된 이런 세계”(「불신의 사람」) 속에 놓인 시인의 의식은 “죽음을 기다리는 시인과 같이 권태로운 하품을 하여야 한다”(「십오일 간」)에서처럼, 죽음과 권태에 깊게 침윤되어 있다. 시인은 ‘시간이 / 갈수록’ 자아를 둘러싸고 점점 좁혀져 오는 위기감을, ‘모여들다’·‘좁아진다’·‘무거워진다’ 등 시간의 변화를 보여주는 서술어의 움직임을 통해 더욱 극적으로 고조시킨다. 이렇게 박인환의 시에서 ‘술병’·‘방’ 등의 닫힌 공간은 시간의 흐름이 거세된 현재의 시간적 표지로, 세계와 연속성을 상실한 자아의 고립된 내면을 표출하는 시적 장치가 된다.

　다음의 시에서도 시인을 둘러싼 불길하고 절망스런 분위기는 ‘벽’으로 둘러싸인 폐쇄적인 공간을 통해서 표현되고 있다.

　　　하루종일 나는 그것과 만난다.
　　　피하면 피할수록
　　　더욱 접근하는 것
　　　그것은
　　　너무도 불길을 상징하고 있다
　　　옛날 그 위에 명화가 그려졌다 하여
　　　즐거워하던 예술가들은
　　　모조리 죽었다.

　　　지금 거기엔 파리와
　　　아무도 읽지 않고
　　　아무도 바라보지 않는
　　　격문과 정치 포스터가 붙어 있을 뿐
　　　나와는 아무 인연이 없다.

　　　그것은 감정도 이성도 잃은
　　　멸망의 그림자
　　　그것은 문명과 진화를 장해하는

사탄의 사도
나는 그것이 보기 싫다
그것이 밤낮으로
나를 가로막기 때문에
나는 한 점의 피도 없이
말라버리고
여왕이 부르시는 노래와
나의 이름도 듣지 못한다.

―「벽」 부분

앞에서 살펴본 「영원한 일요일」에서와 같이 '벽'은 현재에 고착된 의식을 보여주는 물질적인 기호이다. 과거·미래와 단절된 폐쇄적 시간의 상징인 '벽'은 세계로부터 자아를 격리시키는 기능을 한다. '피하면 피할수록 더욱 접근하는 것'이라는 진술을 통해서 알 수 있듯이, 벽은 거부할수록 오히려 자아를 더욱 견고하게 가두는 억압적 현실을 상징한다. 그런데 여기서 '격문, 정치 포스터'로 상징되는 이념적 언어가 이 벽의 단단한 물질성과 결합되어 제시되고 있다. 정치적 언어와 완고한 벽의 이미지가 등치됨으로써, 생명의 시간으로 활성화되지 못하는 이데올로기의 억압이 효과적으로 드러나는 것이다. '나는 그것이 보기 싫다'라는 고백적 진술은, 현재를 지배하는 세계의 폭력성에 대한 시인의 극단적인 부정의 태도를 보여준다.

이렇듯 이념의 응고물인 현재의 '벽'이 억압적인 것으로 인식되는 데 반해, 과거의 '벽'은 예술적 창조적 시간성을 담고 있다. 벽에 그려진 '명화'로 상징되는 미적 세계는 "지난 시인이 걸어온 길을 꿈길에서 부딪쳐본다"(「田園」)에서 보이듯 현재화될 수 없는 가상의 시간에 놓여진다. 예술이란 궁극적으로 시간의 유한성으로부터 벗어나려는 인간의 의지에서 비롯되는 것이며, 따라서 그것은 영원성·불변성의 가치를 지향한다. 이런 점에서 미적 창조성이 사라진 시간의 '벽'은 모든 초월의 가능성을 박탈당한 채 현실에 묶여 있는 존재의 비극성을 환기시킨다. 명화가 그려졌던 창조적 지평으로서의 벽은 자아를 위협하는 죽음의 물질성만을 띠게 된다. 그리하여 모든 창조와 생산적 열망이 사라진 현재의 시간은 시인을 감금하는 벽과 같은 차가운 물질성, 즉 공포스러운 부정의 대상으로만 인식되는 것이다.

이러한 폐쇄적 시간의 비극성은 "깨어진 거울의 여윈 印象"(「1953년의 여자에게」)에서, '깨진 거울'의 이미지로 변용됨으로써 자아 정체성의 붕괴를 상징적으로 보여준다. 생명력이 고갈된 '벽'의 물질성은, 여기서 '한 점의 피도 없이 말라버리는' 고갈된 육체의 이미지로 전이된다. 생명력이 고갈된 상태에서 '여왕이 부르시는 노래'가 상징하는 미적 이상은 더 이상 자아의 동일성을 지속시켜 주지 못하고, 이러한 고통스런 상황은 결국 '나의 이름'을 듣지 못하는 정체성의 붕괴로 이어지는 것이다. 이렇게 박인환의 시에서 자신을 투사할 시간적 비전의 부재에서 비롯되는 절망적 인식은 '피할수록 접근하는' 벽에 의해 질식하는 자기 소멸의식으로 채워진다. "회의와 불안만이 다정스러운 / 모멸의 오늘을 살아간다. / (…중략…) / 회상도 고뇌도 이제는 망령에게 팔은 / 철없는 시인 / 나의 눈 감지 못한 / 단순한 상태의 / 시체일 것이다"(「살아있는 것이 있다면」)에 이르면, 시인은 스스로를 '눈감지 못하는 시체'로 자각하기에 이른다. '벽'으로 상징되는 폐쇄된 세계의 억압으로 인해 파탄된 시간의식이 자기 소멸이라는 극단적 지점에까지 이르게 된 것이다.

한편 박인환의 시에서 "암흑의 지도, 고절된 치마"(「눈을 뜨고도」)에서 보여주는 '孤絶'된 수인(囚人)의식은 고갈된 육체의 이미지로 텍스트화된다.

비탈에서 절름거리며 오는
나의 형제들

—「영원한 일요일」 부분

황혼이면 피곤한 육체로

—「일곱 개의 층계」 부분

향기짙은 젖가슴을
총알로 구멍내고

—「미래의 창부」 부분

허약한 바늘처럼
바람에 쓰러지는
무수한 육체

—「1953년의 여자에게」 부분

녹슬은 흉부

—「눈을 뜨고도」 부분

현실의 폐허가 존재의 위기로 내면화되는 지점에서 이러한 불구적인 육체의 형상이 출현한다. '가슴에 총알을 낸' 폭력적 현실에 의해 훼손된 육체는, '절름거리며', '피로한 육체', '허약한 바늘', '녹슬은'에서 보이듯 생명력이 소진된 불모의 시간성을 띠고 있다. 시인은 일그러진 육체를 통해서 현실 속에서 상처받고 억압된 의식을 상징적으로 드러낸다. 이렇게 그의 시 곳곳에서 드러나는 불구적인 육체의 파편 속에서 전후의 현실에서 기인하는 공포와 자기 소멸의 의식을 읽을 수 있다.

"넓고 個體 많은 토지에서 나는 더욱 고독하였다"(「잠 이루지 못하는 밤」)에서 알 수 있듯이, 박인환은 세계와 단절된 개체로서의 '나'의 위기에 주목함으로써 전후의 현실이 가져온 실존적 위기의 상황을 탐색하고자 한다. 이러한 시쓰기는 자아의 공포와 불안 등의 징후를 전경화함으로써 전후 현실의 독특한 분위기를 텍스트에 옮겨 놓는다. 그의 시에서 내면 공간인 '방'과 대립을 이루는 현실 공간으로서의 '거리'가 거의 출현하지 않는다는 점은 이러한 까닭으로 이해된다. 모더니즘의 형식적 방법론적 기율에 충실함으로써 문명비판의 외향적 시선을 견지한 조향 등의 모더니스트들과 달리, 박인환은 근대성의 파탄을 실존적 위기로 읽어내면서, 그 균열의 지점을 탐색하고자 하는 것이다. 이런 점에서 근대의 파탄된 시간을 배음으로 하여 진행되는 박인환의 시쓰기는 1950년대 모더니즘 시의 독특한 내면 풍경을 드러내준다고 하겠다.

2. 동결된 현재로 귀환하는 두 여행

해방기의 열린 시간 체험과 전후 고립된 시간의식 사이에 존재하는 심연은 박인환의 시쓰기가 펼쳐지는 인식적 지평이 된다. 전후의 박인환은 자기 갱신의 가능성을 차단당한 채 '수인'의 시간에 고착된 존재의 위기를 전면화함으로써, 근대적 시간의 억압성이 어떻게 내면으로 전이되는가를 포착한다. 전후 시의 주요한 모티프로 등장하는 '여행'은 이러한 폐쇄적 시공간으로부터 벗어나려는 출구의 모색이라는 의미를 갖는다. 현재의 불모성에 대응할 수 있는 시간적 전망을 찾기 위한 여행은 '아메리카 기행' 시편에서 드러나는 '미래로 가기'와 회상의 형식을 빌려서 진행되는 '과거로 가기'의 이중적 동선으로 나타난다. 이러한 시간적 변이는 근대적 시간에 대한 동일화의 지향과 그 좌절의 도정과 겹쳐진다. 흥미로운 것은 1930년대 모더니스트 김기림에게 '대한해협 건너기'로 표상되었던 모험의 여정이 1950년대 박인환에게 '태평양 건너기'의 형식으로 반복되고 있다는 것이다. 타자로서의 근대와 대면해가면서 시인들이 경험하는 의식의 분열과 감수성의 형식들은 근대적 삶의 형식에 대응하는 미적 자의식을 구성하는 중요한 기반이 된다. 이

장에서는 여행의 궤적이 그려내는 시간의 선(線)을 따라감으로써, 박인환의 시간 인식과 그 변화의 양상을 살펴보기로 한다.

1) 아메리카 기행과 미래로 가기의 파탄

앞에서 살펴본 것과 같이 해방기 박인환의 시를 지배하는 것은 유토피아적 시간에 대한 강렬한 동일화의 열망이다. 질주하는 열차의 운동이 수렴되는 미래의 소실점은 당대의 이념적 지평 속에서 상상된 임계점이다. 유토피아적 전망의 상실로 요약되는 전후의 시적 현실에서, 박인환의 시를 지배하는 미래의 위상학적 좌표는 '아메리카'라는 시간적 유토피아의 이미지로 떠오른다. 1955년의 짧은 아메리카 여행은 박인환의 시적 여정에서 실제 여행 이상의 의미를 갖는다. 그것은 근대라는 상상적 좌표와의 조우를 상징하는 동시에, 1950년대 모더니즘의 내면 풍경을 가시화하는 정신적 여정을 의미한다는 점에서 문제적이다. 오랜 도정을 거쳐 근대의 상징적 지점인 '아메리카'와 대면하는 순간, 시인의 내면에 펼쳐지는 혼란과 불안의 풍경은 전후 모더니즘의 시가 도달한 인식적 지평과 그 한계를 선명하게 보여준다. 이런 점에서 박인환의 '아메리카 기행' 시편은 서구적 근대에 대한 동일화의 욕망을 통해 자신을 정립해온 비서구의 시인이 경험하는 시간적 붕괴와 의식의 분열상을 보여주는 중층적 텍스트로 읽을 수 있다.

거룩한 자유의 이름으로 알려진 토지
무성한 삼림이 있고
飛廉桂館과 같은 집이
연이어 있는 아메리카의 도시
시애틀의 네온이 붉은 거리를

실신한 나는 간다
아니 나는 더욱 선명한 정신으로
티아반에 들어가 향수를 본다
이지러진 회상
불멸의 고독
구두에 남은 한국의 진흙과
상표도 없는 〈공작〉의 연기
이것은 나의 자랑이다
나의 외로움이다.

―「여행」 부분

이 시에서 보듯, 여행의 종착점인 '아메리카'는 위상학적 지점이 아니라 미래를 상징하는 시간적 표상으로 읽힌다. 유토피아적 미래의 실현으로 상정되는 아메리카는 이데올로기적 제도들이 수렴되는 상징적 아버지의 세계이다. 글로 쓰인 '서적'으로 상징되는 대타자의 얼굴로서 그 실체를 드러내는 아메리카는, 시에서 '거룩한 자유'라는 이념의 기호로 환유되고 있다. 이렇게 보면 박인환의 아메리카 기행은 그 출발점에서 해방기의 「열차」를 지배하는 환상 체계를 반복하고 있다고 하겠다. 그러나 아메리카 기행의 여정은 이념적 타자와 자아 사이의 단절을 확인하는 과정이며, 또한 「열차」에서 구축되었던 이데올로기적 시계의 붕괴를 경험하는 과정이기도 하다. 해방기와 전후를 가르는 이러한 인식적 차이는 '태평양'으로 상징되는 시공간적 차이만큼이나 급격한 단절의 양상을 보인다. '태평양'은 아메리카와 자아 사이를 갈라놓는 물리적 거리만이 아니라, 현재와 미래 사이에 가로 놓인 시간적 단절을 드러내주는 기호이다. 태평양은 미래의 상징인 아메리카와 시인의 현재 사이의 간극을 환기함으로써, 미래에의 환상 속에 내장된 깊은 심연을 드러내 보이는 것이다.

이렇게 '태평양'으로 상징되는 간극으로 인해서 아메리카에 도착한 자아는, '네온이 붉은 거리'가 환기하는 도시의 화려한 불빛에 동화되지 못하고, '실신한' 무기력함만을 표출한다. 시에서 이국의 '도시'를 배회하는 자아의 내면은 '향수'에 지배되고 있다. 그런데 과거에 대한 회귀의 정서인 '향수'는 '이즈러진 회상'이라는 시어와 결합됨으로써 과거에 안착하지 못하는 방황의 고통을 심화시킨다. 이렇게 시적 자아는 '한국의 진흙이 묻은 구두'와 '상표 없는 담배 연기'로 상징되는 낙후된 과거와, '네온의 거리'로 상징되는 미래 사이에서 분열되고 있다. 문제는 '화려한 불빛'이 상징하는 미래로부터 소외된 자아에게 되돌아갈 과거의 시간마저 부정된다는 것이다. 향수의 정조는 끝내 자신이 떠나온 고향이 아니라 현재의 외로움과 고독을 배회하는 것으로 귀결된다. 결국 닫혀진 현재로부터 벗어나기 위한 출구로 선택된 '여행'은, 자아의 고독과 소외를 확인하는 과정을 보여줄 뿐 새로운 시간을 향한 출구를 열어주지 못한다.

　이렇게 박인환의 시에서 '아메리카'로 상징되는 근대와의 조우는 미래로부터 소외된 자신의 후진성을 자각하는 계기이며, 이는 이념적 타자에 대한 상상적 동일화의 붕괴를 가시화하는 여정(旅程)으로 드러난다.

깨끗한 시이트 위에서
나는 몸부림을 쳐도 소용이 없다.
공간에서 들려오는 공포의 소리
좁은 방에서 나비들이 날은다
그것을 들어야 하고
그것을 보아야 하는
儀式.
오늘은 어제와 분별이 없건만
내가 애태우는 사람은 날로 멀건만
죽음을 기다리는 수인과 같이
권태로운 하품을 하여야 한다.

窓밖에 날리는 미립자
거짓말이 많은 사전
할 수 없이 나는 그것을 본다.
변화가 없는 바다와 하늘 아래서
욕할 수 있는 사람도 없고
알래스카에서 달려온 갈매기처럼
나의 환상의 세계를 휘돌아야 한다.

위스키 한병 담배 열 갑
아니 내 정신이 소모되어간다. 시간은
십오일 간을 태평양에서는 의미가 없다.

─「십오일 간」 부분

　태평양 한가운데 섬처럼 고립된 '방'은 외부세계로부터 소외된 자아의 내면을 상징한다. 이 좁은 방에서 날고 있는 '나비'들의 어지러운 몸짓은, 희망을 거세당한 존재의 혼란한 의식을 상징적으로 보여준다. '어제와 분별이 없는 오늘', '변화가 없는 바다'에서, 시간의 변화를 기대할 수 없이 '좁은 방'에 갇힌 자아의 고립감은 더욱 강화되고 있다. 이렇듯 모든 희망과 가능성이 봉쇄된 절망은 '권태로운 하품'이라는 무력함으로 표출된다. 그런데 주목할 것은, 자아가 자기 내면을 채우는 이러한 혼란과 절망을 하나의 '의식(儀式)'으로 바라보고만 있다는 점이다. 이것은 세계에 대응할 의지를 상실한 존재의 극단적인 무력감을 보여준다. 이러한 의식의 방임 상태는 시에서 타자의 내부로 침투하지 못하고 그 표면만을 떠도는 '바라보기'의 시선을 통해서 나타난다. 외부의 대상과 적극적으로 관계 맺지 못하는 이러한 바라보기의 태도는 자신을 투사할 미래적 비전을 상실한 데서 기인한다. " 하지만 / 고립과 콤플렉스의 향기는 / 내 얼굴과 금간 육체에 젖어 버렸다"에서 보이듯, 태평양에서 현재의 시간은 의미를 상실하고, 그 텅 빈 시간은 '고립과 콤플렉스'라는 자기 파괴적인 의식으로 채워진다. 시에서 '금 간 육체'의 이미지는 미래로부터 소외된 자아가 감지하는 정체성 붕괴의 위기를 상징적으로 보여주고 있다. 이렇게 박인환의 시에서 여행은 '이지러진 회상', '불멸의 고독'처럼 존재의 위기를 심화시키는 과정으로 인식된다. 여행을 통해 도달한 '아메리카'는 시간적 가능성을 열어주지 못하고 위기와 불안만을 증폭시키는 것이다. 이것은 미래의 지표인 아메리카의 시간이 '그들의 현재'일 뿐 진정한 '나의 시간'이 되지 못한다는 비극적 인식에서 기인하는 것으로 읽힌다.

주목할 것은 그의 시에서 미래와 대립되는 과거 역시 '부식된 과거'와 같은 절망적 이미지로 채색됨으로써, 현재를 비춰줄 이상적 시간이 되지 못하고 오히려 절망감을 더욱 심화시키고 있다는 점이다.

> 바람에 날려온 먼지와 같이
> 이 이국의 땅에선 나는 하나의 미생물이다.
> 아니 나는 바람에 날려와
> 새벽 한시 기묘한 의식으로
> 그래도 좋았던
> 부식된 과거로
> 돌아가는 것이다.
>
> —「새벽 한 시의 시」 부분

이 시에서 시인은 근대라는 거대한 '바람에 날려온' 왜소한 자아의 '기묘한 의식'의 상태를 전경화하고 있다. 낯선 '이국의 땅'에서 느끼는 이질감은 스스로를 '먼지와 같은', '미생물'의 상태로 비하하게 만든다. 이렇게 생존의 최저 조건마저 박탈당할 위기에 놓인 자아는 건강성을 상실한 '부식된 과거'의 시간마저 '좋았던' 시간으로 기억하고자 하는 의식의 아이러니를 보여준다. 그러나 과거로 회귀함으로써 현재의 불모성으로부터 도피하고자 하는 욕망은, 결국 자기 비하와 모멸이라는 파괴적 충동으로 귀결되고 만다. 이렇게 여행을 통해 도달한 미래는 생산적인 시간으로 이어지지 못하고, "출발도 없이 / 종말도 없이 / 생명은 부질하게도 / 여자들에게서 어두움처럼 떠나는 것이다"(「1953년의 여자에게」)와 같이 생명이 고갈된 죽음의 시간으로 흘러든다.

미래를 향한 여행이 시간의 출구를 열어주지 못하게 될 때 시인은 과거로 회귀하는 문 앞에서 서게 된다. 미래를 향한 도정이 실패하는 지점에서 시인은 마침내 자기 내면으로 귀환하는 시간의 선을 따라가는 것이다. 이러한 여정의 변화는 미래적 이상에 대한 '환상'이 붕괴되는 지점에서 구체적으로 드러난다.

①나는 돌아가도 친구들에게 애기할 것이 없구나
  유리로 만든 인간의 묘지와
  벽돌과 콘크리트 속에 있던
  도시의 계곡에서
  흐느껴 울었다는 것 외에는…….

  천사처럼
  나를 매혹시키는 허영의 네온.
  너에게는 眼球가 없고 情抒가 없다.

　　　　　　　　　　　　　　　　　　　—「새벽 한 시의 시」 부분

②착각이 만든 네온의 거리
  원색과 혈관은 내 눈엔 보이지 않는다.
  거품에 넘치는 술을 마시고
  정욕에 불타는 여자를 보아야 한다.

　　　　　　　　　　　　　　　　　　　—「충혈된 눈동자」 부분

①에서 자아는 유리, 벽돌, 콘크리트의 차갑고 단절적인 질감을 지닌 도시의 기호들 속에 고립되어 있다. "지금 밀폐된 이런 세계에서 / 권태

롭게 / 우리는 무엇을 이야기 하는가"(「불신의 사람」)에서, '권태'는 밀폐된 시간 속에 자아를 긴박하고 있다. 여기서 권태는 창조적 시간을 경험하지 못하고 무의미한 시간 속에 놓인 수동적 의식 상태를 의미한다. 보들레르의 권태가 근대적 세계에 대한 반성을 수행하는 열린 의식으로 전이되는 의식의 능동성을 내포하고 있음에 반해, 이 시에서 권태는 현재의 구속성을 벗어날 수 없는 고립된 의식의 산물로 읽혀진다. 그것은 창조성의 시간으로 연결되지 못하고, 무기력한 상태로 자아를 끌어당기는 절망의 얼굴로 표출된다.

②에서는 자아는 '네온의 거리'가 환기하는 현란한 불빛이 '착각'에 근거하고 있음을 보여줌으로써 근대의 환상이 붕괴되는 지점을 텍스트화하고 있다. "붉은 네온"과 "飛廉桂館 같은 집"(「여행」) 등의 도시적 기호들은 끝없는 '미로'의 형태로 펼쳐진다.[18] 목적을 상실한 미로 속의 방황은, 목적론적으로 정해진 역사의 궤도를 달리는 '열차'와 달리, 자신이 지나온 시간의 흐름을 지워 가는 것이다. 도시적 삶을 표상하는 미로의 동선은 근대적 세계의 유혹과 환상 속에서 방황하는 의식의 궤적을 그려준다.

이렇게 환상으로 매개된 이념적 타자에 대한 동일화의 붕괴는, 분열과 방황의 현재성에 시인을 고착시키고 있다. 그러나 환상에 매개된 관계는 필연적으로 붕괴를 경험할 수밖에 없으며, 이 점은 시 ①에서 '허영의 네온'에 대한 매혹이 '착각'에 기반하고 있음을 확인하는 과정을 통해서 드러난다. "너에게는 眼球가 없고"에서 시인은 이념의 수렴점으로서의 아메리카가 "眼球가 없는" 텅 빈 시니피앙임을 확인한다. 그것은 아메리카로 상징되는 미래적 이상이 자아의 욕망이 만들어낸 허구적

---

18) 벤야민에게 발전의 신화, 소비의 신호들 뒤에 감추어진 적대적인 힘들이 작용하는 대도시의 이미지는 미로나 카오스로 인식되는데, 이때 미로는 전체적인 조망이 불가능하고 방향감각을 잡을 수 없으며, 목표마저 부정확한 정신적 방황을 상징한다. W. 벤야민, 차봉희 역, 「중앙공원」, 『현대사회와 예술』, 문학과지성사, 1980, 110면.

대상물이었음을 자각하는 과정이기도 하다. 이러한 환상의 체계는 "눈을 뜨고도 / 볼 수 없는 상태"(「눈을 뜨고도」)와 같은 맹목(盲目)의 시각에서 기인하는데, 이때 '안구'의 상실이란 환상의 붕괴와 자아의 균열을 동시적으로 드러내주는 상징적 사건이다.

> 다리 위의 사람은
> 애증과 부채를 자기 나라에 남기고
> 암벽에 부딪치는 파도 소리에 놀래
> 바늘과 같은 손가락은
> 난간을 쥐었다.
> 차디찬 鐵의 고체
> 쓰디쓴 눈물을 마시며
> 혼란된 의식에 가랁아버리는
> 다리 위의 사람은
> 긴 항로 끝에 이르는 정막한 토지에서
> 신의 이름을 부른다.
> (…중략…)
> 다리 위의 사람은
> 흔들리는 발걸음을 건잡을 수가 없었다.
>
> ―「다리 위의 사람」 부분

이 시에서는 근대의 진보적 시간에 내포된 파국의 운명에 대한 예감이 자기 소멸의 충동과 결합되어 우울한 시적 분위기를 형성하고 있다. 시에서 자아가 서 있는 '다리 난간'은 '긴 항로 끝에 이른' 여행의 종착점이다. 그런데 과거와 미래를 이어주는 매개인 '다리'는 '암벽'과 같은 단절과 폐쇄의 공간만을 환기시킬 뿐 새로운 미래를 보여주지 못한다. 이렇게 미래에 대한 전망이 부재한 상황에서 자아는 과거를 돌아보게 된다. 그러나 과거의 시간 역시 '애증과 부채'의 관계 속에 놓임으로써 자아는 시간적 연속성을 얻는 데 실패하게 된다. 이렇게 하여 '다리'는 되돌아갈 과거도, 나아가야 할 미래도 존재하지 않는 고립된 현재의 표상이 되는 것이다. 결국 자아는 과거와 미래로부터 이중으로 단절된 고립의 시공간에 갇혀버린다. 이렇게 과거와 미래로부터 이중의 소외를 경험하게 됨으로써 시인이 감지하는 위기감은 더욱 증폭되고, 자아는 삶에의 의지와 변화의 모든 가능성을 거세당한 채 '다리의 난간'에 감금된다. 박인환 시에 독특하게 드러나는 이러한 시간의 폐쇄성은 '정막한 토지'의 황폐함과 '바늘과 같은 손가락'이 보여주는 고갈된 육체의 결핍을 통해서 죽음의 예감으로 귀결된다. 자아의 내면을 채우고 있는 죽음의 충동은, '암벽에 부딪치는 파도소리', '차디찬', '쓰디쓴'의 감각과 결합되어 절망의 밀도를 강화해 간다. 또 '파도소리에 놀래', '흔들리는 발걸음'이 보여주는 정서적 균열은 시 전체를 지배하는 암울한 이미지와 어울려 박인환 시 특유의 비애의 정조를 효과적으로 표출하고 있다.

결국 박인환에게 있어서, 아메리카와 대면하는 순간 미래를 향한 여정은 마침내 종착지에 도착하였으나, 그것은 미래의 부재를 확인하는 여정이었던 셈이다. 그리하여 벼랑과 같은 항로의 끝에 서서 '신의 이름'을 부르는 행위는 구원의 모색이 아니라, 절망의 극한을 표출하는 독백으로 울려나온다. 그의 시에서 '신'이 구원이나 전망의 상징이 아니라, 자아의 분열과 위기를 초래하는 억압적 타자로 변화하게 되는 것은 이러한 단절된 시간의식에서 비롯되는 것으로 이해된다.

> 여윈 목소리로 바람과 함께
> 우리는 내일을 약속하지 않는다.
> 승객이 사라진 열차 안에서
> 오 그대 미래의 娼婦여
> 너의 희망은 나의 오해와
> 감흥만이다.

> 전쟁이 머무른 정원에

설레이며 다가드는
불운한 편력의 사람들
그 속에 나의 청춘이 자고
절망이 살던
오 그대 미래의 娼婦여
너의 욕망은
나의 질투와 발광만이다.

향기 짙은 젖가슴을
총알로 구멍내고
암흑의 지도, 孤節된 치마 끝을
피와 눈물과
최후의 생명으로 이끌며
오 그대 미래의 娼婦여
너의 목표는 나의 무덤인가.
너의 종말도 영원한 과거인가.

―「미래의 娼婦」 전문

이 시에서도 시간적 비전의 상실은 현재의 고립과 위기를 심화시키는 동인이 된다. 먼저 눈에 띄는 것은 열차의 질주로 표상되는 직선적 운동이, 이 시에서 '승객이 사라진 열차', '내일을 약속할 수 없는'이 보여주는 정지된 시간으로 변화된다는 점이다. 그런데 '전쟁이 머무른 정원'에서, '머무름'이 환기하는 정지 상태는 전쟁의 상황이 종결된 것이 아니라 불안과 위기의 감각으로 현재에 깊숙하게 침윤되어 있음을 보여준다. 이러한 절망을 배음으로 하여, '불운한 편력의 사람'이 보여주는 왜곡된 여정은 '전쟁이 머무른 정원'이라는 파괴적 공간으로 응집되고 있다. 미적(美的) 세계를 상징하는 '정원'은 전쟁의 폭력에 의해 훼손된 내면의 공간을 환기시킨다. 시인은 이렇게 파괴된 '정원'의 피폐한 모습을 '창부(娼婦)'의 훼손된 육체의 이미지와 겹쳐 놓는다. 여기서 파

괴된 시간의 기호인 '창부'는 끊임없이 불안을 창출해 냄으로써 미래를
훼손하고 파편화하는 근대적 시간의 알레고리이다.19) 전쟁은 '향기 짙
은 젖가슴'의 여성성을 파괴하는 폭력으로 나타난다. '총알로 구멍난
젖가슴'의 이미지는 모든 생명을 거세하고, 파탄시키는 남성적 권력으
로서의 전쟁의 잔혹함을 직접 환기하고 있다. 시인은 이러한 '구멍난
육체'의 이미지를 '죽음·암흑·무덤' 등의 시어들과 결합시킴으로써
모든 생명이 파괴되어 버린 현실의 불모성을 효과적으로 표현하고 있
다. 이러한 절망의 상황은 '너의 종말도 영원한 과거인가'라는 진술에
서 보이듯, 미래와 과거를 모두 부정하는 고통스런 시간 인식을 낳는
다. '종말'(미래)과 과거가 동일해 지는 순간, 미래에 대한 모든 희망은
사라지고 자아는 현재 속에 갇힌 채 질식하게 된다. 이렇게 죽음의 이
미지로 채워진 현재의 절망이 미래마저 잠식하게 될 때, '나의 청춘'이
상징하는 시간적 비전은 더 이상 의미를 가질 수 없게 된다. 미래의 상
실은 '우리'로 결합되었던 자아와 타자의 밀착된 관계를 '나'와 '그대'
(너)로 분리시키는 동인이다. 또한 그것은 미래와의 관계가 '희망'이 아
니라 '오해와 감흥', '질투와 발광'이라는 왜곡된 관계에 기초하고 있음
을 깨닫는 과정이기도 하다. 이렇게 박인환의 시에서 미래는 '창부'와
같은 훼손된 시간의 이미지로 등장하며, 이러한 미래와의 관계는 소모
적이고 기만적인 열정으로 표출됨으로써 생산적 시간으로 이어지지 못
한다.

　이상에서 살펴본 것처럼 박인환의 시에서 '아메리카'를 향한 여행은
미래를 향한 동일화의 욕망과 그 좌절의 과정을 보여주고 있다. 시인은
감상적 어조와 독백의 진술을 통해 붕괴의 위기에 놓인 자아의 갈등과
불안의 정서를 표출하고 있다. 이러한 정서의 기저를 이해하기 위해서

---

19) 파괴된 시간의 기호로서의 창녀의 이미지는 미래가 불가능한 자본주의적 시간에 대
　한 자각과 불안을 창출하는 현대적 삶의 파편화된 알레고리이다. W. 벤야민, 차봉희
　역, 위의 책, 109면 참조

는 자아와 미래 사이에 놓인 '태평양'의 상징적 의미에 주목해 볼 필요
가 있다. 앞서 말했듯이, '태평양'은 우리의 현실과 아메리카 사이의 공
간적 거리를 차이화·위계화하는 단절의 기제인 동시에, 자아와 타자
사이에 놓인 회복될 수 없는 심연의 상징이기도 하다. 따라서 태평양을
건너는 여행은 죽음을 건너는 존재론적 모험의 도정이기도 하다. "죽음
의 재가 날리는 태평양을 건너서"(「충혈된 눈동자」)에서 보이듯, '태평양'
은 자아의 소멸을 암시하는 죽음의 공간으로 떠오르는 것이다.

> 태평양에 안개끼고 비가 내릴 때
> 검은 날개에 검은 입술을 가진
> 갈매기들이 나의 가까운 시야에서 나를 조롱한다.
> 〈환상〉
> 나는 남아 있는 것과
> 잃어버린 것과의 비례를 모른다.
>
> ―「태평양에서」 부분

　미래에 대한 동일화의 붕괴를 경험하는 시인의 눈앞에 거대한 태평
양이 펼쳐진다. 시에서 바다의 광폭한 물결과 결합된 안개와 비의 이미
지는, 시적 자아가 감지하는 위기의 정서와 결합되어 불안으로 가득 찬
음울한 시적 분위기를 형성하고 있다. '검은 날개'와 '검은 입술'로 드러
나는 죽음의 기호들이 자아를 감싸고, 소외와 자기 환멸의 정서가 심화
되면서 텍스트는 불안과 위기의식으로 흔들리게 된다. 시적 공간을 채
운 '검은 물'은 모든 가능성을 집어삼키고 가치와 분별을 상실하게 만
들어 자아를 절망의 카오스 상태로 끌어당기는 죽음의 상징이다. 이러
한 불안의 정조는, "비가 내린다. / 내 모자 위에는 중량이 없는 억압이
있다. / 그래서 뒷길을 걸으며 / 서울로 빨리 가고 싶다고 / 센티멘탈한 소
리를 한다"(「어느 날의 시가 되지 않는 시」)에서처럼 근대적 세계의 억압성에
서 기인하는 것으로 이해된다.[20]

이상에서 살펴본 바와 같이 박인환의 시에서 '아메리카'와 자아 사이에 놓인 간극에 대한 인식은 균열된 시간의식을 통해서 표출되고 있다. '아메리카 기행'의 시편에서 시인은 미래의 시간에 통합되지 못하고 그 표면에서 미끄러질 뿐이다. 미래를 향한 여행은 환멸을 안고 귀향하는 회귀의 행로를 보여주며, 이러한 여정은 미래를 향해 전진하는 자의 활력과 에너지로 채워지는 것이 아니라 절망과 우울, 죽음의 이미지로 가득 찬 궤적을 그리고 있다.

당대의 모더니즘을 '코스츔'에 불과한 것이라고 비판한 김수영의 지적을 굳이 언급하지 않더라도,21) 박인환은 '모더니즘'을 일종의 '유행품' 담론으로 인식하고 있었던 것으로 보인다. 벤야민의 말을 빌면, 유행은 근대사회의 수많은 힘과 영향력이 부여된 하나의 이념이며, 현실에 형태를 부여하는 제도로서 기능한다.22) 즉 유행이란 일종의 유토피아, 즉 도달하지 못하고 따라가야만 하는 이데올로기를 표상함으로써 자아와 세계를 고착된 관계로 만들어 버리는 것이다. 박인환의 시쓰기는 이 도달할 수 없는 유행품으로서의 근대에 대한 동일화의 지향과 그 포즈의 허구성을 스스로 노출해 가는 과정을 보여준다는 점에서 의미를 지닌다. '아메리카 기행' 시편은 유행품으로서의 모더니즘이라는 '환상'이 어떻게 비서구 시인의 내면을 균열시키는 동인으로 작동하는지를 보여준다. '안구 없는' 창부의 이미지로 드러나는 파편화된 시간의 알레고리는 시인이 자본주의적 근대를 실존의 파국으로 인식하고 있음을 보여준다.

이렇게 박인환은 근대에의 환상과 환멸을 동시적으로 감각하고, 이러한 모순적 경계 지점 위에서 자신의 시쓰기를 출발시키고 있다. 미래를

<hr>

20) 김수영의 설움의 정조가 능동적 시간의 열림으로 이어짐에 반해서, 박인환의 시에서 '센티멘탈'은 자아의 내부로 귀환하는 정조를 보여주고 있는데, 이 점은 두 시인이 보여주는 시간의식의 차이와 연관지어 볼 수 있다. 본 연구의 1부 5장 참조.
21) 김수영, 「末利書舍」, 『김수영 전집』 2, 민음사, 1981, 73면.
22) H. 르페브르, 박정자 역, 『현대사회와 일상성』, 주류일념, 1990, 225면.

향한 여행의 좌절의 기록인 '아메리카 기행' 시편은 서구적 근대화에 좌절한 비서구 시인의 환멸의 여정으로 읽을 수 있다. 근대의 표면에서 미끄러지는 이 비극적 여정은 이제 자신의 내부로 귀환하는 '회상'의 선을 따라서 새로운 양상으로 펼쳐지게 된다.

2) 회상의 여행과 과거로 가기의 좌절

　전쟁의 체험에서 출발한 1950년대 박인환의 시쓰기는 세계의 폭력성에 대한 자각과 비판적 자의식을 바탕으로 하여 진행된다. 전쟁에 대한 환멸과 시간적 비전의 상실은 박인환 시의 주조를 이루는 고립된 자아의 고통과 우울한 내면 풍경으로 표출된다. 폐쇄된 현재로부터 새로운 시간을 열어나가려는 모색은 그의 시에서 '과거로 가기'라는 내면화의 형식으로 가시화된다. 미래를 향해 떠나는 '아메리카 기행'이 서구 근대성에 대한 동일화의 욕망에서 출발한다면, 과거로 떠나는 또 하나의 여행은 시인의 내면으로 수렴되는 귀환의 여정을 담고 있다.

　　나와 나의 청순한 아내
　　여름날의 순백한 결혼식이 끝나고
　　우리는 *流行品*으로 화려한
　　상가의 쇼오위인드를 바라보며 걸었다.

　　전쟁이 머물고
　　평온한 지평에서
　　모두의 단편적인 기억이
　　비둘기의 날개처럼 솟아나는 틈을 타서
　　우리는 내성과 회한에의 여행을 떠났다.

평범한 수확의 가을
겨울은 백합처럼 향기를 풍기고 온다.
죽은 사람들은 싸늘한 흙속에 묻히고
우리의 가족은 세 사람.

토루소의 그늘 밑에서
나의 불운한 편력인 일기책이 떨고
그 하나하나의 지면은
음울한 회상의 지대로 날아갔다.
(…중략…)
그러나 창 밖
암담한 상가
고통과 구토가 동결된 밤의 쇼오위인드
그 곁에는
절망과 기아의 행렬이 밤을 새우고
내일이 온다면
이 靜寞의 거리에 폭풍이 분다.

—「세 사람의 가족」 부분

　박인환에게 전쟁이란 일회적 역사적 사건이 아니라, 존재의 내부에 잠복한 불안을 깨우는 근원적인 문제로 인식되고 있다. 이 시에서 시인은 '평온한 지평'의 삶이 유지되는 현실이 여전히 '전쟁이 머물고' 있는 불안정한 시간임을 환기하고 있다. '평온한' 일상과 전쟁이 공존하는 세계의 역설은 시인으로 하여금, 일상에 의해 은폐된 존재의 근본적 불안과 고통의 지점을 응시하게 만든다. 시에서 삶의 이면에 뿌리내린 불안의 정조는 외적인 평온함을 깨뜨리며 지속적으로 텍스트의 표면으로 분출되고 있다. '밤'으로 설정된 시적 상황은 '창백한'·'구토'·'동결'의 부정적 시어들과 결합됨으로써 현재의 시간을 더욱 암울한 것으로 그려낸다. 시에서 밤/낮의 시간적 대립은 '어둠의 거리'와 '화려한 쇼오위인

드의 불빛'이 만들어내는 대립적 이미지로 변주된다. '밤', '어둠의 거리'
가 전쟁의 불안과 소외된 시간의 공포를 환기한다면, '쇼오위인드'의 불
빛은 화려한 '유행품'이 상징하는 자본주의적 일상의 시간을 의미한다.
풍요와 유혹의 불빛과 이러한 세계로부터 소외된 존재들이 경험하는 기
아와 절망의 대립적 배치는 자본주의적 근대가 담고 있는 이중성을—
곧 풍요와 생산의 이면에 놓인 절망과 소외라는 이중성 — 효과적으로
보여준다. 시인은 이러한 두 세계 사이의 간극을 '창의 안/밖'이라는
공간으로 변주함으로써, 세계와 절연된 존재의 고립과 소외감을 극대화
하고 있다.

　한편 '청순한 아내', '신부'로 상징되는 순결한 시간이 훼손되어 가는
것은 이러한 현실에 대한 절망이 심화되는 과정을 상징적으로 보여준
다. '순백한 결혼식'의 무구한 시간성은 지속되지 못하고, 자본의 타락
한 시간에 의해서 끊임없이 훼손된다. 절망과 쇠락으로 이어지는 시간
의 흐름은 '가족은 세 사람'이 암시하는 아이의 탄생조차도 희망이 되
지 못하는 비극적인 상황으로 그려진다. "죽은 사람은 싸늘한 흙 속에
묻히고/ 우리가족은 세 사람"에서와 같이 죽음의 사건에 곧 이어서 아
이의 탄생이 진술됨으로써, 폭력적인 상황에서 이 '가족'이 겪는 위기감
은 더 심화되고 있다. 이렇게 미래의 상징인 아이의 탄생이 시간적 가
능성을 얻지 못하는 것은, 자아가 가족과의 관계에서조차 자기 연속성
을 보장받지 못하고 있음을 의미한다.

　다음의 시에서 박인환은 현실의 위기에 노출된 가족의 모습을 통해,
진정한 관계와 소통의 단절에서 기인하는 고독과 절망을 직접적으로 표
현하고 있다.

　　넓고 個體 많은 토지에서
　　나는 더욱 고독하였다.
　　힘 없이 집에 돌아오면 세 사람의 가족이

나를 쳐다 보았다. 그러나

나는 차디찬 벽에 붙어 회상에 잠긴다.

—「잠을 이루지 못하는 밤」 부분

이 시에서 '집'은 가족과의 공감을 통해서 심리적 안정을 얻는 곳이 아니라 고독한 회상에 빠지는 공간으로 나타난다. 집이 가족적 친밀성을 통해 자기를 확인하는 공간이 아니라, 개인의 고독을 배가하는 곳이 될 때, 그것은 온전한 의미의 집이 아니라 오히려 '집'의 부재 혹은 결여태라 할 수 있다.[23] 친밀성의 집단인 가족 내에서 경험하는 이러한 단절감이 자아의 소외감을 더욱 심화시키기 때문이다. 가족으로 상징되는 현실의 공간에서 어떠한 희망도 발견할 수 없는 자아는 이제 과거를 향한 '회상'을 통해 이러한 시간적 소외를 극복하고자 한다.[24] 회상은 과거의 충만한 기억을 회복함으로써 자아의 결핍을 보상하고자 하는 의지적 행위이다. 박인환의 시에서는 '회상'은 현실의 억압성으로부터 벗어나 자기에게로 귀환하는 '내성과 회한의 여행'이라는 형식으로 나타난다.[25] 다시 말해 회상은 자신을 투사할 과거를 재구성함으로써 현재의 억압으로부터 스스로를 보존하기 위한 방법적 출구가 되는 것이다.[26]

그런데 문제는 시에서 '회상'이 '단편적인 기억'의 형태로 드러날 뿐, 자아의 통일성을 보장해 주는 시간적 연속성을 구축하지 못하는 데 있다. 과거와 현재가 서로 침투하여 융합하는 기억의 작용과는 달리, '회

---

23) 이종영, 앞의 책, 23면.

24) 김규영, 『시간론』, 서강대 출판부, 1987, 191면.

25) H. 마이어호프, 김준오 역, 『문학과 시간현상학』, 삼영사, 1987, 38~41면.

26) 이때 과거를 현재로 끌어올리는 기억이란 개인의 특이한 체험에 근거한 표상으로서 객관적인 시간과는 무관한 의식의 흐름으로 특징지어진다(H. 베르그송, 정석해 역, 『시간과 자유의지』, 삼성출판사, 1992, 93면 참조). 이때의 '회상'은 생명 보존의 형식이라는 베르그송적 기억의 개념과 차별된다. 송기한은 박인환의 시에서 드러나는 회상의 작용을 생명력이 없는 죽음의 내용을 반복하는 것이라고 지적하면서, 생명력을 가진 기억과 기억의 대리보충인 '회상'의 작용을 구별하고 있다(송기한, 앞의 글, 185~188면 참조).

상의 지대로 날아간다'에서 보이듯 회상은 현재로부터 떨어져 나와 분리되는 양상을 보여준다. "바람의 낮과 애욕의 밤이 / 회상의 사진처럼 / 부질하게 내 눈앞에 오고간다"(「일곱 개의 층계」)에서 '사진'의 물질성과 결합된 회상의 작용은, 시인의 내면에서 이질적인 강박으로 기능하고 있으며, 창조적 기억이 될 수 없는 파편화된 형태로 자리잡게 된다. 시에서는 회상의 통로인 '차디찬 벽'이 차가운 물질성으로 감지됨으로써, 회상을 통한 시간적 확장이 불가능함을 보여준다. 이러한 회상의 비생산성으로 인해 그의 시쓰기는 충만한 기억이 아니라, 기억의 파편에 의존한 '고독한 피로' 속에서 이루어지게 된다.

사실 진정한 기억이란 '한 개인이 자화상을 가질 수 있는가. 다시 말해서 자신의 경험의 주인이 될 수 있는가'에 달려 있는 것이다. 이것은 개인이 시간의 연속성 속에서 자신의 삶을 서사적으로 재구성함으로써 스스로의 정체성을 확인할 수 있게 된다는 것을 의미한다.[27] 그런데 박인환의 경우, 현재와 절연된 채 파편적으로 인식되는 과거의 시간은 자아—서사의 복원을 불가능하게 만들고 있다. '창백한 세상과 생애'가 지시하는 현재의 결핍감은 '토루소'라는 불구적 이미지와 결합되어 더욱 비극적으로 드러난다. 시인은 미완의 육체를 지시하는 이 '토루소'에 자신을 투사함으로써, 자기 상실과 붕괴의 위기를 실물화한다. 이렇게 박인환의 시에서 '회상'은 새로운 시간을 향한 출구가 아니라 시간적 단절을 상징하는 파편화된 이미지로 가시화된다.[28] 다음의 시에서 이러한 '회상'의 의미 작용을 보다 구체적으로 살펴볼 수 있다.

비가 줄줄 내리는 새벽
바로 그때이다
죽어간 청춘이

---

27) F. 제임슨, 여홍상·김영희 역, 『변증법적 문학이론의 전개』, 창작과비평사, 1984, 143면.
28) 김형효, 『데리다의 해체철학』, 민음사, 1993, 106~109면 참조.

> 땅 속에서 솟아나오는 것이…….
> 그러나 나는 뛰어들어
> 서슴없이 어깨를 거느리고
> 악수한 채 피 묻은 손목으로
> 우리는 암담한 일곱 개의 층계를 내려갔다.
>
> ─「일곱 개의 층계」 부분

　　미래로부터 가능성을 발견하지 못한 시인은 기억에 생명을 불어넣음으로써 과거를 현재화하고, 그것을 통해 현재의 시간에 실재성을 부여하고자 한다. 그런데 과거는 인간의 기억 속에 물질적으로 존재하는 것이 아니다. 기억을 통해서 현재의 표면으로 끌어올려진 것만이 과거로서 의미를 갖고 살아나게 되는 것이다.[29] 따라서 현재화되지 못한 채 의식 속에 고착되어 있는 과거는, 살아 있는 시간이 아니라 자아를 억압하는 이물질로 출현하게 된다. 이 시에서 '일곱 개의 층계'가 보여주는 공간성은 침전된 기억을 향해 내려가는 '회상'의 형식적 매개로 제시되고 있다. 흥미로운 것은 이러한 회상의 작용이 과거를 현재화하지 못하고, 망각의 틈에서 솟아나는 기억의 폭력적인 이질성에 의해 왜곡되고 있다는 점이다. 현재의 시간으로 활성화되지 못한 과거의 물질성은, '피묻은 손'이 암시하는 것처럼 자아에게는 공포스러운 대상으로 떠오른다. '피묻은 손'의 차가운 이물감은 이상적 시간인 '청춘'과 자아의 내적인 통합을 불가능하게 만드는 요인이다. 이 시에서 '죽어간' 시간, 즉 부재하는 시간을 상징하는 청춘은 '피묻은 손목'과 같은 절단된 신체의 이미지로 귀환한다. '청춘'이 가진 미적 질감이 완전히 휘발된 채 훼손된 신체의 조각으로 환기될 때, 이 파편화된 과거의 이미지는 자아의 통일성을 해체하고 위협하는 폭력적인 대상으로 감지된다. 이렇게 '청춘'의 시간이 자아와의 연속성을 보장받지 못하고 이질화됨으로써,

---

29) 박찬부, 『현대정신분석비평』, 민음사, 1996, 285면.

시인이 감지하는 현실의 공포는 배가된다. 시에서 '지하'를 향한 하강의 움직임은, 이상적 시간과 동일화를 이루지 못한 '회상'의 무의미함을 확인하는 과정만을 보여주며, 따라서 소생의 시간인 '새벽' 또한 '비가 줄줄 내리는' 절망과 '어둠'의 시간적 연장으로 인식될 뿐이다.

근대 이전의 세계에서 개인을 공동체에 귀속시키고 존재의 확실성을 보증해 주는 것은 절대적 존재 곧 신에 대한 믿음이었다. 이러한 절대적 존재의 붕괴는 근대적 세계에서 개인들이 경험하는 시간의 붕괴와 소멸의 위기감을 낳는 기원이 된다.30) 따라서 과거와의 연속성을 구축하기 위한 회상의 감각은, 근대의 균열된 자아의 자기 동일성 확보라는 문제와 닿아 있는 것이다. 전후 박인환의 시에서 회상의 모티프가 자주 등장하는 것은 자아의 분열상을 충만한 과거의 기억을 통해서 보상하고자 하는 노력으로 읽힌다. 이때 회상은 단순히 과거를 현재로 끌어올리는 것이 아니라 과거와 현재가 융합된 완성된 시간을 지향하는 것을 말한다. 즉 회상은 '과거'의 시간이 단순히 의식 속에 '저장되거나 보존되는 것'이 아니라 현재를 통해 해방되어야 하는 것임을 의미한다.31) 문제는 박인환의 시에서, '처참한 추억'으로 환기되는 파편화된 기억이 시간적 연속성을 방해할 뿐, 자아의 동일성을 보장해 주는 근거가 되지 못한다는 것이다. 그리하여 되돌아가야 할 과거는 부재하고, 형식으로서의 '회상'만 남게 되는 것이다.

> 神이란 이름으로서
> 우리는 最終의 路程을 찾아보았다.
>
> 어느 날 역전에서 들려오는
> 군대의 함창을 귀에 받으며

---

30) 마키 유스케, 최정옥 외역, 『시간의 비교사회학』, 소명출판, 2004, 176면.
31) F. 제임슨, 여홍상·김영희 역, 앞의 책, 145~146면.

우리는 죽으러 가는 자와는
반대 방향의 열차에 앉아
정욕처럼 피폐한 소설에 눈을 흘겼다.

지금은 바람처럼 교차하는 지대
거기엔 일체의 불순한 욕망이 반사되고
농부의 아들은 표정도 없이
폭음과 硝煙이 가득 찬
생과 사의 경지에 떠난다.

달은 정막보다도 더욱 처량하다
멀리 우리의 시선을 집중한
인간의 피로 이룬
자유의 성채
그것은 우리와 같이 퇴각하는 자와는 아무 관련이 없었다.

神이란 이름으로서
우리는 저 달 속에
암담한 검은 강이 흐르는 것을 보았다.

—「검은 강」 전문

　앞에서 살펴보았듯이 박인환의 시에서 이상적 시간의 부재에서 비롯
되는 정체성 붕괴의 문제는 근대적 시간의 폭력성에 대한 인식과 연관
되어 있다. 이 시를 지배하는 어둡고 절망적인 정조 역시 시간적 가능
성이 상실된 현실 속에서 느끼는 고립감과 공포의 감각과 닿아 있다.
시인은 '폭음과 초연'의 전쟁터를 향해 '죽으러 가는 자'들의 절박한 시
간과 '반대 방향의 열차에 앉아 있는 자'들의 무감각한 시간이 교차되
는 지점에 주목한다. '생과 사의 접점'으로 표현되는 시간적 교차점으로
의 '현재'가 내포한 불안정한 의미는, '역전'이라는 임시적인 정지의 공

간을 통해서도 환기된다. 그런데 주목할 것은 '우리들'이 타고 있는 열차가 '전진'하는 것이 아니라, 역설적으로 '퇴각'의 방향을 향하고 있다는 점이다. 새로운 세계를 향해 질주하던 해방기의 '열차'가 이제 퇴각의 방향으로 떠나기 위해서 정지하고 있는 것이다. 여기서 시간의 전진을 거역하는 '퇴각'의 움직임은 현실로부터 내면의 세계로 귀환하는 자아의 변모와 동일한 궤적을 보여준다. 모든 이상을 상실한 채 퇴각하는 자아에게 '달'은 더 이상 희망의 빛을 던져주지 못한다. 이때 '달'은 '자유의 성채'로 상징되는 이념적 표상으로 읽을 수 있을 터인데, 시인은 미래를 향한 질주를 포기한 자아로 하여금 이 '자유'의 이념은 '아무런 관련이 없었다'고 고백하도록 한다. 즉 자아는 '달'이라는 이념적 표상 속에서 미래를 향한 전망이 아니라, '검은 강'으로 상징되는 죽음의 표지만을 읽고 있는 것이다. 이렇게 '생과 사의 접점'에서 출발하는 '회한과 내성의 여행'은 죽음의 방향으로 급격히 경사된다.

지금까지 살펴본 바와 같이, 박인환의 시에서 '회상'은 시간적 통합의 불가능성을 보여줌으로써, 자아의 위기를 전면화하는 통로가 된다. 전후 박인환 시가 보여주는 과잉된 감상성의 이면에는 회상의 좌절과 시간적 파탄으로 인한 죽음과 공포, 불안의 정조가 내장되어 있음에 주목해야 한다.

  ①죽음이여
    회한과 내성의 절박한 시간이여
    적은 바로
    나와 나의 일상과 그림자를 말한다.

—「어떠한 날까지」 부분

  ②군인이 피워물던
    물뿌리와 검은 연기의 印象과
    위기에 가득 찬 세계의 변경

이 회상의 긴 계곡 속에서도
열을 지어 죽음의 비탈을 지나는
서럽고 또한 환상에 속은
어리석은 영원한 순교자.
우리들.

—「회상의 긴 계곡」 부분

　박인환의 시에서 단절되고 파편화된 시간의식은 현재의 고립성을 강화하고 있다. 즉 그의 텍스트를 채운 죽음과 위기의 징후들은 이러한 파편화된 시간 인식과 긴밀하게 연관되어 있는 것이다. 이 시에서도 '군인'으로 상징되는 폭력적 시간은 '검은 연기'와 '위기'로 가득 찬 세계의 변경으로 자아를 몰아간다. 죽음과 직접 대면하는 이 절박한 상황 속에서 시적 자아는 회상을 매개로 과거와의 통합을 지향하게 된다. 여기서 '환상'은 분열된 시간을 허구적으로 통합하는 회상의 통로로 기능한다. 그런데 '환상에 속은'에서와 같이, 환상이 붕괴되는 순간 과거와의 시간적 통합은 좌절로 귀결된다. 이렇게 과거와 미래로 탈주하는 시간적 비전이 모두 상실됨으로써 시인의 의식은 현재에 고착되고, 이러한 시간의 균열 속에서 자아—서사의 구축은 사실상 불가능해진다. 샤르트르에 의하면 미래에 자신을 투사하는 것은 존재론적 결핍을 극복하고 동일성을 획득하려는 열망을 의미한다. 즉 미래를 향해 달려가는 것은 현실로부터 벗어나기 위한 정신적 모험이라 할 수 있다. 문제는 이러한 과정이 언제나 현재에 의해 상상된 미래를 소환하는 환상의 구조에 기반하고 있다는 점이다. 그러나 자기에게 결핍된 존재를 외부에서 찾으려는 이러한 욕망은 궁극적으로 또 다른 결핍을 낳게 된다. 박인환에게 있어서도 미래는 자신의 외부에 존재하는 것, 곧 '아메리카'라는 상징적 공간을 통해서 출현하는 것으로 인식되었다. 그러나 미래를 향한 프로젝트는 아메리카를 둘러싼 환상의 붕괴 속에서 현재의 결핍을 확인하는 고통스런 자각으로 귀결된다. 현재의 파편화된 시간을 극복하기 위해 과거를 소환하는 '회상'의 좌절도 이와 동일한 맥락을 갖는다. 곧 폐쇄된 현재를 극복하기 위한 시간적 출구 탐색의 두 여행은 이렇듯 환상의 붕괴를 통해서 현재의 결핍으로 귀환한다는 점에서 닮아 있다.

결국 박인환의 시에서 이념적 지향과 당대의 현실 사이의 간극에 대한 자각은 '과거로 가기'의 좌절과 '미래로 가기'의 파탄이라는 이중적 상황으로 드러난다. 그리하여 시인의 의식은 시간적 변화가 존재하지 않는 '동결된' 현재의 시간에 고착된다. "始發과 종말의 깃발과 / 지금은 밀폐된 이런 세계에서 / 권태롭게 / 우리는 무엇을 이야기하는가"(「불신의 사람」)에서 보이듯 '밀폐된' 현재는 출구 없는 단자(monad)의 시간, 곧 텅 빈 결핍의 시간으로 환기된다. 단자화된 현재 속에서 시간은 파편으로 해체되어 흩어지는데, 이러한 방식으로 공간화된 시간은 변화가 존재하지 않는 동질적인 시간으로 인식된다. 밀폐된 현재를 채우는 '영원한 종말'이란 자기 갱신과 변화의 가능성이 존재하지 않는, 다시 말해 시간적 차이를 생산하지 못하는 응고된 지속을 의미한다.[32] "이젠 얼굴도 이름도 스스로 기억하지 못하는 / 영원한 종말을 / 웃고 울며 헤매이는 또 하나의 나"(「종말」)에서 출구 없는 시간의 미로를 헤매는 시인은 자신의 얼굴도 이름도 기억할 수 없는 자기 상실의 상황에 놓이게 된다. 이렇게 박인환의 시쓰기는 근대적 시간의 폭력성과 폐쇄된 시간 속에서 존재의 위기와 종말에 대한 인식을 동시에 읽어내고 있다. 이러한 비극적 사의식이 1950년대 시의 기저를 이룬다는 점은, 당대의 모더니즘이 현실의 맥락에 깊숙하게 접속되어 가고 있음을 보여준다.

---

32) David Gross, *Space, time and modern culture*, TELOS, 1981.2, Winter, pp.59~78.

3. 자기 소멸의 시간과 동일화의 좌절

박인환의 시에서 시간 해체와 붕괴는 미래적 비전의 부재에서 기인하는 유토피아 상실이라는 문제와 닿아 있다. 그것은 근대적 세계가 제시하는 시간적 비전에 대한 동일화의 좌절과 환멸의 문제로 환언될 수 있겠다. 그의 시에서 '버려진 아이[棄兒]'의 이미지는 성장의 이념에 기반한 근대적 시간에 대한 부정의 의식을 표현하는 동시에, 현실로부터 추방된 시인의 내면을 상징하는 기호이다. 자신을 투사할 이념적 타자를 상실한 시인은 자기 내부에서 동일화의 대상을 구하게 되는데 이것은 현실의 억압으로부터 스스로를 보존하려는 나르시시즘의 욕망으로 표출된다. 그의 시세계를 해명하기 위해서는, 근대의 억압에 대응하기 위한 시쓰기 방법론으로서의 나르시시즘의 문제에 주목해 볼 필요가 있다. 이 장에서는 근대성에 대한 동일화의 지향과 좌절, 그리고 나르시시즘으로 귀환하는 내적 변모를 따라가면서, 박인환의 시적 자의식이 구축되는 양상과 시쓰기의 의미를 살펴보기로 하겠다.

1) '청춘'의 유토피아 부재와 '미성년'의 시간

근대의 세계는 기술과 정신의 발전을 앞세워 미지의 시공간을 정복하고 지배하면서 인식 지평을 확장해 나간다. 미래를 향한 전망은 이러한 진보의 시간 원리를 구성하는 중요한 요소로 등장한다. 미래의 유토피아를 역사의 체계적 질서 속으로 불러들임으로써 현재의 의미는 늘 새롭게 구성된다. 비유적으로 말하자면 미래로부터 가능성과 비전을 수혈 받음으로써 근대인의 삶은 계속 젊어지게 되는 것이다.[33] 그런데 전후의 시적 상황은 박인환의 경우에서 알 수 있듯이, 돌아가야 할 과거의 부재와 나아가야 할 미래의 봉쇄라는 폐쇄적인 시간에 고착되어 있다. 이러한 질식할 듯한 폐허의 고립성을 넘어서기 위해, 당대의 시인들은 자신을 투사할 이념적 타자로서의 유토피아를 소환하게 된다.

박인환의 시쓰기는 이상적 시간인 '청춘'에 자신을 투사함으로써 폐쇄된 시간성을 극복하려는 의지에서 출발한다. 앞에서 살펴본 시 「열차」에서, '청춘의 복받침'으로 표현된 열정을 통해 소환된 미래는 시원의 '원시림'이 의미하는 과거의 시간과 겹쳐진다. 즉 잃어버린 과거에 대한 기억이 미래에 구현될 이상적 시간으로 대치되는 것이다.[34] 문제는 박인환의 시에서 '청춘'이 유토피아적 가능성을 담지하지 못하고, '기묘한 상태'에 머물러 있는 것으로 드러난다는 점이다. 이러한 인식은 과거와의 동질성을 회복하기 위한 '회상'의 좌절, 즉 복원해야 할 진정한 과거의 부재에 대한 깨달음에서 비롯된다.

> 우리들의 섬세한 추억에 관하여
> 확신할 수 있는 잠시
> 눈을 뜨고도
> 볼 수 없는 상태는 어찌할 수가 없었다.
>
> 진눈깨비처럼 아니
> 이지러진 사랑의 幻影처럼
> 빛나면서도
> 암흑처럼 다가오는
> 오늘의 공포

---

33) 최문규, 『탈현대성과 문학의 이해』, 민음사, 1996, 27~28면.

34) 유토피아적 비전을 토대로 성립하는 낭만주의적 반자본주의의 시간은 현재와의 화해를 거부한 채, 미래에서 해결을 찾는 양상을 보여준다. 그런데 미래를 지향하는 행위는 전사(前史)적 행복의 기억으로부터 비롯되며, 그것은 초기의 본질적 가치들의 회복이거나 복귀의 양태로 드러나게 된다. 임철규, 『왜 유토피아인가』, 민음사, 1994, 369~370면.

거기 나의 기묘한 청춘은 자고
세월은 간다.

—「눈을 뜨고도」 부분

이 시에서 '진눈깨비', '이지러진 사랑', '암흑' 등의 부정적 시어들은 자아를 둘러싼 불안한 분위기를 조성하고 있다. 시인은 어둠의 현실인 '오늘'을 공포로 감지하는데, 이 공포의 억압성 속에서 '사랑'은 실체성을 담보하지 못하는 '환영'으로 드러난다. '사랑'이 소통이 아니라 '환영'이라는 왜곡된 관계 속에 구축될 때, '청춘'은 현재로 피어나지 못한 채 과거에 고착된다. '청춘'은 고양된 생의 시간이며, 성장을 향해 열려진 가능성을 상징하는 시간의 표지이다. 그런데 이 시에서 '청춘'은 성장을 향해서 진전되지 못하고 '기묘하게' 왜곡된 것으로 인식되고 있다. 이렇게 '청춘'이 이상으로서의 시간적 의미를 지니지 못하게 될 때, 자아는 어두운 현실을 비춰줄 좌표를 상실하게 된다. 출구를 찾지 못하는 현실의 불확실성은, 앞에서 보았듯이 과거를 지향하는 '회상'이 시간적 가능성을 얻지 못하는 데서 기인한다. 기억의 생산성이 휘발된 '회상'의 불구성은 시적 자아를 유토피아적 비전으로 이끌어가지 못하고 파편화된 시간 속에 고립시키는 것이다. 시인은 이러한 절망의 현실을 '확신할 수 없는', '볼 수 없는' 등 모호하고 불확실한 상황으로 표현하고 있다.

①미지의 숲속을
　나의 청춘과 도주하던 시간도

—「낙하」 부분

②불운한 편력의 사람들
　그 속에 나의 청춘이 자고

—「미래의 창부」 부분

③이미 소멸된 청춘의 반역을 회상하면서

　　　　　　　　　　　　　　　　　―「살아있는 것이 있다면」 부분

④그리고 저기 무지개처럼 허공에 그려진
　감촉과 향기만이 짙었던 청춘의 날을 바라봅니다.

　　　　　　　　　　　　　　　　　―「밤의 미매장」 부분

　위의 인용된 시에서 알 수 있듯이, '청춘'은 '죽어간' 혹은 '소멸된' 시간이며, '허공에 그려진' 허구적 시간의 양태로 드러난다. 이렇게 박인환에게 '청춘'은 회복되지 않는 시원(始原)의 시간이면서, 동시에 도달할 수 없는 미래로 인식된다. 현실의 시간적 좌표 위에 정박하지 못하고 부유하는 '청춘'의 시간성은 유토피아의 흔적으로서의 의미만을 지닐 뿐 구체적인 시간성을 확보하지 못한다. 이렇게 되면 '청춘'과 자아의 관계는 비실재적인 '환영'을 통해서 매개될 수밖에 없다. 즉 시인은 허구적 이미지와 현실을 상상적으로 묶어놓는 '환영' 속에서만 대상과의 관계를 지속해 가는 것이다. 시 「눈을 뜨고도」에서 '사랑의 환영(幻影)'은 '이지러진', '진눈깨비' 등의 이미지와 결합되어 현실의 시간을 왜곡된 형태로 표출한다. 이러한 '사랑의 환영'은 왜곡된 '청춘'의 결핍을 메우려는 자기 보존의 의지가 구성해낸 상상적 이미지이다. 그리하여 허구의 시니피앙인 '청춘'의 시간에 대한 동일화의 붕괴는 자아의 위기를 증폭시키고, 현실의 세계는 "빛나면서도 / 암흑처럼 다가오는" 공포로서 감지되기에 이른다.

　이렇게 박인환의 시적 시선은 어둠과 죽음의 이미지로 채워진 현실의 억압이 존재의 위기로 치환되는 지점을 응시하고 있다. 현실을 지배하는 어둠의 상황이 가중될 때 자신의 외부로부터 들어오는 의식(other directed)과 스스로 나가려는 의식의 내향성(inner directed) 사이의 차이는 사라지게 된다.35) 이 시에서 자아의 내면을 지배하는 불안은 이러한 '내부화된' 외부의 억압성에서 기인하는 것이며, 박인환의 시쓰기는 자신의 내면에 머무른 채 틈입해 오는 현실의 공포에 대응하는 과정을 보여준다.

> ①또 하나의 환상과
> 　　나의 불길한 혐오
> 　　참으로 조소로운 인간의 주검과
> 　　눈을 뜨고도
> 　　볼 수 없는 상태
> 　　얼마나 무서운 치욕이냐.
> 　　존재와 부재의 사이에서
>
> —「눈을 뜨고도」 부분

> ②이미 소멸된 청춘의 반역을 회상하면서
> 　　회의와 불안만이 다정스러운
> 　　모멸의 오늘을 살아나간다.
>
> —「살아 있는 것이 있다면」 부분

인용 시에서 인간의 죽음마저 조소의 대상이 되는 현실에 대한 혐오와 이러한 비극적 시간 속에서 살아남은 자신에 대한 치욕의 감정이, 자아를 사로잡은 불안의식과 결합되어 파괴적인 충동으로 표출되고 있다. 현재를 '치욕'으로 인식하는 시인의 내면에는 극단적인 자기 부정과 모멸, 그리고 자기 소멸의 공포가 공존한다. 이러한 현재에 대한 '환상과 혐오'의 이중적 태도는, '청춘의 반역'이 꿈꾸던 시간과 대립을 이룬다. 앞에서 살펴보았듯이 '회상'이 청춘의 활력을 현재로 끌어올리는 데 실패하게 됨으로써, 청춘은 부재하는 것 혹은 왜곡된 이미지로서만 나타났었다. 이러한 상황에서 '현재'에 대한 모멸의 감정은 더욱 심화되는데, 그것은 "눈을 뜨고도 / 볼 수 없는 상태"(「눈을 뜨고도」)에서와 같이, 시

---

35) H. 르페브르, 박정자 역, 앞의 책, 207면.

각의 상실이라는 상징적 사건으로 표현된다. '눈'의 상실은 "아무것도 인식하지 못할 망각"(4연)이라는 의식의 분열과 망각의 상황으로 시인을 몰고 간다. 그리하여 청춘에 대한 열망과 현실에 대한 혐오라는 이중성 속에 놓인 눈 먼 자아는, "세월이 흘러간다 / 머물러 있는 청춘"에서처럼, '흘러가는 세월'과 '고착된 청춘'의 간극 속에서 끝없는 분열을 겪는 것이다.

이상에서 살펴본 것과 같이 박인환의 시에서 유토피아적 시간에 대한 동일화의 욕망과 그 좌절은 자아 정체성 붕괴의 동인으로 작용하고 있다. 닫힌 시간의 폐쇄성에서 기인하는 이러한 위기의식을 시인은 '버려진 아이[棄兒]' 혹은 '죽은 아이'의 이미지로 표현하고 있다.

> 또 다른 그날
> 가로수 그늘에서 울던 아이는
> 옛날 강가에 내가 버린 嬰兒
> 쓰러지는 건물 아래
> 슬픔에 죽어가던 소녀도
> 오늘 환상처럼 살았다
> 이름이 무엇인지
> 나라를 애태우는지
> 분별할 의식조차 내게는 없다
> 시달림과 증오의 육지
> 패배의 폭풍을 뚫고
> 나의 영원한 작별의 노래가
> 안개 속에 울리고
> 지난날의 무거운 회상을 더듬으며
> 벽에 귀를 기대면
> 머나먼
> 운명의 도시 한복판
> 희미한 달을 바라

울며울며 일곱 개의 층계를 오르는
그 아이의 방향은
어디인가.

—「일곱 개의 층계」 부분

인용 시는 죽음과 환영의 검은 이미지들이 '안개'와 어우러져 만들어
내는 우울하고 절망적인 분위기로 가득 차 있다. 이러한 절망 속에서
과거와 현재의 시간이 서로 교차된다. 먼저 "또 다른 그날"과 '옛날'로
지칭되는 과거의 시간은 '유기(遺棄)된 아이'가 환기하는 극단의 고통과
절망으로 채워진 시간이다. 시에서 "내가 버린 嬰兒"는 '가로수 그늘에
서 울던 아이', '죽어가는 소녀'로 변주되면서 비극적 정조를 심화시키
고 있다. 자아와 버려진 아이 사이에 가로 놓인 '벽'은, 과거와 현재, 혹
은 현재와 미래를 나누어 놓는 시간적 단절의 상징물이다. 그런데 공포
스러운 것은 과거의 시간이 "오늘 환상처럼 살았다"에서처럼 현재로 귀
환한다는 것이다. 버려진 과거의 기억이 현재의 표면을 균열시키면서
불쑥 출현하고 있는 것이다.

이때 '머나먼 운명의 도시'로 상징되는 상상의 지대를 자아의 내부로
옮겨옴으로써 과거와 현재의 시간을 겹쳐놓는 것은 바로 '환상'의 기능
이다. 서로 융합하지 못하는 이질적 시간의 충돌은 이 환상 속에서만
가능한 것이다. 폭력적인 환상의 출현 앞에 놓인 자아의 불안은 현기증
처럼 시의 배음을 지배하고 있다. '안개'·'시달림'·'폭풍' 등 혼돈과
고통을 상징하는 이미지들은 이러한 내면의 상태를 효과적으로 드러내
준다. '희미한 달'이 보여주는 전망의 모호함 역시 시간적 가능성을 열
어주지 못하고, 달을 바라보면서 '계단을 오르는' 아이의 행동은 구체적
방향과 지향점을 상실하게 된다. 따라서 구원의 상징물인 '일곱 개의 층
계'를 올라가는 상향의 움직임은 역으로 구원의 부재를 드러내는 하강
의 움직임으로 치환될 수밖에 없다. 현실을 벗어나기 위한 '계단 오르

기'의 동선이 역설적으로 어둠을 향한 하강의 동선으로 변모된다는 점은 박인환의 시세계가 지향하는 바를 잘 드러내준다. 시인은 파편화된 시간과 허구적 환상이 지배하는 현실로부터 내면의 세계로 시선을 돌림으로써, 외부의 억압으로부터 자신의 내면을 보존하고자 하는 것이다.

타자와 관계 속에서 생성되는 미래의 의미에 주목하는 레비나스에 의하면, '아이'는 나의 과거이면서 나의 미래를 표상하는 이중적인 시간의 기호이다. 미래의 상징인 아이와의 관계를 확보함으로써 자아는 새로운 시간적 가능성을 열어갈 수 있게 된다. 그런데 박인환의 시에서 아이는 어두운 강가에 버려지거나, 이미 죽어 버린 존재로 출현한다. 시인은 이러한 버려진 '棄兒'의 이미지를 통해서 미래의 부재를 확인하고, 자아와 세계 사이의 단절을 가시화하고 있다. 이렇듯 어둠 속에 '버려진 아이[棄兒]'의 고통스런 이미지는 시간적 갱신의 가능성을 상실한 자아의 불안한 모습을 상징하는 것으로 읽힌다. 이것과 관련하여, 박인환의 시에서 '어린 딸－소녀－신부(新婦)－창부(娼婦)'로 변주되는 여성의 이미지가 건강한 생산성을 상실한 훼손된 존재로 그려진다는 점 역시 주목할 부분이다. '아이'로 상징되는 미래의 탄생이란 생산적 가능성을 상징하는 여성과의 관계 맺기, 즉 '사랑'을 통해서 가능한 것이다.[36] 그러나 이미 미래의 시간이 '창부'로 비유되는 데서 알 수 있듯이, 생산적 시간의 불가능성에 대한 시적 인식은 삶을 가능하게 하는 모든 관계를 부정하는 극단적 시점에까지 이르고 있다. 결국 미래의 상실이라는 절망 속에서 자아는 고립적인 내면의 세계로 퇴각하게 되는 것이다.

모든 가능성을 박탈당한 불구적 시간은 다른 시에서 "싸늘한 교외의 砂丘에서 / 모진 소낙비에 으끄러지며 / 자라지 못하는 유용식물"(「영원한

---

36) 서구의 자아 중심의 주체성을 비판하는 데서 출발한 레비나스는 절대타자 혹은 외재성(alternity)으로서의 타자를 통한 주체성의 생성을 기술한다. 이러한 레비나스의 철학은 타자와 주체의 관계를 동등한 것이 아니라 주체의 사랑과 헌신 통해서 구성되는 것으로 보며, 이러한 점은 타자와의 갈등을 폭력적인 갈등과 투쟁으로 이해한 샤르트르와 대비된다. 신옥희, 「레비나스의 타자개념」, 『현대시사상』, 1996년 겨울.

일요일」)로 표현된다. 여기서 '싸늘한'·'모진' 등의 시어를 통해서 감각되는 고통은 식물이 자라지 못하게 만드는 열악한 현실을 환기시킨다. 시인은 사막에 놓인 식물의 이미지에 자신을 투사하면서, 새로운 삶에 대한 희망이 고갈된 상황을 성장의 좌절이라는 극단적 사건으로 표현하는 것이다. 이렇게 박인환의 시쓰기에서 고립된 시간의식은 성장의 좌절이라는 상징적 사건으로 표출된다. 그의 시에서 드러나는 '아이 버리기'의 행위는 과거에 대한 부정을 의미하는 한편, 아이를 통해서 열리는 미래의 시간마저 거부하고, 그것으로부터 도피하고자 하는 욕망을 환기한다. 즉 시인은 '아이 버리기'라는 상징적 행위를 통해, 과거와 미래의 시간으로부터 동시에 스스로를 고립시키는 것이다. 이러한 인식은 수인(囚人)의 시간으로 상징되는 현재의 폐쇄성을 오히려 자아의 도피처(protective cocoon)로 인식하는 아이러니를 낳는다.

주지하듯 근대 계몽주의의 근간을 이루는 합리성은 서구의 중심적 가치에 반하는 비서구를 비이성적인 것, 문명에 반하는 야만으로서 차별하고 배제함으로써 성립되어 왔다. 이때 비서구세계는 계도해야 할 야만의 상태 혹은 미성숙한 어린이의 상태로 규정된다. 따라서 서구의 시각 체계에 포획된 비서구 주체들에게, 근대를 향한 도정은 어린이에서 성년으로 이행하는 시간화의 과정을 의미하는 것으로 받아들여진다. 이러한 성장의 메타포가 우리 시사에서 의미를 가지는 것은 그것이 시쓰기의 주체로서 시인의 자기 정체성 문제와 연관되기 때문이다. 근대라는 타자에 대한 동일화를 통해 자신의 정체성을 정립해 온 당대의 시인들에게, 근대성의 획득이란 미성숙의 상태에서 성숙을 향해 진행되는 진보의 이념을 내면화해 가는 과정이기도 한 것이다. 박인환의 시에서 '기아(棄兒)'의 이미지는 서구적 근대와의 동일화의 좌절과 그로 인해 자아가 경험하는 소외의 감각과 의식의 분열 상태를 적실히 보여주는 이미지라는 점에서 중요한 의미를 지닌다. 이렇게 그의 시에서 나타나는 미성년의 시간의식은 성장의 원리를 바탕으로 한 근대적 시간이념에 대한 거부의 태도를 내장하고 있는 것으로 이해된다.

1930년대 선배 모더니스트들을 강박하는 문제는 근대를 극복하는 문제 이전에, 진정한 근대를 성취하는 문제였다. 이들에게 도달해야 할 미래로 상정된 근대는 '있어야 할 것'이 결여된 현재의 상태를 자각함으로써 얻어지는 유토피아적 비전의 문제였다. 그러나 미래적 비전으로서의 근대에 대한 열망은, 끝없이 유예되는 미래의 시간을 통해서만 지속될 수 있는 근대적 시간에 내재된 필연적인 절망을 내포한다. 따라서 1930년대 모더니스트를 지배하는 것은 유토피아의 상실이 아니라, 유토피아의 그림자에 의해 강하게 지배받는 환멸이라고 하겠다. 바로 이 지점이 1930년대와 1950년대의 모더니즘을 차별짓는 부분이다. 세계 상실의 체험에서 출발한 전후 모더니즘은 이러한 유토피아의 비전을 완전히 상실함으로써, 역설적으로 근대의 너머를 함께 바라볼 수 있었다. 박인환의 시가 보여주는 폐쇄된 수인(囚人)의 시간은 전도된 유토피아로서 시적 자의식에 깊숙하게 작용함으로써, 전후의 시쓰기를 추동하는 내적 동인이 된다.

2) 종말을 지연하는 제의(祭儀)와 나르시스의 시선

박인환의 시에서 '기아(棄兒)'의 이미지는 성장의 이념에 기반한 근대적 시간에 대한 시인의 반항적 인식을 드러내준다는 점에서 전후의 시쓰기를 이해하는 중요한 요소가 된다. 성장의 좌절 혹은 반항의 상징인 '기아(棄兒)'는 자기 내부로부터 분리되는 또 다른 자아의 존재를 환기시킨다. "영원한 종말을/ 웃고 울며 헤매이는 또 하나의 나"(「종말」)에서처럼, 정체성 붕괴의 위기에 놓인 시인은 자기 내부에서 또 하나의 자아를 분리하여 유기하고자 하는 욕망을 표출한다. 이때 현실의 맥락으로부터 유기된 채 '헤매이는' 자아의 고통스런 동선은 상승과 하강, 구원과 절망을 전도시키는 역설적인 사건으로 표출된다. 결국 박인환의 시에서 해방기에 표출되었던 직선적 질주의 운동은, 내적인 헤매임이 만들어내는 시간의 굴곡을 거쳐 마침내 나르시시즘적 세계로 회귀하게 된다.37) 이러한 시쓰기의 궤적은 내면으로 귀환함으로써, 현실의 억압성으로부터 자기를 보존하려는 역설적인 대응의 양상으로 이해된다. 다음 시 「서적과 풍경」에서 내면으로 회귀해 가는 의식의 변모 과정을 구체적으로 살펴볼 수 있다.

나는 눈을 감는다
평화롭던 날 나의 서재에 군집했던
서적의 이름을 외운다.
한 권 한 권이
인간처럼 개성이 있었고
죽어간 병사처럼 나에게 눈물과
불멸의 정신을 알려준 무수한 서적의 이름을……
이들이 모이면 인간이 살던
原野와 산과 바다와 구름 같은
印象의 풍경을 내 마음에 투영해 주는 것이다.

지금 싸움은 지속된다.

---

37) 여기서 나르시시즘의 문제는 주체화의 과정과 긴밀하게 연관된다. 주체는 아버지의 이름에 복종하는 형태로 나타나는 대타자와의 동일화의 과정을 통해서 형성된다. 즉 주체는 오인에 바탕을 둔 에고의 나르시시즘적 상태에서 벗어나 절대적 타자(라캉식으로 말하면 '아버지의 이름', 혹은 '법')와의 관계를 통해서 상징계로 진입하게 된다. 이러한 상징적 동일화의 과정은 자기애에서 대상애로 발전하는 과정인데, 이 과정이 제대로 이루어지지 못하게 되어 자기 자신으로 철회되는 과정을 프로이트는 1차 나르시시즘의 리비도적 자기애와 구별하여, 2차 나르시시즘이라 한다. 한편 라캉은 프로이트의 무의식에서 추출한 자기애와 대상애의 문제를 주체의 형성 과정으로 발전시켰고, 크리스테바의 경우도 외부로부터 동일화의 대상을 발견하지 못할 때 '자신의 내부'에서 동일화의 대상을 찾게 되는 나르시시즘의 역학에 주목하고 있다. J. 크리스테바, 김영 역, 『사랑의 역사』, 민음사, 1995, 187~188면 참조.

서적은 불타오른다.
그러나 서적과 印象의 풍경이여
너의 영원한 이야기와 표정은 너만의 것이 아니다.
(…중략…)
나의 서적과 풍경은 내
생명을 건 싸움 속에 있다.

—「서적과 풍경」 부분

이 시에서 '원야(原野)'·'바다'·'산' 등의 근원적 이미지들과 '불멸'의 정신으로 드러나는 서적의 '풍경'은 이상적 시간을 표상하고 있다. '불멸의 정신', '영원성' 등 이념적 기호들에 의해 조형된 이 '풍경'은 세계와 자아 사이에 구축된 상상적 관계를 보여준다. '서적'이 상징하는 풍경을 '눈을 감는' 상태에서만 볼 수 있다는 사실은, 자아와 서적과의 관계가 시선을 허구화하는 '환상'에 의해 매개되고 있다는 점을 환기한다. 주목할 것은 이때 서적이 띠고 있는 '광채'가 자아의 시선에 개입하는 양상이다. 서적이라는 이념적 타자로부터 흘러나온 빛(광채)은 자아의 시선을 교란하고 좌절시키는 억압적인 힘으로 나타나, 서적과의 소통을 단절시키는 기능을 한다. 자아가 '눈을 감는' 행위를 통해서만 이 풍경을 볼 수 있는 것은 그 때문이다. '본다'라는 시각적 행위가 의미를 획득하기 위해서는 필연적으로 타자를 전제해야 한다. 따라서 시에서 '눈을 감는' 행위는 외부의 타자를 상실하고 자기 내면으로 귀환하는 시선의 좌절을 보여주는 것으로 읽힌다. 그의 다른 시에서도, "눈을 뜨고도 볼 수 없는 상태", "시력은 복종의 그늘을 찾고 있는 것인가"(「눈을 뜨고도」), "너에게는 眼球가 없고 情抒가 없다"(「새벽 한 시의 시」), "원색과 혈관은 내 눈엔 보이지 않는다"(「충혈된 눈동자」)와 같이, 왜곡된 시선 혹은 시선의 상실의 모티프가 반복적으로 나타난다. 대상을 투시하지 못하고 허구적인 환상에 고착된 이러한 맹목(盲目)의 시선이, 자아와 서적(풍경)의 상상적인 관계를 지속시키는 것이다.

　이렇게 박인환의 시에서 환상은 근대적 체계의 억압성으로부터 자기를 보존하려는 자아의 상상적 구성물로 출현한다. 외부의 대상이 아니라 자기 자신과의 상상적 관계에 바탕을 둔 나르시시즘적 태도는 이러한 환상을 통해서 지속되는 것이다. 다음의 시에서 현실의 폭력으로부터 스스로를 보존하려는 자아의 욕망이 어떻게 나르시시즘으로 귀결되는지를 살펴볼 수 있다.

오늘 나는 모든 욕망과
사물에 작별하였습니다.
그래서 더욱 친한 죽음과 가까워집니다.
과거는 무수한 내일에
잠이 들었습니다.
불행한 神
어디서나 나와 함께 사는
불행한 神
당신은 나와 단둘이서
얼굴을 비벼대고 비밀을 터놓고
오해나
인간의 체험이나
고절된 의식에
후회하지 않을 것입니다
또다시 우리는 결속되었습니다.
황제의 신하처럼 우리는 죽음을 약속합니다.
지금 저 광장의 電柱처럼 우리는 存在됩니다
쉴 새 없이 내 귀에 울려오는 것은
불행한 神 당신이 부르시는
폭풍입니다.
그러나 허망한 천지 사이를
내가 있고 엄연히 주검이 가로놓이고
불행한 당신이 있으므로

나는 최후의 안정을 즐깁니다.

―「불행한 신」 전문

이 시에서 자아는 현재를 구성하는 모든 '욕망'과 '사물'의 세계와 단절됨으로써 죽음의 세계에 밀착되고 있다. "단둘이서 / 얼굴을 비벼대고 비밀을 터놓는" 등이 보여주는 내밀한 결속의 행위는 자아가 '당신'으로 불리는 죽음의 세계에 깊숙하게 침윤되고 있음을 보여준다. 그런데 시에서는 '나 / 주검 / 불행한 신'이라는 삼자의 분열과 결속이 반복적으로 나타나고 있다. 이때 자아가 '주검'의 물질적 상태로 떨어지지 않는 길은, '불행한 신'이라는 절대자와 관계를 지속해 가는 것이다. 그런데 '불행한 신'과 결합함으로써 얻어지는 '최후의 안정'은, 불안과 공허를 일시적으로 메워주는 가상의 상태로 드러난다. 다시 말해 '최후의 안정'이란, 현재를 침식하는 불안에 의해 와해되고 붕괴되어 갈 수밖에 없는 잠정적인 휴지 상태만을 지시해 주는 것이다. 자아의 내부로 자꾸만 틈입하는 현실의 언어들은 이러한 안정의 상태를 끊임없이 위협하고, 붕괴시키려는 폭력으로 작용한다. 따라서 태풍의 눈과 같은 '정막'의 상태는 불안과 죽음의 충동에 의해 지속적으로 위협을 받게 된다. 역설적인 것은 자아가 자신을 둘러싼 이 공포와 불안 속에서 오히려 '안정'을 느끼고 있다는 것이다. 그러나 대상('신', '당신')에 대한 동일화의 욕망에 의해서 겨우 유지되는 이러한 관계의 허구성은, "지금은 바람처럼 교차하는 지대 / 거기엔 일체의 불순한 욕망이 반사되고"에서와 같이 모든 욕망이 반사되어 분출되어 버림으로써 텅 빈 내면의 상태를 폭로하는 것으로 귀결된다.[38]

결국 시인은 대상과의 결합이 환상에 매개된 허구적 관계임을 자각하게 된다. 이는 이념적 타자가 자아의 욕망에 의해서 구성된 허구적

---

38) 정재찬, 「예술가의 초상에 관하여」, 『한국전후문학연구』(구인환 외), 삼지원, 1995, 202면.

시니피앙에 불과한 것임을 확인하는 과정이기도 하다. 즉 "오 그대 미래의 창부여 / 너의 희망은 나의 오해와 / 감흥만이다 / (…중략…) / 미래의 창부여 / 너의 욕망은 / 나의 질투와 발광만이다"(「미래의 창부」)에서 고백하듯, 시인은 미래에 대한 투사가 '나의 오해와 감흥'이라는 오인에서 비롯되는 것임을 인식한다. 이러한 자각은 이념적 타자에 대한 동일화의 붕괴 지점을 가시화한다. "황막한 연대여 / 거품과 같은 허영이여 / 그것은 깨어진 거울의 여윈 인상"(「1953년의 여자에게」)에서 나타나는, '깨어진 거울'의 이미지는 이러한 환상의 붕괴를 상징하고 있다. 그것은 "여왕이 부르시는 노래와 / 나의 이름도 듣지 못한다"(「벽」)에서와 같이 이름을 상실하는 것, 즉 자아 정체성의 붕괴라는 비극으로 이어진다.

이렇게 하여 '깨진 거울'의 이면은 나르시시즘의 세계로 가는 입구가 된다. 외부의 타자에 대한 동일화가 좌절될 때, 자아는 자기 내부에서 재구성된 충족적인 나르시시즘의 세계로 귀환하게 되는 것이다.[39] 문제는 이러한 환상적 동일화의 세계인 나르시시즘이 시간의 변화와 갱신의 가능성이 존재하지 않는 죽음의 시간으로 환기된다는 점이다.[40] 박인환의 시에 전면화되는 죽음 충동은 이러한 나르시시즘적 세계 인식과 긴밀한 연관을 갖는 것으로 보인다. 다음 시에서는 정체성을 상실한 자아의 내면이 죽음의 세계로 이끌려가는 극단적 상황이 그려진다.

  입술에 피를 바르고
  미스터 某는 죽는다

  어두운 표본실에서
  그의 생존시의 기억은

---

39) 조영복, 「1950년대 모더니즘 시에 있어서의 '내적 체험'의 기호화 연구」, 서울대 석사논문, 1992, 43~44면.
40) 나르시시즘적 주체는 스스로를 대상화하는 자기 반영(self-reflect)의 주체인 동시에 죽음의 주체가 된다. J. 크리스테바, 김영 역, 앞의 책, 187~188면 참조.

        미스터 모의 여행을
        기다리고 있었다
    (…중략…)
    결코
    평범한 그의 죽음을 비극이라 부를 수 없었다.

―「미스터 某의 生과 死」 부분

　박인환은 시간과 생을 응고시키는 현실의 억압성을 거대한 '표본실'
의 이미지를 통해서 표현하고 있다. '표본실'은 모든 기억이 박제되고
생의 물기가 탈색되는 죽음의 알레고리적 공간이다. 시인이 바라보는
현실은 어둠으로 가득 찬 표본실처럼 메마르고 고갈된 풍경으로 펼쳐진
다. 이 절박한 공간에서 시인은 자아를 상실한 채 어둠과 대면하고 있
다. 자신을 증명할 어떤 기억도 휘발된 채 정체성을 박탈당한 존재를
시인은 '미스터 모'라는 익명의 존재로 호명하고 있다. 자기 정체를 스
스로 부정하는 이러한 극단적 태도는 끔찍한 죽음의 상황이 오히려 '평
범한' 일로 인식되는 현실의 비정함에 대한 환멸에서 비롯되는 것으로
보인다. 이렇게 박인환에게 전후의 현실은 죽음이라는 파국의 시간으로
인식되며, 이러한 폐허의 세계를 채우고 있는 종말의식은 자기 소멸의
충동으로 분출된다.

    ① 우리는 倒立된 석고처럼
      불길을 바라볼 수 있었다.

―「의혹의 기」 부분

    ② 인간이 사라진 고독한 신의 토지
      거기 나는 銅像처럼 서 있었다.

―「고향에 가서」 부분

    ③ 그는 死者만이 갖는 속도로

고뇌의 세계에서 탈주하였으리라.

—「잠을 이루지 못하는 밤」 부분

　인용 시에서 시인이 감지하는 죽음의 상태는 '도립된 석고', '동상' 등 물질화된 이미지를 통해서 표현되고 있다. '불길(不吉)'이 환기하는 파탄된 현실의 이미지는 ①의 '거꾸로 선' 존재, ②의 '동상'처럼 물질화된 존재의 위기감으로 증폭되고 있다. 이렇게 생명의 온기를 찾아볼 수 없는 냉혹한 '고뇌의 세계'를 넘어서는 길은, 자기를 위협하는 현실로부터 이탈하는 것이다. 그런데 ③에서 보이듯, 현실의 지배적인 속도에서 벗어나는 것은 죽음을 통해서만 가능한 것으로 인식된다. 여기서 시인이 경험하는 딜레마는, 현실을 이탈하기 위한 탈주가 세계의 폭력성을 능동적으로 부정하는 힘으로 전화되지 못하고, 죽음의 블랙홀인 근대의 속도에 다시 빨려 들어간다는 역설에 있다. 죽음을 건 탈주가 현실을 벗어나지 못하고 다시 포획되는 비극적 지점에서, 박인환 시의 나르시시즘적 풍경이 펼쳐진다. "죽음이여 / 내성과 회한의 절박한 시간이여"(「어떠한 날까지」)라는 절규에서 느껴지듯이, 내면을 향한 절박한 호소는 죽음의 세계를 향해 미끄러져 가는 나르시스의 독백으로 울려나올 뿐이다.

　이렇게 박인환의 시에서 나르시시즘과 죽음의 문제는, 세계의 종말과 파국을 죽음으로 내면화하는 과정과 더불어 이해되어야 한다.[41] 그의 시에서 죽음은 시간의 플롯을 구성하는 최종점으로서의 종말이 아니라, 자기 내부에 '이미' 자리한 파탄과 종말을 재확인하는 것으로 인식된다는 점에서 더욱 문제적이다. 다음의 시에서는 시인을 지배하는 죽음의

---

41) 박인환의 시에서 드러나는 종말론적 인식은 기독교적 의미의 종말론과는 차별되는 현대적 의미를 담고 있다. 현대적 의미의 종말론은 시간의 종결점이 자신의 죽음에 대한 비유로 인식되어, 근대적 세계에서 경험하는 위기의 감각과 연결된다. 즉 종말은 자신이 처한 순간으로부터 기독교적 재림까지의 시간이 아니라, 그 순간부터 자신의 죽음 사이의 시간을 의미하며, 이때 개인은 자신이 살아가는 매 순간을 위기와 죽음으로 인식하게 된다. F. 커모드, 조초희 역, 『종말의식과 인간적 시간』, 문학과지성사, 1993, 20면 참조

식이 파괴된 육체의 이미지와 환멸의 언어를 통해 표현되고 있다.

> 사랑하는 당신의 부드러운 젖과 가슴을 내 품안에 안고
> 나는 당신이 죽은 곳에서 내가 살며
> 내가 죽은 곳에서 당신의 출발이 시작된다고…….
> 황홀히 생각합니다.
> 그리고 저기 무지개처럼 허공에 그려진
> 감촉과 향기만이 짙었던 청춘의 날을 바라봅니다.
>
> 당신은 나의 품속에서 신비와 아름다운 육체를
> 숨김없이 보이며 잠이 들었습니다.
> 불멸의 생명과 나의 사랑을 대치하셨습니다.
> 호흡이 끊긴 불행한 天使……
> 당신은 氷花처럼 차가우면서도
> 아름답게 행복의 어드움 속으로 떠나셨습니다.
> 고독과 함께 남아 있는 나와
> 희미한 感應의 시간과는 이제 헤어집니다.
> 葬送曲을 연주하는 관악기모양
> 최종 열차의 기적이 정신을 두드립니다.
> 시체인 당신과
> 벌거벗은 나와의 사실을
> 불안한 地區에 남기고
> 모든 것은 물과 같이 사라집니다.

—「밤의 未埋葬」 부분

이 시에서 시인은 미래를 "호흡이 끊긴 불행한 天使"에 비유함으로써 이미 닥친 세계의 파국을 실존적 죽음으로 전화시키고 있다. 이 시에서 절대적 존재로 호명되는 '당신'은 「불행한 신」, 「미래의 창부」에서 나타난 '신'의 변형된 모습으로 이해된다. 이때 '내가 살고 당신이 죽고, 내가 죽은 곳이 당신의 출발'이 되는 상황은, 그대와 내가 서로 단절되

어 있으면서도, 내밀하게 결속되어 있는 모순적 관계에 놓여 있음을 보여준다. 시에서 '그대'의 존재는 '젖과 가슴', '아름다운 육체' 등 여성적 이미지로 그려지고 있다. 그러나 이러한 여성성은 곧바로 생명의 향기를 상실하고 고갈된 존재로 변화된다. "향기 짙은 젖가슴을 / 총알로 구멍 내고"(「미래의 창부」)에서처럼 파괴된 여성의 육체는 질주하는 근대성의 기표인 '열차'가 보여주는 남성적 이미지와 대립된다. 여성적 관능성을 내장한 죽음과의 결속을 통해 자아는 날카롭고 공격적인 현실로부터 몽환적인 어둠 속으로 미끄러져 들어간다. 상징적 체계의 폭력이 틈입하지 못하는 모성적 세계로 회귀하려는 욕망은, 시에서 '불안한 지구'로 드러나는 현실의 위협을 밀어내며 팽창하는 에로티즘의 양상('황홀의 결합')으로 표출된다. 이러한 죽음의 에로티시즘이 내포한 비극성은, '시체인 당신'과 '벌거벗은 나'의 결합이 철저하게 고립된 내밀한 공간에서 이루어진다는 점에서 더욱 절박하게 느껴진다. 그러나 이러한 죽음과의 내밀한 결합은 '최종 열차의 기적'이 상징하는 현실의 폭력에 의해 끊임없이 붕괴될 상황에 놓인 것으로 드러난다.

이렇게 박인환의 시쓰기는 죽음의 세계에 관능적으로 밀착함으로써 죽음이라는 금기를 위반하고 있다. 그의 시를 지배하는 검은 열정은, 폭력적 죽음의 과정에 몰입함으로써 모든 에네르기를 탕진하고 자신을 해체하는 과정을 보여준다.[42] 바타이유에 의하면, 이러한 위반은 사회의 보존 방식인 생산에 반대하는 지출의 방식이며, 이성이 지배하는 활동이 아니라 비이성이 지배하는 잉여의 지점을 환기시킨다.[43] 이렇게 볼 때, 소멸의 충동으로 채워진 박인환의 나르시시즘의 시쓰기는 죽음에 밀착해 들어감으로써 절대의 금기를 위반하는 역설적인 방법론이라 할 수 있다. 이러한 시쓰기가 내포한 의미는, 근대에 대한 반성적 탐색을 통해 자신의 죽음을 지연하려는 욕망과, 죽음을 끌어안음으로써 소멸하려는

---

42) G. 바타이유, 조한경 역, 『에로티즘』, 민음사, 1989, 64~66면.
43) 서울사회과학연구소 편, 『맑스, 프로이트, 니체를 넘어서』, 새길, 1997, 192~193면.

욕망 사이의 긴장 관계가 깨어지는 지점에서 보다 선명하게 드러난다. 다음의 시에서 이러한 죽음의 충동이 시쓰기에 대한 자의식과 결합되는 양상을 살펴볼 수 있다.

> 토루소의 그늘 밑에서
> 나의 불운한 편력인 일기책이 떨고
> 그 하나하나의 지면은
> 음울한 회상의 지대로 날아갔다.
>
> 아 창백한 세상과 나의 생애에
> 종말이 오기 전에
> 나는 고독한 피로에서
> 氷花처럼 잠들은 지나간 세월을 위해
> 詩를 써본다.
>
> ─「세 사람의 가족」 부분

　박인환의 시쓰기는 자아가 놓인 현실을 의미 있게 재구성하는 것이 아니라, 현재로부터 시간적 의미를 박탈하고, 부재하는 과거를 향해 자신을 투사하는 과정으로 드러난다. 앞에서 살펴보았듯이, 그의 시에서 과거를 향한 '회상'의 작용은 창조성, 생산성을 지닌 풍요로운 '기억'으로 의미화되지 못한다. 그리하여 현재와 과거 사이에 놓인 시간적 단절과 간극이 지속적으로 재생산된다. 이 시에서도 회상의 매개물인 '일기책'은 생성적 시간으로 이어지지 못하는 파편화된 시간성을 내장하고 있다. 이러한 불연속성은 자아로 하여금 '고독한 피로'의 상태에 침잠하게 만든다. '창백한'·'피로' 등 고갈된 육체의 이미지를 동반하는 회상은, 시간적 연속성을 상실한 채 종말을 이끌어오는 파괴적인 요소로 기능한다. 뒤에서 살펴보겠지만, 동시대의 시인 김수영이 감지하는 피로가 근대의 억압을 내면화함으로써 새로운 시간을 향한 이행의 움직임을 보여준다면, 박인환의 피로는 죽음과 응고된 시간으로 귀결되는 좌절을 보여준다는 점에서 대조를 이룬다. 이렇듯 고갈된 의식이 낳은 피로는 회상의 불연속성에서 기인하는바, 이것은 시쓰기에 대한 박인환의 자의식과 깊은 연관을 가지고 있다.

> 우리들의 현실의 시야에 전개되어 있는 모순과 살육과 허구와 황폐와 참혹과 절망을, 현대문명을 통해서 반영할 적에 우리들로 하여금 강요케 하는 것은 '황무지적 반동(The waste land's reaction)'이며, 전후적인 황무지 현상과 광신에서 더욱 인간의 영속적인 가치를 발견하는 데 현대시의 의의가 존재된다고 생각한다.[44]

여기서 박인환은 현대문명에 대한 대응으로서 자신의 시쓰기가 지향하는 의미에 대해서 언급하고 있다. 그에게 시쓰기는, '전후의 황무지적 상황'과 '광신'의 상황에서 '영속적인 가치'를 발견하려는 의지에 의해서 추동되는 것이다. 시쓰기는 '벽'으로 상징되는 현실을 공백화('백지화')하고, 그 백지 위에서 새로운 의미를 추구하는 창조적 작업이다. 그러나 불행하게도 박인환의 시쓰기는 단자화된 시간 속에 갇힌 채 고립됨으로써 생산적 시간성을 얻지 못한다. 시간의 불연속성에 바탕을 둔 시쓰기의 좌절은, 앞에서 살펴본 「서적과 풍경」에서 새로운 가능성의 모색으로서 제시되었던 시쓰기의 의미와는 확연한 차이를 드러낸다. "1951년의 서적 / 나는 피로한 몸으로 백설을 밟고 가면서 / 이 암흑의 세대를 휩쓰는 / 또 하나의 전율이 / 어데 있는가를 탐지하였다"(「서적과 풍경」)에서, '피로한 몸'으로 '백설'을 밟고 가는 행위는, '암흑의 시대'에서 시간적 가능성을 탐색하는 작업을 의미한다. 이때 '서적'의 지면(紙面)은, 새로운 의미를 탐색하는 백지(白紙)의 여백을 환기하는 한편, '창백한 세상'과 '나의 생애'라는 무의미한 시간으로 채워진 의식의 공백을 드러내는 이

---

44) 박인환, 「현대시의 불행한 단면」, 『주간국제』, 1952.6.16.

중성을 띠고 있다. 다시 말해 '백지'는 '서적'이라는 근대의 의미 지평으로부터 열려지는 시간적 가능성과 '정막한 생명의 존속'이 의미하는 무의미한 시간이 팽팽하게 긴장하고 있는 공간이 되는 것이다. 그러나 전후 박인환의 '백지'는 응고된 시간의 공포로 경사되고, 이것은 폐허와 재생의 역동적 교차와 순환운동으로 채워진 김수영의 '백지'와 대조적인 의미를 보여준다. 모든 의미를 폐허화하는 박인환의 '백지'가 은폐하고 있는 억압성은, '회상'의 비생산성이 시쓰기의 생산성으로 대치될 때만이 해소될 수 있는 성질의 것이었다. 창조적 시간을 통해 무의미의 공간, 폐허의 시간을 벗어날 가능성의 출구가 열리게 되기 때문이다.

그러나 박인환의 시쓰기의 지향점은 현재의 시간으로 개화하지 못하고 어둠의 시간으로 기울어지고 있다. '백주의 장미'로 상징되던 미적 이상에 대한 지향은, 시 「세 사람의 가족」에서 보듯 '어둠 속의 빙화'로 바뀌어진다. 죽음의 나르시시즘에 긴박된 박인환의 시적 세계는 유폐된 시공간 속에서 응고된 '빙화(氷花)'의 이미지로 비유될 수 있겠다. "氷花처럼 잠들은 지난 세월"에서 '빙화'가 상징하는 응결된 시간은, 현재의 불안으로부터 벗어나려는 욕망의 귀착 지점이 죽음과 닿아 있음을 선명하게 보여준다. 이렇게 박인환의 시쓰기는 현실에 대한 긴장된 탐색이 좌절되고, '백주의 장미'로 상징되던 시간적 가능성이 '빙화'라는 동결된 시간으로 대치되는 과정으로 드러난다. 현실의 온기를 탈색한 '빙화'의 이미지에 함축된 탐미성은, 이념적 타자에 대한 동일화의 좌절을 경험하고, 자신의 내면에서 그 상상적 대응물인 심미적 가상을 구축하고자 한 박인환의 피로한 자의식을 보여준다. 다음의 시에서 '빙화'의 이미지는 '무도회'라는 상징적 제의(祭儀)와 연결됨으로써, 현실로부터 절연된 가상의 미학을 구축하고자 하는 시적 지향을 잘 보여준다.

연기와 여자들 틈에 끼어
나는 무도회에 나갔다.

밤이 새도록 나는 광란의 춤을 추었다
어떤 屍體를 안고

황제는 불안한 샹들리에와 함께 있었고
모든 물체는 회전하였다.

눈을 뜨니 운하는 흘렀다.
술보다 더욱 진한 피가 흘렀다.

이 시간 전쟁은 나와 관련이 없다.
광란된 의식과 불모의 육체…… 그리고
일방적인 대화로 충만된 나의 무도회.
나는 더욱 밤 속에 가라앉아간다.
石膏의 여자를 힘있게 껴안고

새벽 돌아가는 길 나는 내 친우가
전사한 통지를 받았다.

—「무도회」 전문

이 시에서 자족적인 시쓰기의 시간이 죽음의 시간으로 서서히 전화되는 과정을 살펴볼 수 있다. 시적 진술에서 드러나는 시제의 불일치는 광기와 폐허 속에서 분열되는 자아의 내면을 구체적으로 보여준다. 시는 "무도회에 나갔다"에서 "내 친우가 / 전사한 통지를 받았다"까지는 과거 시제로 표현된다. 그러나 시의 중간에 쓰인 "나와 관련이 없다"와 같은 현재형의 종결어는 현실의 시간을 거부하려는 의지를 함축하고 있다. 이러한 시제의 불일치를 통해 현실의 시간과 내적 시간의 균열이 가시화되는데, 그것은 외부와 단절됨으로써 현실의 억압을 배제하려는 의지를 보여주는 것이다. 이렇게 '전쟁'으로 상징되는 폭력적 시간에 대한 거부는 역설적으로 '석고의 여자를 힘있게 껴안는'에서와 같이 죽음과의 합일을 지향하는 행위로 표출된다. 시에서 타자와의 소통을 거부하는 '일방적 대화'의 단절적 상황은 죽음에 밀착된 시적 진술의 독백적 특성을 효과적으로 환기한다. 고립된 내면의 울림을 드러내는 이 독백의 언어는 박인환의 시쓰기를 관통하는 고통스러운 죽음의식에 닿아 있다.

박인환의 시쓰기의 궁극적 귀결은 무도회가 끝나는 '새벽'의 죽음과 연결되고 있다. '무도회'의 도취적이고 도피적인 광란이 종결되는 '새벽'은 친우의 죽음이 알려지는 시간이다. 그런데 '친우의 죽음'을 알리는 전사통지는, '이미' 의식의 죽음 상태에 놓인 자아에게 자신의 죽음을 다시 한번 환기시키는 상징물로 기능한다. 이렇게 자아가 자신을 이미 죽은 존재로 인식하고 있다는 사실은 그의 시쓰기에 내밀하게 잠복되어 있던 죽음의 그림자를 전면화한다. "살아 있는 것이 있다면 분명히 / 그것은 속죄의 회화 속의 裸女와 / 회상도 고뇌도 이제는 망령에게 팔은 / 철없는 시인 / 나의 눈감지 못한 / 단순한 상태의 시체일 것이다"(「살아 있는 것이 있다면」)에서도, 자아는 "속죄의 회화 속의 裸女"가 보여주는 순수함을 망령(죽음)에게 팔아넘기는 행위를 통해 '회상과 고뇌'로부터 벗어나려는 욕망을 보여준다. 그러나 이러한 자기 모멸의 욕망은 좌절되고, 자아는 '눈 감지 못한 단순한 상태의 시체'와도 같은 의사죽음의 상태에 놓이게 된다. 시에서 '석고의 여자', '시체' 등을 통해서 환기되는 죽음의 물질성은 '빙화'의 차가운 이미지와 겹쳐지고 있다. 차갑게 얼어붙은 꽃[氷花]은 시간의 운동 속에서 개화되지 못하고 자아의 내부에서 동결되어 버린 자의식의 상징물이다.

전후의 박인환은 죽음으로 채워진 '표본실'과 같은 현실을, '무도회'가 상징하는 예술적 세계로 대치함으로써 현실의 공포에 대응하고 있다. '무도회'는 죽음을 연기하는 제의(祭儀)이며, '무도회'가 열리는 방은 현실의 폭력성이 침투하지 못하는 자아의 상상적 공간으로 구축된다. 시인은 밤새도록 춤을 추는 행위를 통해서 근접해 오는 죽음의 위협으로부터 벗어나고자 한다. 그러나 '무도회'의 시간은 전쟁이 환기하는 불안과 공포에 의해 끊임없이 침식되는 불안정을 보여주고 있다. '광란의 춤', '불안한 샹들리에', '회전하는' 물체들로 이루어진 시적 풍경은 죽음과 삶이 충돌하고, 피와 어둠이 뒤섞인 광기로 얼룩진다. 또한 춤의 상대가 '시체', 혹은 '석고(石膏)의 여자'와 같이 생명력을 상실한 존재로 드러날 때, 죽음의 공포는 더욱 강렬하게 시인을 엄습한다. 이렇게 시인은 춤을 추는 행위를 통해 자신에게 몰입함으로써 역설적으로 황홀하게 죽음에 밀착되는 자아의 창백한 모습을 전경화한다. 이를 통해 박인환은 현실로부터의 유일한 출구로 상정된 심미적 예술의 세계가 결국 자신의 죽음('시체')을 끌어안고 추는 나르시시즘의 춤에 다름 아니라는 비극적 인식을 드러내는 것이다. 이렇게 박인환의 시쓰기는 고갈된 육체와 죽음이 환기하는 고착된 시간성을 통해 자기 소멸의 욕망을 표출하고 있다. 그의 시 전면에 드러나는 죽음에 대한 적극적인 경사(傾斜)는, 현실의 죽음을 수락함으로써 시간의 흐름을 종결지으려는 역설적인 욕망과 연결되어 있는 것으로 읽힌다. 결국 나르시시즘에 바탕을 둔 이러한 시쓰기는 근대의 시간적 포획으로부터 새로운 시간을 열어가는 데 실패하고, 죽음의 블랙홀 속으로 빠져들어 가는 절멸의 과정으로 이어지게 된다.

지금까지 살펴본바, 박인환의 시쓰기는 근대의 징후로서의 죽음과 파괴된 시간성을 시쓰기의 반성적 자의식과 결합시켜 텍스트화하고 있음을 알 수 있다. 그의 시세계의 밑바탕에는 근대에 대한 동일화의 지향과 그 좌절의 드라마가 내재되어 있다. 아메리카로 상징되는 근대적 세계에 대한 동일화의 욕망과 그 '환상'의 붕괴는 시간적 연속성의 단절로 표출된다. 이때 그가 보여주는 폐쇄된 현재의 시간의식은, 미래적 비전을 상실한 채 자아의 내부로 귀환하는 나르시시즘적 욕망에 강하게 지배된다. 그의 시쓰기를 관통하는 나르시시즘적 죽음의 충동은 근대의 고립적 시간에 대한 미학적 대응으로서의 의미를 갖는다. 유토피아적 시간의 부재에서 기인하는 소외와 결핍, 분열을 메우려는 시쓰기의 욕

망은, 죽음 충동의 발현인 나르시시즘과 그 죽음을 지연시키려는 상징
적 제의(祭儀) 사이의 긴장 속에서 생성되고 있다. 그는 '무도회'·'장례
식' 등 제의(祭儀)의 양식을 빌어서 근대의 폭력적 시간에 대응하고자 하
는 것이다. 그러나 '무도회'의 춤이 죽음으로 종결되는 것처럼, 박인환
의 시쓰기 또한 최종적으로 자기 소멸의 지점을 향해서 흘러간다.

붕괴된 현실에서 기인하는 존재의 위기를 스스로의 내면에서 보상하
려는 나르시시즘적 특성은 모더니스트들을 비롯하여 전후의 많은 시인
들에게서 발견되는 특질이다. 이를테면 동시대의 전통 서정시인들의 경
우, 경험적 시간의 파편성과 분열성이 침투되지 않는 유기적 시간에 대
한 의식, 즉 자기 동일성의 세계로서의 과거에 대한 강렬한 동일화의
욕망을 보여준다. 그러나 이상화된 과거를 지향함으로써 시간적으로 충
만하고 자족인적인 구조를 갖는 전통 서정시의 나르시시즘적 특성과 달
리,[45] 박인환의 경우는 시간의 파편성과 내적 분열을 통해서 자아 서사
의 불가능성을 적극적으로 텍스트화한다. 근대적 시간의 흐름을 해체하
고, 파편화된 시간의식을 시쓰기의 동력으로 삼는 박인환의 미학은 상
실된 유토피아의식에 기반한 전후 모더니즘의 독특한 시간의식을 보여
준다고 하겠다. 우리 시사의 징후적 지점에서 출발한 그의 시쓰기는 폭
력과 공포로 얼룩진 전후의 시간성을 죽음으로 통과해간 것이다.

---

45) 남기혁은 전후 전통시인들의 시가 외부세계의 아버지의 이름을 수용하는 단계로 나
   가지 못하고 유아기적 나르시시즘에 머물렀다고 본다. 「1950년대 시의 전통지향성 연
   구」, 서울대 박사논문, 1998, 67면.

제 4 장

진공의 시간의식과 해탈의 시쓰기

김춘수는 근대의 폭력성에 대한 부정과 대립의 의식을 바탕으로, 지속적인 자기 변모와 실험적인 모색을 통해 고유한 시적 방법론을 탐구해 온 시인이다. 그의 시세계는 현실의 억압을 텍스트에 직접적으로 수용하기보다는, 그것을 배제하고 소거하는 방식으로 구축된다. 역사적 상황이 가하는 고통의 의미를 현실의 좌표에서 확인하기보다 자신의 내적 운명의 문제로 치환함으로써 '고통으로부터 도피하려는' 김춘수의 시적 태도에 대해서 연구자들의 견해는 크게 두 가지로 나누어진다. 다양한 실험적 모색을 통해서 우리 시의 모더니즘적 가능성을 확장하는 데 기여했다는 점과 이러한 시적 현대성의 자각 이면에 그것이 담보해야 할 성찰적 접근에 대해서는 무력했던 시인이라는 이중적인 평가가 그것이다.[1] 문제는 현실과 순수, 의미와 무의미의 이분법적 대립 위에 구축된

---

[1] 김춘수의 시에 대한 그간의 연구에서는 역사에 대한 부정의식으로서의 절대순수의 지향과 기법의 현대성의 문제가 집중적으로 다루어져 왔다. 김현의 「존재탐구로서의

김춘수의 시세계만큼이나 연구자들의 시선도 실험적 형식적 차원과 역사로부터의 도피라는 이항대립에 기반하고 있는 것처럼 보인다는 것이다.[2] 김춘수의 시가 그 출발 지점에서부터 현실에 대한 부정의 태도를 바탕으로 진행되어 왔으며, 그것은 훼손된 현실의 대립적인 지점에서 시쓰기의 가능성을 탐구하는 과정이었음을 환기할 때, 의미와 무의미를 대립시킴으로써 역사와 현실을 소거하려는 이분법적 태도에 대해 '역사에 대한 소극적인 도피' 혹은 '역사에 대한 역설적인 대응'이라고 지적하는 것만으로는 그의 시적 인식의 의미를 깊이 있게 해명하기 어려울 듯하다. 또 그의 시가 철저히 개인의 내면에 고립됨으로써, 역사에 대한 역설적인 거부의 형식을 드러내준다는 비판 역시 일면 타당하면서도,

---

언어」(『세대』, 1964.7), 「처용의 시적 변용」(『상상력과 인간』, 일지사, 1973), 「식물적 상상력의 개발」(『현대시학』, 1970.4), 「신화적 인물의 시적 변용」(『문학과지성』, 1970년 겨울)과 황동규의 「감상의 제어와 방임」(『창작과비평』, 1997) 등은 상상력의 의미를 탐구함으로써, 내적 의식을 조명하고 절대주의·순수주의로 특징지어지는 김춘수의 시적 특질을 추출해 낸다. 또한 샤르트르와 릴케의 영향을 통한 실존적 존재론적 탐구의 측면에 관심을 둔 연구도 진행되었으며, 언어와 시간의식에 있어서의 하이데거의 영향이 매우 중요한 비중으로 다루어져 왔다. 특히 1950년대 후반의 「꽃」 연작 등의 시편을 중심으로 존재의 탐구와 언어의 문제가 논의되었다. 이승훈, 「존재의 해명－김춘수의 '꽃'」, 『현대시학』, 1974.5; 이승훈, 「김춘수론－시적 인식의 문제」, 『현대문학』, 1977.11; 김용직, 「아네모네와 실험의식－김춘수론」, 『시문학』, 1972.4; 김준오, 「무의미와 서정양식」, 『한국현대장르비평론』, 문학과지성사, 1990.

　이밖에 김춘수 시세계의 변화 전반을 탐색한 연구가 있다. 권혁웅, 「김춘수 시 연구」, 고려대 석사논문, 1995; 서준섭, 「순수시의 향방－1960년대 이후 김춘수의 시세계」, 『작가세계』, 1997년 여름; 이혜원, 「시적 해탈의 도정」, 『1950년대 시인들』, 나남, 1994; 정효구, 「김춘수 시의 변모과정」, 『20세기 한국시와 비평정신』, 새미, 1997; 최원식, 「김춘수 시의 의미와 무의미」, 『한국현대시연구』, 일지사, 1983; 이은정, 「김춘수와 김수영 시학의 대비적 연구」, 이화여대 박사논문, 1992; 노철, 「김수영과 김춘수의 창작방법연구」, 고려대 박사논문, 1998.

2) 산문을 통해 창작 방법을 해명함으로써 시적 실험을 보충해 왔던 김춘수는 다른 시인에 비해서 시쓰기에 대한 자의식을 강하게 보여주는 시인이다. 문제는 독자적인 세계를 구축한 시론이 시를 해석하는 준거로 작용하게 되어 시 텍스트 자체의 풍부한 해석 가능성 놓치게 되는 요인이 될 수도 있다는 점에 있다. 특히 무의미시로 대표되는 시의 경우 그 실험적 특성들에만 주목하게 될 때, 이러한 실험을 가능하게 하는 내적인 계기들은 단절적이고 불연속적으로만 이해될 우려가 있다.

세계에 대응하는 자아의 인식적 변모 과정이 함께 고려되지 않을 때 피상적인 평가에 그치게 될 우려가 있다.

따라서 김춘수의 시쓰기를 지배하는 인식적 기저와 그 특성을 밝혀내기 위해서는 현실 인식의 빈곤함과 이를 대치하는 실험적 태도 혹은 기법의 다양성을 대립적으로 사유하기보다는, 이러한 양극화 현상을 낳게 된 내적 동인과 필연성을 살펴보는 작업이 요구된다. 그간 김춘수의 시세계를 논하는 데 빠짐없이 거론되어 왔던, '역사로부터의 도피', '허무', '개인의 실존의 탐구' 등의 수사는, 그의 시쓰기를 이끌어 가는 의식의 역동성에 주목할 때 새롭게 이해될 수 있을 것이다. 이 장에서는 초기 시편들과 1950년대 시에 나타난 시간의식을 통해서 김춘수의 시쓰기가 보여주는 미학적 특성과 그 의미를 살펴보기로 한다.

1. 절대시간의 상실과 시간의 정지

1950년대 김춘수의 시간의식을 이해하기 위해서는 먼저 초기 시의 시간 인식이 형성되는 지점을 살펴볼 필요가 있다. 김춘수의 시적 출발에는 현실의 억압이 사라진 충족적인 시원(始原)의 시공간이 자리하고 있다. 시간적 기원으로서의 이러한 절대시공간은 자아와 타자의 합일에 근거한 총체성의 세계로 환기되는데, 이 행복한 합일의 세계는 근대의 출발과 더불어 붕괴되어 버린다. 김춘수의 초기 시는 이 상실된 기원과 현재의 시간 사이에 놓인 거리, 곧 자아와 세계의 단절에서 비롯되는 상실의 정서에 강하게 지배되고 있다. 그는 이러한 시간적 단절을 자아의 성장 과정에서 경험하는 결핍과 위기의 감각으로 텍스트화한다. 즉 근원적 충족적 세계의 균열과 근대적 체계 내부로 진입하는 과정에서 경험하게 되는 실존의 위기, 그리고 그로부터 스스로를 보존하려는 의지가 김춘수의 시쓰기를 지배하는 근본 동인으로 작동하는 것이다. 그는 시원의 상실이라는 상황을 근대의 폭력적인 시간에서 기인하는 것으로 인식하는데, 이는 전후의 「부다페스트에서의 소녀의 죽음」 계열의 시에서 보여지듯 역사에 대한 거부와 환멸의식으로 표출된다. 그간 김춘수의 1950년대 시세계에 대한 연구자들의 관심은 이른바 '존재의 탐구'의 시로 지칭되는 「꽃」 계열의 시에 집중되어 왔으며, 「부다페스트에서의 소녀의 죽음」 계열의 시는 상당히 예외적인 것으로만 인식되었다.[3] 그러나 김춘수의 시에서 '부다페스트' 계열의 시편들은 근대의 억압적 담론과 충돌하는 주체의 위기를 전면화하고 있다는 점에서 1950년대 시세계를 구성하는 중요한 특질을 보여준다고 하겠다.

이 장에서는 '부다페스트' 계열의 시가 담고 있는 현실 인식이 김춘수의 시간의식을 구성하는 밑바탕으로 자리하고 있음을 살펴보고, 이 작품과 이후의 「꽃」 계열의 시에서 드러나는 시간의식의 계기적 특성에 주목하여 1950년대 김춘수의 시간의식의 형성 과정을 살펴보기로 한다.

1) 시원(始原)의 상실과 왜곡된 성장

첫 시집 『구름과 장미』(1948)에 실린 「산악」, 「붉안제」, 「동해」, 「신화의 계절」 등의 시에서 김춘수의 시간의식의 형성과 관련된 몇 가지 특징을 살펴볼 수 있다. 이들 시편에서 시인은 공통적으로 근대문명의 대척점에 훼손되지 않은 태초의 시공간을 배치하고 있다. 자연의 생명력과 원시적 건강으로 충만한 이 세계는 문명의 폭력이 개입하기 이전의 자족적인 풍경을 보여준다.

---

3) 이러한 관점은 『꽃의 소묘』(1963)에서 정점을 이룬 존재 탐구의 세계와 1960년대 무의미시를 연관시켜 보려는 연구들에 의해서 강화되어 왔다.

①꿈꾸기 쉬운 사람은 게으른 손을 가졌다. 밭을 갈고 씨앗을 뿌리기도 전에 물결치는 이랑을 보고 있다. 그러나 雲表 드높이 솟아오른 멧부리에 저녁 노을이 감아들 때의 그 莊嚴하고도 峻烈한 美는 스스로 불타는 生命의 表現이다. 그 不斷의 意慾에 스스로 터져 한아름의 재가 되어버릴 수도 있는, 아 그에겐 매서운 反抗이 있다.

—「산악」 부분

②벌 끝에 횃불 날리며, 원하는 소리 소리 하늘을 태우고, 바람 불리이는 모밀밭인 양 太白의 산발치에 고소란히 엎드린 하이얀 마음들아,

가지에 닿는 바람 물 위를 기는 구름을 밭끝에 거느리고, 萬年 소리없이 솟아오른 太白의 멧부리를 넘어서던 그날은,

—「붉안제」 부분

인용된 시에서는 주체와 객체, 인간과 자연의 분리가 일어나지 않은 절대시공간이 주요한 배경으로 등장한다. 시 ①에서 '산'은 유한한 존재의 한계를 넘어선 내적 지향의 공간이다. 산악이 보여주는 생명의 열기는 '부단한 의욕에 스스로 터져' 버리는 강렬한 의지와 결합되어 '장엄하고 준열한' 산악의 이미지를 구축하고 있다. '스스로 불타는 생명'이 담고 있는 이 자족성의 시간은 노동과 생산의 시간성에 구속된 인간의 시간(역사)과 대비를 이룬다. 노동과 시간에 구속된 존재로서의 인간은, '밭을 갈고 씨앗을 뿌리기도 전에 물결치는 이랑'을 꿈꾸는 시간적 가역을 욕망하는 존재로 그려진다. 이러한 욕망은 현실의 논리를 거부하고 '산악'의 세계를 꿈꾸는 행위로 표현된다. 이렇게 시인은 '준열한' 미를 체현하는 '산악'의 이미지에 자신의 욕망을 투사함으로써, 생산(노동)과 소멸의 유한성을 넘어서려는 의지를 표출하고 있다.

시 ①에서 '산'이 삶과 죽음, 생성과 소멸을 자기 내부 속에 간직한 자족적인 시간성을 가시화하고 있다면, ②「붉안제」에서는 '하늘의 아

들'의 '성스러움'과 '자연'의 세계가 합일된 낙원의 시공간이 전경화된
다. 하늘과 땅, 자연과 인간을 하나로 통합하는 '축제'는 훼손되지 않는
근원적 시간을 내장하고 있다. 이렇게 '산맥을 넘고 횃불을 날리는' 제
의(祭儀)의 시간은, '고통'과 '질병'이 틈입하지 못한 '원시의 건강'으로
충만하다. 사물과의 경계가 사라지고, 인간과 사물의 완전한 소통이 가
능한 이러한 애니미즘적 세계는 시간의 흐름이 휘발된 무시간적 풍경으
로 가시화된다.4) '-있다'와 '태우도다' 등 시제에 묶이지 않는 서술어
는 역사적 시간이 개입하지 않는 신화적 세계의 무시간성을 환기하고
있다. 시적 대상에 권위를 부여하는 이러한 객관화된 서술태도는 절대
적인 시간의 충족성에 대한 자아의 완전한 동일화를 보여준다. 주목할
것은 시에서 서술의 주체인 자아가 개성화된 목소리로 존재하는 것이
아니라, 공동체의 이념에 합일된 보편적이고 집단적인 목소리로 시적
진술을 이끌어 가고 있다는 점이다. 이것은 타자와의 충족적 합일을 표
상하는 근원적 시공간에서, 개체로서의 자기 정체성이 세계의 보편성
속으로 용해되고 있음을 보여준다.

그런데 이러한 공동체의 이상을 상징하는 근원적 시공간이 어떻게 개
별자의 시간 경험으로 구체화되는가 하는 문제가 제기된다. 그것은 공동
체의 '환상'이 개별자의 내적 환상으로 대치되는 과정을 해명하는 작업
으로, 이점은 역사라는 집단을 거부하고 개체의 실존에 집중하는 김춘수
의 시적 무의식을 드러내는 관건이 된다. 그 실마리는 이 '시원'의 세계
가 현실의 시공간과 단절된 채 매우 이질적인 것으로 존재한다는 점에
서 찾을 수 있다. 시원의 자족성은 오늘과 단절된 시간이기에 가능하다.
즉 '그날'이라는 지시어가 환기하듯이, 시원은 시간적 단절에 의해 봉인
되어 버린 세계로서 환기되는 것이다. 1960년대 이후 김춘수의 시에서
자주 등장하는 '유년'의 세계는 현실과 단절된 채 봉인된 시원의 시간적

---

4) 김용직, 「아네모네와 실험의식」, 『시문학』, 1972년 가을.

유비로 읽혀진다. 시인은 이 상상적 시원의 세계를, '호주 선교사네 집'이라는 구체적인 형상을 빌어서 경험적 맥락으로 소환한다.[5]

①호주선교사네 집에는
　호주에서 가지고 해와 바람이
　따로 또 있었다.
　탱자나무 울 사이로
　겨울에 죽두화가 피어있었다.
　주님의 생일날 밤에는
　눈이 내리고
　내 눈썹과 눈썹 사이 보이지 않는 하늘을
　나비가 날고 있었다.
　한 마리 두 마리,

—「처용단장」 1부 부분

②호주 선교사네집, 그 붉은 벽돌집을 가로막고 있는 탱자나무 울타리 사이로 텅 빈 앞마당의 잔디밭을 넘겨 보기도 하고, 언젠가 거기서 늙은 자라를 건져올리는 것을 본 일이 있는 유치원 뒤뜰의 우물물을 한동안 들여다 보기도 했다. 그것들은 무슨 눈짓 같은 것을 보내는 때가 가끔 있었기 때문이다.

—「나비가」 부분

①에서 '호주 선교사네'로 상징되는 세계는 외부의 현실과 단절된 자기 충족적인 시공간이다. 그곳은 겨울에도 꽃이 피고, 신성한 기운으로 가득 찬 곳이며, 현실을 지배하는 시간에 구속되지 않는 신화적인 공간이다. 현실 속에 존재하면서도 현실과 소통되지 않고 '따로 또' 존재하는 이질적 세계인 것이다. 이렇게 '호주 선교사네'는 유년의 자아가 감지하는 낯설고 이질적인 시간감각을 촉발하는 외부적 공간을 환기한다. 그곳은 시 ②에서 근원적 시간의 상징물인 '우물'의 공간으로 변주되고

---

5) 김춘수, 『꽃과 여우』, 민음사, 1997, 27면.

있다. 유치원 '뒤뜰'이라는 숨겨진 공간에 은밀하게 존재하는 우물은 자아에게 '눈짓'을 보내는 신화적이고 신비한 공간으로 현현한다. '호주 선교사네 집'과 '우물'은 모두 현실의 세계와 소통되지 않는 자족적이고 봉인된 시간적 특성을 담고 있다. 흥미로운 것은 이러한 이질적인 세계에 대한 자아의 태도가 '넘겨 보는' 행위로 표현된다는 것이다. '넘겨 보는' 시선의 움직임은 대상을 정면으로 보지 못하고 슬쩍 비껴가면서 그 세계의 비의를 엿보고 있다. 신화적 시간이 보내는 비의적 응시('눈짓')와 그것을 비껴가는 자아의 시선의 엇갈림은, 현실 속에 '따로 또' 존재하는 이 신비로운 세계로부터 자아가 소외되어 있음을 보여준다. 이렇게 하여 김춘수의 시작에서 반복적으로 나타나는 '호주 선교사네 집'의 이미지는 이 상실된 시원의 세계를 가시화해 주는 판타지로 구성된다. 뒤에서 살펴보겠지만, '호주 선교사네 집'을 상징하는 '천사'의 이미지는 자족성의 시간적 지표이다. 우물이 보내는 신비한 눈짓은 이 자족적 동일성의 세계로 환원하고자 하는 시인의 욕망을 촉발하여 시쓰기를 이끌어가는 내적 동인으로 작용한다.

이렇게 근원적 시간의 상실과 부재의 인식이 김춘수 초기 시의 근원적인 정서를 이룬다. 『구름과 장미』(1948)에서 『늪』(1950), 『기』(1951)의 주조를 이루는 상실과 허무, 슬픔의 정조는 이러한 시간적 단절과 연관된 것으로 보인다. 가령 시 「부재」에서 '소리없이 져버렸다', '졸다갔다', '살다죽었다' 등의 소멸을 의미하는 시술이들이 반복됨으로써, 이러한 상실과 결핍의 정서가 효과적으로 표현되고 있다.

경이는 울고 있었다.
풀덤불 속으로
노란 꽃송이가 갸우뚱 내려다보고 있었다.

그것뿐이다.

나는
경이가 누군지를 기억지 못한다.

구름이 일다
구름이 절로 사라지듯이
경이는 가 버렸다.

바람이 가지 끝에
·울며 도는데
나는
경이가 누군지를 기억지 못한다

경이,
너는 울고 있었다
풀덤불 속으로
노란 꽃송이가 갸우뚱 내다보고 있었다.

―「瓊이에게」 전문

이 시에서는 시인은 근원적 시간과의 단절의 순간을 타자의 상실이라는 경험과 연관시켜 표현하고 있다. 시에서 사건의 배경이 되는 구체적 정황은 소거된 채, '경이'라는 대상의 부재가 반복적으로 제시된다. 대상(경이)과 '나' 사이의 단절감은 일차적으로는 서술어의 시제의 차이를 통해서 나타난다. 1, 3, 5연의 '-었다'의 과거형 종결과 2, 4연의 '-는다'의 현재형이 병렬 배치됨으로써, 과거(경이)와 현재(나) 사이에 존재하는 시간적 차이가 명백하게 드러난다. '경이'와 '나'의 단절의 상황은 '기억지 못한다'라는 진술의 반복을 통해 더욱 강화되고 있다. 이러한 단절로 인해 경이의 '울음'은 나와 무관한 행위로 종결된다. 또 시에서 '경이'를 바라보는 자아의 시선은 표면으로 나서지 못하고 풀덤불 속에 은폐되어 있다. 이 '노란 꽃송이' 속에 숨겨진 시선은 '내다보다'라는 서술어를 통해 나와 경이 사이에 놓인 공간적 거리를 환기시킨다.

이렇게 김춘수의 초기 시에서 세계와 절연된 자의 고독, 감상과 허무주의의 시상이 두드러지게 전경화되는 것은, 시원의 상실에서 기인하는 단절의식과 연관되어 있다. 원초적 충족의 세계로부터 떨어져 나온 존재에게 현재의 시간은 불안과 공포, 우울과 비애의 시간으로 감지된다. 이러한 불모의 현재에 놓인 자아의 '고독'은 「밤의 시」, 「부재」, 「늪」 등의 시에서는 자기 상실의 정서로 극대화된다.

> 슬픔 위에 슬픔이 덮이고, 덮인 슬픔 위에 바람이 지나가도 그 짙은 그 속 한 장 건드리지 못하고,
> 햇살이 샘물같이 쏟아지고, 밤이면 달빛이 銀실모양 흘러내려도 흘러내려도…… 하늘이 울어 땅이 動하고, 드디어 天地가 뒤엎이는 저 나종의 나종에도, 밑바닥의 밑바닥 먼 나의 할아버지가 애터지게 울고 간 그 슬픔 한 장 건드리지 못하고…….
>
> —「湖」 전문

시인은 이 시에서 근원적 시간으로부터 추방된 자의 내면을 지배하는 불안과 공허감을 텍스트에 전면화하고 있다.6) '호(湖)'는 '나종의 나종'이라는 시간적 극점이며, 공간적으로는 '밑바닥의 밑바닥'이라는 깊이의 극점으로 이루어진 공간이다. 외부현실이 침입하지 못하는 '호수'의 바닥은 '먼 나의 할아버지'로 상징되는 시간적 근원의 지점과 겹쳐진다. 그리하여 밤과 낮의 시간적 구별이 존재하지 않는 절대의 시공간인 '호'는, "하늘이 울고 땅이 動하는", "천지가 뒤엎이는" 개벽의 역사적 사건에 의해서도 침해받지 않는 절대 정적의 상태를 고수한다. "건

---

6) 신범순은 초기 시에서 불모의 일상적 세계로부터 자신을 스스로 격리시키려는 '순결함'에 대한 지나친 집착이 두드러진다고 지적하면서, 이 불모성이 구체적으로 탐색되지 않았다는 점이 초기 시의 치명적인 한계라고 보고 있다. 「무화과 나무의 언어」, 『작가세계』, 1997년 봄, 64면.

드리지 못하고"라는 부정성의 서술어의 반복은 이 정지된 공간의 고립성과 자족성을 강화하고 있다.

그러나 호수의 심연이 환기하는 이 절대의 세계는 "애터지게 울고 간"에서 보이듯 근원적 시간의 상징인 '할아버지'의 부재로 인해 텅 비어버린 공간으로 드러난다. 이 빈 공간을 채우는 것이 '슬픔'의 정조이다. 즉 "슬픔 위에 슬픔이 덮이고"의 반복은 할아버지가 사라진 이후의 시간적 경과를 드러내주는데, 이렇게 시간이 경과 될수록 빈 공간을 채우는 슬픔의 함량은 더욱더 커지게 된다. 시에서 '슬픔'이라는 시어의 반복은 '호(湖)'를 채운 물의 액가성과 결합됨으로써 비극성을 한층 심화시키고 있다. 김춘수의 초기 시에 빈번하게 등장하는 호(湖)·호수(湖水)·소(沼)·담(潭) 등의 공간은 고인 물의 이미지로 환기됨으로써, 시간의 흐름이 존재하지 않는 부동(不動)의 상태를 보여준다. '고인 물'이 환기하는 이 폐쇄적 이미지는 근원적 시간의 상실, 그로 인한 결핍감과 자기 몰입의 정조를 동시에 함축하는 것으로 읽힌다. 이 고립된 공간을 지배하는 것은 "슬픈 자위의 날"(「蛇」)에서와 같은 자기 몰입과 위안의 정조가 만들어내는 구심적 세계이다. 또한 이 액체성의 원형(圓形)공간은 세계와의 대면이 거부된 자궁의 이미지를 함축하고 있는데, 이는 뒤에서 자세히 살펴보겠지만, 잃어버린 낙원의 시간을 복원하려는 지향점으로서의 모성적 공간을 상징하는 것이다.

이상에서 살펴본 것과 같이 김춘수의 시세계는 시원의 상실과 그 시간적 단절을 자각하는 지점에서 출발한다. "아득히 가버린 萬年"(「숲에서」), "울렁이는 가슴을 스스로 울며, 아득히 만년은 흘러갔도다"(「東海」)에서 보이는바, '가버린' 시간과 그로 인한 결핍감이 현재의 시간을 지배하고 있다. 시인에게 현재의 상태는 '불모의 땅', '조화(造花)의 생리'가 의미하는 인공적이고 척박한 시간으로 인식된다.

　　밀림을 잃은 초원을 잃은

어쩌노 우리들의 살결은 造花의 生理를 닮아간다.

힘은 어디로 갔노?
산악을 움직이던 원시의 그 힘은 어디로 갔노?

저녁에만 피는, 새하얀 꽃잎을 보고 있는 듯 우리들의 살결은 너무 슬프다.
—「집 2」부분

김춘수는 이 시에서 '밀림과 초원'과 '조화(造花)의 생리'를 대립시킴으로써, 문명의 인위적인 시간과 자연적 시간 사이의 돌이킬 수 없는 단절을 보여준다. "다스릴 수 없는 원시의 알몸은, 저 동굴 같은 방 속에다 가두어 두어야 했다"(「집 2」)에서 폐쇄된 공간에 갇힌 현재는, 원시의 힘과 생명력을 상실한 병적인 상태로 표현되고 있다. 현재를 '죽은 꽃[造花]'이 상징하는 고갈된 시간으로 바라보는 부정적 인식은 김춘수의 시세계의 바탕을 이루는 반문명적 반역사적 사유를 형성하는 동인이 된다.7)

폴 드 만은 근원적 시간의 동일성에 시간의 폭력이 가해짐으로써 근대의 파편적 시간이 출발하게 된다고 지적한다. 시원의 상실에서 출발하는 김춘수의 시쓰기는 이러한 근대의 아이러니적 시간의식에 바탕을 두고 있는 것으로 보인다. 그의 시에서 시간적 기원의 붕괴는, 충족된 모성의 세계로부터 아버지의 법이 지배하는 폭력의 세계로의 이행으로 비유되고 있다. 여기서 '시원'의 붕괴와 그로 인한 소외 과정은 개인이 성장 과정에서 경험하는 분열상과 유비적 맥락에 놓이게 된다. 이러한 시간의식을 구체적으로 읽을 수 있는 작품이 시 「집 1」이다.

1
무엇으로도 다스릴 수 없는 아버지는 나이 들수록 더욱 소나무처럼 정정히

---

7) 이창민, 『양식과 심상』, 월인, 2000, 47~48면 참조

혼자서만 茂盛해 가고,

　그 絶對한 그늘 밑에서 어머니의 야윈 가슴은 더욱 昆蟲의 날개처럼 엷어만
갔다.

　2

　모란이 지고 나면 작약이 피고, 작약이 이울 무렵이면 낮에는 아니 핀다던
파아란 처녀꽃을 볼 수가 있었다.
　그 신록이 푸른 잎을 펴어 놓은 마당가에서 나는 어머니를 닮아 가슴이 엷은
소년이 되어 갔다.

　(…중략…)

　4

　그 집에는 우물이 있었다.
　우물 속에는 언제 보아도 곱개 개인 季節의 하늘이 떨어져 있었다.
　언덕에 탱자꽃이 하아얗게 피어 있던 어느 날 나는 거기서 처음으로 그리움
을 배웠다.

　나에게는 왜 누님이 없는가? 그것은 누구에게도 물어 볼 수 없는 내가 다 크
도록까지 내 혼자의 속에서만 간직해온 나의 단 하나의 아쉬움이었다.

　5

　무엇이 귀한 것인가도 모르고, 나를 사랑하는 사람들 곁에서 한사코 어디론
지 달아나고 싶은 反逆에로 시뻘겋게 충혈한 곱지 못한 눈매를 가진, 나는 차
차 청년이 되어갔다.

―「집 1」 부분

　이 시에서 김춘수는 모성적 세계로부터 아버지의 가계(家系)로 진입해
가는 성장의 모티프를 가져와, 자아가 시원의 보편성으로부터 분리되어
개성화된 존재로 탄생하는 과정을 보여준다. '집'은 아버지의 이름으로

세워진 제국의 공간이다. 절대자의 이미지로 구축된 아버지는 '소나무처럼 혼자 무성해 가는' 폭력적 존재로 그려진다. 반면 아버지의 무차별적인 생명력과 대비되는 어머니는 '야윈 곤충의 날개'처럼 부피감 없는 희미한 존재로 표현되고 있다. 시적 자아는 '가슴이 엷은 소년'의 불안정하고 위태로운 이미지로 표현됨으로써, 모성의 세계에 귀속되고자 하는 욕망을 보여준다. 이때 모성의 자족적 시간이 균열되는 사건은 자아의 성장과 함께 진행된다. 1연에서 '성장해 가고', '엷어만 갔다', '되어갔다'의 서술어들은 모두 시간의 경과와 변화를 함축하고 있다. 이러한 시간의 변화는 마지막 연의 "나는 차차 청년이 되어갔다"에서 마침내 자아의 성장이라는 사건을 역사적 지평 위에 펼쳐 놓는다. 위에서 말했듯이 '무성한' 소나무로 상징되는 아버지의 시간은, 2연에서 '모란'과 '작약' 등의 연약한 식물들의 공간인 '마당가'에 그늘을 드리움으로써 성장 과정에 개입된 억압을 보여준다.8) 아버지의 세계로의 편입을 의미하는 성장이란, 곧 이러한 억압과 소외와 결핍을 내면화하는 과정인 것이다.

그런데 이 시에서 시인은 아버지에 대한 동일화의 거부를 통해 수직적인 상승의 시간에 기초한 '성장'의 의미를 전복시키고 있다. 성장의 거부 혹은 좌절은 "무엇이 귀한 것인가도 모르고"에서와 같이 사회적 가치와의 합일을 부정하는 진술을 통해서 확인된다. 시에서 아버지의 시간에 대한 '반역'의 행위는 '우물'이 표상하는 깊이의 시간에 대한 지향으로 표출된다. "시간도 알 수 없는 거기", "언제 보아도 곱게 개인"에서 보이듯 우물은 자기 충족적인 절대시간의 표상이다. 4연에서 자아는 우물 속에서 '그리움'이라는 결핍의 정서를 감지하게 되는데, 여성성(누님)에 대한 그리움은 자아의 성장('다 크도록')에 내재된 근원적 결핍으로 자리 잡게 된다. 이 그리움이 근원적 시간의 충족성을 향한 한없는 열망을 낳는다. 2연의 '처녀꽃'은 자아의 결핍을 보충하는 상징물이다. 주목할 것은

---

8) 김춘수의 시에 드러나는 식물적 상상력 대해서는 김현의 「식물적 상상력의 개발」(『현대시학』, 1970.4)과 이은정, 앞의 논문, 87~95면 참조.

'낮에는 피지 않는' 처녀꽃이 아버지의 시간을 거스르는 반항의 의미를 담고 있다는 점이다. 낮을 거부하는 처녀꽃에는 빛(태양)이 지배하는 아버지의 시간으로부터 '달아나고 싶은' 자아의 욕망이 투사되어 있다. 이런 점에서 '처녀꽃'은 근대의 폭력성에 의해 파괴된 절대시간을 대치하는 미적 가상(schein)이라 하겠다. 그것은 상실된 시원의 대리물이며 자아의 결핍을 봉합하는 허구의 이미지이다. 시적 자아는 아버지의 시간을 거부하는 대신, 처녀꽃과의 상상적 관계 속에서 자족적인 세계를 구축하고자 한다.

이렇게 김춘수의 초기 시는 근대의 대립항으로서 '처녀꽃'이 상징하는 심미적 세계에 대한 강한 동일화의 지향에 의해 구축된다. '불모의 땅바닥'으로 상징되는 고통스런 현실에 대한 자각은 이러한 동일화의 붕괴, 곧 낙원 상실의 의식과 긴밀하게 연관되어 있다. 김춘수는 낙원 상실과 시간적 단절에 주목함으로써 근대적 세계와 자아 사이의 불화와 균열의 문제를 텍스트화한다. 훼손되지 않은 시간적 지표로서의 모성적 세계를 향한 지향이 이러한 시쓰기를 이끌어가는 동력이 된다. 환언하면 그의 시쓰기는 이 훼손되지 않는 시간을 복원해가는 과정이며, 그 속에는 근대의 시간적 단절을 봉합함으로서 연속성을 회복하고, 균열된 자아—서사를 재구축하려는 시인의 욕망이 내장되어 있다고 하겠다.[9]

김춘수는 현재의 기원으로서의 이상적 과거를 상정하고, 그것과 단절된 현재의 세계를 불구적인 것 혹은 '질병'의 시간으로 파악하고 있다. 과거가 절대의 권위를 가지고 현재의 기원으로 존재하게 될 때, 이러한 현재의 불구성은 충만한 과거의 시간을 회복함으로써만 치유될 수 있다. 그의 시에 나타나는 근대적 시간에 대한 부정의 태도는 결핍된 현재에서 충만한 과거로의 복귀를 전제로 한다. 문제는 이 과거의 시간이 회복되어야 할 대상으로 보존될 뿐, 현재와 융합하는 창조적 시간으로 의미

---

9) A. 기든스, 권기돈 역, 『현대성과 자아정체성』, 새물결, 1997, 145면 참조.

화되지 못한다는 데 있다. 김춘수의 시쓰기를 규정하는 의미와 무의미의 이분법적 틀은 상실된 시원과 결핍된 현재라는 시간적 단절과도 깊은 연관을 갖는 것으로, 이는 좀더 깊은 고찰을 요구한다.

2) '불모의 땅'과 훼손된 육체

김춘수의 초기 시를 지배하는 상실의식은 1950년대 전쟁이라는 폭력적인 시간 경험을 통해서 강화된다. 초기 시에서 다소 모소하게 드러났던 '불모의 땅'의 내포적 의미는, 전쟁이라는 재난의 체험을 통해서 구체적인 현실의 맥락에 놓이게 된다. 1950년대 김춘수는 전쟁과 이데올로기의 억압성의 측면에 주목하는데, 그는 역사=이데올로기=폭력을 등식화함으로써 역사를 이념의 폭력성과 동일한 것으로 파악한다.[10] 이러한 인식은 역사와 이념의 문제를 개인의 감각적 경험에서 구성되는 실존의 문제로 환원시키고, 타자와의 관계에 의해서 구축되는 현실 연관성을 배제하려는 태도로 읽혀진다.[11] 이렇게 근대의 억압성을 개체의 문제로 환원시키게 될 때, 역사는 시간의 지속을 통해서 변화하고 진행되는 흐름으로 파악되는 것이 아니라, 개인의 특정한 경험과 연관된 '유일회적 사건'으로만 인식된다.

먼저 김춘수가 역사의 재난과 공포의 문제를 어떻게 인식하고 있는지 살펴보기로 한다. 다음 시에서 시인은 현재의 시간적 불모성에 대한 절망적 인식을 텍스트화하고 있다.

> 산토끼야 산토끼야,
> 너는 보았겠지,

---

10) 김춘수, 「처용단장 시말서」, 『김춘수 전집』 2, 문장사, 1982.
11) 김춘수, 『김춘수 전집』 2, 352면.

무덤 속
祖上들의 靈魂까지 짓밟고 간
그 사나이의 巨大한 軍靴를
산토끼야,
바람은 陰 六月에는
無花果 나무에
맛있는 無花果도 익게 하겠지만,
이 고장의 젊은이들은 마음이 시들하다.
由緖 깊은 아궁이에 어머니가 지피는
불은
아직도 따뜻하고 아직도 純粹하지만,
이 고장 젊은이들은 마음이 시들하다.

―「歸鄕」 부분

　　이 시에서 김춘수는 '고향' 상실과 훼손된 현재의 시간이 자아의 위기로 전이되는 지점을 보여줌으로써, 근대적 시간의 폭력성에 대한 부정 의식을 표출하고 있다. 시에서 '유서 깊은 아궁이'는, 시 「집 1」에서의 '우물'의 이미지와 상응하는 모성성의 상징이다. 근원적 충족성을 내포한 '아궁이'는, 현실의 불모성과 대립하는 훼손되지 않은 시간의 지표인 고향의 환유로 읽힌다. 이때 '고향'은 죽음의 공간인 '무덤'과 생산의 자궁인 '아궁이'가 순환하며 일체화된 자족성의 시공간으로 표상된다. 시인은 '사나이'의 폭력성에 의해 이 '순수한' 시공간이 붕괴를 경험하게 됨을 보여준다. '사나이의 군화'는 "아버지의 그늘"(「집 1」)로 상징되는 근대의 폭력성을 드러내주는 기호이다. 군화가 '짓밟고 간' 파탄의 상황에 놓인 '젊은이'들이, 현재를 건강한 시간이 아니라 생명력을 상실한 '시들한' 시간으로 인식하는 것은 필연적이다. 미래의 가능성을 박탈당한 이 젊은이들은 삶의 가능성을 상실한 채 '무너진 성'의 황폐함에 지배되고 있다. 어머니가 피우던 아궁이의 불은 '아직도 따뜻하고 순수한’ 하지만, 그것은 삶에 대한 열망으로 타오르지 못하고, 따라서 불모의 현실을 덥혀줄 생의 동력으로 전화되지 못한다. 이렇게 김춘수의 시에서 "아니 무너진 성이 없고", "무구한 아무 것도 없는" 불모의 ‘지금’에 대한 인식은, ‘고향’의 상실에 대한 자각과 동일한 의미를 지니는 것이다.

한편 김춘수의 시에서 ‘고향’의 상실이 근대적 시간의 폭력성에 대한 인식과 연관된다는 점은 중요한 의미를 담고 있다. 그에게 전쟁은 근원적 동일성의 세계를 붕괴시키고 존재의 위기를 심화시키는 낯설고 이질적인 재난으로 인식된다.[12] 이런 점에서 김춘수의 시적 경향에서 예외적 작품으로 평가되었던 「부다페스트에서의 소녀의 죽음」 계열의 시들은 1950년대의 시간의식을 살피는 데 중요한 의미를 담고 있다. 「부다페스트에서의 소녀의 죽음」 계열의 시는, 식민지와 전쟁을 거치면서 심화된 세계 상실의 체험 속에서 자기 보존의 준거를 상실한 채 내면으로 전이되는 시쓰기의 변화를 설명해줄 수 있는 중요한 텍스트들이다.

  ①부다페스트에서의 소녀의 내던진 죽음은
    죽음에 떠는 동포의 치욕에서 역으로 싹 튼 것일가,
    싹은 비정의 수목들에서보다
    치욕의 푸른 멍으로부터
    자유를 찾는 소녀의 뜨거운 피 속에서 움튼다.
    싹은 또한 인간의 비굴 속에서 생생한 이마아쥬로 움트며 위협하고
    한밤에 불면의 炎炎한 꽃을 피운다
    인간은 쓰러지고 또 일어설 것이다.
    그리고 또 쓰러질 것이다. 그칠 날이 없을 것이다.
    악마의 총탄에 딸을 잃은
    부다페스트의 양친과 함께
    인간은 존재의 깊이에서 전율하며 통곡할 것이다.

---

12) 김춘수, 「고통에 대한 콤플렉스」, 『비에 젖은 달』, 근역서재, 1980.

기억의 분한 강물은 오늘도 내일도

동포의 눈시울에 흐를 것인가,

흐를 것인가, 영웅들은 쓰러지고 두 달의 항쟁 끝에

너를 겨눈 총뿌리 앞에

네 아저씨와 네 오빠가 무릎을 꾼 지금,

인간의 양심에서 흐를 것인가,

마음 약한 베드로가 닭 울기 전 세 번이나 부인한 지금,

—「부다페스트에서의 소녀의 죽음」 부분

김춘수는 근대의 폭력에 의한 시간 균열이 내적 위기로 전이되는 지점을 포착하고 있다.[13] 시에서는 '소녀의 죽음'은 '역사'로 상징되는 이념의 억압성을 상징적으로 드러내는 사건이다. 「집 1」에서 아버지의 '무성한 그늘'로 상징되는 폭력은, 이 시에서는 '아이'의 생명을 파괴하는 '아저씨의 총구'로 변주된다. 시인은 '총부리', '탄환', '총구'가 상징하는 남성적 세계와 훼손되지 않은 시간으로서의 '소녀'의 이미지를 대립시키고 있다. '총구'로 상징되는 남근적 기호와 어린 '소녀'의 이미지가 대립적으로 제시됨으로써, 소녀의 죽음이 내포한 비극성은 더욱 심화된다. 특히 "웃음 짓는 네 미간을 바라고 / 이국의 한 아저씨는 방아쇠를 당겼다"(「그 이야기를……」)에서, '방아쇠와 총부리'의 비정함은 아이의 순진한 웃음과 대비되어 더욱 강렬한 인상을 남긴다. 이렇게 희생된 소녀의 죽음이 내포한 비극성은 텍스트를 '한송이 꽃', '한마리 비둘기'가 날지 않는 완벽한 절망감으로 채운다. 여기서 소녀의 죽음은 시간적 의

---

13) 김춘수의 1950년대 시의 두 경향, 즉 전쟁의 경험이 직접적으로 드러나는 「부다페스트」 계열의 시와 존재의 탐구로 요약되는 「꽃」 계열의 시로 대별되는 경향은 역사의 폭력성에서 기인하는 고통에 대한 시적 대응이라는 점에서 동일한 인식적 바탕을 갖는 것으로 볼 수 있다. 최원식은 1960년대 4·19 직후까지 유지되던 현실에 대한 관심이 4·19 이후에 선회하는 것으로 파악하여, 김춘수의 1950년대 시에서 현실 인식의 요소가 중요한 의미를 지니고 있음을 지적한다. 「김춘수 시의 의미와 무의미」, 『한국현대시연구』, 일지사, 1983, 619면.

미에서 볼 때 미래의 죽음이기도 하다. 즉 소녀의 죽음은, 진보의 이념 위에 성립된 근대적 시간이 미래를 파탄시키는 모순과 배리의 시간임을 폭로하는 충격적인 사건이다. 이 점은 다음 시에서 보다 선명하게 드러난다.

②찾아갈 고향도 없는데
   도시의 오물은 수챗구멍으로 빠져 나갈 것인가,
   눈에 봄을 담은 소녀여,
   뉴우케아여,
   너는 죽고
   희망도 없이 기다리는 사람들의 마음에
   지금은 비가 내린다.
   비는 내려서
   또다시 소녀 뉴우케아여,
   봄을 담은 네 눈을 우리들의 추억이 적시고,
   하꼬방의 의자 위에 무심히 잠들어 있는 유아의 뼛속으로 스민다.
   삼백육십 개의 유아의 뼛속으로 흐르는
   비의 강물이여
   소녀 뉴우케아는 삼백 육십 번을 거기서도 죽고
   지금은 마흔 날 마흔 밤을 비가 내린다.

—「雨季」 부분

이 시에서 이상적 시간을 상징하는 '봄'과, 봄의 공간적 지표로서의 '고향'의 붕괴는 시원의 상실로 요약되는 초기 시의 연장선에서 이해될 수 있다. 시에서 "봄을 담은 네 눈"이 의미하는 신생의 가능성은 소녀의 죽음으로 인해 파탄을 맞게 된다. 현재의 시간이 담고 있는 이러한 비극성은 '비가 내리는 밤'으로 설정된 우울한 시적 배경에 의해 심화된다. 또한 훼손된 현재를 채우고 있는 '도시의 오물', '수채구멍', '하꼬방' 등의 어두운 소재들은 오염된 세계를 지배하는 극단적인 절망감을 보여준다. '잠든 아이의 뼛속에서 흐르는' 비의 검은 액체성은 현재는 물론 미래까지 잠식하는 죽음의 그림자를 암시한다. 이렇게 ①, ②의 시에서 '소녀와 아이'로 상징되는 '미래'의 죽음은 진보와 발전의 이념으로 구성된 근대적 시간에 대한 김춘수의 회의의 태도를 드러내준다. 시 ①에서, "기억의 분한 강물은 오늘도 내일도 / 동포의 눈시울에 흐를 것인가"에 내포된 회의의 어조는 이 강물의 흐름이 정지되었음을 암시하고 있다. 또 "길은 동강나 있었다"(「처용단장」 3부)에서 시간의 흐름을 상징하는 '길'이 단절된 상황은, 모든 가능성이 파괴된 현재의 절망감을 직접적으로 환기하고 있다. 역사의 흐름을 상징하는 '강물' 역시 시간적 비전을 열어가지 못하고 '수챗구멍' 속으로 빠져들어 간다. 이러한 정지된 강물과 길의 이미지는 시적 자아가 놓인 현재의 고립성을 환기시키고 있다. "뉴우케아는 삼백 육십 번을 거기서도 죽고", "마흔 날 마흔 밤"(「사계」)에서도 알 수 있듯이, 자아에게 소녀의 죽음은 일회적으로 종결되는 사건이 아니라 현재에도 여전히 지속되고 있는 것으로 인식된다. 즉 시인은 소녀의 죽음이 일회적 사건으로 끝나는 것이 아니라, 현재에도 여전히 반복되고 있음을 보여줌으로써 현실의 절망감을 극대화하는 것이다.

이렇게 소녀의 죽음으로 상징되는 고향의 상실은 김춘수의 초기 시에서 시원의 상실과 동일한 의미로 파악된다.14) 그의 시에서 근대의 폭력이 지배하는 '지금'은 역사의 흐름이 정지된 시간을 의미한다. 자아는 시간적인 연속성을 확보하지 못한 채 이 정지된 시간에 긴박되어 있다. 이러한 시간의 파탄이 낳은 위기감은 역사의 흐름을 집어삼키는 '수챗구멍'의 이미지를 통해서 생생하게 환기된다. 죽음의 이미지로 가득한 이 검은 구멍은 근대의 억압에 대면하는 시인의 공포를 가시화한다. 그의 시에서 이러한 파탄된 시간 체험은 자아를 분열시키는 동인으로 작용하게 된다. 이 점은 「부다페스트에서의 소녀의 죽음」에 실려 있다가 이후

---

14) 하희정, 「1950년대 시에 나타난 '부재의식'의 형상화 양상 연구」, 서울대 석사논문, 1995, 26~35면 참조.

에 삭제된 시의 다른 부분을 읽어봄으로써 보다 구체적으로 확인할 수 있다.[15)]

③십자가에 못박힌 한 사람은
　불면의 밤, 왜 모든 기억을 나에게 강요하는가,
　나는 스물 두살이었다.
　대학생이었다.
　일본 동경 セタガヤ署 감방에 불령선인으로 수감되어 있었다.
　어느날, 내 목구멍에서
　창자를 비비 꼬는 소리가 새어 나왔다.
　〈어머니, 난 살고 싶어요!〉
　난생 처음 들어보는 그 소리는 까마득한 어디서,
　내 것이 아니면서, 내 것이면서…….
　나는 콩크리이트 바닥에 머리를 부딪고
　북받쳐 오르는 울음을 참을 수가 없었다.
　누가 나를 우롱하였을가,
　나의 치욕은 살고 싶다는 데에서부터 시작되었을가
　　　　　　　　　　　　—「부다페스트에서의 소녀의 죽음」 부분

　인용 부분에서 시인이 감옥에서 감지하는 공포의 강도는 은폐되었던 현실의 폭력적 요소를 적나라하게 노출하고 있다. 여기서 개인의 종말인 죽음이, 역사의 종말과 동일한 의미로 인식되는데, 이것은 김춘수의 시간의식을 살피는 중요한 지점이다. 이 시에서 '소녀의 죽음'이라는 역사적 사건과 식민지의 '감옥'에서 죽음의 공포에 대면했던 개인사적 체험은 하나의 시간적 맥락에 놓인다. 소녀의 죽음이라는 사건과, 개인적

---

15) 초기 시에서 삭제되었던 이 부분은 식민지 체험을 기본모티프로 한 「처용단장」 2부에서 부분적으로 복원된다. 자전적 요소가 거의 드러나지 않는 김춘수의 시작 특성에 비추어 볼 때, 일본 유학 시절의 투옥 경험을 고백적 어투로 표현하고 있는 이 부분이 「처용단장」 시편들에서 파편적으로 재구성되고 있다는 점은 이후 김춘수의 시쓰기가 이 사건의 파장으로부터 자유롭지 못함을 보여준다.

투옥의 경험은 ‘역사의 폭력에 의한 개체의 희생’이라는 점에서 동일한 의미를 지니는 것이다. 이때 ‘투옥’의 체험은 시인에게는 자신의 동일성을 파괴하는 의사(疑似)죽음의 경험으로 감지된다. 이러한 공포는 공간적인 폐쇄성에서 비롯될 뿐만 아니라 시간적 연속성의 붕괴와도 깊은 연관을 맺고 있다.

기든스에 의하면, 자신의 현재를 있게 한 근원으로서의 과거가 시간적 연속성 속에서 파악될 때 자아의 서사적 통일성이 구성된다. 즉 과거에서 현재에 이르는 시간의 연속적 흐름을 통해 개인은 스스로를 동일성의 존재로 자각하게 된다는 것이다. 이때 과거를 현재화하는 기억의 작용은 시간적 연속감을 얻기 위한 필수적인 요소이다. 기억의 힘을 통해서 과거가 현재로 끌어올려지고, 이렇게 현재화된 과거에 의해 현재의 의미가 생성될 수 있기 때문이다. 그런데 김춘수의 시에서 투옥의 기억은, 현재와 화해롭게 공존하는 것이 아니라, 자아를 억압하는 ‘강요된 기억’으로 나타난다. 자발성이 거세된 이러한 기억은 과거를 현재와 융합시키지 못하고 이질적인 시간으로 고착화시킨다. 즉 공포와 굴욕으로 각인된 과거의 체험은 의식에서 배제되어야 할 이물질로 자리하게 되는 것이다.16) 이러한 기억의 비생산성은 시인이 과거를 환기하면서 스스로 던지는 물음, 곧 “나의 치욕은 살고 싶다는 데서 시작되었을가”라는 물음을 통해서 확인된다. 치욕과 결부된 과거는 현재의 시인에게는 거부되고 추방되어야 할 대상으로 인식되는 것이다. 문제는 이러한 물음이 던져지는 순간, 배제되었던 과거가 역설적으로 현재를 억압하는 요소로 역류한다는 점이다. 이것은 ‘감방’이라는 과거의 공간에 시인의 의식이 아직도 고착되어 있음을 보여준다. 즉 “가도가도 내 발은 セタガヤ署 감방 / 천길 낭떠러지 밑에 있었다”(「처용단장」 3부 14)에서 보이듯, 시인의 시간은 여전히 수십 년 전의 감방에서 벗어나지 못하고 있으며,

---

16) G. 들뢰즈, 서동욱·이충민 역, 『프루스트와 기호들』, 민음사, 1997, 42~43면.

그의 의식은 파편화된 채 기억 속에 붙박여 있는 것이다.

이렇게 치욕적인 과거를 부정하면서도 수락할 수밖에 없는 모순 속에서 자아의 분열이 시작된다. 시에서 자아는 이중의 분열을 드러내는데, 일차적으로 그것은 과거와의 시간적 연속감이 상실된 데서 기인하는 것이며, 다음은 과거의 치욕을 현재에까지 억압으로 인식하는 데서 기인하는 자기 환멸에서 비롯된다. 감옥이라는 폐쇄적 공간에서 죽음을 대면한 자아의 내부에서는 살고 싶다는 욕망과 그것을 '치욕'으로 인식하는 상반된 감정이 서로 충돌하고 있다. 자신의 목소리를 "처음 들어보는", "까마득한 어디서"에서와 같이 '낯선 것'으로 인식하는 것이나, "내 것이 아니면서 내 것이면서"에서 드러나는 자기 부정과 긍정을 오가는 불안정한 진술은, "콘크리트 바닥에 머리를 부딪치고 / 북받쳐 오르는 울음을 참을 수가 없었다"에서와 같이 극단적인 자기 환멸의 행위로 표출된다. 이렇게 '치욕적인' 자기를 부정하면서도 수락할 수밖에 없는 역설이 자아의 분열을 가속화하는 것이다.

이 시에서처럼, 억압되었던 과거가 자기 환멸의 계기로 되살아나게 될 때, 시인의 현재는 '불면'의 시간으로 전화된다. 불면은 과거와 현재가 하나의 흐름으로 이어지지 못하고 불연속적으로 충돌하고 있음을 보여주는 시간 붕괴의 상징이다. 고통스런 밤과 새로운 시간인 아침을 이어주는 계기로서의 '잠'은 죽음의 시간과 소생의 시간을 이어주는 통로이다. 잠이라는 망각을 통해서만 시간은 지속될 수 있고, 잠자는 사람만이 현실에서 배제된 근원적인 시간을 만날 수 있기 때문이다.[17] 그런데 이 시에서 드러나는 '불면'의 상황은, 자아가 새로운 시간과 연결되지 못하고 고통스런 현재에 긴박되어 있음을 보여준다. 이때 불면의 시간인 '지금'은 시간적 불연속이 자각되는 시간이라는 점에서 이중적 의미를 지닌다. 먼저 자아에게 불면을 강요하는 대상이 "십자가에 못 박힌 한

---

17) 위의 책, 78면 참조.

사람"(예수)으로 드러난다는 점에 주목해야 한다. 희생과 용서, 사랑의 상징인 '예수'는 '자유를 찾는 소녀의 뜨거운 피'에서의 '자유'라는 이념적 표상과 등치되고 있다. 즉 '소녀'의 죽음으로부터 생성된 "염염한 불꽃", 혹은 "생생한 이마주로 움트는 싹"은 자유와 사랑, 희생의 숭고한 이념을 상징한다. 그런데 자아는 '자유'와 '희생', '사랑' 등의 이념을 허구적인 것으로 인식하고 있다. 이러한 이념에 대한 불신은, 이 시에서 미래의 상징인 '싹'이 새로운 시간적 출발점으로 의미화되지 못하고, 오히려 불면을 '강요'하는 억압적 물질성을 띤다는 점에서 확인된다.[18] '역사와 이데올로기, 관념'에 대한 끊임없는 불신으로 이어지는 김춘수의 시쓰기는 이러한 시간의식의 균열과도 깊이 연관되어 있는 것이다.

주지하듯 1950년대 시인들의 인식은 전쟁 체험으로부터 자유로울 수 없었다. 모든 가치와 신념 체계를 붕괴시키는 재난으로서의 전쟁의 충격에 대한 대응 양상은 전후의 시쓰기를 구성하는 중요한 밑그림이 된다. 벤야민은 자극과 충격이 일상화된 근대적 세계에서 충격에 대한 방어보다는 이 경험을 수용하고 재구성하는 작업이 중요함을 지적하고 있다. 그는 현대 예술가의 성공여부는 이러한 충격 체험에 자신을 개방할 수 있는가에 달려 있다고 지적하면서, 이러한 충격을 자신의 경험으로 재구성할 수 있는 '기억'의 작용이야말로 세계에 대한 성찰적 의식을 구성하는 계기가 된다고 한다.[19] 그런데 김춘수의 시에서 특징적인 것

---

18) 이는 과거가 현재와 융합하여 통일되지 못하고 단순한 시간적 연장으로만 파악되고 있음을 의미한다. 이러한 시간은 베르그송 식으로 말하면 시간의 지속이 아니라, 단절과 연장(延長)의 공간화된 시간이다. H. 베르그송, 정석해 역, 『시간과 자유의지』, 삼성출판사, 1992, 90~91면 참조.
19) 벤야민은 근대의 경험 구조의 변화를 경험(Erfahrung)과 체험(Erlebnis)을 구분하여 설명한다. 규범화되고 변질된 일상 속에서 쌓여진 체험을 의미 있는 경험으로 재구성하는 과정이 예술적 과정이다. 다시 말해 충격 체험이 일상화된 근대적 세계에서, 예술가의 성공여부는 이러한 충격 체험을 거부하거나 방어하는 것이 아니라, 그것에 자신을 내맡김으로써 얼마나 의미 있는 경험의 양식으로 재구성하는가에 달려 있는 것이다. W. 벤야민, 차봉희 역, 「중앙공원」, 『현대사회와 예술』, 문학과지성사, 1980, 120~121면.

은 이러한 성찰적 의식으로서의 기억이 존재하지 않는다는 점이다. 그는 투옥과 전쟁 등 폭력의 체험에 대한 강한 방어의 의식만을 작동시킴으로써, 과거를 자기 외부의 이질적인 시간으로 고착시킨다. 이러한 시간의 이질성 속에서 과거는 현재와 융합하지 못하고 파편화되어 버린다. 과거가 현재의 의미를 해석하는 데 기여하지 못하게 될 때 현재의 불모성은 강화되고 미래적 전망은 봉쇄된다. 미래가 훼손된 현재의 연장에 지나지 않는다는 이러한 비극적 인식 속에서는 불모의 현재만이 영원히 계속 되며, 새로운 시간으로서의 미래는 탄생할 수 없다.

김춘수의 시에서 '소녀의 죽음'이 상징하는 정지된 시간은, 죽은 '육체'의 응고된 시간성과 상관 관계를 갖는다. 즉 '죽은 몸(시체)'은 현실의 폭력을 각인하는 대상물이자, 정지된 현재를 의미화하는 시적 장치이다. ①에서 소녀의 죽음은 총구에 의해 '구멍 뚫린' 육체의 이미지로 나타난다. ③에서는 살고 싶다는 욕망이 '목구멍'·'창자' 등의 직접적인 육체의 기호들을 통해서 표출된다. 훼손된 시간의 감각은 삶을 향한 욕망을 배반하면서 '치욕의 푸른 멍'으로 육체에 새겨진다. 이러한 육체의 이미지는 「처용단장」에서도 반복적으로 나타나고 있다. "역사는 나를 비켜가라 / 아니 / 맷돌처럼 단숨에 / 나를 으깨고 간다"(「처용단장」)에서 '깨어진 육체'의 이미지를 통해 강조되는 역사의 폭력성, 그리고 "서기 1950년 7월 / 죽어가는 한 여자의 음부를 / 열마리 스무마리 / 구더기가 파먹는 것을 본 / 나다 / 죽은 제엄마의 / 죽은 줄도 모르고 / 젖을 빠는 아이 / 울음을 죽인다고 / 우는 아이를 삼킨 / 임진강의 물살을 본 / 나다"(「처용단장」 3부 47) 등에서 드러나는 '죽은 몸'은 시간적 비전의 상실과 그로 인한 절망의 상태를 직접적으로 보여주고 있다. 이렇게 '목구멍, 창자, 죽은 여자의 음부' 등으로 드러나는 훼손된 육체의 이미지들은, 역사의 시간을 거부하려는 시인의 의지를 보여주는 상징물이며, 그 속에는 '신뢰와 사랑'이라는 이념에 대한 불신과 거부의 태도가 자리하고 있다.

이렇게 김춘수는 과거와 현재가 소통하지 못하고, 미래 역시 현재의 반복에 지나지 않는다는 폐쇄된 시간의식을 바탕으로 1950년대의 불모의 현실에 대응하는 텍스트를 구축하고 있다. 근대적 시간의 가장 큰 특징을 열린 미래라고 할 때, 그것은 단순히 미래를 향해 지속되는 시간의 진행을 의미하는 것은 아니라, 가속화되는 흐름 속에 새로운 시간을 구축하려는 의지의 중요성을 환기한다. 새로운 시간적 가능성을 열어오기 위해서는 선적으로 흐르는 시간 속에서, 단지 오지 않는 시간을 의미하는 미래와 시작할 '사건'으로서의 미래가 구별되어야 한다.[20] 여기서 묻혀버린 과거와 억압된 현재 그리고 도래해야 할 미래를 잇는 '사건'으로서의 시간은, 억압된 기억을 복원시키고 새롭게 구성함으로써 얻어지는 생산적인 시간을 의미하는 것이다. 이때 과거와 현재, 미래는 서로 긴장하고 충돌하면서 시간의 운동을 만들어낸다. 그런데 시간의 지속을 부정하는 김춘수에게 서로 다른 시간 사이의 갈등과 충돌은 존재하지 않는다. 그것은 김춘수의 시에서, 현재의 시간에 내장된 다양성, 곧 과거를 불러내고 미래를 당겨오는 시간적 가능성이 부재함을 의미한다. 이와 같이 시간의 흐름이 시원으로서의 과거와, 결핍으로서의 현재를 잇는 단선적인 흐름 곧 선적이고 연대기적 배열로만 인식될 때, 가능성으로서의 미래는 구성되지 못한다. 그리하여 역사를 고정된 것, 단속적인 것으로 보고 이를 배제하려는 김춘수의 시간의식 속에서 시간의 생성 운동은 탄생하지 못하게 되는 것이다. 그의 시에서 '동강난 길', '흐르지 않는 강물' 등으로 출현하는 정지된 시간 이미지는 이러한 단선적 흐름에 고착된 시간과 그 붕괴 양상을 동시에 보여준다. 또한 그에게 정지된 시간, 혹은 훼손된 육체로서의 역사는, 자기 보존을 위해 거부하고 배제해야 할 이물질로만 인식된다. '죽은 소녀'의 육체로 비유된 역사의 물질성을 폐기함으로써, 시인은 시간의 흐름이 소거된 절대적 내면을 보존하고자 한다.[21]

---

20) 박영도, 「시간의 사회적 구성과 시간의 정치」, 『이다』 1, 1996, 143~144면.
21) 신범순, 앞의 글, 71면.

결국 김춘수의 시쓰기를 지배하는 것은 역사를 악(惡)으로 대상화하여 소거시킴으로써, 자기 동일성을 유지하려는 욕망이라 할 수 있겠다. 그는 자기의 외부에 존재하는 모든 '나쁜 역사'를 거세함으로써 시간의 폭력으로부터 자아의 '순결'을 보존하고자 한다.22) 이렇게 현실 부정과 자기 긍정이라는 양가적 태도 속에서 펼쳐지는 김춘수의 시쓰기는 역사의 시간을 소거함으로써 내적 동일성을 구축하려는 시간의식의 발현으로 읽을 수 있다.

2. 균열된 현재의 거부와 유토피아로의 회귀

김춘수의 시에서 현실에 대한 끊임없는 불신은 잃어버린 시간에 대한 회복 의지와 양면을 이루고 있다. 그는 하나의 시간적 기원을 설정하고, 이 기원의 부재를 통해서 현재의 시간적 의미를 구성하고자 한다. 미래를 향한 일방향의 흐름으로 특징지어지는 근대적 시간은 모든 이질적인 것을 하나로 포섭하여 동질화하는 폭력성을 내장한다. 김춘수는 이러한 단선적 시간으로서의 역사를 폭력, 이데올로기의 억압과 동일한 의미로 인식한다. 근대적 시간이 초래한 이러한 위기로부터 자기 동일성을 보존해 가려는 의지가 김춘수의 시쓰기의 근본적 동인을 이룬다. 그런데 객관적 세계를 통어하는 주체로서 자아의 동일성은, 현재의 시간 속에 자신의 존재 근거를 마련하고 있다. 즉 현재의 시간은 시간의 흐름에 내재된 균열과 이질성을 억압하고 은폐함으로써 자아의 동일성

---

22) 김현은 이러한 '순결 컴플렉스'가 부정적인 현실의 시간에 대한 철저한 배제와 거부의 태도에 바탕을 두고 있음을 지적한다. 「김춘수를 찾아서」, 『김현 문학전집』, 문학과지성사, 1991, 384면.

을 보장해 주는 준거가 된다. 김춘수의 시쓰기는 동일성의 자아가 발딛고 있는 현재의 시간 속에 은폐된 균열을 가시화하는데, 이것은 그의 시세계를 관통하는 문제의식이 근대적 주체의 위기라는 근본적인 지점에 닿아 있음을 보여주는 것이다. 이 장에서는 근대적 시간의 붕괴를 자기 정체성의 위기로 인식하고, 이에 대응하기 위해 동일성의 시간을 재구축하고자 하는 김춘수의 시간의식에 내장된 이중성의 문제를 구체적으로 살펴보기로 한다.

1) 현재의 균열을 드러내는 '명 / 멸'의 사이 비우기

김춘수는 시 「부다페스트에서의 소녀의 죽음」에서 정지된 시간을 통해 폭력적 현실에 대한 강한 부정의 태도를 표출한다. 현재를 정지된 시간으로 바라보는 이러한 시적 태도는 현재와 과거 사이에 뛰어넘을 수 없는 단절이 존재한다는 가정을 전제로 한다. 현재를 정체된 것으로 바라보아야만, 이 고정된 현재를 규정하는 과거를 상정할 수 있으며 현재와 과거를 하나의 선으로 연결시킬 수 있기 때문이다. 다시 말해 현재를 정지된 시간으로 인식할 때, 비로소 과거는 현재의 기원으로 존재하게 되고, 현재는 이 기원으로서의 과거와 합치하려는 동경으로서 존재하게 된다는 것이다.23) 이때 현재는 하나의 고정된 시점(時點)으로서의 의미를 지니지 못하고, 지나간 시간과 와야 할 시간의 사이의 흔적으로만 존재하게 된다. 주목해 볼 것은 이렇게 현재를 정지된 시간으로 인식하는 태도 속에는, 흐르는 시간의 비가역성에 대한 불신과 이 정지된 현재에 기원을 둔 주체의 동일성에 대한 회의가 동시에 내장되어 있다는 점이다.

---

23) 신광현, 「시간 / 주체 / 언어」, 『현대비평과 이론』, 1995년 가을, 147면 참조

다음의 시에서 이념적 세계에 대한 불신과 현재의 시간에 대한 회의
가 깊은 연관을 맺고 있음을 확인할 수 있다.

ⓐ눈을 희다고만 할 수는 없다.
　눈은
　羽毛처럼 가벼운 것도 아니다.
　눈은 보기보다는 무겁고
　우리들의 영혼에 묻어 있는
　어떤 사나이의 검은 손때처럼
　눈은 검을 수도 있다.
ⓑ　눈은 검을 수도 있다.
　눈은 勿論 희다.
　우리들의 末梢神經에 바래고 바래져서
　눈은
　오히려 病的으로 희다.
　우리들이 일곱 살 때 본
　福童이의 눈과 壽男이의 눈과
　三冬에도 익는 서정의 과실들은
　이제는 없다.
　　이제는 없다.
　萬噸의 憂愁를 싣고
　바다에는
　軍艦이 한 隻 닻을 내리고 있다.

　뭇발에 밟히어 진탕이 될 때까지
ⓐ′눈을 희다고만 할 수는 없다.
　눈은
　羽毛처럼 가벼운 것도 아니다.

—「눈에 對하여」 전문

이 시에서 김춘수는 '눈'이 가지고 있는 속성과 관념에 대한 회의를 통해 현재의 시간을 구축하는 가치 체계에 대한 강한 불신을 드러낸다. ⓑ의 "눈은 검을 수도 있다"라는 진술 속에서, '눈'은 '희다'라는 물질적 속성으로부터 분리되어 '검다'로 치환되고 있다. 여기서 주목할 것은 '눈=희다'의 결합이 부정되는 과정에 시간적 단절이 개입하고 있다는 점이다. 과거／현재, 유년／성년, 희다／검다, 우모／군함, 상승／하강의 이항 대립은 화해 불가능한 시간적 단절을 가시화하고 있다. 이러한 시간적 단절은 '일곱 살 때'라는 유년의 시간을 의미하는 "福童이의 눈과 壽男이의 눈", "三冬에도 익는 서정의 과실들"이 의미하는 시간적 충족감을 상실한 데서 비롯된다. "어떤 사나이의 검은 손때"가 상징하는 폭력성은 이러한 자족적 시간을 붕괴시키는 원인이다. 사나이의 손에 의해 '우모'처럼 가벼운 눈은 검은 '진창'으로 바뀌고, 현재는 눈의 '병적인 창백함'과 '군함'의 검은 빛에 의해 지배되는 오염된 시간으로 인식되는 것이다. 시에서 ⓐ→ⓐ′로 이어지는 진술의 진행은 반복을 통해서 점진적으로 '없다'의 단절의 상황을 강화하고 있다. 즉 시적 진술이 진행됨에 따라서 '검을 수도 있다'는 유보의 표현이 '이제는 없다'라는 단정적인 부정의 진술로 치환되고, 현재와 과거 사이의 단절이 더욱 공고해 지는 것이다.

그런데 과거의 충족적 시간('삼동에도 익는 서정의 과실')이 '병적'으로 바뀌는 단절의 과정에서 자아는 과거와의 연속성을 확보하지 못하게 된다. 유년에서 성년으로의 시간적 흐름은 눈이 '희다'에서 '검다'로 바뀌어 가는 인식의 전환을 수반하는 과정이다. 이것은 '과거의 나'와 '현재의 나' 사이에 '희다／검다'의 차이만큼이나 극단적인 간극이 존재함을 보여준다. 그리하여 '이제는 없다'는 진술은 유년의 충족성을 상실한 자아의 균열을 환기한다. '만톤의 우수'를 담고 있는 군함의 중량감은 시간적 붕괴의 징후를 감지하는 데서 기인하는 존재의 위기의식을 양적으로 치환한 것이다. 현재를 지배하는 '우수'는 시원으로서의 '유년'의 상실과 그로 인한 결핍의 정서를 환기한다. 이러한 결핍은 "末梢神經에 바래고 바래져서", "病的으로 희다"라는 구절을 통해 자아의 감각적 균열을 전면화한다. 이렇게 눈의 흰빛이 '병적'인 것으로 혹은 '검은' 것으로 인식됨으로써, 유년의 눈이 담고 있는 '서정'의 순수함이 상실되고 자아는 과거/현재, 희다/검다의 간극 속에서 분열되는 것이다.

한편 과거와 현재의 시간적 단절은 세계와 자아 사이의 연속성의 붕괴로 표출된다. ⓑ에서 "눈은 검을 수도 있다. / 눈은 勿論 희다"라는 모순적 진술은 '검다'와 '희다' 사이에서 진동한다. 이와 마찬가지로 자아의 내부에서는 '이제는 없다'의 단정적 진술과 '―수도 있다'는 유보적 진술이 서로 충돌하고 있다. 이러한 자아의 내적 흔들림은, 이 시의 언어적 표현의 층위에서도 두드러진다. '눈'의 의미가 눈(眼)과 눈(雪)으로 이중화됨으로써 의미의 안정성이 교란되고 있으며, '희다'의 가치와 '눈'이라는 시니피앙의 불일치를 통해서도 관습적 언어 체계와의 충돌이 드러난다.24) 이렇게 김춘수는 일상화된 의미 체계가 교란되는 상황을 보여줌으로써 고정된 가치와 의미에 대한 회의의 태도를 표출하고 있다. 주목할 것은 이러한 관습적 언어와 가치 체계의 균열이 자아의 분열로 전화되는 지점이다. "눈은 보기보다는 무겁고"라는 진술은 자아의 시각적 불안정성을 노출하고 있다. 이성의 표상으로서의 시각이 자기 동일성을 보장해 주는 지표가 된다고 할 때, 시각(눈)에 대한 불신은 이러한 동일성의 위기를 표현하는 것으로 이해될 수 있다. 다시 말해 시각의 균열은 코기토적 주체의 불안정성을 의미하는 징표이며, 그것은 자아가 발을 딛고 있는 현재의 시간적 동일성에 대한 회의를 보여주는 것이다. 이러한 회의의 시선은 언어가 사물과 현실을 재현할 수 있다는 믿음에 대한 근본적인 불신을 동반한다.

이렇게 볼 때 김춘수의 「꽃」 연작들은 현재의 동일성에 균열이 내장

---

24) 김현자, 『한국현대시 읽기』, 민음사, 1988, 224~225면.

되어 있음을 폭로하는 동시에 근대적 주체의 균열을 드러내주는 텍스트
로 읽을 수 있다. 다음 시에서 언어와 사물의 일치를 바탕으로 한 재현
의 미학을 거부하는 김춘수의 시적 태도를 살펴볼 수 있다.

> 내가 그의 이름을 불러주기 전에는
> 그는 다만
> 하나의 몸짓에 지나지 않았다.
>
> 내가 그의 이름을 불러 주었을 때
> 그는 나에게로 와서
> 꽃이 되었다.
>
> 내가 그의 이름을 불러준 것처럼
> 나의 이 빛깔과 香氣에 알맞는
> 누가 나의 이름을 불러다오
> 그에게로 가서 나도
> 그의 꽃이 되고 싶다.
>
> 우리들은 모두
> 무엇이 되고 싶다.
> 너는 나에게 나는 너에게
> 잊혀지지 않는 하나의 눈짓이 되고 싶다.

—「꽃」 전문

김춘수의 대표작으로 꼽히는 「꽃」 연작은 '언어에 대한 탐구'와 '존
재에 대한 해명'이라는 두 측면에서 논의되어 왔다. 존재와 기원을 동일
시하는 관점에서 볼 때, "그의 이름을 불러주었을 때", "그는 꽃이 되었
다"라는 시적 진술은 '언어(말)'가 관념(이데아)을 담을 수 있다는 의식에
바탕을 두고 있는 것처럼 보인다.[25] 이때 '꽃'은 모든 것을 포괄하여, 하

---

25) 김춘수, 「의미에서 무의미까지」, 『김춘수 전집』 2, 문장사, 1982, 383면.

나로 환원하는 이념 곧 시간적 기원(origin)의 은유이다. '꽃'이 마지막 연의 '눈짓(의미)'과 동일시되는 것은 이러한 기원에 존재성을 부여하려는 시인의 의도를 보여준다.26) 이렇게 기원으로서의 '너(눈짓)'와 꽃을 동일화하는 인식의 근저에는 말이 관념과 일치한다는 언어 중심적 사유가 자리하고 있다. 시에서 호명의 순간은 '말의 현존'이 가정되는 시간 곧 자족적인 현재에 바탕을 두고 있다. 이때 현재는 코기토적 주체로 언명되는 근대의 동일적 주체가 기반한 특권적인 시간의 표상이 된다.27) 따라서 '명명의 행위를 통한 존재의 탐구'라는 관점에서 볼 때, 이 시는 언어(명명)가 존재와 합일될 수 있다는 가정을 바탕으로 하고 있으며, 이러한 가정은 지나가지 않는 시간으로서의 현재의 굳건한 동일성 위에서 성립한다.

주목할 것은 이때 자아와 타자(너)의 관계를 구축하기 위해 '명명'이라는 언어 행위가 개입한다는 점이다. 그런데 이 명명의 행위 속에는 주체와 타자, 세계와 자아 사이의 동일성을 깨뜨리는 시간적 간극이 내포되어 있다. 시에서 '되었다'의 완료, '불러다오'의 청유, '되고 싶다'의 원망형의 종결어가 교차되어 사용됨으로써 시간적 불일치의 상태가 드러나고 있다. 텍스트에서 시제는 단순히 문법의 규범으로 채택되는 것이 아니라, 시인의 시간의식과 미의식이 결합된 수사학적 형태임을 염두에 둘 때,28) 이 시에서 보여주는 시제의 불일치는 김춘수의 시간의식을 드러내는 중요한 지짐이 된다. 2연의 '꽃이 되었다'는 완료의 진술은, 4연의 '되고 싶다'라는 원망(願望)으로서의 미래 지향의 시간과 변별되고 있다. 그런데 마지막 연이 '―되고 싶다'의 기원으로 종결됨으로써, '되고 싶다'의 미래적 시간이 시 전체를 지배하게 된다. 이러한 원망의 시

---

26) 이미순, 「김춘수의 꽃의 해체론적 읽기」, 『한국현대시와 언어의 수사성』, 국학자료원, 1997, 269면.
27) 서동욱, 『차이와 타자』, 문학과지성사, 2000, 13면.
28) 김준오, 『시론』, 문장, 1986, 165면.

제는 나와 대상(너)이 합일되지 못하고, 자아와 타자의 관계가 끊임없이
유보(지연)되고 있음을 암시한다. 즉 '명명'의 순간에 시니피앙은 대상으
로부터 미끄러지고, 의미는 대상으로부터 한없이 멀어지게 된다.[29] 그
러므로 시를 지배하는 '-되고 싶다'라는 진술은 나/너의 합일 불가능
성을 환기하는 것에 다름 아니다. 이렇게 보면 이 시는 명명의 행위에
내포된 시간적 간극을 드러냄으로써, 현재의 자족성에 기반을 둔 자아
의 동일성이 허구적인 것임을 보여주는 텍스트가 된다.

다음의 시에서도 '명명'을 통한 타자와의 관계 맺기의 불가능성이 주
요한 테마가 되고 있다.

> 나는 시방 危險한 짐승이다.
> 나의 손이 닿으면 너는
> 未知의 까마득한 어둠이 된다.
>
> 存在의 흔들리는 가지 끝에서
> 너는 이름도 없이 피었다 진다.
> 눈시울에 젖어드는 이 無名의 어둠에
> 追憶의 한 접시 불을 밝히고
> 나는 한밤내 운다.
>
> 나의 울음은 차츰 아닌 밤 돌개바람이 되어
> 塔을 흔들다가
> 돌에까지 스미면 金이 될 것이다.

---

29) 여기서 주체와 타자 사이의 공간적인 거리는 시간적인 단절로 드러나고 있다. 이러
한 타자와의 간극은 언어행위에 내재된 시공간적인 차이를 바탕으로 하고 있다는 점
에서, 서구의 로고스 중심주의를 해체하는 데리다의 차연의 개념을 떠올릴 수 있다.
시간적인 연기의 개념과 공간적인 차이의 개념으로 수렴되는 차연은 '시간의 공간되
기'와 '공간의 시간되기'가 교차하는 직물로 표상된다. 김형효, 『데리다의 해체철학』,
민음사, 1993, 211~214면.

······얼굴을 가리운 나의 신부여.

—「꽃을 위한 序詩」 전문

　이 시에서 대상에 대한 '손닿음'은 「꽃」에서의 '명명'과 동일한 의미를 지닌다. 시에서 명명은 '손이 닿다, 불 밝히다, 울다' 등의 서술어로 변주되는데, 그것은 비가시적인 것(어둠)을 가시화(빛)하고, 은폐된 것을 드러내는 행위이다. 이때 '무명(無明)'은 '어둠'이 담고 있는 무시간의 상태를 의미하는 것으로 읽힌다. 이 무명(無名 / 無明)의 상태에 '손이 닿는' 것은 무시간성(어둠) 속에 시간(빛)을 촉발하는 행위가 된다. 그것은 미지의 시간을 현재화하려는 시간적 의지를 보여준다. 그러나 앞의 시에서도 보았듯이, '명명'을 통해 타자와의 합일이 이루어지는 순간, '너(대상)'는 현재화되지 못하고, 다시금 '까마득한 어둠' 속으로 멀어지게 된다. 이렇게 명명의 행위는 대상과의 합일이 아니라, 대상으로부터 자아를 지속적으로 분리시키는 어긋남의 과정이 되는 것이다.

　명명이 타자와의 합일을 지향하는 자아의 욕망을 표현한다면, 그 속에 내장된 시간적인 차이는 타자와 자아의 단절과 소외를 보여준다. 이러한 소외는 근원적 시간과 현재 사이의 시간적 간극에서 비롯된다. 따라서 '손닿음, 불밝힘' 등으로 변주되는 명명의 행위가 실현되는 '시방'이라는 시간은 매우 복잡한 상태를 내포하게 된다. 시에서 '불을 밝힘'으로써 어둠의 무시간성을 현재로 끌어당기는 행위는 '시방'이라는 시간의 한 점(點)으로 수렴된다. 이때 '시방'의 불안정성은 근원적 시간으로 상정된 '축제의 날'과 대비되고 있다. "대낮에 불을 밝히면 / 금빛으로 환하게 열리는 가장자리"(「꽃을 위한 소묘」)에서와 같이 '축제'의 시간은 '빛'을 통해서 가시화된다. 이 '빛'에 의해서 '추억'이 현재의 지평으로 끌어올려지고, '축제'의 시간으로 개화되는 것이다. 그리하여 잃어버린 시간 곧 선험적 고향의 시간적 표지로서의 '축제'는 '손이 닿으면'의 가정형이 실현되는 '시방'의 시간에 귀속된다. 그런데 이 시에서 '시방'

은 "나의 손이 닿으면 너는 / 미지의 까마득한 어둠이 된다"에서 '까마득한'이 담고 있는 공간적인 운동(멀어짐)과, "축제의 날은 / 먼 추억으로만 온다"의 운동(다가옴)을 동시적으로 포함하는 시간이다. 즉 '시방'이라는 시간에는 어둠과 빛, 비가시성과 가시성, 무한과 현실, 과거와 현재가 긴장을 이루면서 '명멸(明滅)'하는 운동이 내포되어 있다. 이제 '시방'은 하나의 흐름을 구성하는 선조적 시간에 귀속되는 것이 아니라, 타자와 자아의 관계 속에서 구축되는 시공간적 표상으로 새롭게 출현하게 된다. 따라서 '시방'의 불안정성에 발을 딛고 있는 자아는 '위험한 짐승', '흔들리는'에서와 같이 부동(浮動)하는 존재가 될 수밖에 없다. 시에서 '돌개바람', '울음'은 이러한 자아의 불안정성을 표상하는 이미지들이다.

이렇게 자아와 타자와의 합일이 붕괴되는 지점에서 현재에 내재된 시간적 균열이 가시화된다. 현재의 시간적 지표인 '시방'은 자기 완결적인 충족된 시간이 아니라, "예민한 가지 끝에 明滅하는"에서 명 / 멸의 시간적 간극을 끌어안고 있는 불완전한 시간이다. 즉 '시방'은 명 / 멸의 사이에 존재하는 빗금, 즉 결여의 시간적 표상이다. 그것은 과거와 미래의 시간적인 차이가 낳은 간격이자 흔적이며,[30] 결핍으로서의 현재를 드러내는 시간성의 기호인 것이다. 이렇게 볼 때 시 「꽃」에서 '꽃이 되었다'는 진술은 '시방'이라는 순간 속에서 구축되는 허구적 합일의 상태를 은폐하고 있다. 이러한 허구적 동일성에 기대어 이루진 타자와의 결합은 '-되고 싶다'는 진술에 의해 전복될 수밖에 없는 것이다. 이 점은 자아의 정체성을 의미하는 고유한 '빛깔과 향기'가 사실은 타자와의 차이를 통해서만 구성되는 것일 뿐, 선험적으로 주어지는 고유성이 될 수 없다는 사실을 통해서도 확인된다. 라캉에 의하면 언어의 의미는 다른 시니피앙들의 연쇄망 속에서 치환되는 차이를 통해서 드러나게 된다. 이것은 자아의 정체성이란 것도 타자와의 차이를 통해서만 임시적으로

---

30) 위의 책, 212~216면 참조.

구성되는 것임을 의미한다.31) 이렇게 볼 때, '나의 빛깔과 향기'를 전제한 명명의 행위란, 시니피앙과 시니피에, 본질과 현상의 일치를 전제로하는 동일성에 내장된 균열을 은폐하는 허구적 관계 속에 구축된 것임을 알 수 있다.

　이렇게 현재의 동일성이 붕괴될 때, 시간은 자아에게서 비롯되는 산물이 아니라, 타자와의 만남에 의해 발생된 사건으로 이해될 수 있다. 레비나스에 의하면 현재의 동일성을 깨뜨리고 가능성으로서의 미래를 도래하게 해 주는 것은 타자의 존재이다. 이때 타자는 '얼굴'이라는 기호를 통해서 자신의 존재를 드러내는데, 이때 서로 얼굴을 대하는 타자와의 관계는 대화(conversation)에 의해 구축된다.32) 대화를 통해서 타자와의 '거리'가 상쇄되지 않는다면 타자와의 관계는 영원히 불가능해질 것이기 때문이다.33) 그런데 '얼굴 가리운 신부'에서 보이듯, 이 시에서 '얼굴'의 은폐는 타자와의 대화의 불가능성을 암시하고 있다. 시의 행간에 놓인 말줄임표는 대화가 불가능한 타자와의 시공간적 거리를 효과적으로 시각화한다.34) 이러한 관계의 균열은 다음의 시에서 떠도는 욕망의 기호인 사랑의 역설에 기대서 표현되고 있다.

　　사랑의 불 속에서도
　　나는 외롭고 슬펐다.

　　사랑도 없이
　　스스로를 불태우고도
　　죽지 않는 알몸으로 미소하는
　　꽃이여,

---

31) 로잘리느 코워드 & 존 엘리스, 이만우 역, 『언어와 유물론』, 백의, 1994, 176면 참조.
32) 서동욱, 앞의 책, 200면.
33) E. 레비나스, 강영안 역, 『시간과 타자』, 문예출판사, 1996, 130면.
34) 신옥회, 「레비나스의 타자개념」, 『현대시사상』, 1996년 겨울, 128~129면.

눈부신 순금의 阡의 눈이여,
나는 싸늘하게 굳어서
돌이 되는데,

—「꽃의 소묘」 부분

　이 시에서 자아와 타자는 사랑을 통해서 합일되는 것이 아니라, 불일치와 어긋남의 관계 속에 각자 고립되어 있다. '나/꽃' 사이에 놓인 거리는 '불'의 열기와 '싸늘한' 냉기의 대립으로 표현된다. 이때 '얼굴 가리운 나의 신부'에서처럼, '눈부신 순금'의 빛은 자아의 시선을 거부하는 타자의 고립성을 보여준다. 즉 타자는 "네 미소의 가장자리를/어떤 사랑스런 꿈도/침범할 수는 없다"와 같이 닫혀진 절대의 시공간 속에 놓여 있는 것이다. 여기서 자아는 타자의 미소가 만들어내는 경계('가장자리')의 내부를 들여다 볼 수 없다. "눈부신 순금의 阡의 눈이여"에서처럼 타자로부터 흘러나오는 빛이 자아의 시선을 박탈함으로써 그 내부의 텅 빈 공간을 은폐하고 있기 때문이다. 「꽃을 위한 서시」에서도 '눈부신 축제 시간'은 개화(開花)되지 못하고 '차가운 이슬'이 환기하는 감각적 이질성에 의해 제어되고 있으며 자아의 시선은 봉쇄된다. 이 시에서도 시원의 시간은 그 둘레를 채운 빛에 의해 내부를 볼 수 없는 텅 빈 부재의 공간으로 환기된다. 이렇게 비어 있는 중심은 절대시간이 빠져나간 공백을 표상하는 것으로 읽힌다. 「꽃을 위한 서시」에서 '—되다'의 일련의 행위들 속에 내재된 시간의 변화와 운동은, 비어 있는 중심인 '얼굴 없는 신부'의 둘레를 떠도는 연쇄적인 흐름으로만 드러날 뿐, 신부와의 본래적인 관계를 획득하지 못한다. 이런 점에서 「꽃」 연작에서 '눈짓'은, 의미가 머무르지 않는 시니피앙, 곧 레비나스식으로 말하자면 결핍된 욕망의 기호로 이해된다.35) 1960년대의 시 「타령조」 연작에서는 이 부재하는 중심을 찾아 배회하는 자아의 모습이 보다 구체적으로 드

---

35) 김형효, 앞의 책, 149면.

러난다. '집 나간 그이'로 상징되는 '중심'을 찾아 헤매는 행위는 이러한 관계의 어긋남이 자기 분열적 과정으로 치환되고 있음을 보여준다.[36)

이렇게 명명의 행위에 내포된 자아와 타자의 시간적 간극은 김춘수의 시간의식을 이해하는 데 중요한 열쇠가 된다. 그는 명명에 내장된 근본적 균열을 통해, 주체의 동일성을 보장해 주는 시간의 불안정성을 폭로하고, 자아가 발 딛고 있는 현재의 절대성을 해체하고자 한다.

> 바람도 없는데 꽃이 하나 나무에서 떨어진다. 그것을 주워 손바닥에 얹어 놓고 바라보면 바르르 꽃잎이 훈김에 떤다. 花粉도 난(飛)다. 「꽃이여!」라고 내가 부르면 그것은 내 손바닥에서 어디론지 까마득히 떨어져 간다.
> 지금, 한 나무의 변두리에 뭐라는 이름도 없는 것이 와서 가만히 머문다.
>
> —「꽃 2」 전문

이 시에서 '바람도 없는' 자족적 시간 속에서 꽃잎이 떨어지는 사건은 자아와 타자 사이의 관계가 탄생하는 순간을 보여준다. 꽃잎(타자)과의 만남은 시간적 무중력의 상태인 현재를 균열시키는 사건이다. 시에서 꽃잎을 떨게 하는 '훈김'은 '호명'의 행위를 의미하는 것으로, 이러한 호명('내가 부르면')으로 인해 타자(꽃잎)와 '나'와의 사이에는 시공간적 간극이 발생된다. 꽃잎을 부르는 행위는, 역설적으로 대상을 "까마득히 떨어져 가"게 하고, 여기서 자아와 타자 사이의 거리가 생겨나는 것이다. 이렇게 호명은 시공간의 자족성을 균열시키는 동시에 타자와의 통합의 불가능성을 노출하는 행위가 된다. 그런데 '까마득하게' 벌어졌던 공간적 거리감은 '지금'이라는 시간부사에 의해 다시금 '와서 머물다'라는 상황으로 바뀐다. 정지와 지속이 함께 내포되어 있는 '머물다'라는 술어

---

36) 권혁웅은 사물과 인간이 어울려 이루어 내는 초기 시의 일원적 조화의 세계와 달리, 「꽃」의 세계에서는 이 일원적 동심의 세계와 주변부의 경계가 생긴다고 지적한다. 즉 기원이 주체와 타자의 분화 이전의 조화와 통일성을 이루고 있다면, 미지의 세계를 탐색하기 시작하면서 주체와 타자 사이의 단절이 생겨나고 기원은 자취를 감추게 된다는 것이다. 권혁웅, 『한국 현대시창작법 연구』, 국학자료원, 2002, 270~272면.

는 '지금'의 시간적 불안정성을 환기한다. 즉 '머물다'는 단순한 정지의 상태를 의미하지는 않는데, 그것은 이 머묾의 상황이 새로운 타자에의 호명을 예비하기 때문이다. 따라서 '머물다'라는 현재의 상황 속에는 또 다른 호명의 시간, 곧 오지 않은 시간으로서의 미래가 담겨 있다. 이렇게 자아와 타자와의 관계를 환기하는 '머물다'라는 술어는 그 자체로 종결되지 못하고, 무수하게 호명을 반복함으로써 현재의 상태를 지속시키는 데 봉사하게 된다. 결국 '머물다'의 시간 지표인 '지금'은, 새로운 시간을 향해서 뻗어나가지 못 하고, '가다 / 오다', '떨어지다 / 머물다'의 대립적 긴장 위에서 그 시간적 균열을 임시적으로 봉합하고 있는 것이다. 즉 '가만히 머문다'의 정지의 상태는, '지금'의 시간에 내재된 '명 / 멸'운동의 불안정성을 끌어안고 있으며, '떨어진다', '(훈김에) 떤다' 등의 동적인 서술어들은 최종적인 기의인 타자(꽃, 신부)에 귀착하지 못하고 끊임없이 부동하는 존재의 불안정성을 환기하고 있다. "나는 시방 위험한 짐승이다"(「꽃을 위한 서시」), "안정이라는 말이 가지는 / 그 미묘하게 설레이는 의미 말고는 / 나에게 안정은 없는 것입니까"(「나목과 시」)라는 진술은, 이러한 시간적 균열이 자아의 분열적 위기와 동시적으로 진행되고 있음을 보여준다.

이렇게 김춘수의 시에서 현재의 한 점(點)을 의미하는 '시방', '지금'의 시간적 지표는 피다 / 지다, 명 / 멸, 까마득함(멀어지다) / 오다 사이의 경계 위에 놓여 있다. 그것은 '시방'의 시간 표지가 선조적 흐름에 귀속되지 않고,37) 과거와 미래의 개입에 의해서 부동(浮動)하고 있음을 의미한다. 이러한 현재의 시간적 균열을 적극적으로 시쓰기의 방법으로 전화시킨 지점에서 '무의미시'가 탄생한다. 「타령조」 이후 본격적으로 시도된 무의미시의 시간적 특성은 이러한 1950년대의 균열된 시간의식에 닿아 있는 것으로 이해된다.

---

37) 김혜순, 「김수영과 김춘수 시에 나타난 시간의식 대비적 고찰」, 건국대 석사논문, 1982, 13~20면.

벽이 걸어온다. 늙은 홰나무가 걸어온다.
머리가 없는 人形이 걸어온다.
(어디서 오는 것일까,)
노오뜰담 寺院의 回廊의 壁에 걸린 靑銅時計가
밤 한 시를 친다.
어딘가, 늪의 바닥에서 거무리가 운다.
그 눈물 위에 떨어져 쌓이는
뿕고 뿕은 꽃잎,

—「壁이」 전문

이 시는 독립된 이미지의 병치를 통해, 텍스트의 유기적 연관성을 파괴하는 새로운 감각을 보여주고 있다. 이미지의 우연적 결합에 의해 구축되는 시적 진술은 이질적인 언어의 충돌과 분산에 의해 확장되어 나간다. 여기서 시인은 자신의 존재를 드러내지 않으면서 대상을 전면화하는 '묘사'의 방법을 통해, 종국적인 관계에 도달하지 못하는 분산된 이미지들을 펼쳐 보인다.38) 그런데 이 시에서 이미지간의 내적 연관성을 거부하고 시간적 인과를 부정하는 묘사의 방법론은, 대상을 정지시키는 순간을 포착하고 있다. 즉 시인은 각각의 이미지들을 하나의 순간에 고정시킴으로써 시간적 흐름을 정지시키는 것이다. '운다'·'친다'·'걸어온다' 등의 현재형의 서술어들은, 새로운 시제의 개입을 거부함으로써 행위의 주체들을 현재 속에 붙박아 놓는다. 따라서 텍스트를 구성하는 각각의 이미지들은 이 현재형으로부터 영원히 벗어나지 못하게 된다. 이렇게 무의미시의 시간은 영원히 현재형으로 이어지는 것이며, 이러한 고정된 시간에는 시간의 선조적 흐름을 정지시키려는 시인의 욕망

---

38) 이 시에서 각 이미지들은 다른 단위들과 연상 관계를 형성하는데, 그것은 통합적인 연쇄가 아니라, 계열적인 치환 작용에 대해 개방적인 자세를 취하게 된다. 따라서 한 단위로부터 다음 단위로 읽혀 나갈 때 각 단위들은 다른 단위들과 연상 관계를 형성하기는 하지만 결코 하나의 구심점, 곧 종국적인 관계에 도달하지 못한다. A. 이스톱, 박인기 역, 『시와 담론』, 지식산업사, 1994, 217~219면.

이 자리하고 있는 것으로 보인다.

이상에서 살펴본 것과 같이, 김춘수의 「꽃」 연작은 이른바 '근원을 재현하려는 언어'에 대한 열망과 좌절을 드러내는 텍스트로 볼 수 있다. 그런데 순수한 시간으로서의 고향(근원)이라는 동일성의 세계는 '명명'의 과정에서 지속적으로 자아와 분리, 단절되고 있다. 이때 시니피앙과 시니피에, 현상과 본질 사이의 간극과 괴리를 내장한 현재의 시간은 선험적 고향의 상실을 은폐하는 결핍의 시간으로 인식된다. 이렇게 탈구된 현재는 시인이 딛고 있는 자기 동일성이라는 근대적 지평의 붕괴를 내장하고 있다. 시간적 동일성의 붕괴와 현재에 붙박인 존재의 위기를 드러내는 김춘수의 시쓰기는, 근대의 사유 체계를 구성하는 시간 원리에 대한 깊은 회의와 부정의 태도를 바탕으로 펼쳐진다.[39]

2) '역사'의 추방과 시간의 봉합

김춘수는 명명의 행위에 내포된 시간적 '차이'를 응시함으로써 근대적 주체의 지반인 현재의 균열을 드러내고 있다. 이러한 시쓰기의 밑바탕에는 언어의 의미 작용에 대한 굳건한 신뢰 위에 성립한 근대의 사유 체계에 대한 근본적 회의가 자리하고 있는 것으로 이해된다. 그런데 흥미로운 것은 김춘수의 시에서 현재의 시간적 균열을 투시하는 시선의 한편에 이 균열된 현재를 봉합하기 위한 욕망이 동시에 존재하고 있다는 점이다. 그는 잃어버린 시원을 대치하는 시간적 가상(schein)을 재구성하고,[40] 이 가상과의 상상적 관계를 통해 자기 정체성을 구축하고자 한

---

39) 김준오, 『현대장르비평론』, 문학과지성사, 1990, 33면.

40) 여기서 가상(schein)은 일차적으로 시적 자아의 동일화의 대상인 허구적 이미지와 동일한 개념으로 사용한다. 허구로서의 가상은 김춘수 시쓰기 전반을 지배하는 주요한 의미항이다. 다음 장에서 가상의 이미지가 시쓰기의 의식과 미적 태도 전반을 규정하는 양상을 살펴볼 것이다. 가상의 개념에 대해서는 각주 49 참조

다. 이것은 현실의 억압적 시간에 대응하기 위해 화해 가능한 시간을
모색하려는 의지의 표현으로 이해된다.

　다음의 시에서 새로운 시간의 지표로 출현하는 '무한'은 상실된 기원
을 대치하는 미적 가상으로서 기능하고 있다.

　　　겨울하늘은 어떤 不可思議의 깊이에로 사라져 가고,
　　　있는 듯 없는 듯 無限은
　　　茂盛하던 잎과 열매를 떨어뜨리고
　　　無花果나무를 裸體로 서게 하였는데
　　　그 銳敏한 가지 끝에
　　　닿을 듯 닿을 듯 하는 것이
　　　詩일까,
　　　言語는 말을 잃고
　　　잠자는 瞬間,
　　　無限은 微笑하며 오는데
　　　茂盛하던 잎과 열매는 歷史의 事件으로 떨어져 가고
　　　그 銳敏한 가지 끝에
　　　明滅하는 그것이
　　　詩일까,

―「裸木과 詩 序章」 전문

　여기서 시인은 '역사'로 상징되는 근대적 시간을 추방함으로써 '시원'
으로 회귀하고자 하는 욕망을 표현한다. 시에서 '무성하던 잎과 열매'의
쇠락과 '역사적 사건'의 일회성이 유비되면서, 완결된 시간의 정지 상태
가 드러난다. 이때 일회적 사건으로서의 역사가 '떨어져 가고' 남는 공백
을 채우는 것이 '무한'의 시간이다. '무한'은 "茂盛하던 잎과 열매를 떨
어뜨리고", "不可思議의 깊이에로 사라져가고"와 같이 생성과 소멸이라
는 유한성 너머에 있는 시간으로 출현한다. 시작과 끝이 존재하지 않는
'무한'의 의미는 시간적 술어로 포괄될 수 없다. 그것은 과거―현재―미

래라는 시간 지평에 포섭되지 않는 잉여 혹은 초과의 시간을 지칭한다. 따라서 '무한'은 시간의 흐름에 등기되지 않는 가상의 시간이라 하겠다. 시에서는 '역사'를 소거한 의미의 공백을 대신하는 '겨울하늘'의 광활한 공간이 이 '무한'의 시간이 출현하는 배음이 된다. 이때 '나체로 선 무화과 나무'의 "銳敏한 가지 끝"에서, '끝'이라는 시어가 함축한 경계점은, '겨울하늘'의 무한한 지속을 깨뜨리는 시점(時點)으로서의 '순간'의 표상이 된다. 다시 말해 '겨울하늘'과 맞닿아 있는 이 '가지 끝'의 경계가 잉여 혹은 초과로서의 '무한'이 시간화되는 첨점(尖點)인 것이다.

그런데 시에서 "사라져가고" 혹은 "微笑하며 오는"에서 보이듯, 무한은 '오고 감'이라는 공간적 운동, 곧 '명멸'의 운동을 통해 드러난다. 빛/어둠, 가시성/비가시성이라는 이중운동을 품고 있는 이 '무한'의 시간적 좌표는 "있는 듯 없는 듯"에서처럼, 존재/부재의 경계에 놓인다. 앞에서 '가지의 끝'이 환기하는 첨점이 바로 이러한 경계의 토포스인 것이다. 그런데 이 존재/부재의 경계이자 밝음/어둠의 접점인 '순간'은 일회적으로 완결되는 시간이 아니라, "닿을 듯 닿을 듯"에서 드러나는 '명/멸'의 운동을 품고서 지속하는 시간이다. 이렇게 '무한'은 시점화(時點化)에 의해 연속되는 열린 운동을 통해 항상 현재화하고 있다. 이 현재성의 '순간'은, 앞에서 살펴본 '지금'·'시방'이라는 불안정한 시간적 지표들의 수렴점이라 할 수 있겠다.

「나목과 시 서장」에서 '무한'이 '겨울하늘'이라는 공간 속에서 구체화되었다면, 다음 시에서 '무변'이 함축한 공간적 위상은 '대지'라는 시간성의 기호와 결합되고 있다.

　　1
　　詩를 孕胎한 言語는
　　피었다 지는 꽃들의 뜻을
　　든든한 大地처럼

제 품에 그대로 안을 수가 있을까,
詩를 孕胎한 言語는
겨울의
설레이는 가지 끝에
설레이며 있는 것이 아닐까,
一陣의 바람에도 敏感한 觸手를
눈 없고 귀 없는 無邊으로 뻗으며
설레이는 가지 끝에
설레이며 있는 것이 아닐까,

─「裸木과 詩」 부분

이 시에서 "눈 없고 귀 없는" 미지의 가능태로서 환기되는 '무한'의 시간은 '무변'이라는 공간화된 양태로 변주된다. 여기서 역사(시간)가 추방된 '공백'은 '대지'의 시간으로 비유되는데, 이때 대지는 생산의 시간 곧 꽃의 생멸 과정을 포괄하는 모성적 이미지로 표현된다. 잎과 열매의 쇠락을 품고 있는 '대지'는, 세계의 유한성을 포섭하면서 새로운 생명을 낳는 생성의 모태인 겨울과 짝을 이룬다. 이렇게 대지를 통해 환기되는 광대한 '무변'의 공간성은 '겨울'이라는 시간적 가능태로 존재한다. 이러한 '무변'의 공간성은 가지의 '민감한 촉수'가 지시하는 첨단(尖端)에 닿음으로써 비로소 시간화될 수 있는 것이다. 이 시에서 미래적 시간의 도래를 내포한 '설레임'이라는 시어는 '오지 않은 시간'으로서의 '무한'을 현재로 이끌어 오는 기능을 한다. 그런데 한편으로 '설레임'이란 무한이 현재화되는 것을 끊임없이 지연하는 운동이기도 하다. 시에서 "있는 듯 없는 듯", "닿을 듯 닿을 듯"이 보여주는 단절과 연속의 긴장된 반복을 통해 무한의 현재화는 지속적으로 연기되고 있다. 반복적으로 드러나는 '─을까'라는 종결어 역시 이러한 시간운동의 불안정성을 노출하고 있다. 이렇게 보면 '가지의 끝'(첨단)으로 표상되는 '순간'은 일회적 소멸을 통해서 완결되는 시간이 아님을 알 수 있다. 그 순간은 '설레임'이 환기하는 예기(豫期)를 통해 도래할 시간을 이미 그 내부에 포함하고 있다. 즉 대지가 꽃을 피우고, 언어가 시를 품고 있듯이 순간은 무한이라는 도래의 시간을 포태하고 있는 것이다.

위에서 살펴본 두 편의 시에서 추방된 역사의 공백을 채우는 시간성의 기호인 '무한'은 기원의 시간을 대치하는 시간적 가상으로 기능한다. 시인은 불모의 역사를 추방한 자리에 이 가상을 불러들임으로써, 균열된 시간을 봉합하고 기원을 재구성하고자 한다. 이러한 태도는 '잃어버린 먼 하늘'로 표상되는 시원으로 회귀하고자 하는 의지에서 비롯된다. "우리들 원시의 건강을 찾아 / 아! 초원으로 가자"(「집 2」)에서 보이듯 건강성을 간직한 '원시'와 현실의 폐허 사이의 대립을 통해 시인은 흐르는 시간에 대한 강한 부정의 의식을 표출한다. 이렇게 과거에서 미래로 흐르는 시간이 부정될 때, 과거와 미래의 시간 지표는 더 이상 선조적 흐름 위에 배열될 수 없다. 그리하여 시간적 흐름이 탈색된 '미래'는, 그보다 앞서 있는 '현재'로부터 태어나는 것이 아니라, 과거를 향해 '달아나는' 역류의 행위를 통해 마주치게 되는 시간으로 출현한다.

> 여기 풋풋한 香氣의 果實이 있다
> 익지 않은 그대로 몸부림 치며 未來에로 떨어진 果實이 있다.
>
> 한번은 가졌던 우리들의 모습이다.
>
> 잊어버린 잊어버린 먼 하늘로 화살같이 달아난 그 모습이다
>
> ―「純情」 부분

이 시에서 '익지 않은 채' 미래로 떨어지는 과일과 '먼 하늘'로 달아난 '우리들'은 동일한 시간적 의미항으로 엮어진다. 흥미로운 것은 여기서 오지 않은 시간으로서의 미래와 '잊어버린 먼 하늘'이 의미하는 과거의 시간이 동일한 시간적 좌표에 놓인다는 점이다. '미숙'의 상태에서

미래를 향해 떨어지는 시간적 비약을 통해, 미래가 현재의 연속체로 존재한다는 관념이 전복된다. 시에서 '먼 하늘'을 향해 투신하는 비약 속에서, 과거-현재-미래라는 시간의 선적인 흐름은 휘발되고, 과거와 미래가 하나로 이어지게 된다. 이때 '가지의 끝'이 표상하는 일점(一點)으로서의 '순간'은, 시간의 선조적 흐름을 둥글게 구부려 품에 안게(胞胎) 된다. 시 「나목과 시 서장」에서 소멸과 생산을 포태한 '대지'의 품에서 구부러진 시간은, 이제 '순간'의 시간을 통해 도래할 미래의 생산적 가능성에 참여하게 된다. 이러한 시간 구부리기의 태도는 전후의 파탄된 시간의 경험이 만들어낸 김춘수의 독특한 시간의식을 보여준다. 과거와 미래를 하나로 잇는 시간 인식은 직선적 흐름으로 구조화되는 근대적 시간의 경험에 대한 반항에서 출발하는 것이다. 그런 점에서 이러한 시간 인식은 전통 서정시인들이 보여주는 바 과거로의 회귀를 지향하는 태도와는 구별되어야 한다. 시간 구부리기는 근대적 시간이 달려온 만큼 거꾸로 가는 퇴행적 회귀의 운동이 아니라, 과거와 미래를 하나의 순간(點)에 끌어 모음으로써 근대적 시간의 연쇄로부터 이탈하고자 하는 시간적 "반역"(「집 1」)인 것이다.

이렇게 김춘수의 시에서 근대의 파편화되고 균열된 시간으로부터 이탈하려는 의지는 균열된 시간을 봉합하고 분열된 자아를 복원하고자 하는 의지로 표현된다. 그런데 시간의 기원을 향해 회귀하고자 하는 태도는, 가상의 시간과의 상상적 관계를 지속함으로써 외부세계가 틈입하지 못하는 내적 동일성의 세계를 구축하려는 의지에 다름 아니다.[41] 다음의 시에서 근원적 충족의 시간으로의 회귀하고자 하는 시인의 욕망을 살펴볼 수 있다.

돌이여,
그 캄캄한 어둠 속에서 나를 孕胎한

---

41) M. 하이데거, 소광희 역, 『시와 철학』, 박영사, 1975, 37면.

나의 어머니,
태어나올 나의 눈망울
나의 머리카락은 모두
당신의 오랜 꿈의
秘密입니다.
아직은 나의 이름을
부르지 마십시오
무겁게
겹도록 달이 차서
소리하며 당신이 일어설 그때까지
당신의 가장 눈부신 어둠 속에
나의 이름은
감추어 두십시오

—「돌」 전문

　　김춘수의 시에서 '시를 잉태한 언어', 혹은 봄(생성)을 안고 있는 '겨울
의 가지 끝'으로 표상되는 '무한'은 미래를 포태한 시간의 자궁이다. 이
시에서도 '무한'의 시간을 물질화하고 있는 '돌'은 자아를 포태하고 있
는 모성적 공간을 상징한다. 돌 속의 '어둠(無明)'은 '달이 차서 소리하며
당신이 일어설 그때까지'와 같은 미래의 탄생 가능성('태어나올')을 품고
있다. 그런데 '나의 이름을 부르지 마십시오'에서 보이듯, 타자의 명명을
거부하는 자아는 '생성'의 시간으로서의 미래를 자꾸만 지연시키고 있
다. 시 「나목과 시」에서 '설레임'이 미래를 끌어당기는 내적 운동을 표
상하는 것에 비해서, 이 시에서 '아직'·'그때까지' 등의 시어는 도래할
시간을 계류시키고 지연하는 기능을 한다. 이렇게 생성과 열림의 시간을
유보함으로써, 시인은 '어둠'으로 상징되는 모성의 공간에 머무르고자
하는 욕망을 보여준다. 이것은 명명으로 상징되는 근대적 시간 체계로의
편입을 거부하는 태도로 읽을 수 있다. 이러한 모성의 공간은 세계의 억

압이 사라진 시간적 무중력의 상태로 환기되고 있으며, 그것은 '아버지의 시간'이 상징하는 역사의 억압이 존재하지 않는 절대적인 자기 충족의 시간을 의미한다. 이렇게 김춘수는 근대적 시간의 대척점에 가상의 시간을 설정함으로써 균열된 시간을 봉합하고자 한다. 이러한 시간의식은 1960년대의 「처용단장」에서도 지속적으로 변주되어 드러난다. 이때 '유년'의 시간은 원초적 동일성을 보장하는 시간적 기원이다. 그에게 상실된 낙원을 대치하는 유년의 시간에 대한 욕망은 분열된 자아를 임시적으로 봉합하는 상상적 관계의 기초가 된다. 이러한 태도 속에서 허구의 시간을 통해서 자아―서사를 유지하고자 하는 시인의 욕망을 읽을 수 있다.

김춘수의 시쓰기는 고향 상실과 그 회복의 지향이라는 구도 속에서 진행된다. 근원적 시간으로의 회귀를 지향하는 의식은 과거 속에 봉인된 기억에 닿아 있다. 블로흐에 의하면 이러한 정태적 시간으로의 회귀를 지향하는 태도는, 미래를 향한 시간적 개방에 저항하는 것을 의미한다. 미래 앞에서 불안을 느끼는 시인은 끊임없이 이 새로운 시간으로부터 도피하고자 한다. 그것은 도래할 미래를 끌어안는 대신, 출생 이전의 충만함이라는 낙원을 기억하고자 하는 태도로 표출된다. 여기서 미래의 가능성은 모두 과거의 것으로 간주되고, 미래를 현재의 앞에 세우는 선적인 시간 개념은 전도된다.[42] 이렇게 시인은 잃어버린 기원을 '무한'·'유년' 등의 시니피앙으로 대체함으로써 상실된 동일성의 세계를 상상적으로 재구성하고자 한다. 그런데 상실된 시원을 대신하는 가상의 시간과의 상상적 관계가 이루어지는 순간, 현실과 자아 사이에는 '괄호'가 쳐지게 된다. "모난 괄호 / 거기서는 그런대로 제법 / 소리도 질러보고 / 부러지지 않는 / 달팽이뿔도 세워보고, // 역사는 나를 비켜가라, / 아니 / 맷돌처럼 단숨에 / 나를 으깨고 간다"(「처용단장」 4부)에서처럼 '괄호치기'는 아버지

---

42) F. 제임슨, 여홍상·김영희 역, 앞의 책, 136~137면.

의 세계로 환유되는 역사로부터 자아를 갈라놓는 단절을 의미한다. 폭력적인 현실의 시간을 추방하는 이 괄호치기의 작업을 통해서, 시인은 '내면의 풍경'과의 상상적 화해를 추구한다. 이러한 자족성의 세계를 구축하려는 시간 의지 속에는, 현실의 '악' 혹은 '나쁜 역사'의 억압으로부터 스스로를 방어하려는 자기 보존의 욕망이 함축되어 있다.

이상에서 살펴본 것과 같이 김춘수의 시에서 봉인된 시간의 징표로서의 '유년'의 시간은, 폐허의 현실에서 상상적으로 구성된 가상으로 출현한다. 이러한 유토피아의 출현을 통해 시인은 상실된 자아—서사를 재구성함으로써 존재의 안정감을 얻을 수 있게 된다. 그러나 문제는 이 괄호 속의 세계가 '역사', 즉 시간적 흐름이 존재하지 않는 봉인된 세계이며, 시간의 무중력 상태로 환기된다는 점이다.[43] 이렇게 봉인된 내면의 시간은 마치 거울처럼 전도된 채로 현실의 시간에 대립하게 된다. 이러한 전도된 유토피아의 함의는 시쓰기를 이끌어가는 자의식의 문제와 연관지어서 좀더 심층적으로 살펴볼 필요가 있겠다.

3. 자기 보존의 시간과 반동일화의 지향

김춘수의 시쓰기는 현실의 폭력에 대립하는 내적 동일성의 세계를 구축해가는 과정을 보여준다. 역사적 시간의 추방과 가상의 시간에 대한 상상적 동일화에 의해 구축되는 시적 세계는 현실이 틈입하지 않는 절대시간을 구성하려는 탈시간 의지의 표현으로 이해된다. 폭력적인 역사와 유토피아로서의 시원의 시간적 대립은 시에서는 현재 / 과거, 의미 /

---

43) 나병철, 『모더니즘과 포스트모더니즘을 넘어서』, 소명출판, 2000, 17~18면.

무의미, 현실 / 시, 산문적 자아 / 서정적 자아, 참여적 자아 / 도피적 자아 등 이항 대립의 항목들을 지속적으로 생산해낸다.44) 그러나 이러한 대립적 사유에 고착된 의식을 자기 방어를 위한 현실 부정의 한 형식으로만 평가하는 것은 지나치게 단순한 것처럼 보인다.45) 중요한 것은 이러한 대립적 사유의 기저에 근대의 억압 체계를 부정하면서도 동시에 그것을 반복 재생산하는 아이러니가 자리하고 있다는 점을 지적하는 일일 것이다. 이를 통해서 근대의 시간에 대한 반항으로서의 탈시간 의지 속에서 수행되는 김춘수의 시쓰기가 어떻게 근대의 이념 체계 속으로 재포획되는지를 살펴볼 수 있을 것이다.

1) 순간의 영점화(零點化)와 탈시간 의지

김춘수는 동일성의 시간에 은폐된 균열에 주목하고, 그것을 자아와 타자 사이에 존재하는 시간적 간극으로 치환한다. 그의 시쓰기는 근대적 시간의 장력으로부터 이탈하려는 탈시간적(unchronia) 의지를 바탕으로 진행된다. 그의 시에서 시간의 계기성이 거세된 '순간'은 세계와 자아 사이의 연속성의 붕괴를 보여주는 불연속적 시간이다. 앞에서 살펴본 바와 같이 '지금'·'시방' 등 현재의 극점을 드러내는 시어들은 비연속성의 좌표인 '순간'의 시간으로 수렴된다. '순간'의 시간은 역사적 시간의 흐름을 정지시키고, 현실로부터 이탈하는 미학적인 도약을 응축하고 있다. 이러한 불연속적 시간과 탈시간의 의지는 김춘수의 시쓰기를 해명하기 위해서 주목해야 하는 부분이다.

ⓐ그는 웃고 있다. 개인 하늘에 그의 微笑는 잔잔한 물살을 이룬다. 그 물살

---

44) 이종영, 『지배와 그 양식들』, 새물결, 2001, 153면.
45) 서준섭, 「순수시의 방향」, 『작가세계』, 1997년 봄.

의 무늬 위에 나는 나를 가만히 띄워 본다. 그러나 나는 이미 한 마리의 黃나
비는 아니다. 물살을 흔들며 바닥으로 바닥으로 나는 가라앉는다.
　한나절, 나는 그의 언덕에서 울고 있는데, 陶然히 눈을 감고 ⓑ그는 다만 웃
고 있다.

—「꽃 1」 전문

　이 시에서 시인은 '그의 미소가 물살을 이룬다―나는 나를 띄워보낸
다―나는 나비가 아니다―바닥에 가라앉는다―나는 울고 있다'의 행
위의 연속적 진술을 통해서, 타자('그')에 대한 지향과 그 좌절의 과정을
드러내고 있다. "ⓐ그는 웃고 있다"에서 "ⓑ그는 다만 웃고 있다"로 종
결되는 진술이 점차 진행됨에 따라 나와 그 사이에 존재하는 공간적 거
리는 시간적인 차이로 바뀌고 있다. 그와 나 사이의 단절은 먼저 그의
미소가 '물살'이라는 물질성으로 변모되는 지점에서 비롯된다. 그를 중
심으로 퍼져 가는 물살의 동심원적 운동은 나를 끌어당김과 동시에 외
부로 밀어내는 이중의 운동성을 보여준다. 즉 '물살'은 나와 그를 연결
시키는 매개이면서 동시에 둘 사이에 놓인 영원히 좁혀지지 않을 간극
을 환기하는 것이다. 이때 '나―울음'과 '그―웃음'이 보여주는 극명한
정서의 대립성은 그와 나 사이에 놓인 이러한 시공간적 간극을 표면화
한다. 이렇게 '그의 미소'는 나를 포용하는 대신 자꾸만 밀어내고 있으
며, 이 배타적 힘으로 인해서 그를 향해 다가가는 나의 행위는 계속적
으로 좌절을 겪게 된다.
　이러한 타자와의 합일 불가능성을 드러내는 시공간적인 단절은 자아
의 붕괴라는 사건으로 귀결된다. 그것은 "나는 이미 黃나비가 아니다"
라는 진술을 통해서 확인된다. 그의 미소가 만들어내는 물살이 나비의
추락과 죽음의 계기가 됨으로써, 나와 그 사이에 놓인 해소될 수 없는
거리감이 다시 한번 환기되고 있다. '나는 나를 가만히 띄워본다'는 진
술 속에서 행위의 주체('나는')와 대상('나를')이 분리됨으로써 자아의 분열

이 극대화된다. 이러한 분열은 과거의 나(나비임) / 현재의 나(나비 아님) 사이의 시간적 단절로 변주되고 있다. 나를 띄우기 '이전'과 '이후'의 시간적 단절은 '이미'라는 시간 부사에 집약된다. 즉 "이미 한 마리의 黃나비는 아니다"라는 진술 속에는 '나비였음'이라는 과거와 그 과거를 부정하는 현재의 억압성이 동시에 존재하고 있다. 이때 과거를 부정하는 현재의 억압성은, 자아를 '추락하는 나 / 울고 있는 나'로 분열시키는 동인이 된다. 한편 시에서 타자로부터 소외된 자아가 그와 나 사이의 간극이 만들어낸 공간(사이) 속으로 추락('가라앉는다')함으로써, 이러한 단절의 비극적 귀결을 보여준다. 시 전체를 일관하는 현재형의 서술어들은 이러한 시간적 간극과 파탄이 일회적인 것으로 완결되는 것이 아니라 지속적으로 반복되고 있음을 드러내준다. "한나절, 나는 그의 언덕에서 울고 있는데"에서 보이듯, 타자와의 관계가 유보되는 시간적 연기(延期)의 상황에서, 자아는 반복적으로 분열을 경험한다. 이렇듯 타자와의 단절이라는 사건은 자아에게 현재로부터의 소외와 추방, 그리고 자기 분열로 경험된다.

①그는 목을 움츠리더니 壁을 민다. 壁은 海綿처럼 탄력있게 그 部分만이 오므라든다. 그러나 그 같은 탄력으로 다시 그를 밀어낸다.

그는 막막하다. 그는 모가지를 든다. 볼록한 腹部가 홀쭉해지도록 그는 모가지를 치든다. 오 학과 같다. 어디로 날을 것인가? 그 瞬間, 그의 발은 한 발작 빗나갔다. 그는 마루 위에 떨어져서 산산이 부서졌다.

뜻아니 쏟아지는 향내를 좇아 한 마리의 나비는 더욱 아름다이 그 華麗한 날개를 번적이면서 …….

— 「향수병」 전문

②그때 나는 이상한 것을 보았다. 있는 대로 뻗은 제 모가지를 뒤틀며 입을 벌리고, 그는 하늘을 향하여 무수히 도래질을 한다. 그 동안 그의 前半身은 무서운 底力으로 空中에 完全히 떠 있었다. (이것은 그의 울음이 아니었을까,)

　　다음 瞬間, 그는 모가지를 소로시 움츠리고, 땅바닥에 다시 죽은 듯이 엎드
렸다.

—「꽃밭에 든 거북」 부분

　　무의미한 지속으로 수량화, 계량화되는 근대적 시간은 새로운 가능성
을 열어놓지 못하고 시인을 한정된 시간 속에 가두어 놓는다. 이 두 편
의 시는 변화가 존재하지 않는 현재에 대한 시간적 반항을 보여준다. 시
①에서 '그'를 둘러싼 '벽'은 시간적인 한계의 상황을 상징한다. '해면'처
럼 탄력 있게 오므라들어 자아를 밀어내는 벽의 탄성은, 변화를 허용하
지 않는 단절의 시공간을 만들어낸다. '벽'의 탄성 없는 시간은 자아를
포획하는 근대적 시간의 억압성을 의미하는 것으로 읽을 수 있다. 이러
한 공간의 '막막함'에 대응하는 것은 '모가지'를 드는 상승의 행위이다.
고체화된 물질적 시간성을 이탈하는 이 '순간' 속에는 자아를 구속하는
시간의 중력을 거부하려는 강력한 의지가 집중되어 있다. 벽이 가로막고
있는 세계로부터 이탈하려는 이 상승의 움직임은 변화와 흐름을 허락하
지 않는 시간의 억압에 대한 시인의 반항의식을 보여주는 것이다.

　　그런데 문제는 이러한 순간이 또 다른 소외와 결핍을 낳게 되는 역설
에 있다. 시 ②에서 보듯이, 현재를 거부하는 상승의 움직임은 추락으로
이어진다. 중력(육체)을 거부하고 '공중에 떠 있는' 거북이의 비상이 좌절
(추락)로 귀결되는 것이다. 특히 시의 첫 부분에서 '엎드리고 있었다'와
달리 마지막 행의 '죽은 듯이 엎드렸다'에 부가되는 '죽은 듯이'라는 구
절 속에서, 비상의 좌절로 인해 시간의 억압이 더욱 강화되고 있음을
알 수 있다. 이렇게 추락하는 거북이, 그리고 산산이 부서진 향수병의
이미지는 시간의 붕괴로 인해 해체되는 존재의 위기를 상징적으로 보여
준다. 이런 점에서 김춘수의 시에서 상승의 '순간'은 탈시간 의지가 발
현되는 저항의 출발점인 동시에, 자아의 분열이 시작되는 영점(零點)의
시간이라는 역설을 담고 있다고 하겠다.

2
이름도 없이 나를 여기다 보내 놓고
나에게 言語를 주신
母國語로 불러도 싸늘한 語感의
하나님,
제일 危險한 곳
이 설레이는 가지 위에 나는 있습니다.
무슨 層階의
여기는 上의 끝입니까,
위를 보아도 아래를 보아도
발뿌리가 떨리는 것입니다.
母國語로 불러도 싸늘한 語感의
하나님,
安定이라는 말이 가지는
그 微妙하게 설레이는 意味 말고는
나에게 安定은 없는 것입니까,

―「나목과 시」 부분

이 시에서 김춘수는 현실의 시간성이 탈각된 상태, 즉 역사로 환원되지 않는 '순간'의 시간적 의미를 탐색하고 있다. 자아와 타자가 균열되는 '순간'은 자아의 분열을 촉발시키는 시간이기도 하다. 시에서 '上의 끝'으로 드러나는 공간의 극점은, "그 예민한 가지 끝에 / 닿을 듯 닿을 듯 하는 것이 / 시일까"(「나목과 시 서장」), "겨울의 / 설레이는 가지 끝에 / 설레이며 있는 것이 아닐까"(「나목과 시」)에서도 '끝'이라는 공간의 첨단으로 나타난다. 가지의 '끝'이 지시하는 공간적 극한은, 시간의 첨점인 '순간'에 상응하는 팽팽한 긴장감으로 차 있다. 이 경계의 시공간은 자아에게 '발뿌리가 떨리는' 위기감을 불러일으킨다. 한편 시에서 '설레임'은 현재에 안착하지 못하고 예감의 시간으로 뻗어나가는 속성을 지닌다. 따라서 이 설레임 속에 내장된 불안정성이 존재의 '무명(無名)'과 연결됨으로써,

지속적으로 '흔들리는' 위기감을 가시화한다. 이 극점의 시간 속에서 시인은 모국어를 상실한 존재가 느끼는 것과 같은 불안을 감지한다. 충족된 세계를 상징하는 모국어로부터 환기되는 '싸늘한' 감각은, '안정이라는 말'이 언표하는 의미 속에 안착하지 못하고 그것으로부터 지속적으로 미끄러져 가는 존재의 불안을 드러내주는 것으로 이해된다.

이상의 시에서 보듯, 김춘수의 시에서 무의미한 지속을 단절시키는 '순간'의 시간은 역사에 대한 비판과 닿아 있다. 김춘수에게 역사는 '죽은 소녀'의 이미지가 지배하는 정지되고 고착된 시간으로 인식된다. 이러한 정지된 시간은 현실과 역사를 추방함으로써 시간의 계기성을 붕괴시키는 순간을 시간적 좌표로 삼는다. 순간은 선조적인 시간에 구멍을 내고, 그 흐름을 정지시키는 탈시간의 정점이자, 현실의 중력을 삼켜 버리는 시간의 소실점으로 출현한다. 역사적 지평을 지배하는 모든 이념과 가치가 이 순간 속으로 수렴되면서 무중력의 공백이 생겨난다. 이렇게 순간의 시간은 근대의 중력에 포섭되지 않으려는 시인의 탈시간의 의지가 집약되는 특이점이라고 하겠다.

위의 시에서 순간의 시간적 표상에 대응하는 '가지의 끝'의 공간성은 "微妙하게 설레이는"이라는 술어를 통해서 환기되고 있다. 이는 그 첨단의 공간성이 하나의 시간적 좌표로 환원될 수 없음을 보여준다. "제일 危險한 곳", "層階의 / 여기는 上의 끝"에서 시공간의 극점으로서의 '끝'은 부재와 존재, 무한과 순간의 경계 지점이다. 그것은 명 / 멸, 의미 / 탈의미, 가시 / 비가시, 합일 / 분리의 경계이며, 이 경계점은 시간적 균열을 내포한 '시방', '지금'의 시간이 수렴되는 지점이기도 하다. 이렇게 시간의 흐름을 한 점으로 수렴하고 단절하는 '순간'의 시간성은, '이미 가버린 그 날과 아직 오지 않은 그 날에 머물은'이 보여주는바, 과거와 미래 사이의 시간적 공백을 환기한다. 다시 말해 김춘수의 시에서 '순간'은 과거와 현재의 시간적 연관 속에서 의미를 확정하는 대신 무중력의 '빈 시간'으로 스스로를 드러내는 것이다.

주지하듯 근대의 시간은 미래를 현재 속에 불러오기 위해 진보의 이데올로기를 반복적으로 재생산한다. 김춘수의 시적 '순간'은 과거─현재─미래로 이어지는 시간의 선(線)적 구조 속에 귀속되는 것이 아니라, 이러한 시간의 흐름에서 빠져나오는 시간으로서 의미를 지닌다. 이러한 시간은 현실적인 시간의 준거에 의해 규정되지 않는 일종의 무중력의 순간으로 표상된다는 점에서 주목된다. 즉 '순간'은 시간의 선조성을 붕괴시키는 탈시간 의지의 정점인 동시에, 근대의 원리에서 비껴선 미적 자율성에 대한 지향이 응축된 지점이다. 다시 말해 순수한 시간지표로서의 순간은 폭력적 역사와 연루된 현재의 시간이 미적 토포스로 변화되는 지점이라 하겠다.46) 이러한 시간 인식은 현실로부터의 '도피'라기보다는 역사와 이데올로기에 대한 적극적 부정의 태도를 내포한 것으로 읽힐 수 있겠다.

이런 점에서 김춘수의 시에서 현실적 맥락이 거세된, 절대적 시간인 '순간'은 언어의 자기 준거성에 기반한 미적 자율성의 원리를 떠받치는 시간으로 이해된다. 그런데 주목할 것은 이러한 미학적 차원의 절대시간이 허구적 동일화에 기반하고 있다는 점이다. "새야, / 그런 危險한 곳에서도/너는/잠시 자불음에 겨운 눈을 붙인다"(「나목과 시」)에서 순간이 보여주는 탈시간성은 자아의 분열을 봉합하는 상상적인 시간의 양태를 띠고 있다. '눈을 붙이는' 새의 행위는 외부로부터 자신의 내면으로 귀환하는 시선의 움직임을 보여준다. 이러한 행위는 시간적 분열이 존재하지 않는 충족의 상태로 회귀하려는 욕망을 내포한다. 이렇게 김춘수는 균열을 내포한 '순간'의 시간을 충만한 동일성의 시간으로 이상화하고 있는 것이다. 이때의 '순간'은, 라캉 식으로 말하면 '부재하는 그러나 존재했다고 믿어지는' 상상적 동일성의 순간에 상응한다. 이러한 순간의 시간에 자신을 투사함으로써 시인은 자기 동일성을 간직한 절대적 주체로서

---

46) 벤야민은 이 미학적 '순간'을 진보의 이념과 목적론적 역사를 해체하는 시간의 형식으로 본다. W. 벤야민, 반성완 역, 『발터 벤야민의 문예이론』, 민음사, 1983, 353~355면.

자아를 재구성하고자 하는 것이다.[47] 이렇게 동일성의 시간적 기원을 복원함으로써 근대의 파편화된 현실에 대응하고자 하는 김춘수의 시쓰기는, 가상의 시간 속에 자신을 투사함으로써 내적 동일성을 확보해 가는 과정으로 실현된다.

2) 가상의 거울을 통한 소생과 '천사'의 시선

김춘수의 시쓰기는 상실된 시원을 대치하는 '또 하나의 우주'를 창조하려는 의지로 표출된다.[48] '자기 완결적인 텍스트'를 구축하려는 이러한 미학적 태도는 근대의 폭력성에 대한 방어의식과 깊은 연관을 갖는다. 앞에서도 살펴보았듯이, 김춘수에게 있어서 근대적 시간으로부터의 이탈의지는 미적 이상에 대한 동일화의 지향으로 표출된다. 시 「산악」에서 '밭을 갈고 씨를 뿌리는' 노동으로 상징되는 현실시간을 벗어나, '물결치는 이랑'을 꿈꾸는 심미적 행위를 통해 시인은 이념과 현실, 시원과 현재의 분열을 통합할 수 있는 가능성을 찾고자 한다. 이것은 김춘수에게 있어서, 선험적 고향으로서의 절대시간 혹은 가상의 미(美)에 대한 지향이 근대적 시간의 불모성으로부터 이탈하려는 시간 의지를 추동하는 동인으로 작용하고 있음을 보여준다.[49] 이때 '꽃처럼 눈을 곱게

---

47) 최문규, 「예술지상주의의 비판적 심미적 현대성」, 『탈현대성과 문학의 이해』, 민음사, 1996, 79~82면.

48) 이러한 시적 지향은 「처용단장」에서 보다 구체적으로 나타나는데, 여기서 상징적 언어규칙의 붕괴와 모성에의 욕망은 '무의미시'라는 형태를 얻는다. 1, 2부의 주요한 시적 장치로 드러나는 '바다'이미지와 음운들의 해체는 이러한 모성 회귀욕망을 표현한다. 시인은 언어의 물질성을 넘어선 지점 곧 근대의 시간이 침투하지 못한 '바다'로의 회귀를 지향함으로써 근대의 사유 체계에 대한 반항을 드러내는 것이다.

49) 서구형이상학에서 가상(schein)은 주로 본질(wesen), 존재(sein)와 대립되는 부정적 개념으로 쓰이지만, 한편으로 그것은 예술작품의 본질적인 특성으로 지적된다. 예술작품의 본질적 특성으로서의 가상에 대해서는 다양한 철학적 시각이 존재한다. 진리가 가상 속에는 절대로 나타나지 않는다는 플라톤의 견해와 철학적 진리가 우위를 차지하고

뜨고', '낮에는 아니 핀다는 처녀꽃' 등 심미적 세계에 대한 동일화의
욕망은, 현실과 자아 사이에 놓인 스크린과 같은 기능을 한다. 시인의
시선은 현실을 투시하지 못하고, 그것을 가리는 스크린 위에 머무르게
된다. 그의 시에서 무한히 변주되는 대립항들, 즉 역사 / 시, 의미 / 무의
미를 가르는 빗금, 즉 '괄호'는 시인의 시선을 가로막는 가상의 이미지
를 지칭하는 것으로 읽어도 무방하다.

4
죽어가는 그들의 눈이
나를 우러러 보았을 때는

내가 그들에게
나의 옷과 밥과 잠자리를
바친 뒤였습니다

내가 그들을 위하여
나의 땀과 눈물과 피를
흘린 뒤였습니다

5
그러나
그들의 몸짓과 그들의 음성과

예술은 그러한 진리의 현현에 이바지한다는 쉴러 · 헤겔 · 블로흐의 견해, 그리고 예술
을 철학적 진리의 현현으로 파악하기보다는 '가상'으로서의 절대성을 강조하는 초기
낭만주의 견해 등이 그것이다. 존재하는 모든 것을 가상으로 파악하는 니체의 경우 가
상은 예술과 진리의 관계, 예술의 본질적 특성을 설명하기 위해 동원된다. 한편 아도
르노는 예술의 가상을 작품의 내재적인 측면에서 찾고 있다. 그는 예술작품이 현존재
(현실)와 동일화될 수 없는 까닭은 예술작품의 가상적 특성 때문이라고 지적하면서,
사회적인 것으로 환원될 수 없는 가상의 자율성을 강조하고 있다. 한편 예술의 자율성
을 강조하는 보러에게 가상은 현상을 심미화하는 자율적 예술의 방식으로 파악된다.
최문규, 「자율적 예술과 가상」, 『문학이론과 현실인식』, 문학동네, 2000.

그들의 모든 無垢의 거짓이 떠난 다음의
나의 외로움을
나는 알고 있습니다.

水晶알처럼 透明한
純粹해진 나에게의 恐怖를
나는 알고 있습니다

내가 죽어가는 그들을 위하여
무수한 宇宙 곁에
또 하나의 宇宙를 세우는 까닭이
여기에 있습니다

—「無垢한 그들의 죽음과 나의 고독」 부분

이 시에서 자아의 고독은 타자와 분리됨으로써 환기되는 죽음의 상황과 직접적으로 닿아 있다. '옷과 밥과 잠자리'의 일상적 시간과 '땀과 눈물과 피'의 육체적 요소들을 제거하는 과정은, '수정알처럼' 투명해진 자아의 절대고독으로 귀결된다. 시인은 '땀과 눈물과 피'의 육체적 이미지로 환기되는 역사의 시간을 거부하고, 역사에 의해 희생된 '무구한' 죽음에 덮어 씌워진 이념적 상징성을 거두어 내고자 한다. 이렇게 하여 역사적 현실로부터 떨어져 나온 '순수해진 나'의 세계는 현실을 휘발시킨 '투명한' 진공의 세계로 환기된다.

문제는 이 절대의 순수가 자아의 내면에 자리한 공포의 기원이 된다는 점이다. 시에서 폭력의 희생물이 된 '그들의 눈'이 자아에게는 새로운 공포로 감지된다. 그들을 위하여 옷과 잠자리를 바치고, 땀과 눈물과 피를 흘린 나는 이미 그들의 죽음으로부터 자유로울 수 없다. 그들에 대한 나의 헌신적 열망은, 그들의 죽음의 순간에 무력해진 자신에 대한 환멸과 거부의 태도로 치환된다. 그것은 그들의 죽음에 자아가 무관하지 않다는 내밀한 죄의식을 일깨우고, 그 자책은 자기를 응시하는 또

하나의 눈동자의 출현으로 이어진다. 죽어 가는 자들의 '무구한 눈동자'
는, 죽은 소녀(「부다페스트」)를 겨누었던 총구의 폭력적인 응시와 마찬가
지로 새로운 억압의 기호로 드러난다. 이념을 거부하는 '순수'한 자아가
스스로에게 새로운 억압자로 등장하는 아이러니. 이것이야말로, 김춘수
의 시쓰기를 무의식적으로 관통하는 중요한 지점이다. 결국 김춘수는
세계와 자신의 내부로부터 발생하는 두 개의 공포에 대응할 수밖에 없
는데, 그것은 '또 하나의 우주'를 세우는 일로 표현되고 있다. 절대악으
로 인식되는 현실을 추방한 자리에 '또 하나의 우주'를 건설하는 것은,
그에게는 파탄된 현실에 대응하는 방식이면서 동시에 자기 내면에 자리
잡은 또 하나의 공포에 대응하는 방식이기도 한 것이다. 이렇게 현실의
대립적 지점에 타자의 접근이 불가능한 '새로운 우주'를 세우려는 의지
는, 세계와의 화해를 거부하고 자율적 미의 세계를 구축하고자 하는 시
쓰기의 욕망을 드러내준다. 여기서 주목할 것은 이 자율성의 미적 원리
가 시쓰기에 대한 시인의 자의식을 어떻게 규정하는가 하는 문제이다.

 ⓐ世界의 무슨 火焰에도 데이지 않는
  天使들의 純金의 팔에 이끌리어
  자라가는 神들,
  어떤 神은
  입에서 코에서 눈에서
  돋쳐나는 暗黑의 밤의 손톱으로
  제 살을 핥아서 피를 내지만
  살점에서 흐르는 피의 한 방울이
  다른 神에 있어서는
  다시 없는 意味의 香料가 되는 것을,
  라이너·마리아·릴케,
 ⓑ당신의 눈은 보고 있다.
  天使들이 겨울에도 얼지 않는 손으로
  나무에 꽃을 피우고 있는 것을,

죽어간 少年의 등 뒤에서
또 하나의 작은 心臟이 살아나는 것을,
라이너·마리아·릴케,
ⓒ 당신의 눈은 보고 있다.
하늘에서
죽음의 재는 떨어지는데
이제사 열리는 채롱의 門으로
믿음이 없는 새는
어떤 몸짓의 날개를 치며 날아야 하는가를,

—「릴케의 章」 전문

이 시에서 김춘수는 '릴케'라는 초월적 이상에 자신을 투사함으로써 현실에 대립하는 새로운 시간을 구축하고자 한다.[50] 여기서 전쟁과 폐허의 어두운 분위기를 상징하는 '암흑'·'밤'·'손톱' 등 부정적 시어들은 '겨울'이라는 시간적 단위에 포괄됨으로써, 현실의 불모성을 효과적으로 환기하고 있다. 이러한 현실의 불모성은 '하늘에서 죽음의 재'가 떨어지는 시간적 파국으로 나아간다. 시의 초점에 놓인 소년의 죽음은 이 '화염'과 '재'의 이미지와 연결되어 현재의 비극성을 더욱 심화시키고 있다.

한편 시인은 현실이 붕괴된 자리에서 새로운 시간이 생성되고 있음을 보여준다. 시에서 폐허의 시간을 소생의 시간으로 전환시키는 것은 '천사'의 손길이다. '천사'는 '입과 코, 피' 등 손상된 육체적 기호들을 '향료'라는 물질적 이미지와 결합시킴으로써 새로운 의미를 만들어낸다. "릴케의 천사는 풀잎이고 / 바람이다. / (…중략…) / 겨울에는 봄이고 / 봄에는 여름이다"(「처용단장」 3부 중)에서 보이듯, 시간의 연속성을 파기하는 천사는 시간적 서열에 매이지 않는 초월적 존재로 나타난다. 현실의 '화염'에 데이지 않고 겨울에도 얼지 않는 '천사'는, 폐허의 시간을 구원의 시간으로

---

50) 김춘수, 「릴케적 실존」, 『문예』, 1952.1.

바꾸어 놓는 상징적 존재이다. 이때 주목할 것은 죽음→소생으로의 시간적 전환이 초월적 '눈'에 매개되고 있다는 점이다. 시에서 ⓐ(1~10)와 ⓑ(13~16), ⓒ(19~23)가 "릴케, / 당신의 눈은 보고 있었다"의 구절로 각각 연결되고 있다. 이렇게 죽음과 생성이 교차되는 지점에 '당신' 곧 릴케의 응시가 자리하고 있는 것이다. 여기서 '당신의 눈짓', '릴케의 눈'은 「부다페스트에서의 소녀의 죽음」에서 소녀를 '겨눈' 총구의 폭력적 시선에 대립하는, 창조와 생성의 '눈'을 의미한다. "당신의 눈짓은 이상한 治癒力에 빛나고 있었읍니다"(「午前의 山嶺」)에서처럼 병든 현실의 비극성은 '당신의 눈짓'에 의해 치유된다. 훼손된 시간을 치유하는 이 시선은 죽은 시간의 기호인 '살점'을 '의미의 향유'라는 생명의 기호로 바꾸어 놓는다. 즉 '살점에서 흐르는 피의 한방울'을 '의미의 향료'로 바꾸는 것, '죽은 소년의 심장을 부활하게' 하는 것은, 모두 '릴케의 시선'에 내장된 창조적 힘에 의해 가능해진다. 이렇게 '릴케의 눈'은 역사의 폐허를 소생의 시간으로 바꾸어 놓는 창조적 존재를 향한 시인의 욕망이 투사된 이상 (ego-ideal)으로서 기능한다.[51]

이 시에서 '천사'라는 상징적 존재는 시쓰기의 주체가 탄생하는 지점을 보여준다. 폐허의 시간을 재생으로 바꾸는 천사의 '손'은 현실에 대응하는 미적 실천으로서의 시쓰기를 상징하고 있다. 역사적 시간을 초월한 존재의 불멸을 상징하는 '얼지 않는 손'은, 일상의 구속에서 벗어난 시인의 창조성에 대한 은유이다. 시쓰기는 '암흑과 피'를 '의미의 향료'로 변용시킴으로써, 폐허의 시간을 영원성의 시간으로 치환하는 창조적 행위로 가시화된다. 그런데 주목할 것은 이 '천사'가 만물을 변화시킴으로써 사물의 본질을 포착하는 절대동일성의 다른 이름이 된다는 점이다.[52] '천사는 온몸이 눈으로 되어 있다'는 릴케의 시구의 인유에서 보듯, 김춘수의 시에서 천사는 근대적 시간의 계기성을 온 몸으로 빨아

---

51) 주은우, 「현대성의 시각체계에 대한 연구」, 서울대 박사논문, 1998, 33면.
52) 류신, 「김춘수와 천사, 그리고 릴케」, 『현대문학』, 2001.10.

들이는 거대한 '눈'이 된다. 현실과 대면하는 '또 하나의 우주'를 세우고
자 하는 김춘수의 시적 욕망은, 스스로를 이 절대적 타자의 자리('릴케의
눈'이 위치한)에 올려놓음으로써 역사와 절연된 내면의 절대성을 창조하
려는 욕망으로 표출되는 것이다. 다시 말해 천사의 시선에 자신을 완전
히 동일화시킴으로써 스스로 초월적 주체가 되어 창조의 행위를 이끌어
가고자 하는 것이다.

위의 시에서 종말과 폐허로부터 열리는 소생의 시간은 '이제사'라는
부사를 통해서 확인된다. 과거의 종결과 미래의 열림을 함께 담고 있는
'이제사'는 시간의 폭력으로부터 이탈하고자 하는 시인의 의지가 발현
되는 순간을 함축하고 있다. 다시 말해 '이제사'라는 시어 속에는 '채롱'
으로 상징되는 닫힌 공간을 벗어나 '열린 문'의 개방 속으로 자신을 투
사하려는 의식이 내장되어 있다. 그런데 흥미로운 것은 타자(릴케)와의
동일화를 통해 소생의 시간을 복원하고자 하는 시쓰기의 궁극적 지향이
기원의 시간으로 돌아가고자 하는 귀향 의지와 다르지 않다는 것이다.
이러한 귀향 의지는 불모의 세계를 거세하고 미적 이상과의 상상적 관
계를 구성하려는 나르시시즘 태도에 기반하고 있다. 김춘수의 시쓰기를
지배하는 나르시시즘적 자의식은 다음의 시에서 '천사의 눈'이 나르시
시즘의 '거울'로 전화되는 양상을 통해서 확인된다.

願한다며는 湖水가 化하여 天使 될 수도 있는 우리들 創造하는 이 無限한
기쁨!
(…중략…)
우리들 最後의 唯一한 願은 고요한 그곳의 잔잔하고 티없는 湖水 위에다 거짓
없는 내 모습을 단 한번이라도 비쳐 보는 것.

—「湖水」 부분

이 시에서 현실의 불구적 시간을 치유하는 절대 시선은 자기 반영의
매개물인 '호수'를 통해서 드러난다. '천사의 눈'으로 전이된 '호수'는 거

대한 거울의 이미지로 표현된다. 이 거울의 반영적 이미지를 통해 자아가 볼 수 있는 것은 자기에게 되돌아오는 자신의 시선이다.[53] 즉 타자의 응시 속에 포획된 자아의 시선은 이 거대한 거울(호수)의 눈에 반사되어 스스로에게 되돌려진 자기 이미지만을 보게 되는 것이다. "내 친구 셰스토프는 말하더라. / 천사는 온몸이 눈인데 / 온몸으로 나를 보는 / 네가 바로 천사라고 / (…중략…) / 시방도 어디서 온몸으로 나를 보는 / 내 눈인 너"(「소냐에게」)에서처럼 절대적 존재로서의 '천사의 눈'이 자신의 시선을 되돌려주는 거울이 될 때, 시인은 자신의 이미지와 더불어 상상적 관계 속으로 빨려 들어가게 된다.[54]

초월적 이상으로서의 '천사'가 허구적인 동일화에 의해 구성된 자신의 반영물이라는 점에 주목할 때, 김춘수의 시쓰기의 갖는 의미가 분명하게 드러난다. 즉 '창조하는 자'로서의 시인의 자기 인식은 이 가상의 거울에 자신을 비추어 보는 것에 다름 아니며, 이때 창조란 자기 자신과의 상상적 관계 속에서 이루어지는 자족적 행위가 된다. 결국 김춘수에게 있어서 창조적 행위로서의 시쓰기란, 외부의 세계에 대립하는 내면의 풍경을 재구성하는 것으로 인식되는데, 이러한 나르시시즘적 시쓰기는 1950년대 이후 그의 시작 전 과정을 관통하는 창작의 원리가 된다. 다음의 시에서 이러한 시쓰기의 최종적인 귀착점이 무엇인지 확인할 수 있다.

---

53) 이러한 거울의 이미지는 시집 『거울 속의 천사』(김춘수, 민음사, 2001)에서도 드러난다. "거울은 모든 것을 그대로 다 비춘다 하면서도 / 거울은 이쪽을 빤히 보고 있다. / 셰스토프가 말한 / 그것이 천사의 눈일까"(「거울」).

54) 크리스테바는 주체와 대상간의 미분리 상태에서 일어나는 이러한 나르시시즘적 전이에 주목하면서 이를 은유적 대상과의 동일시라고 일컫는다. 그녀는 아리스토텔레스가 epiphora에 대해서 '어떤 비유적인 의미의 표출에 앞서는 은유적 움직임의 발생론적 표현'이라고 언급한 것에 의지하여 주체를 형성하는 은유로서의 동일시를 지적한다. 이는 자기 내부에서 대상과 주체가 합일을 이룸으로써 주체에 변화를 일으키는 나르시시즘의 역학에 주목하고자 한 것으로 보인다. J. 크리스테바, 김영 역, 『사랑의 역사』, 민음사, 1995, 179~189면.

4
새야,
그런 危險한 곳에서도
너는
잠시 자불음에 겨운 눈을 붙인다.
三月에는 햇살도
네 등덜미에서 졸고 있다.
너희들처럼
詩도
잠시 자불음에 겨운 눈을 붙인다.
非夢似夢間에
詩는 우리가
한동안 씹어 삼킨 果實들의 酸味를
美酒로 빚어 영혼을 적신다.
詩는 解脫이라서
心像의 가장 은은한 가지 끝에
빛나는 金屬性의 音響과 같은
音響을 들으며
잠시 자불음에 겨운 눈을 붙인다.

—「裸木과 詩」 부분

이 시에서 졸고 있는 '새'의 시선은 내면을 향한(內向) 소강의 상태를 보여준다. '졸음'은 외부를 향한 시선을 닫아버림으로써, 타자의 응시를 거부하는 자족적인 상태를 지시하고 있다. '위험한 가지 끝'이 환기하는 위기의 감각은 이러한 시선의 내면화에 의해서 '졸음'의 안온함으로 바뀌어 간다. 이때 텍스트의 여백을 울리는 '빛나는 금속성과 같은 음향'은, 금의 밝음과 햇살의 따스함을 결합시켜 줌으로써 졸음에 빠져들면서 자아가 느끼는 심리적 안정감을 강조하고 있다. 그리하여 '졸음'은, 외부의 시간적 억압이 완전히 사라진 무중력의 상태로 드러난다. 여기서 '졸음'이 환기하는 자족성과 외부에 의해 지속적으로 침해당하는 '불면'의 시간적 위상의 차이는 김춘수의 시쓰기에 대한 자의식을 해명하는 중요한 요인이 되므로, 이 점을 좀더 살펴볼 필요가 있다.

앞에서 살펴보았듯이 「부다페스트……」에서의 '불면'은 세계와의 불화로 인해 자아의 시간적 연속성이 상실된 상태를 의미한다. 다시 말해 불면은 자아가 스스로에 대한 지배력을 상실한 상태, 곧 존재의 자기 분열 상태를 환기하는 것이다. 반면 잠들 수 있는 자만이 새로운 시간으로서의 아침을 볼 수 있다는 사실을 환기하면, '잠'은 '깸'으로 가기 위해 필연적인 시간의 이행을 내포하고 있다고 하겠다. 그런데 그의 시에서 '졸음'은 이러한 '불면 / 깸 / 잠'의 관계를 비켜간 자리에 놓인다. '비몽사몽' 혹은 '졸음'이란 잠과 깸의 사이의 여백이 의미화되는 상태라 할 수 있다. 즉 졸음은 잠 / 깸이 갈라지는 경계로서의 '순간'의 시간적 표상에 상응하는 존재론적 상태를 환기한다. 이 시에서 졸음이 '잠시'라는 시간부사와 결합되는 것은 이 때문이다.

한편 시에서 '졸음'이 환기하는 충족적인 상태가 언어적 체계가 휘발된 '음향'을 통해 의미화되고 있다는 점은 주목을 요한다. 여기서 '금속성의 음향'은 모태적 언어, 해독되지 않는 원초적 언어를 의미한다. 「처용단장」 2부에서 의미의 해체 전략으로 수행되는, 시니피앙의 동일한 반복이 청각영상에 기대고 있는 것도 이러한 '음향'의 흔적으로 이해된다. 이 시에서 "눈부신 축제 / 비할 바 없이 그윽한 / 餘音을 새긴다"(「능금」)에서 '餘音'이나, "빛나는 금속성의 음향과 같은 / 음향을 들으며"(「나목과 시」)에서의 '음향'은 상징적 언어 체계의 억압이 사라진 충족적 상태를 환기하고 있다. 이러한 '비몽사몽'의 모호한 상태, 다시 말해 꿈(가상)과 역사, 잠과 깸, 시와 현실의 경계를 채우는 이 졸음의 충족성은, 자신과의 동일화를 통해 충족감을 맛보는 거울단계의 허구적 순간을 떠올리게 한다. 그런데 이러한 충족적 세계는 상상적 동일화가 이루어지는 '순간' 속에서만 존재하는 것이다. 라캉에 의하면, 이러한 동일화의 순간은 곧바로 자기 소외로 이어지는 것이기에 그것은 사후적으로 존재했다고 믿어지는, 그러나 사실은 부재하는 결핍의 시간이다. 위의 시에서 '잠시'는 이러한 순간적인 충족감이 곧바로 자기 붕괴라는 위기로 떨어지게 될 운명임을 암시해 주고 있다. 결국 김춘수는 상징적인 언어와 음향 사이의 공백을 졸음이라는 상상적 충만함으로 채우고 있는 것이다.

김춘수는 시간적 균열을 봉합하는 이러한 '순간'을 '해탈'과 동일한 것으로 본다. 앞에서 살펴보았듯이, 명명(命名)의 행위가 언어를 매개로 이루어지는 데 반해, 해탈은 언어의 부재를 궁극으로 한다. 즉 명명은 대상을 확정짓고 고정화하는, 궁극적으로 동일자의 의지가 작동하는 근대적 언어 체계 내에서 수행되는 행위이다. 반면 해탈은 고정된 의미 체계로 환원되지 않는, 언어의 물질성이 해체되는 지점을 환기한다. 그리하여 해탈은 진리에 봉사하는 재현적 언어의 의미가 사라진, 순수한 소리의 세계 곧 '음향'의 상태로 표현되는 시간성을 띠게 된다. 순수 음향으로 표현되는 이러한 미적 자율성의 세계는, 시간의 계기적 흐름을 거부하는 불연속적 지점에 놓인다. 결국 해탈의 순간은 자아와 타자 사이의 간극을 무화하는 탈시간의 의지가 작동하는 존재의 특이점이라 할 수 있다. 이렇게 자아와 타자 사이의 단절을 통합하는 비약의 순간으로서의 해탈은 김춘수의 시쓰기가 지향하는 궁극의 지점을 보여준다. 그것은 "팽이가 돌아가는 현기증 나는 상태가 바로 그 의미가 없어진 말을 다루는 순간이다"55)라는 진술에서 알 수 있듯, 모든 언어의 의미가 휘발되고 계기적 운동이 정지된 순간을 통해서 실현된다. 주체와 객체, 자아와 세계의 모든 간극이 사라지는 해탈의 순간은 역사적 시간과의 단절을 통해 질적인 도약이 이루어지는 시간의 첨점이다.

해탈의 욕망에 기반한 김춘수의 시쓰기는 '산미(酸味)'의 감각적 분별을 '미주(美酒, 미의 세계)'로 바꾸는 행위로 비유될 수 있겠다. 여기서 '美'

---

55) 김춘수, 『김춘수 전집』 2, 문장사, 1982, 89면.

와 '酒'의 결합 곧 미학과 도취의 결합은, 자아와 세계의 분리를 거부하는 그의 시적 자의식을 비유적으로 보여준다. 그의 시에서 역사의 흐름에 편입되지 않는 '순간'의 에피파니는 예술의 자기 준거성과 자율성을 강조하는 미학적 인식의 바탕을 이룬다. 이러한 '순간'을 통해 시간적 유토피아를 회복하려는 심미적 의지는, 일상적 삶에 매몰되는 것에 대한 저항으로서의 예술적 자율성의 원리를 이루는 기반이 된다.

김춘수의 시에서 상징적 언어로부터 음향의 충족성으로의 귀환은 이러한 심미적 순간에 바탕을 두고 있다. 이러한 '순간'의 미학적 특성은, 앞에서 살펴본 시 「향수병」에서 주체의 붕괴의 순간이 곧 새로운 시간의 발생점으로 전화되는 양상을 통해서도 확인된다. '향기'는 "금빛으로 열리는 가장자리"(「꽃의 소묘」)에서 기체화되고 광채(光彩)화되는 퍼짐과 확산의 시간적 움직임을 내장한다.56) 이 '향기'는 '벽'의 물질성으로 상징되는 고체화된 시간에 반하는 비가시적인 시간의 흐름을 만들어낸다. 이렇게 순수한 시간적 운동의 표상인 '향기'는 '금속성', '음향'과 더불어, '죽은 역사'의 시간을 지우고, 억압적인 "싹"(「부다페스트」)의 물질성을 해체하는 새로운 시간을 구축한다. 이렇게 '향기'는 고정된 시간을 해체하는 시간의 흔적으로, 이는 직선적 시간의 흐름으로부터의 이탈하려는 시인의 미학적 지향을 표출해 주는 상징이 되는 것이다.

그런데 이렇게 자아와 타자의 구별이 무화되는 해탈의 시간이, 세계와의 화해가 아니라 세계의 우연성과 타자성을 완진히 흡수하여 세계를 자아의 순수한 주관성으로 변형시키는 지점이라는 점에 주목해야 한다. 여기서는 하나의 시간이 새로운 시간을 포태하고 생성하는 것이 아니라, 끊임없이 다른 점(點)으로 대체됨으로써 변화가 존재하지 않는 과정이 되어 버린다. 그것은 '하나의 이미지가 이미지를 잡아먹고 순간이 순간을 처단'함으로써 동일성으로 환원되는 시간인 것이다. 이렇게 될 때

---

56) 김혜순, 앞의 논문, 19면.

진정한 시간적 흐름은 추방되고 대신 끊임없는 공간적인 반복의 운동만
이 남게 된다.

　이러한 시간 인식에 내장된 자기 기만은 이후 김춘수의 시쓰기를
지배하는 요소가 되며, 「처용단장」 연작에서도 1950년대 시의 이러한
시간의식이 반복적으로 재연되고 있다. 이 연작시에서 김춘수는 시간적
기원을 대치하는 '유년'을 재구성함으로써 근원의 신화를 회복하고자
한다. 이때 '유년'이란, 경험세계와의 분리된 시원의 세계를 대치하는
시간적 가상이다. 역사적 시간의 지배를 받지 않는 시간으로서의 기원
('유년')의 복원은, 근대적 세계에서 파편화된 자아를 상상적으로 통합하
는 방법론이 된다. 그러나 「처용단장」에서 자족적인 유년의 이미지들은
유기적 통합을 상실한 채 파편화되고 있다. 다시 말해 유년은 지나간
시간으로 저장될 뿐 현재와 융합되지 못하며, 괄호 속에 닫힌 시간 곧
내면의 밀폐된 시간을 즉물화한 풍경에 다름 아닌 것이다. 이 점은 무
엇보다 「처용단장」의 구성적 원리를 통해서 보다 자세히 이해될 수 있
다. 「처용단장」 연작은 전체적으로는 처용설화의 서사적 구조를 표명하
면서도 각 부분의 시편들은 단편화되거나 해체되는 양상으로 구성되고
있다. 그런데 이러한 파편성의 이면에는, 고립된 풍경 속에서 동일성을
유지하려는 시적 지향이 내재되어 있다. 무의미시 텍스트(2부)의 경우 파
편화된 이미지의 병치는, 자아를 기호화함으로써 경험적 현실의 틈입을
막아보려는 시인의 욕망을 보여준다. 이렇게 김춘수 시쓰기는 자아의
균열을 봉합하고 통일성을 재구성하는 과정이며, 이 과정은 파탄된 세
계로부터 내적 동일성의 세계로 회귀하는 시간의 선(線)을 따라 진행되
고 있음을 알 수 있다.57)

---

57) 남기혁은 현실을 소거하는 태도가 경험적 현실에 대한 부정으로 보이지만, 그 내부
　에는 고도의 긍정이 내포되어 있음을 지적한다. 이렇게 될 때 무의미시의 실험은 자기
　보존의 충동을 은폐하려는 트릭(위장) 이상의 의미를 갖기 어렵게 된다. 남기혁, 「김춘
　수 전기시의 자아인식과 미적 근대성」, 『한국시학연구』 1집, 1998, 329면.

이 점은 「처용단장」 이후 실험된 일련의 '무의미시'의 방법적 원리를
통해서도 확인된다. 이 시편들에서 김춘수는 묘사를 통해서 시선을 간
접화하는 방식을 견지하고 있다.[58] 상이한 시점의 동시적 배치를 통해
대상을 고정시키는 묘사의 방법론은, 시간적 인과성을 배제한 병치 구
성을 통해서 경험적 현실을 차단하는 전략이다. 이러한 묘사 원리에 입
각한 텍스트에서 진술의 주체는 표면적으로는 배제되고 있지만, 사실은
카메라처럼 대상을 뚫어보는 시선으로 텍스트의 중심에 존재한다. 그것
은 잃어버린 동일성의 시간을 욕망함으로써 시간에 대한 자신의 통어력
을 재전유하고자 하는 시적 욕망을 의미한다. 텍스트에 은폐된, 그러나
존재하는 절대적 시선은 '천사의 눈'을 빌어서 출현하고 있다. 역사적
시간을 초극한 이 '천사의 눈'에 텍스트를 통어하는 절대화된 자아의
시선이 내장되어 있는 것이다. 타자를 흡수하여 자기의 내부로 동일화
하는 이 시선은 대상들을 얼어붙은 순간 속에 응고시키는 악한 눈(the evil
eye)이다.[59] 이 절대적 시선에 의해 유기적 연관성을 상실한 이미지들은
텍스트 내의 탈시간화된 시공간 속에 응고된다. 이렇게 천사의 눈이 자
아를 대신함으로써 시적 풍경을 구성하는 김춘수의 시쓰기는, 시각장으
로서의 텍스트를 관통하는 타자의 응시에 대한 강력한 동일화에 기반하
고 있다. 텍스트에서 '대상의 붕괴와 이미지의 소멸'을 통해 자아를 소
거해 나가는 과정이, 역설적으로 주체의 동일성을 강화하는 과정이라는
사실, 바로 이 섬이 김춘수 시의 아이러니라고 하겠다. 이런 점에서 무
의미시에서 보여주는 통사의 해체는 수사학에 국한된 문제가 아니라 시
쓰기의 자의식과 연관된 무의식을 표출하는 것으로 읽혀져야 한다. 특
히 「처용단장」 2부에서 나타나는 '반복'의 문제는 시간의식과 연관지어

---

58) 이은정, 『현대시학의 두 구도』, 소명출판, 1999, 26~29면 참조
59) 대상의 모든 운동을 종결시키고 동결시키면서 보이는 것들을 정지시키고 대상화하
　　는 힘을 라캉은 '파시눔'(악한 눈)이라고 부른다. J. 라캉, 권택영 외역, 『욕망이론』, 문
　　예출판사, 1994, 251~256면.

서 생각해볼 필요가 있다. 여기서 드러나는 리듬의 반복성은 언술을 지배하는 통사 구조에 대한 저항을 의미하고, 세계를 지배하는 법에 대한 저항으로 읽을 수 있다.60) 그런데 문제는 텍스트에서 드러나는 진술의 반복과 리듬이 변화와 차이를 만들어내지 못함으로써 폐쇄적 세계에 고착되고 있다는 점이다. 여기서 반복은 근대적 시간의 내부에서 그것을 해체하는 힘이 되지 못하고, 자신만의 독특한 속도와 흐름을 가지고 동일한 리듬을 만들어내는 것으로 귀결된다. 이렇게 역사적 시간의 계기성을 거부하는 반복의 리듬은 끊임없이 제자리 돌기의 형식으로 귀착됨으로써, 근대적 시간의 회로에서 빠져나가지 못하고 차이 없는 자족성의 세계를 고수하게 된다.

이상에서 살펴본바, 김춘수의 시쓰기는 상실된 시원을 가상으로 대치함으로써 내면의 풍경을 구축해가는 과정으로 진행된다.61) 언어의 자율성에 기반한 텍스트는 외부세계와는 완전히 단절된 자신만의 비밀스런 세계를 구축하고 있으며, 이러한 '괄호치기'의 전략은 시간의 허구화와 동시적으로 진행되고 있다. 그의 시쓰기는 '괄호치기'로 상징되는 경계의 안에서 내면을 절대화하고 외부의 시간을 소거함으로써, 파편화된 세계로부터 자기를 보존하려는 역설적 의식에 바탕을 두고 있다. 절대화된 주체의 시선에 의해 구성되는 무의미시의 텍스트는 이렇게 세계를 질서화하고 재배열하려는 시인의 욕망에 의해 구축된다. 그는 역사적 시간과 가상의 시간을 대립항으로 인식하고, 양자 사이의 경계를 고수하기 위해 허구화된 동일성의 세계에 고착될 수밖에 없었던 것이다.

결국 김춘수 시쓰기는 근대의 인식적 틀로서의 '풍경'의 원리를 부정하지만, 이러한 부정의 시선은 풍경을 내파하는 것이 아니라, 그것에 대

---

60) 김춘수의 중기 시에서 이미지 중심의 시(「처용단장」 2부)는 주체적 자각, 즉 시선만을 강조함으로써, 타자의 응시를 극복하려는 의지를 보여준다. 이것은 역설적으로 타자의 응시 앞에서 자신을 은폐하려는 노력과 통한다. 이승훈, 「김춘수의 시선과 응시의 매혹」, 『작가세계』, 1997년 여름, 55면.
61) 김춘수, 「의미에서 무의미까지」, 『김춘수 전집』 2, 문장사, 1982, 386~387면.

립하는 새로운 풍경을 만들어내는 것으로 귀착된다. 문제는 역사의 시간을 빠져나오는 이 내면의 풍경이, 텅 빈 진공의 시간성 위에 성립한다는 점이다.[62] 비유적으로 말하자면, '죽어가는 우주'의 현실적 지평을 거세한 '나의 우주'가 거울쌍처럼 전도된 채 서로 마주 보고 서 있는 셈이다. 근대의 폭력이 침투하지 못하는 이 가상의 우주는 이렇게 근대를 되비추는 거울로서만 자족적 동일성을 유지한다. 김춘수는 이러한 시적 풍경이 자신의 내면에 의해서 상상적으로 구성된 것임을 은폐하고 그것을 절대화한다. 현실세계의 인과율과 폭력적 시간이 뚫지 못하는 이 가상의 세계에 대한 상상적 동일화의 자족성이 그 풍경을 구축하는 지반이 된다. 근대와의 대립항으로 설정된 이러한 미적 자율성의 세계는, 주체의 절대성에 바탕을 둔 근대의 논리를 반복하고 있는 것처럼 보인다.[63] 아도르노는 자율성이 강화된 모더니즘의 가상을 창문 없는 단자(monad)라고 부르고 있다. 이는 모더니즘의 비유기체적 가상이 파편화된 사물화의 논리나 강제적인 총체화를 반복함으로써, 사물화된 현실을 표상하는 단자적 소우주가 된다는 점을 비판하고자 한 것이다. 현실로부터 자율적으로 독립한 이 가상의 닫힌 세계 속에서는 현실을 내다볼 수 없다. 이러한 가상은 현실의 갈등을 무화함으로써, 사물화된 세계에서 화해를 열망하는 자아의 피난처로만 작용하게 되는 것이다. 결국 아도르노의 지적대로, 타자와의 화해가 불가능한 근대적 세계에서 가상을 통한 화해는 사물화된 세계의 비인간화와 소외를 반복할 뿐이며, 김춘수의 시쓰기 역시 이러한 역설적 지점에 놓여 있는 것으로 보인다.[64]

　이상에서 살펴본 것처럼 절대자로서의 '천사의 눈'과 동일화됨으로써

---

62) 가라타니 고진, 박유하 역, 『일본 근대문학의 기원』, 민음사, 1997, 28면.

63) '자기가 말한 것을 자기가 듣는다'는 말중심주의문화는 자기 충당(자가애정, self affection)의 환상이라는 '나르시스'적 태도에 빠질 수 있다. 테일러는 근대이성(모더니즘)에 내포된 자기 확신의 태도를 이러한 나르시시즘적 태도와 연관된 것으로 본다. 김형효, 앞의 책, 98~99면에서 재인용함.

64) 나병철, 앞의 책, 252~253면.

구성된 인공의 내면 풍경이야말로 김춘수의 시쓰기가 도달한 궁극적 지점이라 하겠다. 현실을 재현하는 대신, 자기 스스로를 되비추는 허구의 풍경(self-referential construct)을 구축하는[65] 그의 시적 자의식은 '조화(造花)'의 시쓰기로 비유될 수 있다. 세계의 시간이 흘러들어오지 못하는 봉인된 '소우주'의 시간은 생명력이 거세된 채 굳어버린 조화(造花)의 이미지로 조형되고 있다. 이렇게 김춘수의 시쓰기는 역사와의 화해를 거부하는 반동일화의 의식에 의해 추동되고 있으며, 그것은 근대로부터의 탈시간화의 의지가 낳은 인공의 미학으로 특징지어진다. 이러한 시적 태도는 유기적 시간의 흐름을 거부하는 전후 모더니즘 시간의식의 특징적 지점을 보여주는 것으로 이해된다.

---

65) E. 런, 김병익 역, 『마르크시즘과 모더니즘』, 문학과지성사, 1991, 54면.

제5장

생성의 시간과 사랑의 시쓰기

김수영이 시작의 전 과정을 걸쳐 천착해 온 시적 모더니티의 문제는 우리 모더니즘 시사에서 중요한 화두로 제기되어 온 문제이다. 김수영의 문제의식은 일차적으로 우리의 현실이 전후의 세계사적 동시대성으로부터 '낙후'되었다는 자각에서 출발하고 있다. 서구의 시간과 우리의 현실 사이에 놓인 간극에 대한 자각은 김수영으로 하여금 끊임없이 낙후된 현실을 반성하게 하는 동시에, 새로운 시간적 사유를 가능하게 하는 동인으로 작용한다. 따라서 김수영의 시간의식을 이해하기 위해서, 근대성 내부에 존재하는 비균질적인 시간의 양상에 주목해 볼 필요가 생긴다. 앞서 지적한 것처럼 근대화의 진행 과정에서 강화되는 시간 지배의 원리는 개별자를 통제하는 권력적 체계로 작동한다. 김수영의 시쓰기의 궁극적 지향은 권력화된 시간을 해체함으로써 새로운 시간적 지평을 열어가려는 지점에 놓여 있다. 이미 많은 연구를 통해서 지적되어 온 김수영 시의 새로움과 변이능력은 근대적 시간의 특성과 이에 대응

하는 시간 인식의 특성을 해명함으로써 새롭게 드러날 수 있을 것으로
보인다.1)

---

1) 김수영의 시에 대한 연구자들의 관심과 애정은 그의 텍스트가 담지한 의미의 다산
성에 걸맞는 풍요로운 것이다. 김수영의 시에 대한 가장 폭넓은 연구는 주제적 접근을
통해서 시세계 전반을 도출해 내는 작업들로 이루어져 왔다(김종철, 「시적 진리와 시
적 성취」, 『문학사상』, 1973.9; 정현종, 「시와 행동, 추억과 역사」, 『숨과 꿈』, 문학과지
성사, 1982; 김현, 「자유와 꿈」, 『거대한 뿌리』, 민음사, 1974; 김우창, 「예술가의 양심
과 자유」, 『궁핍한 시대의 시인』, 민음사, 1978; 김혜순, 「김춘수와 김수영 시에 나타난
시간의식의 대비적 고찰」, 건국대 석사논문, 1983; 유종호, 「시와 관습의 굴레」, 『세계
의 문학』, 1982년 봄; 김인환, 「한 정직한 시인의 성숙과정」, 『신동아』, 1981.11; 오규원,
「한 시인과의 만남」, 『현실과 극기』, 문학과지성사, 1976; 이건제, 「김수영 시의 변모양
상 연구」, 고려대 석사논문, 1990; 정재찬, 「허무주의와 그 극복」, 『1950년대 문학의 연
구』(문학사와비평연구회 편), 예하, 1993).
　　한편 주제적 측면에서 김수영의 시적 인식을 통찰하려는 연구는 리얼리즘과 모더
니즘의 양 측면에서 조망하는 경향으로 드러난다(강연호, 「김수영 시 연구」, 고려대
박사논문, 1995; 김영무, 「시에 있어서 두 겹의 시각」, 『세계의 문학』, 1982년 봄; 김영
무, 「김수영의 영향」, 『세계의 문학』, 1982년 겨울; 김윤태, 「4·19혁명과 민족현실의
발견」, 『민족문학사 강좌』, 창작과비평사, 1995; 김종윤, 「김수영 시 연구」, 연세대 박
사논문, 1978; 백낙청, 「김수영의 시세계」, 『현대문학』 7, 1989; 백낙청, 「역사적 인간
과 시적 인간」, 『창작과비평』, 1977; 염무웅, 「김수영론」, 『창작과비평』, 1976년 봄; 최
미숙, 「한국모더니즘의 글쓰기 방식에 관한 연구」, 서울대 박사논문, 1997).
　　최근에 근대성 담론을 통해서 김수영의 시를 바라보는 논문들도 다수 등장하고 있
다(김경숙, 「실존적 이성의 한계인식 혹은 극복의지」, 『1960년대 문학 연구』(민족문학
사연구소 편), 깊은샘, 1998; 김명인, 「김수영의 '현대성' 인식에 관한 연구」, 인하대 석
사논문, 1994; 김윤식, 「모더니티의 파탄과 초월」, 『한국근대작가론고』, 일지사, 1978;
김윤식, 「김수영 변증법의 표정」, 『세계의 문학』, 1982년 가을; 안수진, 「모더니즘시의
부정성 형성 연구」, 서울대 석사논문, 1997; 이기성, 「1960년대 시와 근대적 주체의 두
양상」, 『1960년대 문학 연구』(민족문학사연구소 편), 깊은샘, 1998; 하정일, 「김수영, 근
대성, 그리고 민족문학」, 『실천문학』, 1998년 봄).
　　이밖에 형식적 구조적 접근을 통해서 미학적 특성을 규명하려는 연구들이 있다. 이
러한 연구들은 시적 장치나 담화 양식이 담고 있는 특성을 규명함으로써, 김수영 시의
독특한 미학을 탐색하는 작업들로 진행되었다(김혜순, 「김수영 시 연구―담론의 특성」,
건국대 박사논문, 1993; 신주철, 「김수영 시의 시적 장치 연구」, 외국어대 석사논문,
1996; 이은정, 「김춘수와 김수영 시학의 대비적 연구」, 이화여대 박사논문, 1992; 서우
석, 「시와 리듬」, 『문학과지성』, 1978년 봄; 이경희, 「시적 언술에 나타난 한국현대시의
병렬법 연구」, 이화여대 박사논문, 1989).
　　또한 김수영의 시론이 담고 있는 의미를 탐색함으로써, 그의 시세계와의 연관성을
밝혀내고, 김수영의 시사적 위치를 규명하려는 작업도 연구자들이 많은 관심을 가진
부분이다(강웅식, 「김수영의 시의식 연구―'긴장'의 시론과 '힘'의 시학을 중심으로」,

1. 편력의 역사 부정과 시간의 이행(移行)

1950년대 김수영의 시는 속도로 표상되는 근대의 억압에 대한 대응의 지점에서 출발한다. 그의 시쓰기는 전쟁 체험이나 현실의 폭력성에 직접적으로 주목하는 대신, 일상 세계를 통해 근대의 이면에 접근해 간다는 점에서 전후의 다른 시인들과 변별되고 있다. 그는 개인을 포박하는 일상적 현실을 응시함으로써 관습화된 세계를 지배하는 속도에 대한 강력한 부정의 의식을 표출한다. 현실에 대한 거리두기의 태도 속에서 진행되는 그의 시쓰기는 근대적 세계와 개인이 충돌하고 긴장하면서 보여주는 삶의 간극에 주목하고 있다. 이를 통해서 김수영은 변화와 가역을 허락지 않는 근대적 시간을 그 내부로부터 해체하는 작업을 수행한다. 이것은 근대의 시간을 거부하거나 배제하지 않으면서, 자아의 내적인 시간을 새롭게 구성하는 과정으로 표출된다. 이 장에서는 세계에 대한 거리두기의 태도 속에서 펼쳐지는 김수영의 시간의식의 출발과 그 의미를 살펴보기로 한다.

1) 고착된 시간과의 거리두기와 이상의 투시

김수영의 시세계 전반에 걸쳐 시간에 대한 사유는 자아의 반성적 의식을 드러내는 주요한 요소로 나타난다. 과거와 현재의 대립, 어제와 오늘의 충돌, 전통과 혁명의 문제 등 주요한 시적 모티프는 모두 시인의 삶을 구속하는 지나간 시간에 대한 반성과 새로운 시간을 구성하려는 열망으로 수렴된다. 시간에 대한 김수영의 관심은, 초기 시에서는 근대

고려대 박사논문, 1997).

라는 미래를 선취하고자 하는 열망과, 비서구의 주체로서 시인이 경험하는 위기가 서로 충돌하는 지점에서 드러난다. 이러한 인식이 문제적인 것은, 시적 모더니티의 문제를 첨단의 지점으로 밀고나가려는 그의 시적 사유가 끊임없이 '낙후된' 현실의 지점으로 되돌아오고 있다는 점에서 확인된다. 그것은 이 낙후된 현실이, 시간적 가능성을 열어가기 위해 필연적으로 되돌아보지 않을 수 없는 현재의 밑바탕을 이루고 있기 때문이다.

앞에서 지적했듯이, 근대성 담론은 서구와 비서구 세계의 공간적 차이를 시간적으로 배열함으로써, 서로 다른 시간 사이의 질적 차별성을 진보와 발전이라는 단일한 척도로 환원시키고 균질화하는 폭력성을 내장한다.2) 이러한 모순 속에서 비서구의 시인들에게 부과된 근대에의 운명은 버먼이 '저발전의 모더니즘'이라 명명한 것으로 이해된다. 버먼에 의하면 근대의 폭력적 지배 속에서 저발전의 주체들은 그들이 놓인 현재를 서구라는 타자로부터 소외된 시간으로 인식하게 되고, 서구를 향한 열망과 환멸이 착종된 백색의 열정으로 현재를 채워가게 된다.3) 또한 O. 빠스의 말을 빌자면, 비서구의 시인들에게 근대란 '그들'의 시간이지 '자기'의 시간이 아니며, 따라서 서구적 권력에 의해 타자화된 '나'의 시간은 현재로부터 추방당한 자들의 시간이라는 점에서 근원적 결핍을 내장하게 된다. 해방 직후에 쓰인 김수영의 시에서, 근대적 시간이 자아의 결

---

2) P. 오스본, 김경연 역, 「사회—역사적 범주로서의 모더니티의 이해」, 『이론』 5호, 1993년 여름, 49~50면 참조.

3) 버먼은 선진국가의 모더니즘의 반대편에 존재하는 후진성과 저개발의 모더니즘의 특성을 다음과 같이 지적한다. "저개발의 모더니즘의 특성은 현대성이라는 환상과 꿈 위에서, 이 유령과 같은 현대성에 대한 친밀감과 갈등 속에서 성장하며, 서구 모더니즘에서 볼 수 없는 절망적인 열정으로 표출된다." 19세기 뻬쩨르스부르그에서 발견되는 이러한 현상은 현대화의 확산과 더불어 제3세계의 모더니즘에서 드러나고 있다. 이러한 특징적 요소들은 근대성에 대한 환상과 환멸의 양가성 속에 분열을 겪었던 우리 모더니즘 시인들의 의식을 설명하는 데도 참조가 된다. M. 버먼, 윤호병 · 이만식 역, 『현대성의 경험』, 현대미학사, 1994, 283면.

핍을 환기하는 내적 억압으로 전화되는 과정을 살펴볼 수 있다.

가까이 할 수 없는 書籍이 있다
이것은 먼 바다를 건너온
容易하게 찾아갈 수 없는 나라에서 온 것이다
주변없는 사람이 만져서는 아니 될 冊
만지며는 죽어버릴듯 말듯 되는 冊
가리포루니아라는 곳에서 온 것만은
確實하지만 누가 지은 것인줄도 모르는
第二次世界大戰 以後의
긴긴 역사를 갖춘 것같은
이 嚴然한 冊이
지금 바람 속에 휘날리고 있다
어린 동생과의 雜談도 마치고
오늘도 어제와 같이 괴로운 잠을
이루울 준비를 해야 할 이 時間에
괴로움도 모르고
나는 이 책을 멀리 보고 있다
그저 멀리 보고 있는 듯한 것이 妥當한 것이므로
나는 괴롭다
오오 그와 같이 이 書籍은 있다
그 冊張은 번쩍이고
연해 나는 괴로움으로 어찌할 수 없이
이를 깨물고 있네!
가까이 할 수 없는 書籍이여
가까이 할 수 없은 書籍이여.

—「가까이 할 수 없는 書籍」 전문

식민지 이래 우리의 미래로 투사되어 온 서구적 근대로부터 소외된 시인에게 현재는 원인 모를 결핍과 불안의 시간으로 인식된다. 이 시에

서는 시인과 '서적' 사이에 놓인 공간적인 거리에 대한 인식이 시간의
식을 구성하는 중요한 요소가 된다. '먼나라'와 '바다 건너', '가리포루
니아'가 상징하는 공간과 '나의 방' 사이에 놓인 거리는 단순히 공간적
차별성만을 지시하는 것에 머물지 않는다. 그 속에는 그들의 현재가 나
의 미래로 시간화되는 차별화의 논리가 내장되어 있다. 이 시에서 '먼
나라'와 '방'이라는 지리적 공간적 변별성은 이렇게 '미래-현재' 혹은
'현재-과거'라는 통시적 관계 속에 놓이게 된다. 김수영의 다른 시 「시
골선물」에서도 공간적 차이가 시간적 차별화를 함축하고 있는 것으로
드러난다. 도시가 현재를 의미하는 공간이라면, 시골은 과거에 상응한
다. 즉 도시와 대립되는 시골의 공간적 위상이, 시간적으로는 미래와 대
립되는 과거에 귀속되는 것이다. 이렇게 '도시'와 '시골', '서적'과 '나의
방' 사이에 놓인 공간적 차이가 시간적으로 재배열됨으로써, 서적과 자
아 사이에는 권력적 억압의 관계가 개입하기 시작한다.

　이러한 시간적 원리에 기반하여, '서적'은 계몽의 신화 위에 구축된
권력의 상징물로 치환된다.4) 서적의 표면이 내뿜는 '번쩍이는' 빛은, 그
것을 바라보는 자아의 시선을 교란함으로써 인식을 방해하는 공격성을
드러낸다. 푸코에 의하면 시각은 개체의 감각적 체험에 국한되는 것이
아니라 사회적으로 구성되는 권력적 체계이다. 이는 시선의 권력 관계
가 사회적의 인식틀을 조직하고 질서화하는 이데올로기적 장치로 기능
하게 됨을 의미한다. 따라서 서적의 번쩍이는 빛은 지배와 종속의 권력
적 질서를 시각적으로 코드화하는 힘의 표상으로 읽을 수 있다. 즉 서
적은 '만져서는 안 되는' 금기(죽음)의 형식으로 자아에게 작용하는 이성
의 억압을 보여주는 상징물이다. 시에서 '서적'은 그 의미를 해석해야
할 기호로서 자아에게 주어진다. 이때 서적의 '번쩍임'은 단순히 대상을

---

4) '서적'은 내용을 가지지 못한 채 지배적인 힘을 드러낸다는 점에서 무의식을 지배하
　는 큰타자이며 상징적 남근이다. 김승희, 『김수영 다시 읽기』, 프레스21, 2001, 371~
　374면.

재인식(recognature)하게 하는 것이 아니라, 그 기호의 해독으로 들어가게
하는 시간의 선을 의미하게 된다.[5] 그런데 표면의 번쩍임은 '누가 지은
줄 모르는'에서와 같이 기원의 부재를 은폐하는 동시에, 자아를 호명하
는 상징적 타자의 응시로 기능하면서 자아의 시선을 촉발하고 있다. 이
렇게 시의 행간은 타자에 의해 호명된 자아의 불안과 긴장, 초조함으로
채워져 있다.

　김수영을 비롯한 1950년대 모더니즘의 시쓰기는, 근대라는 이념적 체
계의 내부로 자아를 호명하는 동시에 죽음의 금기를 동시에 작동시킴으
로써 자아를 분열로 몰아가는 이러한 모순적 상황에서 출발하고 있다.
근대화의 과정은 한 사회에 내포된 모순과 차이를 단일한 가치 체계로
정립시키고 하나의 역사적 흐름에 응집시키는 과정이라고 할 수 있다.
여기서 성장과 발전이라는 미래를 향해 방향지어진 시간은 그 사회 내
부의 이질적이고 다수적인 것을 하나의 동질적인 흐름 속으로 귀속시키
게 된다. 그리하여 더 나은 미래를 향해 진보해야 한다는 시간 강박이
개체들의 삶을 지배하게 되며, 모든 이질적인 요소들은 미래를 향한 단
선적 시간 원리 속에 흡수되고 동화되는 것이다. 이때 현재는 미래라는
타자에 의해서 끊임없이 억압당하게 되는데, 이러한 시간적 중력 속에
놓인 존재들의 분열적 경험은, 서구적 근대를 자신의 미래로 이상화함
으로써 스스로를 정립해 온 비서구의 주체들에게서 더 특징적으로 드러
나게 된다. 따라서 근대성과 실항하는 김수영의 내면을 이해하기 위해
서 '서적'의 시간과 대면하는 자아의 대응 양상을 좀더 구체적으로 살
펴볼 필요가 있다.

　위의 시에서 '먼 나라'의 공간적 거리를 심리적으로 치환시키는 '멀
리'라는 부사어 속에는 서적의 무게에 대응하는 자아의 갈등이 응축되
어 있다. '2차대전 이후의 긴긴 역사'라는 표현에서, 시인은 실제 시간보

---

5) G. 들뢰즈, 서동욱·이충민 역, 『프루스트와 기호들』, 민음사, 1997, 54면 참조.

다 자신이 감지하는 심리적 시간을 강조함으로써 서적에 대한 동일화의 욕망을 차단하고, 거리를 유지하고 있다. 그런데 시인이 서적과 만나는 현재('이 시간')는 '어제와 오늘'의 무의미한 흐름을 단절시키는 하나의 '사건'이 된다. 즉 이 '엄연한 책'은 '오늘도 어제와 같이'로 드러나는 시간적 지속을 파기하면서 자신의 존재를 드러내는 것이다. 이러한 시간적 균열은 '동생'으로 상징되는 동질적 집단과의 관계를 단절시키는 기능을 한다. 여기서 동생과의 관계가 '잠'이라는 의식의 이완 상태를 매개로 연관되는 것에 반해, 서적과의 관계가 '깸'이라는 의식의 긴장 속에서 이루어진다는 점에 주목해야 한다. 즉 잠은 일차적으로 '오늘도 어제와 같은 잠을 이루어야 하는'에서 보이는 것처럼 무의미한 시간의 연장으로 이해된다. '서적'은 이러한 자족성의 상태인 '잠'으로부터 자아를 호출하는 동시에, 그 '번쩍거림'으로 자아를 억압하는 모순을 내장하고 있는 것이다.

그런데 문제는 '서적'이 '깸'이라는 각성과 자각의 계기로서만 의미화되는 것이 아니라, 잠들지 못하는 '불면'의 상황을 초래하는 양가적 기능을 한다는 점에 있다. 잠은 어제의 시간과 내일의 시간을 연속시키는 시간적 매개이다. 따라서 자아는 잠을 통해서 어제와 오늘을 잇는 자기 연속성을 확보할 수 있다.[6] 이런 점에서 잠들지 못하는 자는 새로운 시간을 생성하지 못하고 불안정한 현재를 이어나가야 하는 불행한 자이다. 시에서 잠을 유보하고 지연시키는 불면의 현재는 연속성의 붕괴를 경험하는 불안한 시간으로 환기된다. '괴로움으로 어찌할 수 없이' 이를 깨무는 행위는, 서적에 의해 촉발된 '깨어 있음'이 충만한 시간이 아니라 잠의 결핍 상태임을 지시하고 있다.[7] 이렇게 현재는 깸 / 불면의 이

---

6) 의식이 늘 깨어 있다면, '깨어 있는' 의식으로서의 자기 동일성을 획득할 방법은 없다. 의식은 잠이라는 망각 혹은 무의식 속으로 사라졌다가 돌아올 수 있어야만 '깨어 있는 것'으로서의 동일성을 획득할 수 있다. 이런 의미에서 잠은 의식 곧 주체가 탄생하는 자리이며, 잠들지 못함은 주체성의 붕괴를 의미하게 된다. 서동욱, 『일상의 모험』, 민음사, 2005, 67~70면.

중성이 만들어내는 불안정한 시간으로 파악된다. 이러한 시간의 비균질성은 그의 시에서 현재의 결핍에 대한 인식을 촉발시키는 계기가 된다. 그리하여 근대와 낙후된 현실, 세계와 자아 사이의 시간적 낙차에서 비롯되는 불안과 위기, 초조의 감각이 시적 배음을 이루게 되는 것이다.

여기서 '현재'를 구성하는 또 하나의 시간, '전통'으로 상징되는 과거의 의미에 주목할 필요가 생긴다. 김수영의 시간의식을 이해하기 위해서는 전통의 문제가 시인의 자기 인식의 문제와 어떻게 연관되는지를 살펴보아야 한다. 1960년대 시에서도 "놋주발보다도 더 쨍쨍 울리는 추억"(「거대한 뿌리」)으로 현재화된 '전통'의 문제는 현재의 시간적 의미를 구성하는 중요한 요소로 이해된다. 다음의 시에서 '전통'은 지나간 시간이 아니라, 과거이면서 동시에 현재를 지배하는 '아버지'의 시간으로 출현한다.

돌아가신 아버지의 寫眞에는
眼鏡이 걸려있고
내가 떳떳이 내다볼 수 없는 現實처럼
그의 눈은 깊이 파지어서
그래도 그것은
돌아가신 그날의 푸른 눈은 아니요
나의 飢餓처럼 그는 서서 나를 보고

---

7) 주변화된 언어로서 '잡담'과 진리의 상징물로서의 '서적' 사이에 작용하는 권력 관계는 '잠'이라는 구체적 행위를 통해서 내적인 억압으로 자리잡게 된다. 동질적 집단 내부의 연관이 '잡담'이라는 무의미한 형식으로 드러나는 데 반해서 서적의 억압성은 자아의 죽음을 환기시킬 만큼 절대적으로 작용하고 있다. 존재자의 존재 상황을 현존재(Dasein)의 본래성과 그 비본래성으로 구분하는 하이데거는 전자의 언어 사용은 Redes(담화, 이야기), 후자의 언어사용은 Gerede(수다, 잡담)이라고 규정한다. 존재에 뿌리박은 담화의 사용이 언어예술이며, 일상성에서 떨어진 잡담은 자기 상실 상태에서의 풍문이 된다(M. 하이데거, 이기상 역, 『존재와 시간』, 까치, 1998, 229~240면). 그러나 김수영의 시에서 잡담은, '서적'으로 상징되는 로고스의 응고된 규제와 억압을 해체하는 '말'로 전화됨으로써, 응고된 활자 곧 죽음에 대응하는 전략이 된다는 점에서 주목된다.

나는 모오든 사람을 또한
나의 妻를 避하여
그의 얼굴을 숨어 보는 것이요
(…중략…)
그의 寫眞은 이 맑고 넓은 아침에서
또하나의 나의 팔이 될 수 없는 悲慘이요
행길에 얼어붙은 유리창들같이
時計의 열두시같이
再次는 다시 보지 않을 遍歷의 歷史…….
나는 모든 사람을 避하여
그의 얼굴을 숨어서 보는 버릇이 있소

—「아버지의 사진」 부분

근대성의 징표인 '서적'이 미래로부터 온다면, 지나간 시간의 기호인
'아버지'는 과거로부터 온다. 시에서 '돌아가신' 아버지의 시간인 과거
는 사진 속에 응고된 시간으로 환기되고 있다. 피사체의 죽음을 전제로
존재하는 사진의 물질성은 과거를 현재에 연결시키는 상징적 기능을 한
다. 다시 말해 시니피에가 사라진 시니피앙으로서의 사진은 죽은 자를
환기하는 기억인 동시에 망각의 표지이다.8) "죽어있는 광대한 서책들"
(「국립도서관」)에서도 서책은 '사진'과 마찬가지로 죽은 과거의 상징물로
드러난다. 또한 4·19 직후에 쓰인 시 「우선 그놈의 사진을 떼서 밑씻
개로 하자」에서도 사진은 현실 위에 억압적으로 군림하는 '썩어빠진 어
제'의 상징이며, 이러한 타락한 과거가 현재를 지배하는 억압으로 가시
화되고 있다. 이렇게 "예언자 없는 거리"(「국립도서관」)가 의미하는 바와
같이 미래가 없는 시간의 무덤에서, 현재로 솟아오른 과거는 '서적' 혹
은 '사진'이라는 기억의 물질성에 의존할 수밖에 없다. 이때 사진은 "내
가 너를 좋아하는 원인을 / 네가 지니고 있는 긴 역사였다고 생각한 것

---

8) J. 버거, 박범수 역, 『본다는 것의 의미』, 동문선, 2001, 78면.

은 과오였다"(「더러운 향로」)에서는 '편력의 역사'로 대치되고 있다. 여기
서 축적된 시간(과거)으로서의 '역사'는 아버지의 말이 응고된 형태인
"법"(「육법전서」)으로 상징화된다. 이렇게 '아버지의 사진'은 자아를 호명
하는 상징적 말(언어)로 권력화되고 있다. 문제는 현재를 지배하는 말(언
어)이 자아에게 '얼어붙은 유리창'처럼 차가운 이물질로 인식된다는 것
이다. 이 차가운 감각은 아버지의 시간에 대한 자아의 동일화가 불가능
함을 암시한다. '사진'의 음영이 드리운 현재가 충족된 시간이 아니라,
'기아(飢餓)'의 시간으로만 인식되는 것은 이런 까닭이다.

　이렇게 김수영은 근대의 시간적 억압을 자기 정체성의 위기로 인식
하고 있다. 이 점은 텍스트 내에서 시선이 의미화되는 방식을 통해 구
체적으로 드러난다. 「공자의 생활난」에서 선언적으로 제기된 '바로 보
다'라는 시적 진술은, 주체의 자기 정립의 선언적 명제로 김수영의 시적
인식을 해명하는 핵심어로 이해되어 왔다. 그런데 '보다'라는 행위 속에
내재된 역학 관계를 고려할 때, 이러한 자기 정립의 선언 이면에 존재
하는 새로운 관계를 살펴볼 수 있다. 먼저 시 「가까이 할 수 없는 서적」
의 '멀리 보다'에 내포된 거리화의 의지가 「아버지의 사진」에서는 '숨어
서 보는'과 같은 은폐의 시선으로 변주된다는 점에 주목하자. '아버지-
서서 보다/나-숨어서 보다'의 대립에 숨어 있는 시선의 불일치는, 사
진 속의 아버지가 과거의 존재로 그치지 않고 현재에도 여전히 음영을
드리우고 있음을 보여준다. 또한 그것은 '아버지의 눈'을 중심으로 구축
된 현재의 시간으로부터 자아가 지속적으로 소외되고 있음을 나타낸다.
따라서 그의 시에서 나타나는바, '모든 사람과 처'를 피하려는 이 '숨어
서 보기'의 시선에는, 아버지와의 거리두기를 통해 권력적 시선의 응시
로부터 벗어나려는 반항의 의지가 내장되어 있음을 알 수 있다.

　한편 아버지에 대한 동일화의 좌절은 과거와 현재 사이의 연속성의
붕괴를 통해서 표현된다. '나의 팔이 되지 못하는'에서 보이듯, 아버지는
시인에게 지속성을 부여하는 존재가 아니라 현재의 결핍을 환기시키는

동인이다. 팔은 세계와 자아를 연결시키고 관계를 구축하는 기관이며, 동시에 노동과 창조, 생산의 시간성을 상징한다. 그러나 이 시에서 "가을이 오기 전에는/내 팔은 좀체로 제대로 길이를 갖지 못하고"(「未伏」)에서 보여주는 육체의 결핍은 아버지와 나의 시간적 단절을 환기하고 있다. 이러한 결핍의 인식은 아버지의 '안경'이 가짜의 눈이라는 인식, 다시 말해 '돌아가신 그 날의 푸른 눈'이 아니라는 인식과도 연결된다. 즉 아버지와 나 사이에 놓인 '안경'은 자아와 상징적 타자와의 관계가 허구적 상상 관계에 기반하고 있음을 드러내주는 상징물이다.

이렇게 '서적'과 '아버지'는 각각 '번쩍임'과 '사진'이라는 물질적 감각을 통해 권력을 대리하는 허구적 시니피앙으로 작동하고 있다. 진보의 이념이 역사적 규범으로 응고되는 곳에서 새로운 시간을 향한 출발은 불가능해진다. '편력의 역사'로 드러나는 과거와 마찬가지로 미래의 불가능성은 자아를 고통스럽게 만든다. 여기서 김수영은 아버지로 상징되는 타자의 소환을 거부함으로써 새로운 시간을 모색한다. 타자에 대한 거리두기의 태도로 표출되는 비동일화의 의지는 니체의 식으로 말하면 '거리의 열정(pathos of the distance)'이라 할 수 있다. 이러한 인식은, 자신이 아닌 것을 부정함으로 스스로를 정립하려는 것이 아니라, 자신의 가치를 긍정함으로써 타자와의 차이를 통해 생성의 가능성을 발견하려는 비동일화의 태도와 닿아 있다.[9] 이러한 비동일화의 의지 속에서, 나의

---

9) 이렇게 자신을 긍정하고 타자와의 차이를 통해 생성을 가능하게 하는 태도를 니체는 '귀족의 도덕'이라 한다. 그것은 자신이 아닌 것을 부정하고 자신과 대립하는 것을 악(evil)으로 규정함으로써, 그와 상반된 자신을 선(good)으로 규정하는 헤겔의 '노예의 도덕'과 구별된다. 노예의 도덕이 타자에 대한 적대규정으로부터 자신을 끌어오는 데 반해, 귀족의 도덕은 자신의 가치를 주장함으로써 타자와의 거리를 유지한다. 즉 노예의 도덕이 초월적 도덕이나 가치에 기대 차이를 비난하고 무화한다면, 귀족의 도덕은 자신을 긍정하고 차이를 생성하는 것이다. 헤겔의 변증법이 노예의 대자적 의식의 획득을 통해 보편 원리를 도출하고자 한다면, 니체는 자신의 긍정을 통해 차이를 생성하는 힘에 주목한다. 서울사회과학연구소 편, 『맑스, 프로이트, 니체를 넘어서』, 새길, 1997, 220~221면 참조.

시간적 기원으로서의 아버지는 거부의 대상으로서의 과거, 혹은 시간의 회귀점으로서의 ‘전통’이 아니다. 아버지의 시간은 현재와의 연관 속에 해체되고 생성되어야 할 시간으로 변모되는 것이다.[10) 그리하여 시에서 “詠嘆이 아닌 그의 키와 詛呪가 아닌 나의 얼굴”이 만나는 순간은 새로운 시간의 출발점이 된다. 아버지의 시간에 대해 ‘영탄’을 거부하는 것은 자아가 맹목적 동일화의 시선을 거부하고 있음을 보여주며, 그 이면에는 ‘나의 얼굴’에 대한 자기 긍정이 자리하고 있다. 이렇게 편력의 역사 혹은 아버지의 시간으로 상징되는 과거와의 상상적 관계를 파기하는 거리두기의 태도는 김수영의 시간의식을 구성하는 중요한 요소가 된다.

2) ‘거리’의 속도와 아픈 몸

근대를 특징짓는 진보의 원리는 미래를 향해 달려가는 시간의 가속화로 특징지어진다. 끊임없이 새로운 것을 향해서 질주하는 시간은 모든 것을 흡수하고 동질화시켜 버리는 폭력적인 가속도로 표출된다. 문제는 모든 차이를 무화하는 질주가 끊임없는 위기를 생산하는 죽음의 시간으로 전화된다는 데 있다. 김수영이 근대적 시간의 상징으로 선택한 것이 ‘폭탄’이라는 것은 이런 점에서 의미심장하다. ‘폭탄’은 전쟁과 살상의 무기로서 근대문명의 왜곡된 가치를 드러내는 상징물인 동시에, 시간의 흐름을 절단하고 해체하는 역동성을 내장하고 있다. 김수영은 ‘헬리콥터’, ‘현대의 철조망’ 등 광물성의 소재들을 통해서 근대적 세계에 내포된 폭력성을 부각하는 한편, 이러한 파괴적 속도에서 파생되는 위기에 대한 비판을 전면화한다.

다음 시에서 시인은 ‘너’로 대상화된 폭탄을 통해서 근대의 가속도와

---

10) 이런 점에서 아버지의 사진은 완료된 시간성이자 완료될 시간으로 그러나 반복적인 현재로 존재하게 된다. 김상환, 『예술가를 위한 형이상학』, 민음사, 1999, 368면 참조.

가공할 위력에 대한 냉소와 부정 그리고 애증을 동시에 드러내고 있다.

> 너를 딛고 일어서면
> 생각하는 것은 먼 나라의 일이 아니다
> 나의 가슴 속에 허트러진 파편들일 것이다
>
> 너의 表皮의 圓滑과 角度에 이기지 못하고 미끄러지는 나의 발을
> 나는 미워한다
> 방향은 애정―
> (…중략…)
> 이브의 심장이 아닌 너의 내부에는
> 「시간은 시간을 먹는 듯이 바쁘기만 하다」는
> 기계가 아닌 자욱한 안개같은
> 준엄한 태산같은
> 시간의 堆積뿐이 아닐 것이냐
>
> 죽음이 싫으면서
> 너를 딛고 일어서고
> 시간이 싫으면서
> 너를 타고 가야 한다

―「레이판彈」 부분

시인은 죽음을 끌어안고 날아가는 '폭탄'의 이미지에서 종말을 향해 질주하는 근대적 시간의 운명을 읽는다. 폭탄은 근대이성에 내재된 광기와, 존재의 위기를 심화시키는 기계―시간의 폭력적 이미지를 내장하고 있다. '자욱한 안개', '준엄한 태산'이 보여주는 시간적 퇴적은 '생각할 틈 없이', '절박한'에서 보이듯, 반성적 과정을 상실한 채 양화(量化)되는 시간으로 드러난다. 이때 미래를 정복하기 위해 폭주하는 '속도'는 과거를 무화시키는 진보라는 가상의 희망에 기반하고 있다. 그러나 '방향은

현대'에서처럼 과거에서 미래로 흘러가는 일방향의 운동은 '이브의 심장'과 같은 생성의 시간이 되지 못하고 파국으로 귀결된다. 이렇게 끊임없이 자기를 부정하면서 증식해 가는 근대의 속도에 대한 인식은 "시간이 시간을 먹는 듯 바쁘기만 하다"라는 구절 속에서 확인된다. "과거와 미래와 誤謬와 혈액들이 모두 바쁘다"는 진술에서 맹목의 속도는 자아를 억압하는 시간으로 표출되고 있다. 그리하여 자아는 '망막하고 까마득하게 사라지는' 과거와 단절되는 한편, 미래를 향한 질주의 시간에도 동화되지 못한다. 이렇게 부정되어야 할 과거와 도달해야 할 미래로 급격하게 분리되는 상황 속에서 현재는 시간적 의미를 얻지 못하는 공허한 시간으로 드러난다. "오늘에 네가 전하는 마지막 파편"(「헬리콥터」), "나의 가슴에 흐트러진 파편"에서처럼 시간의 흐름은 미래를 향한 비전으로 열린 것이 아니라 해체되고 파편화된다. 그리하여 "너의 표피의 圓滑과 각도"를 이기지 못하고 '미끄러지는' 자아에게, "더 넓은 展望이 必要없는 無制限의 時間"(「헬리콥터」)으로서의 현재는 자기 확장의 생산적 시간이 아니라 불안과 위기를 심화시키는 조각난 시간으로 인식된다. 파탄된 시간에 대한 인식은 죽음을 내장한 기계—시간에 대한 딜레마로 표출되기도 한다. 결국 시인은 "시간이 싫으면서 / 너를 타고 가야 한다"는 역설적 구절을 통해서 근대적 시간의 모순을 통찰하고 이를 관통해 가고자 한다.

한편 김수영의 시에서 공허하고 동질적인 진보에 대한 부정과 성찰은 근대의 시간에 포획되기를 거부하는 '멀리 보기'와 '숨어서 보기'라는 이중적 시선으로 드러난다. 현실의 억압을 견디는 이러한 거리두기의 시선은, 근대의 혼란을 유의미한 경험으로 전환시키는 통로이다. 현실적 세계의 비동일자로서 자신을 위치짓는 이러한 시선이야말로 근대의 시간적 과부하에 대응하는 유일한 전략이자 방법인 것이다. 다음의 시에서는 도시의 거리 풍경에 스스로를 대립시킴으로써 새로운 시간을 구성해 가는 자아의 존재 양상에 주목해 보아야 한다.

여기는 서울안에서도 가장 繁雜한 거리의 한 모퉁이
나는 오늘 세상에 처음 나온 사람모양으로 快活하다
疲困을 잊어버리게 하는 밝은 太陽 밑에는
모든 사람에게 不可能한 일이 없는 듯하다
나폴레옹만한 豪氣는 없어도
나는 거리의 運命을 보고
달큼한 마음에 싸여서
어디로 가야 할지 모르는 마음―
무한히 망설이는 이 마음은 어둠과 絶望의 어제를 위하여
사는 것이 아니고
너무나 기쁜 이 마음은 무슨 까닭인지 알 수는 없지만
確實히 어리석음에서 나오는 것은
아닐텐데
―劇場이여
나도 지나간 날에는 俳優를 꿈꾸고 살던 때가 있었단다

無數한 웃음과 벅찬 感激이여
蘇生하여라
거리에 굴러다니는 보잘것없는 설움이여
秦始王만큼은 강하지 않아도
나는 모든 사람의 苦憫을 아는 것 같다
어두운 圖書館 깊은 房에서 肉重한 百科辭典을 농락하는 學者처럼
나는 그네들의 苦憫에 대하여만은 透徹한 自信이 있다
―「거리(二)」 부분

이 시에서는 시적 자아와 거리의 속도가 충돌하면서 만들어내는 의
식의 긴장이, 산문적 서술로 이어지는 텍스트의 흐름에 긴장과 활력을
부여하고 있다. "서울 안에서도 가장 繁雜"한 공간인 '거리'는, '돈 버는
여인'이 상징하는 자본을 따라 질주하는 속도로 채워진다. 시인은 거리
의 스펙터클이 만들어내는 이러한 속도감을 시적 진술의 속도감과 일치

시켜 표현하고 있다. 거리를 지배하는 속도는 '밝은 태양'의 시간 곧 모든 사람에게 "不可能한 일이 없는" 가능성의 환상으로 채워진 활력을 만들어낸다. 그런데 이러한 자본주의적 세계를 특징짓는 것은 노동의 장소와 향유의 장소가 분리된다는 점에 있다. 즉 자본의 시간에 잠식된 거리는 유행과 상품이 흘러넘치는 향유의 장소로서, 상품의 물신화가 지배하는 공간이다. 시에서 자본주의의 물신성을 상징하는 '돈 버는 여인'은 '눈의 독기'(1연), '찌그러진 입술'(2연), '어색한 모습'(3연)에서 부정적이면서도 희화적인 양상으로 반복되어 제시되고 있다. 이렇게 시인은 '돈 버는 여인'에 대한 희화화를 통해서, 자본에 의해 빈곤해진 인간의 내면을 대신하는 장대한 스펙터클에 대한 비판의 태도를 표출한다.[11] '−아니고/ −알 수 없지만/ −아닐 텐데' 등의 서술어에서 드러나는 부정과 유보의 어조는 텍스트 표면의 활기와 속도감 이면에 감추어진 존재의 불안을 암시한다. 이렇게 김수영은 모든 단단한 것, 항구적인 것을 용해시키는 근대적 시간이 끊임없는 불안으로 자아를 지배하고 있는 현실에 주목한다. '돈 버는' 여인의 어색함과 "모든 사람들에게 不可能한 일이 없는 듯"한 환상으로 가득 찬 거리에서 자아는 "어디로 가야 할지를 모르는" 의식의 혼란을 보여준다. 이러한 혼란과 분열에서 벗어나는 방법은 '현대'라는 하나의 흐름으로 방향지어진 시간의 가속도로부터 스스로를 분리시키는 것이다.

이 시에서 알 수 있듯이 김수영의 시쓰기는 근대적 시간으로부터 스스로를 분리하는 방어의 태도에 기초하고 있다. 거리의 충격에 휩쓸려 들어가는 것을 방어하면서도, 한편으로는 거리를 탐색하는 시선의 이중성은 김수영의 시간의식을 드러내주는 중요한 지점이다.[12] 근대적 시간은 매순간 자아를 매혹시키고 미래를 향해 달려가게 하면서도 내적 불안을 지속적으로 환기시킨다. 따라서 자아는 '어디로 가야 할지 모르는'

---

11) 이종영, 『욕망에서 연대성으로』, 백의, 1998, 74면 참조.
12) 김유동, 『아도르노와 현대사상』, 문학과지성사, 1997, 42면.

위기와 동요 그리고 '쾌활, 웃음, 벅찬 감격' 등이 공존하는 모순적 심리 상태를 드러내게 된다. 여기서 '정적과 쾌활', '긍지와 명랑'을 넘나드는 역동성으로부터 창출되는 시선의 움직임을 확인할 수 있다.[13] 이 시에서 자아는 '사막을 가는 먼나라의 외국사람'처럼 스스로를 소외시킴으로써, 거리의 풍경을 전복시킬 수 있는 시선을 확보하게 된다. 5연에서 "식인종같이 잔인한 탐욕과 강렬한 의욕으로 그중의 하나하나를 일일이 뚫어져라 하고 들여다보는 것이지만"이라는 진술에서 확인할 수 있듯이, 자아의 시선은 대상을 스치듯 미끄러지면서도, 대상의 표면에 머물지 않고 '뚫어지게' 보는 집중된 눈을 보유하고 있다. 여기서 시 전체를 이끌어가는 부감(俯瞰)의 시선은 근대 투시법의 시선과는 차별화된다. 근대의 투시법에서는 가상의 소실점에 주체를 위치지음으로써, 시각장을 통어하는 절대적인 주체의 존재를 상정한다. 그런데 김수영의 시에서 드러나는 시선은 근대적 의미의 투시법과는 다른 양태로 존재한다. 시에서 '내려다보는' 시선은 대상을 뚫어지게 보는 것이면서 동시에 훑고 지나가는[一瞥] 시선이다.[14] 그것은 대상을 하나로 응축하고 고정된 이미지에 집중시키는 것이 아니라, 분산된 거리의 이미지들을 파노라마로 병치시키는 입체적 시선이다. 이러한 시선은 거리를 지배하는 가치에 대한 시인의 내적 우월성과 자신감을 바탕으로 성립한다. "거리에 굴러 다니는 보잘것없는 설움이여"에서 '보잘것없는'이라는 수식어는 거리의 가치에 대응하는 자아의 자신감을 보여준다. 또 "모든 사람의 苦憫을 아는 것 같다", "그네들의 苦憫에 대하여만은 透徹한 自信이 있다"에서와 같이 거리의 대상을 시각적으로 통어하는 시선은 시 전체를 지배하는 어조의 활달함으로 인해 더욱 강화된다. 이렇게 시에서 자

---

13) 김상환은 이러한 김수영의 금욕적 태도에 대하여 근대성에 대한 지향을 통제하는 내적 원리가 된다고 지적한다. 김상환, 『풍자와 해탈 혹은 사랑과 죽음』, 민음사, 2000, 260~264면.

14) 남진우, 『미적 근대성과 순간의 시학』, 소명출판, 2001, 81면 참조

아의 시선은 시적 대상을 전복하면서 동시에 허용하는 두 겹의 태도를 드러내고 있다.

여기서 김수영의 시에서 '보는 주체'에 내장된 주체화의 욕망이, 타자의 배제를 통한 자기 확립이라는 근대적 주체의 원리를 내면화하는 것이 아닌가 하는 질문을 던져볼 필요가 있다. 그러나 근대적 시간 체계의 바탕을 이루는 투시법이 하나의 가상의 눈을 중심으로 시각장을 통합하는 것이라면, 김수영은 투시적 시선을 해체함으로써 분산된 시선을 노출한다는 점에서 차이를 지닌다. 그의 시에서 시선은 "보일락말락"(「방안에서 익어가는 설움」)에서처럼 불안정성을 노출하면서 투시법의 붕괴를 드러낸다. 뒤에서 다시 논의되겠지만, 이러한 시선은 서적의 권력화된 시간을 해체하는 동시에 투시의 주체인 자신을 해체하는 이중의 양상으로 펼쳐진다. 이러한 시선의 의미는 거리의 이미지가 복잡하게 얽힌 미로의 카오스적 상태로 드러난다는 점과도 긴밀하게 연관된다. 미로화된 거리를 채운 파편화된 이미지들을 따라 움직이는 시선은 하나의 중심으로 응집되는 것이 아니라, 외부를 향해 방사되면서 분산된다. 이러한 시선의 분산을 통해서 김수영은 '거리의 현재성'에 귀속되면서도, 동시에 '거리'와의 간극을 최대화('멀리 보기')할 수 있게 된다. 이러한 시선의 아이러니 속에서 근대의 시간에 포섭되거나, 휩쓸리지 않는 김수영 특유의 시간의식이 나타난다.

이 시에서 김수영은 거리의 속도와 자아의 내적인 시간이 어긋나는 지점을 포착함으로써, 근대의 시간 원리에 귀속되지 않는 자신만의 고유한 시간을 구축하려는 욕망을 보여준다. 거리의 스펙터클에 잠식당하지 않고 스스로를 방어하는 이 시선의 존재 방식을 통해 근대의 속도에 대응하는 시간적 가능성을 확인할 수 있다. 이러한 시선은 보들레르의 산책자에게서 발견할 수 있거니와, 그것은 거리의 속도에 휩슬려 가는 군중들의 자동화된 의식 매커니즘을 간파하고 거리의 환상을 거부하는 태도에 바탕을 두고 있다. "오늘 세상에 처음 나온 사람모양으로", "어둠과 絶望의 어제를 위하여 / 사는 것이 아니고"에서 거리의 맹목적인 시간을 제어하고 조정하는 것은, 어둠의 과거와 결별하는 힘 즉 새로운 오늘을 바라보는 시선에 의해서 가능해진다. 이러한 시선의 움직임은 스스로의 미래로부터 자기 성장의 비전을 얻지 못하고, 환상과 현실의 모순 위에 놓인 저개발의 모더니즘의 운명을 극복할 수 있는 가능성을 열어준다.

　한편 무한 속도로 표상되는 근대적 시간이 자아에게 가하는 잠재적인 박탈의 상태는 김수영의 시에서 '피로'와 '아픔'이라는 육체적 징후를 통해서 의미화되고 있다. 주지하듯 육체란 자아와 세계가 맞닿는 지점이며, 동시에 사회 내부의 집단적 이해 관계와 거기에 따른 권력, 도덕, 지배 담론의 문제가 연관되는 지점이다. 지배 이데올로기가 관통하는 장(場)인 육체는 동시에 이에 대응하는 저항의 출발점이기도 하다. 따라서 육체는 과거의 역사가 새겨져 있는 동시에 현재의 불모성의 흔적이 남겨진 시간의 기호라 할 수 있다.[15] 김수영의 시에서 '아픔'은 현실의 시간과 화해하지 못하는 의식의 갈등이 내면화되는 과정에서 발생되는 육체적 징후로 읽혀진다.

　　　　불을 끄고 누웠다가
　　　　잊어지지 않는 것이 있어
　　　　다시 일어났다

　　　　암만해도 잊어버리지 못할 것이 있어 다시 불을 켜고 앉았을 때는
　　　　이미 내가 찾던 것은 없어졌을 때
　　　　(…중략…)

---

15) 인간이 세계를 일차적으로 경험하는 통로인 육체는 실존의 중심일 뿐 아니라, 세계에 대한 관심이 의미화되는 장소이다. 다시 말해 육체는 사회문화, 역사 혹은 도덕이라는 수많은 코드들이 공시적 통시적으로 작동하는 장소이며, 이런 점에서 가역적인 탈코드화가 일어나는 창조적 가능성의 장소가 된다. 김정현, 『니체의 몸철학』, 지성의 샘, 1995, 9면 참조

어둠 속에서 내가 본 것은 청춘이었는지 大地의 진동이었는지
나는 자꾸 땅만 만지고 싶었는데
땅과 몸이 一體가 되기를 원하며 그것만을 힘삼고 있었는데

오히려 그러한 불굴의 의지에서 나오는 것인가
어둠 속에서 일순간을 다투며
없어져버린 애처럽고 아름답고 화려하고 부박한 꿈을 찾으려 하는 것은
(…중략…)
아아 아아 아아
불은 켜지고
나는 쉴사이없이 가야 하는 몸이기에
구슬픈 肉體여.

—「구슬픈 肉體」 부분

이 시의 배경을 이루는 '밤'의 시간은, 「가까이 할 수 없는 서적」에서
와 마찬가지로 불면의 시간으로 드러난다. '잊어지지 않는 것', '바라는
것', '찾는 것' 등의 시어는 청춘·꿈 등 이상화된 시간의 부재를 환기
하고 있다. "불을 켜고 앉았을 때는/ 이미 내가 찾던 것은 없어졌을 때"
에서 보이듯, 자아가 욕망하는 시간은 현재로부터 미끄러져 감으로써
도달할 수 없는 시간이 되어 버린다. 이렇게 '이미-없어진' 시간에 대
한 지향을 담고 있는 한 현재는 언제나 결핍된 시간일 수밖에 없다. 현
실과 이상, 어둠과 빛, 실재와 꿈, 과거와 미래 사이에 놓인 이 회복할
수 없는 간극에 대한 자각이 불면을 낳는 것이다. 사라진 과거와 오지
않은 미래 사이에 놓인 불면의 현재는 자아에게 죽음의 시간으로 인식
된다.
　한편 '땅만 만지고 싶은'에서와 같이 죽음에 밀착되려는 욕망 한편에
'꿈'을 찾아가려는 '불굴의 의지'가 긴장을 이루고 있다. 어둠과 죽음의
시간인 '밤'으로부터 전환을 이끌어내려는 시적 의지는 '구슬픈 육체'에

내포된 가능성을 통해 구체화된다. 이때 육체는 불모의 시간을 새로운 시간으로 이행시키는 변화를 담지하고 있다. 다시 말해 육체는 현재와 사라진 것들(과거)을 연결시키며, 동시에 미래와 현재를 연결시키는 시간적 이행의 출발점이다. "아름답고 화려하고 부박한" 덧없는 것으로 드러나는 꿈의 비실체성은, '불굴의 의지'를 체현하는 육체와 대조를 이루고 있다. 시인은 '구슬픈 육체'의 이행을 통해 새로운 시간을 열어감으로써, 꿈과 가능성이 사라진 불모의 현재를 극복할 가능성을 찾는 것이다. 시에서 '불을 끄고 누웠다가' 다시 '불을 켜는' 행위는 고착된 현재의 시간을, '가야한다'에 내포된 이행의 과정 속에 올려놓는다. 즉 불을 켜는 것은 무의미한 시간의 연장(延長)인 불면을 극복하는 행위를 의미한다. 여기서 '간다'라는 서술어는 불을 끄고 켜는 모든 행위를 수렴하는 최종적인 의미항이다. 이 '간다'라는 행위 속에는 '어디를 향하여 간다'라는 공간적 위상의 변화만이 아니라, 시간적인 변이 과정도 함께 내포되어 있는 것이다. 이렇게 김수영은 '아픔'과 '피로'를 통해 근대적 세계의 징후를 육체화하고 있으며, 여기서 '육체'는 '피로'에 고착된 시간을 '활력'으로 바꾸는 생성의 지점으로 변화된다.

①피로를 알게 되는 것은 과연 슬픈 일이다
　밤이여 밤이여 피로한 밤이여

—「달밤」 부분

②疲勞는 都會뿐만 아니라 시골에도 있다
　(…중략…)
　나는 왜 이다지도 疲勞에 집착하고 있는가

—「싸리꽃 핀 벌판」 부분

③ⓐ먼 곳에서부터
　ⓐ´먼 곳으로

다시 몸이 아프다

ⓑ조용한 봄에서부터
ⓑ´ 조용한 봄으로
다시 내 몸이 아프다

—「먼 곳에서부터」 부분

④아픈 몸이
아프지 않을 때까지 가자

—「아픈 몸이」 부분

위의 예에서 보이는 것처럼, 김수영의 시에서 현재의 시간을 환기하는 '아픔'은 근대적 시간의 부산물인 '피로'에서 비롯된다. ①②에서 '피로'는 습관화되고 일상화된 육체의 반성을 촉발하는 계기라는 점에서 '아픔'과 다르지 않다. 피로를 감지하는 육체는 의식의 긴장을 촉발하는 통로가 되고, 일상화 습관화된 시간을 반성하게 하는 매개가 된다. 이에 반해 피로를 잃어버리게 하는 '거리'는 일상에서 경험하는 자기 망각의 상태를 의미한다. ③의 '먼 곳'에서 '먼 곳'으로의 시공간적 거리를 연결시켜주는 것이 '아픔'이다. 아픔은 미래와 현재의 시간적 간극에서 발생하는 징후이며, 따라서 이 아픔을 자각하는 현재는 자기 내부에 이미 미래를 끌어안고 있는 것이다. 이 '아픔'은 ⓐ'먼 곳' ⓑ'조용한 봄'의 상태를, 다시 ⓐ´ '먼 곳', ⓑ´ '조용한 봄'으로 변화시켜 준다. 이렇게 ⓐ, ⓑ와 ⓐ´, ⓑ´의 '아픔'이라는 과정을 매개로 하여 지속되는 시간적 변화를 담지하게 된다. 그러나 "아프지 않을 때까지"라는 시간적 귀결은 사실상 도달할 수 없는 가상의 종착점이다. 결국 '아픈 육체'는 현재와 미래를 연결하는 동시에, 미래를 끊임없이 유보함으로써 생겨나는 간극 속에서만 자기 존재를 확인하게 된다. 이렇게 김수영의 시에서 현재의 시간 지평 위에 귀속되지 않는 육체의 아픔은, '쉴 사이 없이 가야 하

제1부 1950년대 모더니즘 시의 시간의식과 시쓰기   223

는’ 이행으로서의 시간운동을 내장하고 있다.16)

김수영의 시에서 ‘피로’와 ‘아픔’은 도시의 속도가 가져온 질병이며, 동시에 코드화된 근대적 시간이 가져온 잉여이자 결핍이다. 세계가 촉발하는 감각의 과부하로 인해 발생하는 피로는, 자명한 것으로 주어진 근대의 풍경을 낯선 것으로 인식하게 만드는 의식의 자발적 소외 상태를 보여준다. 그것은 일상화된 육체를 의식의 전면으로 전경화하는 동인이 된다. 김수영의 시에서 과거에 고착되거나 미래로 추방되지 않으면서 자아의 내부에서 변전(變轉)하는 이행의 시간은, 아픔과 피로를 자각하는 육체로부터 탄생한다. 피로가 주는 정신적 낯설음과 육체적 소외의 감각은, 앞에서 살펴본 시 「거리(二)」에서 “먼 나라의 외국사람처럼”, “오늘 세상에 처음 나온 사람모양으로”에서와 같이, 현실의 시간으로부터 스스로를 소외시키고 차별화하는 시선을 낳는다. 이렇듯 자아는 피로를 자각함으로써 비로소 근대의 풍경 속에 놓인 자신을 낯선 존재로 발견하게 되는 것이다. 이러한 발견을 통해 시인은 거리를 채운 공허한 지속을 거부하고 새로운 시간을 구축할 수 있게 된다.

> 이제 나는 曠野에 드러누워도
> 時代에 뒤떨어지지 않는 나를 發見하였다
> 　　　時代의 知慧
>
> 너무나 많은 羅針盤이여
> 밤이 산등성이를 넘어내리는 새벽이면
> 모기의 피처럼
> 詩人이 쏟고 죽을 汚辱의 歷史

---

16) 김상환은 김수영의 육체가 시간의 생성과 어떻게 연관되는지를 고찰하고 있다. 김수영의 시에서 ‘몸’이 명사로 지시될 수 있는 실체가 아니라, 이행의 과정을 시간화하는 운동으로 이해되어야 한다는 견해는 김수영의 시간의식의 중요한 지점을 간파하는 지적이라 하겠다. 또 김상환은 ‘다시’라는 몸이 존재하는 양태에 대한 부사적 서술이며, 시간의 생성과 연관된다는 점에 주목하고 있다. 김상환, 앞의 책, 41~42면.

그러나 오늘은 山보다도
그것은 나의 肉體의 隆起

이제 나는 曠野에 드러누워도
共同의 運命을 들을 수 있다
披露와 疲勞의 發言
詩人이 恍惚하는 時間보다도 더 맥없는 時間이 어디있느냐
逃避하는 친구들
良心도 가지고 가라 休息도—
우리들은 다 같이 산등성이를 내려가는 사람들
그러나 오늘은 山보다도
그것은 나의 肉體의 隆起

—「曠野」 부분

　　이 시에서 시인은 광야에 '드러눕는' 행위를 통해 시간의 진행을 정지시킴으로써, "너무나 많은 羅針盤", "汚辱의 歷史"가 상징하는 왜곡된 시간에 대한 부정의 태도를 보여준다. 이때 '드러눕는' 정지의 행위는 맹목의 시간을 거부하면서도 외부의 시간적 변화와 속도로부터 벗어나지 않으려는 긴장된 의식을 담고 있다. 이렇게 "광야에 드러누워도/ 시대에 뒤떨어지지 않을 수" 있는 시간의 역설에 김수영의 시간의식의 핵심이 놓여 있는 것으로 보인다.

　　이 점을 살펴보기 위해서 '눕다'가 지시하는 하강의 행위가 '육체의 융기'라는 상승의 행위로 바뀌는 것에 주목해 보아야 한다. '융기'란 일상화된 세계에서 보이지 않던 것이 두드러지게 인식되는 상황을 의미한다. 즉 시인은 '지혜, 역사' 등으로 상징되는 시간 속에서 망각되었던 육체를 환기시킴으로써, 왜곡된 시간으로부터 새로운 가능성을 발견하고자 한다. 이렇게 '드러눕다'의 정지 상태가 '융기'를 가능하게 한다는 역설은, 정지하면서 동시에 진행하는 모순적 운동을 내부에 품고 있는 육

체의 시간성으로 인해 가능해진다. 시인은 '피로의 발언을 듣는' 자각을
통해서 이러한 육체를 발견하게 된다. 이 피로의 시간이 '황홀이면서'
동시에 '맥없는 시간'이라는 역설은, 피로를 담고 있는 육체가 죽음과
삶, 정지와 이행의 경계에 놓여 있음을 보여준다. "가을바람에 늙어가는
거미처럼 몸이 까맣게 타버렸다"(「거미」), "나는 너와같이 자기 그림자를
마시고 있는 향로인가보다"(「더러운 향로」)에서처럼, 그의 시에서 육체는
'죽은 몸'의 응고된 시간성을 담고 있다. 이러한 고착된 시간성은 살아
있음의 징후로서의 '아픈 몸'과 변별되는 것이다. 앞에서 살펴본 박인환
의 시에서, '육체'가 석고화·물질화된 이미지로 표현됨으로써 죽음의
물질성에 근접해 있다면, 김춘수의 경우 근대적 이성의 폭력에 의해서
'구멍난 육체'는 죽은 몸으로 상징되었다. 이에 비해 김수영의 시에서
육체는 근대의 억압성을 수용하는 동시에 그것을 시간운동으로 바꾸어
놓는 이행의 담지체로 드러난다는 점이 주목된다.

　이렇게 김수영은 '아픔'과 '피로'에 대한 자각을 통해서 세계에 대한
반성적 태도를 내면화하고 있으며, 그것은 '역사, 지혜, 나침반'이 상징
하는 이성적 시간의 포박으로부터 벗어나려는 의지로 표출된다. 피로,
아픔의 육체를 통해서 인식되는 근대적 시간은 고통의 양태로 전경화된
다.[17] 이러한 고통에 대한 인식에서 출발하는 그의 시쓰기는 근대적 세
계의 징표인 피로를 배제하거나 거부하지 않고 시간적 이행의 계기로
삼고 있다. 이러한 시쓰기의 태도는 파편화된 세계의 고통을 거부하지
않고 자아의 존재 양식과 연관시키려는 의지의 표출로 이해된다. 그것
은 근대적 시간 내에 존재하는 비균질성을 발견하고 그 내부로부터 차
이를 생성하려는 의지로 읽어도 좋을 것이다. 이렇게 도달해야 할 미래

---

17) R 트릴링은 죽음 본능과 생명 본능 중 전자의 비율이 커지는 것이 현대의 문화적 상
　황이라고 특징짓고, 죽음 본능을 추구하면서 쾌락을 거부하고 불쾌를 수용하는 것이
　현대문학의 가장 중요한 특성이라고 지적한다. 이러한 트릴링의 견해와 김수영의 시적
　인식과의 관계는 조현일, 「김수영의 모더니티관」, 『한국문학의 근대성과 리얼리즘』, 월
　인, 2004, 122면을 참조할 것.

와 결핍으로서의 현재 사이에 놓인 단절에 대한 자각에서 출발한 김수
영의 시쓰기는 근대적 세계로부터 스스로를 소외시킴으로써 그 속에서
차이를 생성하는 실천적 방향으로 나가게 된다.

2. 미래의 역류와 자전(自轉)의 시간

근대의 자장 속에서 서구의 현재를 자신의 미래로 투사하는 동일화
의 과정은 비서구 문학 주체의 정체성의 문제와 연결되어 있으며, 이
점은 시간에 대한 사유를 집요하게 반복하는 김수영의 시적 자의식을
구성하는 중요한 동인이 된다. 김수영의 시에서 근대의 균질적인 시간
지평을 해체하려는 지향은, '따라 잡기'와 '빨리 가기'의 강박으로 규율
되는 시간 원리에 대한 반성적 사유를 규정하고 있다. 서구적 근대라는
'미래'로부터 뒤떨어져 있다는 초조함에서 비롯된 '따라 잡기'의 강박은,
비서구 시인들의 시적 인식을 구성하는 중요한 요인이 된다. 이 낙후된
현실 속으로 미래의 비전을 가져오는 가장 손쉬운 방법은 미래를 유토
피아로 상정하고 그것을 실현하기 위해서 더 빨리 달려가는 것이다. 문
제는 이런 단선적 속도에 몸을 맡기는 '더 빨리'의 강박이 곧바로 근대
의 시간에 다시 포획되는 불행한 귀결을 낳게 된다는 점이다. 우리의
근대문학 주체들을 지배했던 새로움의 강박 속에는 '따라 잡기'의 과잉
된 열망과 그것의 좌절이 낳은 환멸이 동시에 내장되어 있었다.
김수영의 시가 보여주는 새로움은 이러한 '따라 잡기'의 강박으로부
터 벗어나는 방법을 사유하는 데 있다. 그의 말을 빌면 '뒤떨어짐'이
'앞섬'이 되는 역설은 '더 빨리'의 따라잡기의 방식이 아니라, 뒤떨어짐
의 자각과 그 '방법'을 새롭게 사유하는 데서 나온다.[18] 이러한 인식 속

에서 김수영은 시간적 후진성을 부정하고 거부해야 할 것이 아니라, 새
로운 시간의 움직임을 만들어내기 위한 출발점으로 보고 있다. 이렇게
되면 미래는 현재의 앞에 놓여 있는 목적지가 아니라 현재를 통해서 새
롭게 구성되어져야 할 가능성이 된다. 이러한 미래를 현재로 불러오기
위한 방법적 사유가 김수영의 시쓰기를 추동하는 동인이 된다. 그의 시
쓰기에서 근대성으로부터 이탈하려는 역동적 시간 구성의 문제가 중요
한 관건으로 기능하는 것은 이러한 까닭이다. 이는 서구적 근대성의 원
리로부터 소외된 당대의 시인들이, 어떻게 시쓰기에서 새로움의 형식을
발견하는가 하는 문제, 그리고 이를 통해서 어떤 방식으로 자신의 정체
성을 사유하는가 하는 문제로 환언될 수 있다. 따라서 이 점을 해명하
는 것은 김수영의 시쓰기가 담고 있는 궁극의 지향과 의미를 드러내는
작업이 될 것이다.

이 장에서는 김수영의 시에서 시간의 선조성을 붕괴시키는 전복의
의식이, 늦게―가기와 아이―되기의 양태로 드러나고 있음을 살펴볼 것
이다. 이를 통해서 일상의 균질화된 시간을 해체하는 시쓰기의 실천이
근대의 유토피아적 비전을 거부하고 새롭게 구성되는 시간적 가능성에
닿아 있음을 살펴보기로 한다.

1) 일상을 전복하는 늦게―가기

1950년대 김수영의 시에서 전쟁의 체험은 박인환이나 김춘수에게서
와 같이 직접적인 폭력과 공포의 문제로 구체화되지 않는다.[19] 이것은

---

18) "이상한 역설 같지만 오늘날의 우리의 현대적 시인의 긍지는 '앞섰다'는 것이 아니
라 '뒤떨어졌다'는 것을 의식하는 데 있다. 그가 앞섰다면 이 '뒤떨어졌다'는 것을 확
고하고 여유 있게 의식하는 점에서 '앞섰다'." 김수영, 「문맥을 모르는 시인들」,『김수
영 전집』 2, 민음사, 1981.
19) 한계전은 전쟁이라는 텍스트가 시인의 욕망, 충동에 의해 내부로 삼투되어 다양하게

김수영이 근대성의 위기를 자아를 둘러싼 일상적 삶에 항상적으로 내재된 위기로 인식하고 있음을 의미하는 것으로 이해된다. 여기서 일상이란 개체의 삶이 펼쳐지는 다양한 사회적 관계를 내장한 시공간적 지평을 의미한다. 다시 말해 일상은 제도화되고 고착화된 권력적 질서를 구성함으로써 근대성의 존재 양태를 의미화하는 매개적 장치이다. 이런 점에서 일상은 근대성과 더불어 서로를 드러내고 은폐하는 내밀한 관계를 맺는, 근대성의 무의식이라 할 수 있다. 나아가 자본주의 사회에서 일상은 끊임없는 반복을 통해 자아를 길들이는 양식으로, 개체의 다양한 삶의 양식을 동일성의 원리에 포섭하는 지배 원리로 작동하게 된다. 따라서 일상을 사유하는 방식은 근대적 시간에 대한 성찰의 문제와 분리되어 이해될 수 없다.[20] 이렇게 일상의 삶이 근대성의 이데올로기와 자아가 직접 대면하는 지점이라는 점을 염두에 둘 때, 김수영의 시에서 일상의 문제를 단순히 '소시민적 삶'을 의미하는 생활의 문제로만 환원시킬 수는 없게 된다.[21] 그의 시에서 일상의 문제는, 개별적 삶의 양식을 드러내는 현상적인 요소가 아니라, 은폐된 근대의 이데올로기를 체험하고 매개하는 방식으로 이해되어야 한다. 즉 김수영이 천착하고 있는 일상의 의미는 근대에 대한 시인의 사유 방식을 드러내주는 통로로서 읽혀져야 한다는 것이다.

다음 시에서 자기 풍자의 방법으로 수행되는 일상 폭로의 이면에, 근대

변용된다는 점에 주목하면서, 전쟁을 '현대'의 문제로 심화시키는 것이 1950년대 모더니즘의 특성이라고 보고 있다. 특히 김수영의 경우는 전쟁의 직접성을 드러내는 것이 아니라, 전쟁에 의해 구성될 수 있는 현대적 이미지의 시적 감수성을 표출하고 있음을 지적한다. 한계전, 앞의 글, 404면.

20) H. 르페브르, 박정자 역, 『현대사회와 일상성』, 주류일념, 1990, 59면.

21) 일상성의 문제는 근대성에 대한 사유와 직접적으로 닿아 있다는 점에서 김수영의 시간의식을 이해하는 데 중요한 항목이 된다. 이런 점에서 김수영의 시에서 소시민적 한계와 현실 인식의 추상성을 비판했던 기존의 견해들은 이 일상성의 문제를 간과하고 있었던 것이 아닌가라는 물음을 던져 볼 수 있겠다. 한수영, 「'일상성'을 중심으로 본 김수영의 시와 사유방법(1)」, 『작가연구』, 1998.5 참조.

적 원리에 대한 부정과 저항의 의지가 내장되어 있음을 확인할 수 있다.

> 자라나는 竹筍모양으로
> 付託만이 늘어간다
>
> 귀치않는 付託을 하러오는 사람들이
> 갖다주는 것으로 延命을 하고 보니
> 拒絶할 수도 없는
>
> 캄캄한 事務室 한복판에서
> 나는 눈이 먼 암소나 다름없이 善良한데
> 이 空間의 넓이를 가리키면서
> 한꺼번에 구겨지자 없어지는 벼락과 천둥
> 이것이 또 앞으로 얼마나 계속될는지
>
> 여미지 못하는 생각 위에
> 여밀 수 없는 付託이여
> 차라리 竹筍같이 자라는대로 맡겨두련다
> (…중략…)
> 내가 너의 머리 위에
> 너를 대신하여
> 벼락과 천둥을 때리는 날까지
> 터전이 없으면 나의 머리 위에라도
> 잠시 이고 다니며 길러야 할
> 너는 불행하기 짝이없는 竹筍이다
>
> 唯一한 時間을 聯想시키는
> 만만하지 않은 付託과 竹筍이 자라노니라
>
> ―「付託」 부분

　　김수영에게 일상은 생활의 시공간이 강요하는 하이데거식의 '공공성'의 세계이며,[22] 동시에 생활의 세계를 특징짓는 '빠져 있음'의 세계로부터 벗어나려는 내적 투쟁이 행해지는 지점으로 인식된다.[23] 이 시에서 시인은 자아를 강박하고 규제하는 '생활'의 문제를 통해서, 억압적 일상과 그 규제로부터 이탈하려는 의지 사이의 긴장을 보여준다. 시인을 긴박하는 일상적 관계는 '사무실'이라는 공간을 통해서 상징된다. 이 사무실을 지배하는 것은 죽순의 자라남으로 비유되는 양화(量化)된 시간이다. 시인의 의지와 무관하게 관성적으로 지속되는 사무실의 시간은 '자라난다. 늘어간다'의 무차별적 증식으로 표현되고 있다. 시에서 자아와 일상적 세계는 '부탁'이라는 관계에 의해 맺어지고 있는데, 이것은 일상에 대응하는 자아의 태도가 배타적인 거부의 양태로만 드러나지 않음을 의미한다. 여기서 부탁은 '귀치않은' 무가치한 것이면서, 동시에 '연명'이라는 생존의 필수적인 수단으로 인식된다는 점에서 모순을 안고 있다. 부탁이 '연명'이라는 생존의 문제와 연관될 때, 자아와 세계는 대등한 관계에 놓이지 못하게 된다. 즉 '부탁을 거절할 수도 없는' 자아는 '연명'하기 위해 비속한 세계와 공모할 수밖에 없다. 그리하여 "여밀 수 없는 부탁"이 "나의 머리 위에라도 / 잠시 이고 다니며 길러야 할" 것으로 드러나는 상황에서, 일상의 시간은 자아를 억압하는 강박으로 작용하게 된다.

　　이렇게 무의미한 시간이 현재를 잠식함으로써, 노동은 창조적 생산성을 거세당하고 노동의 공간인 '사무실'은 추상화되고 동질화된 시간으로 채워지게 된다. '노동' 곧 일의 문제는 이후의 시에서도 지속적으로 제기되는 문제이다. 그의 시에서 '일하라'의 강박적 명제는 불모의 시간

---

22) 하이데거는 일상을 공공성의 세계 곧 세인들과의 관계 속에서 규정되는 평균화된 삶의 비본질성으로 규정한다. M. 하이데거, 이기상 역, 『존재와 시간』, 까치, 1998, 229~240면.
23) 한수영, 앞의 글, 57면.

을 생산의 시간으로 바꾸려는 의지의 표현으로 이해된다. 그러나 '부탁'
에서 드러나는 관계의 일방성은 이러한 생명의 호흡과 리듬을 거세한
다. 다시 말해 무의미한 시간의 연장(延長)으로서의 일상은 "질서와 무질
서 사이에 / 움직이는 나의 생활은 / 섧지가 않아 死體나 다름없는 것이
다"(「여름뜰」)에서처럼, 죽음에 침윤된 의식으로 표출된다. 이때 "어제도
오늘도 내일도 마음에 들지 않어라"(「사령」)에서 보이듯, '어제-오늘-
내일'로 이어지는 시간의 진행 과정은 어떠한 변화도 낳지 못하는 불임
(不姙)의 지속으로만 인식되는 것이다.

위 시의 제목인 '부탁'은 근대의 타락된 시간에 자아가 내적으로 연
루되어 있음을 보여준다. 이러한 관계를 거부하기 위해서는 일상을 부
정하는 것만이 아니라, 그것과 공모하는 자신에 대한 반성이 함께 이루
어져야 한다. "눈이 먼 암소나 다름없이 善良한"에서 시인은 스스로를
'선'의 가치에 동일화함으로써, '부탁'이라는 현실의 규제로부터 자신을
격리시키려는 욕망을 보여준다. 시인은 자기 내부에서 세계와 공모하는
자아와 이를 거부하는 자아를 나누고, 전자를 악으로 후자를 선으로 구
별짓는다.24) 이를 통해 '선한 나'가 사람들과의 관계에서 윤리적 우위에
서게 됨으로써, 일상을 지배하는 '연명'의 불균형한 관계는 전복된다.25)
여기서 '선함'은 곧 노동('암소')의 가치와 통하는 것이며, 노동은 무차별
적 시간을 해체함으로써 죽음을 넘어서는 새로운 시간을 창조하는 행위
가 된다. 즉 노동이란 무의미한 지속에서 차이를 만들어내는 행위이다.
공허한 시간을 해체하는 노동의 시간적 변전은 '유일한 시간'이 내포하
고 있는 질적인 차이에서 생성된다. '유일한 시간'은 '천둥과 벼락'이 상

---

24) O. 빠스는 비서구의 주체들에게 있어서 근대성에 대한 부정은 근대적 삶을 향유하는
자신에 대한 부정과 동시적으로 진행될 수밖에 없음을 지적한다. 김수영의 시에서 '아
내 혹은 처'와 자신을 분리하는 시인의 태도는 속물성 혹은 타락성으로 상징되는 자본
주의적 삶의 방식에 공모하는 자신을 거부하는 부정의 의지로 이해된다. O. 빠스, 김은
중 역, 『흙의 자식들』, 솔, 1999, 18면.
25) 서울사회과학연구소 편, 『맑스, 프로이트, 니체를 넘어서』, 새길, 1997, 220~225면 참조

징하는 순간의 집중력으로 실현되며, 그것은 '죽순처럼 자라는' 양화(量化)된 시간과 대립되는 질적인 도약을 함축하고 있다. 이렇게 시인은 '유일한 시간'을 통해 "오늘과 내일의 차이를 正視"(「바뀌어진 지평선」)함으로써 균질화된 일상과 차이를 만들어내려는 태도를 보여준다. 그것은 자명한 것으로 주어진 일상의 세계를 '낯설게' 인식하는 시선을 통해서 구체화된다. 즉 일상의 풍경인 "돈버는 여인"(「거리(二)」)의 모습을 '어색하게' 바라보는 시선 속에는 습관화된 현실의 풍경을 비일상적인 것으로 인식하고 전복하려는 욕망이 내장되어 있는 것이다.

다음의 시에서 무의미한 일상에 대한 반성적 자의식은 현실의 속도로부터 이탈된 '낙오자'의 시선을 통해서 구체화된다.

市場거리의 먼지나는 길옆의
좌판 위에 쌓인 호콩 마마콩 멍석의
호콩 마마콩이 어쩌면 저렇게 많은지
나는 저절로 웃음이 터져나왔다

모든 것을 制壓하는 生活 속의
愛情처럼
솟아오른 놈

(유년의 기적을 잃어버리고
얼마나 많은 세월이 흘러갔나)

여편네와 아들놈을 데리고
落伍者처럼 걸어가면서
나는 자꾸 허허…… 웃는다

無爲와 生活의 極點을 돌아서
나는 또하나의 生活의 좁은 골목 속으로

들어서면서
이 골목이라고 생각하고 무릎을 친다

生活은 孤節이며
悲哀이었다
그처럼 나는 조용히 미쳐간다
조용히 조용히……

—「生活」 전문

　이 시에서 시인은 '여편네와 아들'로 상징되는 동시대의 관계망으로 부터 떨어진 '낙오자'의 자리에 자신을 위치짓고 있다. 제도와 습속의 규제로 이루어진 '생활'은, 일상의 중압이 무화되는 '무위'와 대립을 이룬다. 시에서 '시장거리'를 지나는 자아의 동선은 '무위와 생활'이라는 양 극점을 돌아서 다시 일상의 공간으로 회귀하는 과정을 보여주고 있다. '무위와 생활의 극점'에서 진동하는 시인의 행로가 '또 하나의 생활'이라는 시공간으로 귀결되는 것은, 일상의 질긴 포획력과 그로부터 이탈하려는 긴장이 반복적으로 조성되고 있음을 보여준다.

　김수영의 시에서 반복적으로 등장하는 '다시'와 '또' 등의 부사가 내포한 시간운동은, 근대의 무의미한 반복을 해체하는 반복이라는 점에서 주목된다. 여기서 '또'라는 부사에는 두 가지 의미가 함축되어 있다. 그것은 동일한 시간이 중첩되면서 이루어 놓은 생활의 지루한 반복을 의미하는 한편, 이 반복에 의해 유지되는 생활을 낯설게 인식하는 깨달음의 순간을 지시한다. '또'의 시간은 익숙한 대상물('콩들')에서 유년의 기적이 환기되듯이, 평균성의 생활로부터 새로움이 발견되는 순간이다. 생활의 억압을 뚫고 솟아나는 이 기적의 순간은, 시「부탁」에서 제시되었던 '유일한 시간'과 동일한 의미항으로 기능하고 있다. 그것은 공허한 지속을 균열시키고 일상적 삶을 전복할 수 있는 응집된 힘을 내장하고 있는 시간의 응결점이다.

그런데 이러한 발견의 순간에 '여편네와 아들'이 상징하는 동시대적 존재들('그들')과 자아 사이에 단절이 생겨나고, 자아는 '고절(孤節)'의 상태에 놓이게 된다. 공간적인 고립을 의미하는 '고절'의 상태는 동시대의 흐름으로부터 시간적으로 뒤떨어진 낙오자의 자리와 포개어진다. 시 「부탁」에서 세계와 연루된 공간으로서의 사무실이 벼락과 천둥의 '유일한' 시간을 예감하는 공간으로 드러났다면, 이 시에서 '골목'은 낙오자의 '웃음'이 발생하는 공간으로 전화된다. 이때의 웃음은 일상/비일상, 현재/유년의 시간적 간극을 무화시키는 자기 표현의 양식으로 이해된다. 광기와 웃음이란 시장거리를 지배하는 시간의 논리 곧 '모든 것을 제압하는' 일방적이고 폭력적인 시간을 해체하고 균열시키는 반동적 탄성의 언어이다.

근대의 시간은 무한대로 팽창해 나가는 시간의 가속성과, 일상을 구성하는 차이 없는 반복의 시간이라는 이중적 특성을 담고 있다. 미래를 향해 질주하는 현기증 나는 가속도는 그 속에 놓인 개인에게는 죽음의 위기로 감지된다. 또 한편으로 개인들을 반복적 삶의 리듬에 귀속시키고 무감각하게 포섭하는 일상은 근대의 위기를 만성화하고 습관화하는 보이지 않는 억압으로 기능한다. 모든 차이를 평균화하고 고착시키는 일상은 규제와 금기의 억압 체계이며, 개인을 규율하는 보이지 않는 권력으로 작동하는 것이다. 위의 시에서 김수영은 자본주의적 시간의 코드로부터 스스로를 소외시키고 낙오시킴으로써 일상과의 치이를 만들어 간다. 시에서 '낙오자'가 서 있는 뒤떨어진 자리는, 근대의 비가역적이고 균질적인 시간 체계를 해체하고 재구조화하려는 시간의 운동이 출발되는 지점이라 하겠다.26)

---

26) 여기서 시간의 운동은 물리학에서 말하는 시간의 운동과는 차별된다. 물리학에서 시간은 물체의 운동과 관련되어 파악되어 왔다. 물리학에서 운동은 자연적 시간에 대한 동의 속에서, 시간을 따라 미끄러지면서 시간을 운반하는 것이다. 이에 반해 이 글에서 시간의 운동이 의미하는 것은 시간의 흐름을 단절시키고 재구조화하는 사회역사적 '행동'에 가깝다. 즉 시간의 운동이란 비가역적인 시간을 재구조화하고 수정해 가는

다음의 시에서 이러한 '낙오자'의 시간이 일상보다 '늦게-가기'로 변주되어 드러나는 양상을 살펴볼 수 있다.

어느 賣春婦의 生活같이
다소곳한 분위기 안에서
오늘이 봄인지도 모르고
그래도 날개돋친 마음을 위하여
너와 같이 걸어간다
흐린 봄철 어느 午後의 무거운 日氣처럼
그만한 憂鬱이 또한 필요하다
세상을 속지 않고 걸어가기 위하여
(…중략…)
물은 물이고 불은 불일 것이지만
어제와 오늘이 다르고
오늘과 來日의 差異를 正視하기 위하여
하다못해 이와같이 墮落한 신문기자의
탈을 쓰고 살고 있단다
(…중략…)
이 어지러운 세상을 살아가기 위하여
나에게는 若干의 경박성이 필요하다
물 위를 날아가는 돌팔매질-
아슬아슬하게
세상에 배를 대고 날아가는 정신이여
너무나 가벼워서 내 자신이
스스로 무서워지는 놀라운 肉體여
배반이여 모험이여 간악이여

의식의 움직임을 의미하는 것이다. 이 글에서는 사회역사적 시간에 대응하는 시적 자아의 내적 태도를 설명하기 위해, 시간의 불연속성과 연속성을 동시에 함축하고 있는 '운동으로서의 시간'이라는 개념을 사용하고자 한다. 박영도, 「시간의 사회적 구성과 시간의 정치」, 『이다』 1, 1996, 135~137면 참조.

간지러운 육체여
表面에 살아라
뮤우즈여
너의 腹部를랑 하늘을 바라보게 하고—
(…중략…)
모두 다같이 나가는 지평선의 대열
뮤우즈는 조금쯤 걸음을 멈추고
抒情詩人인 조금만 더 속보로 가라
그러면 대열은 일자가 된다

—「바뀌어진 지평선」 부분

이 시는 일상의 무게로부터 벗어나고자 하는 시인의 자조적인 진술로 진행되고 있다. 시인은 시적 자의식을 상징하는 '뮤즈'를 생활(일상)과 대립되는 지점에 배치한다. 일상과 뮤즈의 대립은 현실 / 시, 어제 / 오늘, 생활 / 꿈의 대립으로 변주되면서, 이 둘의 경계 위에 놓인 자아의 내적 갈등을 드러낸다. 이때 타락한 현실과 일상의 중력으로부터 벗어나기 위해서 시인은 '우울과 경박'이라는 자기 방어적 태도를 취하고 있다. 주목할 것은 일상의 비속함을 상징하는 '경박성'이 생활의 중량을 무화하기 위한 전략적 방법으로 선택된다는 점이다. 즉 "타락(墮落)한 오늘을 위하여서는 / 내가 '오늘'보다 더 깊이 떨어져야 할 것이다"에서 보이듯, 일상으로부터 벗어나기 위해서는 현실보다 '더' 무거워지거나, "세상에 배를 대고 날아가는" 가벼움의 방식을 취할 수밖에 없다. 이때 자아가 놓인 현재는 '우울'의 무거움과 '경박성'의 가벼움이 서로 닿아 있는 '현실의 표면'이 된다. 다시 말해 현재는 무거움과 가벼움, 우울과 경박, 추락과 비상의 모순적 긴장 위에 놓인 시간인 것이다.

시인은 이 합치될 수 없는 경계 위에 자아의 자리를 마련함으로써('표면에 살아라'), 현실과 단절되지 않으면서도 일상의 구심력에 포획되지도 않는 긴장된 태도를 유지해 가고자 한다. 이러한 태도는 일상의 중력이 무화되면서 새로운 시간이 만들어지는 지점, 곧 '서정시인'과 '뮤즈'의 '대열이 일자(一字)가 되는' 지점을 상정하고 있다. 여기서 "뮤즈는 조금쯤 걸음을 멈추고, 서정시인은 속보로 가라"에서 '속보로 가기'와 '늦게 가기'는 일상적 시간의 지평을 벗어나고자 하는 시인의 시간적 의지가 실현되는 지점이다. 일상보다 '더 늦게' 가거나 '더 빨리' 가는 것, 그리고 '더 우울'하거나 '더 가벼워지'는 하강과 상승의 움직임을 통해서, 근대의 동질적 구속성을 벗어나려는 차이의 리듬이 만들어진다. 생활의 표면을 날아가는 운동은 이렇게 현실 / 시, 생활 / 이상의 이분법적 대립의 경계에 놓인 '육체'("배를 대고 날아가는")의 시간적 이행을 통해 구체화된다.

여기서 '경박성'과 '가벼움'의 차이는 중요한 의미를 지닌다. 경박성이 생활에 귀속되는 무거움을 함유하고 있음으로 해서 여전히 시간의 중력으로부터 벗어나지 못하고 있다면, 가벼움은 '날개돋친 마음'이 상징하듯이 시간에 포섭되기를 거부하는 반동(反動)적 상승의 의미를 지닌다. 이러한 경박성이 '가벼움'으로 바뀌는 지점은 곧 '오늘과 내일의 차이'를 정시(正視)하는 시선이 태어나는 자리이다. 시인은 '어제와 오늘'로 이어지는 시간의 지속을 해체함으로써, 그 속에서 어떤 차이를 발견하고자 한다. 이렇게 코드화된 일상의 가치와 시간 원리에 대한 부정의 의식을 내장한 늦게-가기는, '대열'·'一字'의 흐름과 같은 기계적 통합의 시간이 아니라, 그 내부에 무수한 운동을 내포한 차이의 시간으로 실현된다.

김수영의 시에서 시간의 대열에 뒤떨어진 존재를 표상하는 '낙오자'는 지배적 가치 체계를 거부하는 비동일자로서의 '서정시인'을 상징하는 존재로 읽힌다. 주지하듯 근대의 시간은 더 많은 이윤을 창출하기 위한 자본의 시간으로 특징지어진다. 자본주의 사회에서 기계적 단위로 분절되고 화폐로 측량되는 노동은 그 생산성과 창조성을 거세당한다. 이렇게 노동의 가치가 퇴색하고 창조적 탄력이 휘발된 근대적 시간은 응고된 기계—시간이다. 김수영은 이러한 기계적인 반복에서 발생하는 피로와 권태에 주목하면서, 자본주의적 노동으로부터 절연된 새로운 시간을 생산하려는 의지를 보여준다. 근대적 세계에서 자본의 흐름에 흡수되지 않은 건강한 시간을 꿈꿀 수 있는 유일한 영역은 예술이다. 세계에 대한 비동일성의 의식에 기초한 예술가(서정시인, 낙오자)의 시간만이, 현실과의 긴장을 놓치지 않으면서 동시에 새로운 시간이라는 비전을 낳을 수 있는 것이다. 근대성에 대한 관찰과 탐색을 내적인 반성의 눈과 결합시키는 보들레르의 산책자의 시선은 이러한 응고된 시간을 뚫고 새로운 것을 창조해 내려는 예술적 의지를 상징하는 것이었다. 이러한 산책자의 시선은 김수영 시의 낙오자, 서정시인의 시선으로 변주되고 있다. '낙오자'는 현실의 구심력으로부터 이탈함으로써 근대적 시간에 대한 반성을 수행하는 김수영의 시적 자의식을 드러내주는 상징적 존재이다. 이와 연관지어 「부탁」의 '유일한 시간'이 가지는 의미에 다시 주목해 보자. 이 '유일한 시간'이란 일상의 비본질적 흐름을 절단하고, 새로운 시간성의 구축을 가능하게 하는 창조적 시간을 의미하는 것으로 읽힌다. 근대의 구속력으로부터 이탈하려 김수영의 시적 에너지는 이 '유일한 시간'으로부터 뻗어 나오는 것으로 보인다. 근대적 세계에 대한 동일화를 거부하는 산책자—낙오자—서정시인의 '유일한 시간'은 타락한 자본의 시간 너머를 꿈꾸는 창조적 시간의 출발을 보여준다. 이렇게 김수영은 일상에서 이탈한 낙오자의 존재 양식인 '늦게—가기'를 통해 타락한 현재의 시간을 재조정하고 비가역적 시간의 지평을 해체하려는 의식의 역동성을 보여주고 있다.

2) 성숙을 지향하는 아이—되기

김수영의 시에서 낙오자 / 산책자는 근대적 이념 체계에 대한 반성과 일상화된 코드를 전복하려는 시적 의식을 드러내준다. 근대의 인식틀에 대한 이러한 회의와 일상에 대한 부정은 진보를 향한 시간적 판타지를 거부하는 비동일화의 의지에서 비롯된다. 이때 세계의 속도에 대한 반항으로서의 '늦게-가기'는 단순히 시간의 진행을 역행하는 의미로만 이해될 수는 없다. 그것은 진보의 방향을 역으로 되구부리는 회귀가 아니라, 근대적 질서를 그 내부로부터 붕괴시키고 차이화하는 시간을 의미한다.27) 그리하여 비가역적인 시간의 피로에서 벗어나기 위해 선택된 '늦게-가기'의 방법론은 세계에 대한 끊임없는 관심(regard)을 통해 미래로 열려진다.28)

앞에서 언급한 것과 같이, 근대적 시간은 더 나은 미래를 향한 끊임없는 기투의 과정으로 존재한다. 선조적으로 배열되는 시간의 흐름 속에서 미래는 현재 다음에 오는 것으로 설정되고, 이때 현재의 시간은 언제나 미래를 위해서만 존재하게 된다. 그러나 미래를 향해 다가갈수록 도달해야 할 이상으로서의 미래는 뒷걸음치고 현재는 지속적으로 결핍을 경험하게 된다. 이런 점에서 근대적 시간의 가장 큰 특징인 '열린 미래'란 단순히 연대기적인 시간 개념이 아니라, 가능성의 시간을 선취하고 결단하는 의지를 통해 현재 속에서 생성되는 시간으로 새롭게 이해되어야 할 것이다.29) 이때 오지 않은 가능성으로서의 미래는 니체 식으로 표현하면, 시대와 불일치하는 '시대'이며, '때 아닌 것(unzeit)'의 형태로 존재하는 시간이다.30) 김수영의 시에서 '낙오자'의 시간은 가능성으로서의 미래를 향해 열려 있으며 그 시간적 지표는 언제나 미래를 새롭게 구성해 내는 현재에 놓여 있다.

---

27) 김진석, 『초월에서 포월로』, 솔, 1994, 43~52면 참조.
28) K. 코지크, 박정호 역, 『구체성의 변증법』, 거름, 1985, 65면.
29) 이것은 '현재의 미래'와 '미래의 현재'의 차이로 설명된다. 즉 연대기적 시간의 배열에 기초한 '시작하지 않은 지평'으로서의 미래(현재의 미래)와 시작할 '사건'으로서의 미래(미래의 현재)는 구별되어야 한다. 박영도, 앞의 글, 143~144면 참조
30) 고병권, 『니체, 천개의 눈 천개의 길』, 소명출판, 2001, 52~56면 참조.

비가 그친 후 어느날―
나의 방안에 설움이 충만되어 있는 것을 발견하였다

오고가는 것이 直線으로 혹은
대각선으로 맞닥드리는 것같은 속에서
나의 설움은 유유히 자기의 시간을 찾아갔다

설움을 逆流하는 야릇한 것만을 구태여 찾아서 헤매는 것은
우둔한 일인 줄 알면서
그것이 나의 생활이며 생명이며 정신이며 시대이며 밑바닥이라는 것을
믿었기 때문에―
아아 그러나 지금 이 방안에는
오직 시간만이 있지 않으냐

흐르는 시간 속에 이를테면 푸른옷이 걸리고 그 위에
반짝이는 별같이 흰 단추가 달려있고

가만히 앉아있어도 자꾸 뻐근하여만가는 목을 돌려
시간과 함께 비스듬히 내려다보는 것
그것은 혹시 한자루의 부채
―그러나 그것은 보일락말락 나의 視野에서
멀어져가는 것―
하나의 갸냘픈 물체에는 도저히 고정될 수 없는
나의 눈이며 나의 정신이며

이 밤이 기다리는 고요한 思想마저
나는 초연히 이것을 시간 위에 얹고
어려운 몇 고비를 넘어가는 기술을 알고있나니
누구의 생활도 아닌 이것은 확실한 나의 생활

마지막 설움마저 보낸 뒤

빈 방안에 나는 홀로이 머물러앉아
어떠한 내용의 책을 열어보려 하는가

―「방안에서 익어가는 설움」 전문

　김수영의 「그 방을 생각하며」, 「여편네의 방」 등의 시에서 '방'은 '거리'와 대립적인 위상을 지닌다. '거리'가 근대적 시간의 질서를 상징하는 외부의 공간이라면, '방'은 이에 대응하는 내부의 공간이다. 이 시에서 '방'에 고착된 자아의 내적인 상태는 '충만한 설움'으로 표현되고 있다. 김수영의 초기 시에서 자주 등장하는 '설움'은, "나는 너와같이 자기 그림자를 마시고 있는 향로인가보다"(「더러운 향로」), "내가 으스러지게 설움에 몸을 태우는 것은 내가 바라는 것이 있기 때문이다"(「거미」)에서와 같이, 내면 공간에 고착된 비유동적인 정서의 상태를 드러내준다. 이러한 설움의 정서적 질감은, '내가 바라는' 대상의 부재에서 기인하는 결핍을 환기한다. 이것은 현재에 대해서만이 아니라 과거에 대해서도 동일한 양상으로 적용된다. 즉 설움은 미래의 결핍에서 기인하는 것만이 아니라, '향로 속에 고인 어둠'처럼 지나가야 할 시간(과거)이 지나가지 못하고 고여 있음으로 해서 발생하는 것이기도 하다.31) 이러한 정서적 고착의 상태를 의미하는 '설움'이, 이 시에서는 '흐르는' 액가성의 상태로 변화되어 응고된 현재를 다시 유동(流動)하게 만든다.

　여기서 설움이 '자기의 시간'을 찾아가는 것은, 그것이 자아의 내면에서 분리되어 대상화되고 있음을 의미한다. 이때 방 안에는 두 개의 시간이 존재하게 되는데, '흘러가는' 설움의 시간과 이 설움을 '역류하려는' 또 하나의 흐름이 그것이다. 전자는 '유유히' 자기의 시간을 찾아가는 데 반해, 후자는 대상을 찾아 헤매는 혼란된 상태를 보여준다. 진행과 역류라는 두 시간이 서로 중첩되고 분리되면서 만들어내는 흐름은 자아의 시선의 움직임에 의해 동선(動線)을 얻게 된다. 그것은 '직선 혹

---

31) 오문석, 「자유의 시간을 위하여」, 『백년의 연금술』, 박이정, 2005, 324~325면.

은 대각선'으로 겹쳐지고 어긋나면서 만들어지는 시간의 운동으로, "하나의 갸날픈 물체에는 도저히 고정될 수 없는" 분열을 내포한다. 여기서 '반짝이는 별'('흰 단추')이 시각적 고정점으로 항존한다면, 부채는 '보일락말락' '시야에서 멀어져 가는 것'으로 '고정될 수 없는' 시선의 불안정성을 함께 노출하고 있다. 시선의 불안정성을 통해서 설움의 이중화된 흐름은 고정과 유동의 경계에서 흔들리게 되고 이러한 정서적 흔들림은 방안을 충만과 비움, 방임과 역류가 혼재된 카오스의 상태로 채운다.

그런데 이 설움이 그리는 시간의 동선(動線)은 직선과 대각선이 표상하는 일방향의 움직임이 아니라, '익어가는'이 환기하는 시간적 변이의 과정을 내포한 것으로 드러난다. '익어가는'으로 지시되는 시간적 흐름의 귀결점은 '마지막 설움을 내보낸 뒤'에 비로소 드러나는 '빈 방'의 상태로 환기된다. 이때 '설움'이 빠져나간 완료('빈') 상태는, '익음'의 시간적 종결이 지시하는 '충만(가득참)'이 곧 '비움'이 된다는 역설을 함축하고 있다. 따라서 '빈 방'은 시간이 완료되는 종점이자, '완료된' 미래로부터 시작되는 새로운 시간의 출발점이다. 즉 이 빈 공간 속에서 과거에서 미래로 흘러가는 비가역적인 시간의 흐름은 거꾸로 돌려진다. 즉 현재로부터 미래가 태어나는 것이 아니라, 오지 않은 미래를 통해 거꾸로 현재가 구성되는 것이다.[32] 이러한 시간의 운동은 정지의 상태에서 새로운 시간을 열어가는 개방적인 운동을 보여준다.[33]

꽃은 過去와 過去를 向하여

---

32) 김상환은 전근대성의 현실과 '가상'의 현대성을 잇는 교량술로서 김수영의 시쓰기와 시간의식의 관계를 규명하고 있다. 가상의 전미래시제를 통해서 미래와 현재를 통합하는 시간 속에서 새로운 시간적 가능성이 존재한다는 것이다. 즉 김수영은 미래의 시제를 현재 속으로 끌어옴으로써 모더니티와 낙후된 시적 현실 사이의 경계를 해소할 수 있는 가능성을 탐색하고 있는 것이다(「시와 교량술」, 『풍자와 해탈, 혹은 사랑과 죽음』, 민음사, 2000, 22면).
33) 박영도, 앞의 글, 135~137면 참조

피어나는 것
나는 결코 그 種子에 대하여
말하고 있는 것이 아니다
또한 설움의 歸結을 말하고자 하는 것도 아니다
오히려 설움이 없기 때문에 꽃은 피어나고

꽃이 피어나는 瞬間
푸르고 연하고 길기만한 가지와 줄기의 內面은
完全한 空虛을 끝마치고 있었던 것이다

中斷과 繼續과 諧謔이 一致되듯이
어지러운 가지에 꽃이 피어오른다
過去와 未來에 通하는 꽃
堅固한 꽃이
空虛의 末端에서 마음껏 燦然하게 피어오른다
—「꽃(二)」 전문

　이 시에서는 시인은 꽃이 피는 행위가 과거를 향한 것으로 방향지어져 있음을 거듭 강조하고 있다. 꽃이 피는 것은, 관습적 시각에서 보자면 과거에서 미래로의 시간적 흐름을 타고 진행되는 것이다. 이러한 개화의 과정은 '종자'에서 '꽃'으로 진행하는 자연의 질서에 기반하고 있다. 그런데 이 시에서 개화의 지향점이 '과거'를 향한 것으로 되돌려짐으로써, 이러한 개화의 운동이 물질적으로 대상화될 수 없는 시간의 운동임을 보여준다. 문제는 꽃핌의 사건이 표면적으로는, '피어나는', '피어오른다'의 현재형의 서술에서도 드러나듯, 진행으로서의 현재의 시간에 이루어지고 있다는 점이다. 이러한 진행의 과정에서 꽃핌이 완료되는 순간은, 그 완결된 행위를 지속적으로 과거로 밀어내고 있다. 따라서 꽃은 언제나 현재형으로 피어나고 있는 것이다. 이때 '꽃이 피어나는 순간'은 언제나 현재가 과거화되면서 남겨진 흔적으로만 존재하게 될 뿐 시간적 지표로 고정되지 못하게 된다.

그런데 '피어오른다(현재)'는 진술 속에는 또 하나의 시간이 진행되고 있다. 그것은 외면과 대비되는 내면에서 진행되는 시간이다. 외면의 꽃이 피어남과 동시적으로 그 내면은 공허의 상태를 완결짓는다. 그러므로 '피어오른다'는 현재형의 진술에 기대고 있는 외면의 지속 상태는, 언제나 내면의 공허가 완료되는 단절을 품고서 진행되는 것이다. 이렇게 꽃이 피어나는 '현재성'과 공허를 끝마치는 '완료'의 이중적 운동은 7행의 '순간'이라는 한 점에서 만나게 된다. 이 '순간'은 과거를 향해 피어나는 시간과 완료(미래)를 향해 달려가는 시간이 교차되는 지점이다. 따라서 '순간'의 시간적 지표는 일회적으로 종결되는 것이 아니라, '피어오르는' 지속의 흐름 속에 놓인다. 다시 말해 '공허를 품고 피는 꽃'은, 이러한 순간의 단절을 품고 진행되는 지속의 시간적 은유가 된다. 이렇게 고정된 시제화(時制化)를 거부하는 지속 위에서 진행되는 꽃핌이라는 사건은, 역설적으로 시간의 계기성을 절단하는 점(點)의 시간적 의미를 얻게 된다. 이렇게 보면 '순간'의 시간 속에는 외부／내면, 유／무, 채움／비움, 과거／현재가 동시적으로 존재한다.

김수영의 시에서 '꽃'은 과거와 현재가 한 몸에 공존하는 시간의 기호이다. "발산하는 형상"(「공자의 생활난」), "마음껏 찬연하게 피어오르는 꽃"(「구라중화」)에서 꽃핌의 이미지는 현재의 시간에 놓이면서 동시에 전방위적으로 뚫려 있는 시간적 열림을 드러내준다. 이때 '순간'은 설움으로 "충만한 방"이 "빈 방"(「방안에서 익어가는 설움」)으로 치환되는 역설의 순간과도 상통한다. 앞에서 살펴본 것처럼 '빈 방'은 미래로부터 역류하는 시간의 출발이 되고 있으며, 이때 미래에서 거꾸로 달려오는 시간은 하나의 흐름에 귀속되지 않는 복수적인 운동으로 펼쳐진다. 그것은 모순과 혼돈을 제거하는 것이 아니라, 수렴하고 방사(放射)시키는 시간이다. 이렇게 '설움을 역류'하는 시간의 방향이 방사적으로 확산됨으로써, 단선적 시간은 복수의 운동으로 전화되고, 이러한 시간운동은 고착된 과거를 해방함으로써 현재 속으로 "미끄러져가는 기술"(「방안에서 익어가는 설움」)로 유동화하는 것이다.

이러한 시간의 역류는 1960년대 이후의 시에서 역사를 "소급해 가는"(「현대식 교량」) 태도나 "뿌리 박기"(「거대한 뿌리」)로 변주되고 있다. "이 다리를 건널 때마다 / 나는 나의 심장을 기계처럼 중지시킨다"(「현대식교량」)에서 흐르는 시간을 '정지'시키는 것은, 시간을 소급하는 가역의 행위로 나타난다. 또, "나는 더위에 속은 조용함이 억울해서 / 미친놈처럼 라디오를 튼다 / 지구와 우주를 진행시키기 위해서"(「伏中」)에서는 정지된 공간에 시간을 개입시키는 행위를 통해 조용한 세계에 역동성을 부여한다. 이러한 시간의 운동은 단선적인 흐름을 다양하게 변이시킨다. "나의 눈만이 혼자서 볼 수 있는 주름살이 있다 굴곡이 있다"(「여름뜰」), "우리들의 육안에 보이지 않는 曲線이 있다"(「토끼」)에서 직선의 시간운동이 휘어진 곡선으로 전화되는 것도 같은 맥락에서 이해될 수 있을 것이다. 이러한 시간적 운동은, 하나의 단일한 구조 속에서 중심으로 작용하는 시간에 의해 상대적으로 파악되는 것이 아니라, 그물처럼 퍼져가는 시간의 선(線)을 만들어낸다. 이렇게 김수영은 '빈 방', '공허'로 의미화되는 빈 시간을 복수(複數)의 시간으로 채우고 있다. 김수영의 시쓰기는 '시간이 싫으면서 너를 타고 가야 한다'에서처럼 근대적 시간에 스스로를 고착시키지 않으면서 그 안에서 새로운 시간을 생성하는 방식으로 실현되고 있다. 이런 점에서 '늦게-가기'와 '거꾸로 가기(逆流)'의 시간이 담고 있는 생성의 흐름은 죽음의 시간으로 사유되는 근대의 흐름을 해체하는 운동이라 할 수 있다.

한편 근대의 시간은 더 나은 미래를 향한 성장의 원리를 이념화함으로써 점점 가속화된다. 이러한 시간 원리는 '시간이 시간을 먹는 듯이'에서 드러나는 것과 같이, 현재의 삶을 언제나 미래를 향해서만 복무하도록 의식적 무의식적으로 강요함으로써 현재로부터 의미를 박탈한다.[34] 김수영은 이러한 진보의 이념과 그 속에 내재된 시간적 분열과 충돌의 문제를 '가족'이라는 상징적 구도 속에서 탐색하고 있다. 서구적 근대의 이념적 모델로서의 가족은 '미숙'의 상태에 놓인 개인을 더 나은 상태로 발전시키는 성장의 원리를 진보라는 사회적 판타지로 구축해 내는 기반이 된다.[35] 근대의 이념 체계 내에서 자아를 호명하는 이데올로기적 장치는 가족 내에서 아버지의 말, 권위 등으로 은유화됨으로써, 자아를 복속시키는 지배 권력으로 작동한다. 이런 점에서 '가족'의 고착된 시간성을 해체할 때, 근대의 이념틀을 해체할 수 있는 새로운 시간의 모색이 가능해진다고 하겠다.

古色이 창연한 우리집에도
어느덧 물결과 바람이
新鮮한 기운을 가지고 쏟아져들어왔다

이렇게 많은 식구들이
아침이면 눈을 부비고 나가서
저녁에 들어올 때마다
먼지처럼 인색하게 묻혀가지고 들어온 것

얼마나 長久한 歲月이 흘러갔던가
波濤처럼 옆으로
혹은 世代를 가리키는 地層의 斷面처럼 억세고도 아름다운 빛깔—

누구 한 사람의 입김이 아니라
모든 가족의 입김이 합치어진 것
그것은 저 넓은 문창호의 수많은
틈 사이로 흘러들어오는 겨울바람보다도 나의 눈을 밝게 한다.
(…중략…)

---

34) W. 벤야민, 차봉희 역, 「중앙공원」, 『현대사회와 예술』, 문학과지성사, 1980, 105면.
35) 권명아, 『가족이야기는 어떻게 만들어지는가』, 책세상, 2000, 127면.

그렇지만
구차한 나의 머리에
성스러운 향수와 우주의 위대감을
담아주는 삽시간의 자극을
나의 가족들의 기미많은 얼굴에
비하여 보아서는 아니 될 것이다

제각각 자기 생각에 빠져있으면서
그래도 조금이나 부자연한 곳이 없는
이 가족의 조화와 통일을
나는 무엇이라고 불러야 할 것이냐

—「나의 가족」 부분

이 시에서 보이듯, 사회 내부의 규준과 권력, 도덕 등의 문제는 가족의 내부에서 시간의 형식으로 충돌하면서 역학 관계를 구성하고 있다. 가족은 세대간의 통시적 시간과 동시대의 공시적 시간이 교차하는 장이며, 사회적 시간과 개체의 내적 시간이 중첩되는 지점이다. 이 시에서 개개의 존재들로 이루어진 집단으로서의 '가족'은, '장구한 세월'의 시간적 흐름을 내장하고 있다. 앞서 살펴본 시 「가까이 할 수 없는 서적」에서는 서적-나의 관계가 전경화되고 나-동생의 관계가 배음화되었음에 비해, 이 시에서는 나-가족의 관계가 전경화되고 있다. 가족은 나-아내로 상징되는 동시대성과 나-아들 혹은 나-아버지의 축으로 의미화되는 통시적 시간으로 구축된다. 즉 가족 내에서 '파도'의 횡적 흐름과 '지층'의 수직적 시간이 교차한다. 그런데 서로 다른 세대와 가치가 교차되면서 구성된 시간의 지층은, 그 '단면'이 보여주는 '억세고 아름다운' 다양한 시간을 담지하고 있는 것으로 드러난다. 이렇게 이질적인 시간의 층위들이 중첩되어 있는 '가족'의 시간은 과거와 미래가 공존하는 시간이며, 그것은 죽은 시간의 화석이 아니라 입김의 생명력에 의해 구축되는 시간이라는 점에서 의미를 지닌다. 이러한 인식은 생명의 훈기로서의 '입김'이 어느 한 사람의 것이 아니라 "모든 가족의 입김"이 합쳐진 것으로 표현됨으로써 더욱 강화된다. 그리하여 시간적 변화의 기호인 가족은 "古色이 창연한 우리집"이라는 낡은 공간에 '물결과 바람'으로 상징되는 변화를 가져온다. 2연에서 '많은 식구'들은 각각 외부세계와 '집'을 연결하는 존재들이며, 이들의 외출과 귀환의 행위는 과거에 귀속된 낡은 '집'에 새로운 호흡과 시간적 변화를 불어넣는 것이다.

이러한 변화의 움직임 속에서 가족의 조화와 통일의 상태가 시간적인 자기 확장을 의미하는 '사랑'의 관계로 표현되고 있음에 주목해야한다. 여기서 사랑은 자아의 내부에서 일어나는 시간적 변이를 설명하는 요소가 된다. 먼저 시인은 가족으로 상징되는 일상 속의 존재이면서, 동시에 "성스러운 향수와 우주의 위대감"에 대한 지향을 가지고 있는 이중적 위치를 보여준다. '고대조각의 사진'(서책)과 '가족(현실)'의 대립은, 영원성을 상징하는 '고대'와 일회적 시간인 '현재' 사이의 대립으로 읽힌다. 이때 '서적'은 자아가 '온마음을 다하여 즐기는' 집중의 대상인 반면, '가족들이 떠드는' 소리, 즉 일상의 소음들은 이 집중을 방해하고 분산하는 작용한다. 이러한 소음의 분산성은 응고된 서적의 시간적 지층을 해체하는 동인이다. 이렇게 활성화된 소음은 그의 다른 시 「가까이 할 수 없는 서적」에서 '잡담'으로 변용되는데, 이 시에서 잡담은 권력의 언어인 '서적'과 자아의 허구석 동일화를 붕괴시키는 언어이다. 또한 시 「국립도서관」의 잡담은 '죽은 서적'으로 상징되는 '문자'(활자)의 응고된 권위를 해체하는 '살아있는 말'의 가능성을 담고 있다. 이렇게 김수영의 시에서 '잡담'은 '서적'의 이성적 권위에 대해 단순한 대칭점에 놓이는 것이 아니다. 그것은 모든 사물과 언어를 하나의 의미 체계로 수렴하고 단일한 음성으로 통합하는 근대이성의 권력을 해체하는 시간의 생산에 연관된다는 점에서 주목된다. 이 시에서도 잡담은 '고대서적'에 대한 집중을 방해하고 이상적 시간에 고착된 관계를 붕괴시킴으로써, 이 둘의 관계를 살아 있는 '말(언어)'의 관계로 옮겨 놓는 기능을 하고 있다.

이렇게 김수영의 시에서 '가족' 혹은 '잡담'의 세계는 미래로부터 현재를 재구성하는 시간의식의 역류를 구체적으로 드러내준다. 「가까이 할 수 없는 서적」에서 서적과 자아 사이의 시간적 간극을 넘어서는 것은, "그대들 어린 學徒들과 나 사이에 놓여 있는 年齡의 넘지 못할 차이"(「국립도서관」)를 해소하는 과정으로 드러난다. 그러한 관계는 「나의 가족」에서는 아들과 나 사이의 시간적 차이로 변주된다. 나─아들의 시간적 대립은 이상적 시간지표인 미래와 현재 사이에 놓인 간극을 통해서 가시화된다.36) "아버지와 같은 잘못된 시간"(「사랑의 변주곡」)에서 보이듯, 아들의 존재는 아버지의 시간(과거)에 대한 부정이면서, 동시에 미래를 향한 시간의 확장을 의미한다. 즉 아들은 현재에 던져진 나의 미래인 것이다. 이렇게 볼 때, 김수영의 시에서 '아이'는 어른('주인')에 대칭되는 개념이 아니라, 과거이면서 동시에 미래인 시간의 중층적 기호가 된다. 결핍의 상징인 동시에 미래의 가능태인 '어린 동생'과 '아들'의 존재는, 현재의 고착된 시간을 전복하고 새로운 시간적 지평을 열어준다.

한편 김수영의 시에서 새로운 시간의 생성은 앞에서 살펴본 '늦게─가기'와 '거꾸로─가기[逆流]'의 시간운동이 만들어내는 '자전'의 운동을 통해서 구체화된다. 다음의 시에서 '자전(自轉)'은 자본주의적 일상의 반복을 붕괴시킴으로써 시간을 생성하는 동력이 된다.

> 都會에서 쫓겨다니는 듯이 사는
> 나의 일이며
> 어느 小說보다도 신기로운 나의 生活이며
> 모두 다 내던지고
> 점잖이 앉은 나의 나이와 나이가 준 나의 무게를 생각하면서

---

36) E. 레비나스, 강영안 역, 『시간과 타자』, 문예출판사, 1996.

정말 속임없는 눈으로
지금 팽이가 도는 것을 본다
그러면 팽이가 까맣게 변하여 서서 있는 것이다.
(…중략…)
팽이가 돈다
팽이가 돌면서 나를 울린다
제트機 壁畫밑의 나보다 더 뚱뚱한 주인 앞에서
나는 결코 울어야 할 사람은 아니며
영원히 나 자신을 고쳐가야 할 運命과 師命에 놓여있는 이 밤에
나는 한사코 방심조차 하여서는 아니될 터인데
팽이는 나를 비웃는 듯이 돌고 있다
비행기 프로펠러보다는 팽이가 기억이 멀고
강한 것 보다는 약한 것이 더 많은 나의 착한 마음이기에
팽이는 지금 數千年前의 성인과 같이
내 앞에서 돈다
생각하면 서러운 것인데
너도 나도 스스로 도는 힘을 위하여
공통된 그 무엇을 위하여 울어서는 아니된다는 듯이
서서 돌고 있는 것인가
팽이가 돈다
팽이가 돈다

—「달나라의 장난」 부분

　이 시는 팽이(돌다) / 나(정지)의 대립을 축으로 전개되고 있다. 나의 정지 상태는 "나이와 나이가 준 무게"라는 시간적 축적에서 기인하는데, 이것은 자아가 현실의 중력에 구속된 존재임을 의미한다. 이러한 시간의 구속성으로부터 벗어나는 것은 팽이가 보여주는 자전의 운동을 통해서 가능해진다. 정지의 상태를 변화시키는 팽이의 운동은, "기억이 멀고", "數千年前" 등에서 환기되는 과거를 현재로 이끌어오는 동시에, "운명과 사명"이라는 미래의 시간까지도 현재화하는 운동으로 드러난

다. 그런데 시에서는 이러한 팽이의 운동이 자아의 '울음'을 촉발하고 있다. 팽이의 운동을 바라보는 시선의 수동성이 '울다'로 변모되는 과정 속에는, 무의미한 현재를 변화시키고자 하는 시적 의지가 함축되어 있는 것으로 보인다.

팽이의 자전은 과거에서 미래로 흘러가는 시간의 운동을 "까맣게 변하여 서서 있는" 부동(不動)의 순간으로 수렴시키고 있다. 팽이의 정지점은 과거와 미래를 동시에 무중력으로 만드는 시간의 정점이다. 시에서 팽이의 고정점은 "數千年前의 성인"이라는 이념적 표상과 결합됨으로써 자아를 응시하는 타자의 눈으로 치환된다. 그런데 "비웃는 듯이" 자신에게 되돌려지는 타자의 응시는 "성인"이 표방하는 가치에 대한 자아의 동일화 욕망을 붕괴시킨다. 이것은 곧바로 자아의 분열로 귀결되는데, "쫓겨다니듯" 사는 삶의 비루한 상황에 놓인 자아와 "성스러운 향수와 우주의 위대감"(「나의 가족」)의 정신적 가치를 지향하는 자아 사이의 분열이 그것이다. 이렇게 팽이의 눈은 현재의 비천함에 대한 자각을 환기시키고 그것이 '울음'이라는 행위를 낳는 것이다.

한편 팽이와 나의 관계의 다른 축에 '제트기 벽화 밑의 뚱뚱한 주인'과 나의 관계가 놓인다. "제트기 벽화"라는 근대적 배경 아래서 이루어지는 이들의 권력적 관계는 「가까이 할 수 없는 서적」에서 '나 / 서적'의 관계처럼 시간적 비동시성으로 위계화되고 있음을 보여준다. '누구의 집에 가 보아도 나보다 더 여유가 있고 바쁘지 않은' 여유로움은, 쫓기듯 살아가는 나의 결핍의 상태와 대립되고 있다. 이때 주인과 나의 관계는 '나보다 더 뚱뚱한'과 '강한 것보다 약한 것이 많은'에서 드러나는 것처럼, 강 / 약의 서열화된 관계 속에 놓인다. 이때 자아가 '주인'과의 관계를 거부하고('주인과의 이야기도 잊어버리고'), 팽이에 시선을 집중하는 것은, 이러한 권력 관계를 부정함으로써 자아의 분열을 새로운 운동의 계기로 활성화하고 있음을 보여준다. 이러한 부정의 태도 속에서 '보는' 행위는 '울음'으로 바뀌게 되는데, 이 울음은 팽이의 운동을 자아의 '자전(自轉)'으로 바꾸어 놓는 동인이다. 여기서 자전(自轉)은 '영원히 고쳐갈 운명과 사명'에서 보듯, 자기 내부로부터 시간적 변화를 생성해 나가는 과정이며, 권력적 질서에 의해 고착된 부동(不動)의 현재를 미래로 열어 놓는 시간의 운동을 의미한다.[37] 과거와 미래를 한 지점에 포괄하면서 이행해 가는 이 자전의 운동을 통해, 시인은 근대의 흐름을 붕괴시키고 스스로 시간의 운동을 담지한 존재로 변화한다. 과거이자 미래인 시간을 품고 자전함으로써 현재의 중력으로부터 벗어나는 과정은 다음의 시에서 드러나는 '아이-되기'를 통해서 확인된다.[38]

여편네의 방에 와서 起居를 같이해도
나는 점점 어린애
나는 점점 어린애
太陽 아래의 단하나의 어린애
죽음 아래의 단하나의 어린애
언덕 아래의 단하나의 어린애
愛情 아래의 단하나의 어린애
思惟 아래의 단하나의 어린애
間斷 아래의 단하나의 어린애
點의 어린애
베개의 어린애
苦悶의 어린애

—「여편네의 방에 와서」 부분

이 시에서 반복적인 진술을 따라 진행되는 시간적 과정 속에는 자아의 내적 변이의 과정이 내포되어 있다. 반복이 진행됨에 따라 자아는 '소년-어린애-점의 어린애'로 변화되면서 시간을 역류해 간다. 그런데 여기서 '어린애'가 되는 과정은 단순히 과거로 되돌아가는 퇴행이

---

37) 김승희, 앞의 책, 375면.
38) 김진석, 앞의 책, 49면.

아니라, '단 하나'의 존재로서의 자기를 확인하는 과정으로 나타난다. 이렇게 자아는 아내의 방으로 상징되는 이 '자궁'의 공간에서, 생성의 한 점(點)으로 변화된다. 그것은 현재 속에 미래를 품고 있는 씨앗의 상징적 가능태로 전화되는 과정이다. 바로 이것이 '태어나올 시간성'을 함유한 운동, 곧 미래를 품고 진행하는 '아이-되기'의 운동을 보여주는 것이다.

블로흐에 의하면 미래를 시간화하는 데는 두 가지 방법이 있다. 하나는 채워진 감정과 정서를 향한 소망인데, 이는 현재와 동일한 상태에서 자신이 원하는 것을 불러내어 소망을 충족함으로써 일체의 변화와 시간의 흐름이 존재하지 않는 정지 상태를 견지하고자 하는 것이다. 다른 하나는 미래의 개방성과 연결되는데, 그것은 욕망의 대상이나 물신적 미래가 아니라 세계와 자아의 새로운 배열이나 구성에서 가능해지는 미래이다. 블로흐는 후자를 '아직 존재하지 않는 것'과의 관계 속에서 이루어지는 희망의 경험이라고 말한다. 이렇게 볼 때 김수영에게 '아이'는 아직 존재하지 않은 시간의 가능태이며, 따라서 그것은 미래의 원천이자 희망의 동력이다. 즉 '아이'는 현재와 과거를 배타적으로 제거함으로써 미래를 향해 달려가는 존재가 아니라 그 자체로 새로운 시간성을 내장한 미래의 씨앗인 것이다.[39] 비천한 세계를 상징하는 '여편네'의 방이, 새로운 시간을 잉태한 자궁으로 변화되는 것도 동일한 의미에서 이해된다. 그의 시에서 수시로 등장하는 부정적 기호인 '여편네'는 비천하고 '더러운' 속물적 시간을 상징한다. 그런데 이 시에서 김수영은 '여편네'의 시간을 생산의 상징인 여성성으로 새롭게 복원함으로써, '서적'으로 표상되는 남근적 근대성과 차별되는 생성적 의미를 부여하고 있다.

이렇게 1950년대 김수영의 시간 인식은 근대적 시간의 지배 원리인 진보와 성장의 이념에 대한 부정의 태도 속에서 새롭게 구성된다. 진보란

---

39) F. 제임슨, 여홍상·김영희 역, 『변증법적 문학이론의 전개』, 창작과비평사, 1984, 134~135면.

과거를 부정함으로써 미래로 달려가는 단일한 시간의 흐름을 구성하며, 그것은 성장신화로 대변되는 계몽의 이데올로기를 구축하는 원리이다. 근대이성의 핵심적 원리인 계몽을 인간의 자기 의식의 성숙으로 바라본 칸트의 테제를 빌지 않더라도, 성숙은 이성을 통한 인간의 자기 선언에서 가장 핵심적인 부분이다. 그러나 문제는 성숙의 이념이 사회역사적 차원에서 가속화되는 시간적 팽창 욕구와 결합된 '성장'의 논리로 치환된다는 데 있다. 근대는 비대해진 이성에 기반한 성장의 논리가 관철되어 온 과정이며, "성장은 소크라테스 이후의 모든 현인들이 해온 일"(「서시」)이라는 김수영의 발언은 이러한 성장의 피로에 대한 반성적 자각에서 나온 것으로 보아도 좋을 것이다. 김수영의 시에서 근대의 시간을 표상하는 성장에 대한 거부는 '성숙'에 대한 지향으로 대치된다. 과거로부터 보다 나은 미래로 달려가는 성장과 달리, 성숙은 미래로부터 현재를 구성해 내는 것이다. 그의 시에서 '아이―되기'는 이러한 성숙의 시간적 운동을 상징적으로 보여준다. "그래도 나무는 자라고 있다"(「서시」), "그러할 때면 나의 몸은 한치를 더 자라는 꽃이 아니더냐"(「긍지의 날」)에서 꽃의 '피어오름'을 통해서 확인되는 성숙의 시간성은, 진보의 신화를 떠받치는 직선적 시간과는 차별된다. 진보와 발전의 신화를 해체하려는 시간적 반성을 의미하는 성숙은, 과거에서 미래로 배열되는 연대기적 질서를 거부한다. 다시 말해 성숙의 시간은 과거―현재―미래라는 시간적 지표를 하나의 '씨앗' 속에 응축하고 있는 시간이다.[40]

　김수영의 시에서 이러한 '아이―되기'의 의식은 서구적 근대의 이념

---

[40] 비대해진 이성의 동일성은 곧바로 폭력화, 도구화로 귀결된다는 점을 상기할 때, '계몽을 우리가 속한 시대에 대한 끝없는 비판을 지속적으로 활성화하는 태도'로 규정함으로써 윤리적 주체의 모습을 그려보고자 했던 푸코의 견해는 근대의 성장이념에 대한 반성적 의미를 담고 있다고 하겠다. 푸코 식으로 말하면 가능성을 내포한 시간으로서의 '성숙'은 이미 주어진 것이 아니라 그 한계를 넘어서려는 태도(limit-attitude)에 의해 창조적으로 만들어지는 것이다. 윤평중, 『담론이론의 사회철학』, 문예출판사, 1998, 254~258면 참조.

에 비추어 미성숙의 결여태로 파악된 비서구 주체의 새로운 존재 양식을 보여준다. 서구라는 타자의 응시 속에서 지속적으로 소외를 경험해온 비서구세계는, 서구 이성의 힘에 의해 계몽되어야 할 미성숙의 존재로 간주되어 왔다. 우리 근대문학의 주체들은 이러한 미성숙을 결핍으로 내면화함으로써 서구적 타자의 호명에 응답해 왔던 것이다. 그런데 김수영은 근대의 이념에서 결핍의 상징물로 간주된 '아이'를 복권시킴으로써, '어른'의 세계로 표상되는 이념에 대한 비판을 수행한다. 이런 점에서 '아이-되기'는 서구의 근대성을 지탱해온 노회한 이성의 힘에 대응하는 생성의 은유로 이해될 수 있다.[41] 다시 말해 김수영의 아이-되기는 계몽의 프로젝트를 거꾸로 돌려놓는 시간의 혁명적 운동을 함축하는 것이다.

　이상에서 살펴본 것처럼, 아이-되기는 미래의 결여태가 아니라 스스로 미래가 '되는(becoming)' 과정을 보여준다.[42] 이러한 시간적 변이는 현재의 자기와 다른 존재가 되는 것, 다시 말해 근대적 세계의 기준과 척도, 동일화의 중력에서 벗어나 다른 방향으로 나가는 흐름을 이룬다. 이렇게 김수영의 시에서 '늦게-가기'와 '아이-되기'의 다양한 시간적 변주는 근대의 성장 이념에 대한 부정을 보여주며, 이는 자아를 복속시키

---

41) 이성에 의해 구축되는 로고스의 세계를 해체하는 철학적 사유에서 '어린아이'의 이미지는 노회한 이성에 의해 구축된 '어른'의 세계를 초월하려는 움직임을 담고 있다. 들뢰즈에 따르면 '어린이는 순결이고 망각이며, 시작이며 유희이고, 스스로 돌아가는 바퀴이고 성스러운 긍정'이다. 김상환, 『예술가를 위한 형이상학』, 민음사, 1999, 118~127면 참조.

42) 이때 '이다(being)'가 사물의 상태를 표시한다면, '되다(becoming)'는 하나의 상태에서 다른 상태로 변환되는 것을 의미한다. 그것은 지배적인 척도와 가치, 규제, 동일자의 지배력으로부터 벗어나려는 운동이다. 일반화된 척도 곧 현재의 상태에 스스로를 동일시하려는 것, 즉 동일자가 지배하는 척도에 머물러 있으려 하는 다수화되기와는 달리, 끊임없이 다른 것이 되는 운동은 언제나 소수화의 의미를 지닌다. 따라서 백인되기는 없으며, 남성되기도 어른되기도 자본되기도 없다. 반대로 흑인도 흑인-되기를 해야 하며, 여성도 여성-되기를 해야 하며, 어린이도 어린이-되기를 해야 한다. 이진경, 「문학-기계와 횡단적 문학」, 『문학과경계』, 2001년 가을, 112~113면 참조

려는 근대성의 호명에 대한 시인의 비동일화의 의지를 함축하고 있다. 이런 점에서 그의 시쓰기는 계몽주의와 합리주의의 비대한 이성 곧 '서적'으로 표상되는 권력의 속도에 대한 저항의 방법론으로 이해될 수 있겠다. 김수영이 "이 밤이 기다리는 고요한 思想마저 / 나는 초연히 이것을 시간 위에 얹고 / 어려운 몇고비를 넘어가는 기술을 알고있나니"(「방안에서 익어가는 설움」)라고 했을 때, 여기서 시간을 타고 가면서 시간을 넘어서는 '기술'은 근대의 무의미한 지속을 절단하고 시간을 생성하려는 의지에 닿아 있으며, 이러한 의지가 그의 시쓰기를 이끌어가는 근원적인 동력으로 작용하는 것이다. 다음 장에서는 이러한 시간의식이 시쓰기에 대한 자의식으로 표현되는 양상을 살펴보기로 한다.

3. 자기 생성의 시간과 비동일화의 의지

앞 장에서 살펴보았듯이, 김수영은 현실의 지배적 시간과는 다른 방향과 속도를 담고 있는 내적 시간을 구성함으로써 근대적 시간의 절대성을 깨뜨리는 시간운동을 보여준다.[43] '늦게−가기'와 '아이−되기'는 근대성 담론이 표상하는 시간적 동일성을 해체하고 분열시키는 운동이며, 이러한 시간의 운동을 계기로 하여 진행되는 '자전(自轉)'의 시간은 지배적 권력으로서의 역사에 저항하는 내적 운동을 구성한다. 그것은 '유일한 흐름'으로 상정되는 근대의 비가역적 시간을 해체하고 복수화함으로써, 다양한 흐름을 생성해 내는 과정으로 드러난다. 이렇게 지배적인 시간과 다른 흐름을 '타고 가는 기술'은 김수영의 시쓰기를 지배

---

43) 김진석, 앞의 책, 22~26면 참조.

하는 기본적인 태도이며, 그 바탕에는 근대의 시간과 속도를 가로지르는 탈근대의 의지가 자리 잡고 있다. 이 장에서는 동질적 시간이 붕괴되는 지점에서 새롭게 생성되는 시간의 운동과 이러한 시간성에 바탕을 둔 시쓰기의 자의식이 구성되는 양상을 살펴볼 것이다. 이는 김수영이 어떻게 근대적 세계와의 상상적 관계를 해체하고 생성의 주체로서 자신을 새롭게 인식하는지를 해명하는 과정이 될 것이다.

1) 순간의 파종(播種)을 통한 시간의 변주(變奏)

김수영이 시에서 '늦게-가기'와 '아이-되기'는, 현실에 포진한 시간적 차이를 등질화하거나 동일성으로 환원시키지 않는 새로운 시간을 만들어내기 위한 방법론이다. 그것은 자본주의적 일상의 내부로부터 그것을 붕괴시키는 자전(自轉)의 운동으로 표출된다. 그의 시에서 '폭탄'과 '팽이'라는 소재는 근대적 시간과 이에 대항하는 반성적 시간의식의 대립을 극명하게 드러내주는 상징물로 등장한다. 단일한 목적을 향해 질주하는 근대의 상징물인 폭탄은, 모든 이질적인 것을 죽음이라는 하나의 흐름에 포섭하고 동질화하는 억압적 힘을 상징한다. "勝敗의 差異를 計算할 줄아는 理性"(「조고마한 세상의 지혜」)의 폭주는 '작열할 지점'을 향해 죽음을 안고 날아가는 근대적 시간의 파국을 내장하고 있다. 반면 운동과 정지의 끊임없는 긴장 속에 만들어지는 팽이의 '자전'은, 과거와 미래를 끌어당기면서 '스스로 고쳐가야 할 운명'을 만들어가는 과정을 보여준다. 여기서 단선적인 지속을 정지시키는 순간이 이러한 자전을 가능하게 한다는 역설이 성립한다.44) 김수영의 시에서 자전의 운동이,

---

44) 오형엽은 '속도'를 근대적 시간의식에 반발하는 무시간적 미지의 정신으로 본다. 그는 현실을 앞질러 가는 속도인 '첨단'이 시간성을 주체적으로 인식하는 '정지'를 계기로 삼아 역사성을 획득한다고 지적한다. 「첨단과 정지의 변증법」, 『국어국문학』, 1999.10.

근대의 직선적인 시간 원리를 거부하는 순간의 시간에 기반하고 있다는 점에 주목할 필요가 있다. 시간의 계기성·연속성을 부정한 지점에서 출현하는 '순간'은 과거나 현재에 귀속되지 않는 새로운 시간성의 출현을 보여주는 까닭이다. 다음의 시에서 이 '순간'의 시간이 담고 있는 의미를 구체적으로 확인할 수 있다.[45]

瀑布는 곧은 絶壁을 무서운 기색도 없이 떨어진다

規定할 수 없는 물결이
무엇을 向하여 떨어진다는 意味도 없이
季節과 晝夜를 가리지 않고
고매한 精神처럼 쉴사이없이 떨어진다

금잔화도 인가도 보이지 않는 밤이 되면
폭포는 곧은 소리를 내며 떨어진다

곧은 소리는 소리이다
곧은 소리는 곧은
소리를 부른다

번개와같이 떨어지는 물방울은
醉할 瞬間조차 마음에 주지 않고
懶惰와 安定을 뒤집어놓은 듯이
높이도 幅도 없이
떨어진다

—「瀑布」 전문

---

45) 팽이의 자전을 통해서 형상을 얻는 김수영의 시간의식은 벤야민이 말한 '정지 상태의 변증법'으로 이해될 수도 있겠다. 역사적 시간을 정지시키는 한 순간은 현재의 동시적인 상들로 충만한 상태를 보여주며, 이러한 역동적 정지의 순간을 벤야민은 정지 상태의 변증법이라고 보았다. 김유동, 『아도르노와 현대사상』, 문학과지성사, 1997.

이 시에서 폭포의 낙하가 그려내는 시간의 동선은 '곧은 소리'라는 이미지에 집약되어 있다. 폭포의 하강운동은 '곧은'이라는 수식어가 표상하는 수직성의 가치로 수렴된다. '―않고', '―없이'의 부정어의 반복성은 '떨어진다'의 운동이 반복적으로 진행되어감에 따라 강한 긍정의 힘으로 전화된다. 따라서 '―없이'에 구속되지 않는 이 하강의 운동은 역설적으로 첨단의 높이로 표현되는 절벽의 공간성을 극복하고 있다. 시에서 폭포의 동선(動線)은 폭포→물결→물방울로 응축되는 과정을 보여주는데,46) 이러한 시간적 변화의 최종적인 응집점인 물방울은 '규정할 수 없는', '높이도 폭도 없는'에서와 같이 시간의 중력이 영점화(零點化)되는 순간을 표상하고 있다. "번개와 같이 떨어지는"에서 보이는바, 순간의 시간적 밀도는, "醉할 瞬間조차 마음에 주지 않고"와 같이 시간의 구속을 벗어나는 탄성에 의해 얻어진다. 이러한 낙하의 에너지가 시간을 생성하는 동력으로 전화되는 것이다. 이렇게 '나타와 안정'으로 표현되는 일상을 전복하는 물방울의 응집력이, 동질적인 시간의 내부로 포섭되지 않는 시간적 변전의 가능태로 전화되고 있음에 주목해야 한다.

자본주의적 세계에서 개인에게 규율되는 삶의 원리는 일상에 포진한 중력에 의해 끊임없는 추락의 운동으로 이미지화된다. 그런데 이 시에서 추락하는 물결의 이미지는 이러한 자본의 중력에 동화되는 하강의 움직임이 아니라, '자발적인 추락'의 가속도를 통해서 스스로를 무화하는("높이도 幅도 없이") 힘으로 드러난다. 낙하하는 폭포의 운동이 역설적으로 날아가는('飛瀑') 비상의 이미지로 드러나는 것은, 현실의 권력적 지배에 동화되기를 거부하고 새로운 상태로 변화하려는 의식의 운동을 보여주는 것으로 이해된다. 이렇게 일상의 중력을 거부하는 의지는 자본

---

46) 김혜순은 이 시에서 '계절→주야→밤'으로 변화되는 시간성은 '폭포→물결→물방울'로의 변화와 연관되며, 시간상의 이러한 변화 속에서 '물방울'은 일상적 타율적 삶을 향유하는 집단으로부터 개체로 떨어져 나온 시인의 모습을 형상화한다고 본다. 『김수영』, 건국대 출판부, 1995, 74~79면 참조

의 속도에 포섭되지 않는 내적인 속도를 생성하고 있다. 절벽의 높이를 극복하는 이러한 '자발적 추락'의 힘은 4·19 직후에 쓰인 「푸른 하늘을」이라는 시편에서, 하늘을 향해 상승하는 노고지리의 비상의 움직임에서도 찾아볼 수 있다. 폭포의 낙하에 상응하는 새의 비상은 스스로의 운동으로 새로운 시간을 열어가는 자전(自轉)의 변용으로 읽혀진다. 앞에서 살펴본 시 「생활」에서 '낙오자'가 보여준 '늦게-가기'의 보폭 역시 이러한 지배적 시간에 동화되지 않는 시간의식에 기반하고 있다고 하겠다.

이렇게 자본의 중력에 대한 비동일화의 의지가 낳은 비상의 순간성은 시간적인 정지 상태를 내포하고 있다. 문제는 이러한 정지의 상태가 시간의 운동이 일시적으로 멈추는 단절의 지점이 아니라, 코드화된 일상의 시간을 해체하는 동적인 시간으로 전화된다는 점에 있다. 전자가 습관과 반복의 리듬 속에서 동일성의 시간에 구속되는 정지 상태를 드러낸다면, 후자는 자아의 내부에서 전개되는 변화와 생성의 과정을 내포하고 있다는 점에서 변별된다. 후자는 자본주의적 중력에 반하는 반(反)-속도이며, 중력의 구속으로부터 이탈하려는 자유/비상에의 의지를 함축하고 있다.[47]

그런데 김수영의 시에서 이러한 시간적 생성은 자아의 고립된 내면에서 비롯되는 것이 아니라, 타자와의 관계 속에서 얻어진다는 점에 주목해볼 필요가 있다. 시에서 시간적 평면을 붕괴시키는 물방울은 '곧은 소리'라는 이념적 표상과 결합됨으로써 타자의 응시로 작동하게 된다. 그것은 일상을 지배하는 동일성의 시간을 뚫고 나와 코드화된 시간의 리듬을 해체함으로써 근대적 시간의 지평으로 환원되지 않는 시간의 생성점이 된다.[48] '곧은 소리'라는 이념적 표상에 대한 동일화의 욕망은

---

47) 고봉준, 「문학, 혹은 시인이 꿈꾸는 혁명」, 『문학과경계』, 2001년 가을.
48) 바르트는 강렬함과 긴박성이 결여된 스투디움과 찰라적 순간성을 통해서 경험되는 푼크툼을 구별하고 있다. 푼크툼은 평면적인 확장 혹은 넓이를 의미하는 스투디움에

새롭게 탄생하는 시간에 대한 지향을 품고 있다. 이러한 비동일화의 의지는 또 하나의 눈을 낳게 되는데, 이것은 시쓰기의 주체로서의 자의식의 탄생과도 깊은 연관을 가지고 있다. 시 「영사판」은 근대적 시간의 동질성을 붕괴시키는, '섬광과도 같은' 순간의 변전 속에서 주체가 새롭게 탄생하는 사건을 포착하고 있다.

고통의 영사판 뒤에 서서
어룽대며 변하여 가는 찬란한 현실을 잡으려고
나는 어떠한 몸짓을 하여야 되는가

하기는 현실이 고귀한 것이 아니라
영사판을 받치고 있는 주야를 가리지 않는 어둠이
표면에 비치는 현실보다 한치쯤은 더
소중하고 신성하기도 한 것인지 모르지만

나의 두 어깨는 꺼부러지고
영사판 우에 비치는 길잃은 비둘기와 같이 가련하게 된다

고통되는 점은
피가 통하는 듯이 느껴지는 것은
비둘기의 울음소리

구 구 구구구 구구

시원치않은 이 울음소리만이
어째서 나의 뼈를 뚫고 총알같이 날쌔게 달아나는가

구멍을 내는 강렬한 자극이다. 이 푼크툼은 개념화된 공간이 지닌 동질적 객관성 속에 기입되지 않는 특성을 지닌다. 김수영의 시에서, 순간의 시간적 특성이 시각과 연관되는 이 지점은 바르트의 용어를 빌어 푼크툼의 출현이라 할 수 있겠다. 롤랑 바르트 & 수잔 손탁, 송숙자 역, 『바르트와 손탁―사진론』, 현대미학사, 1994.

이때이다—
나의 온 정신에 畵龍點睛이 이루어지는 순간이

영사판 우의 모오든 검은 현실이 저마다 색깔을 입고
이미 멀리 달아나버린 비둘기의 두 눈동자에까지
붉은 광채가 떠오르는 것을 보다

영사판 양면에 하나씩 서있는
설움이 합쳐지는 내 마음 우에

—「영사판」 전문

이 시에서는 '영사판에 비치는 현실', '어룽대는' 등의 시어가 보여주는 환상의 시간과 이 가상의 현실을 비추는 어둠이 대립을 이루고 있다. '영사판'은 검은 현실과 환상이 뒤바뀌며 교차되는 공간을 가리킨다. 현실의 시간이 정지될 때 허구의 시간이 열린다. 환상과 현실이 교차하는 경계 위에 놓인 자아는 '길 잃은 비둘기'의 불안정한 모습에 자신을 투사한다. 비둘기의 울음은 일상에 의해 망각된 시간을 환기시키며, 그것은 "뼈를 뚫으고" 날아가는 비상(飛上)의 시간적 비약을 지시한다. 여기서 주목할 것은 이러한 시간적 비약이 '화룡점정'의 순간성에 기반한다는 점이다. 시 「폭포」의 '물방울'과 동일하게, '화룡점정'이 이루어지는 이 '순간'은 일상적 시간운동의 수렴점이면서 동시에 시간적 비약이 일어나는 변환점으로 드러난다. "영사판 우의 모오든 검은 현실이 저마다 색깔을 입고" 날아가는 시간적 비약이 발생하는 이 순간은 환원 불가능한 새로움의 생성점이다.[49] 이렇게 꿈과 현실이 자리를 바꾸고, 밝음과 어둠이 교차되는 순간은 일상을 지배하는 시간의 중력이 해체되는 혁명

---

49) 이 시에서 '화룡점정'의 순간은 공간화된 양적인 시간을 거부하는 질적인 비약의 시간적 특질을 보여준다. 오영환, 『화이트헤드와 인간의 시간경험』, 통나무, 1997, 354~355면 참조.

의 시간이다. 그것은 단순히 자리바꿈이 아니라 새로운 시간이 생성되고 변주되는 시간으로서 의미를 지닌다.[50]

"눈을 떴다 감는"(「사랑의 변주곡」) '순간'에 새롭게 열리는 눈('화룡점정')은, 김수영의 말을 빌면 '모든 사물을 외부에서 보는 것이 아니라 내부에서 보는 시선'의 탄생을 지시해 준다. 모든 사물과 현상을 '씨'(동기)로부터 보는 시선은 권력화된 시간의 내부로부터 새롭게 출현하는 시간적 운동을 포착하고 있다. 이러한 시선에 기반함으로써만 '모든 사태는 행동이 되고, 내가 되고 기쁨이 되는' 의식의 전환이 가능해진다.[51] 이렇게 일상이 전복되는 순간에 대한 시적 인식은 역사를 시간의 연속체로 파악하려는 사유에 대한 부정을 내포한다. 이 점은 김수영의 1960년대의 시쓰기에서 지속적으로 제기되는 문제의식과 닿아 있다.

> 현대식 교량을 건널 때마다 나는 갑자기 회고주의자가 된다
> 이것이 얼마나 죄많은 다리인줄 모르고
> 식민지의 곤충들이 二四시간을
> 자기의 다리처럼 건너다닌다
> 나이어린 사람은 어째서 이 다리가 부자연스러운지를 모른다
> 그러니까 이 다리를 건너갈 때마다
> 나는 나의 심장을 기계처럼 중지시킨다
> (이러한 연습을 나는 무수히 해왔다)
>
> 그러나 문제는 이러한 반항에 있지 않다
> 저 젊은이들의 나에 대한 사랑에 있다
> 아니 신용이라고 해도 된다
> 「선생님의 이야기는 二十년 전 이야기지요」
> 할 때마다 나는 그들의 나이를 찬찬히
> 소급해가면서 새로운 여유를 느낀다

---

50) 유중하, 「김수영과 4·19—사랑을 만드는 기술」, 『당대비평』, 2000년 봄.
51) 김수영, 『김수영 전집』 2, 민음사, 1981, 61면.

새로운 역사라고 해도 좋다

—「현대식 교량」 부분

이 시에서 이질적인 시공간의 연결점으로서 '다리'는 과거와 현재, 젊음과 늙음의 시간적 경계를 상징한다. 즉 다리는 '젊음과 늙음이 분간되지 않고', '기차가 엇갈리는' 등에서 시간이 교차하면서 이루어내는 시간적 이행의 매개로 기능한다. 여기서 진술의 주체인 시적 화자는 아버지와 아들의 시간 곧 과거와 미래의 매개인 다리와 동일한 기능을 수행한다. 시간의 매개자로서의 화자가 보여주는 시간 인식은 독특한 양상으로 드러난다. 먼저 화자는 '회고주의자'가 되어서 "그들의 나이를 찬찬히 / 소급해가"는 가역의 의지를 보여준다. 이러한 시간적 소급은 화자가 '그들'의 '나이(젊은이, 미래)'와 '나(현재)' 사이에 존재하는 시간의 차이를 인식하는 행위이기도 하다. 그러므로 시간을 거슬러가는 소급의 행위는 과거로 가는 역행의 움직임이 아니라, 과거와 현재, 그리고 현재와 미래의 차이를 가시화하는 것이 된다. 이때 과거로 되돌아가는 거꾸로−가기의 흐름이 현재의 시간보다 더 빠르게 앞으로 달려가는 역설이 성립한다. 시간을 거슬러 감으로써 '새로운 역사'를 만나게 되고, 이러한 시간의 소급을 통해서 미래를 선취할 수 있기 때문이다. 다시 말해 과거를 향해 가는 행위는 역설적으로 미래를 현재로 당겨오는 행위가 되는 것이다. 이러한 역설 속에서 거꾸로 가기의 시간은 '아버지 → 나 → 아들'로 이어지는 시간적 진행을 소급하는 단선적인 역류가 아니라, '늙음과 젊음의 분간'을 해체하는 혼돈의 역류가 된다. 과거가 미래의 씨앗이 되고, 미래가 다시 과거를 낳는 역설적 순환을 김수영은 '혼돈'이라고 부르는데, 이 혼돈이 시간적 생성의 출발점이 되는 것이다.

이때 과거와 미래를 연결시키는 '다리'는, 현재로 소환된 과거와 미래의 접촉점으로서의 '순간'의 시간적 좌표가 된다. 이 순간의 시간은 이

미 도래한 시간으로서의 미래와 지나가지 않은 과거가 충돌하는 지점에
서 만들어지는 카오스의 상태로 환기된다. 팽이의 중심점이 운동과 정
지의 긴장을 내포한 부동(不動)의 시간을 표상하듯이, 다리의 정지된 시
간성 역시 블랙홀처럼 모든 시간적 좌표를 빨아들이고 무화시키는 시간
의 수렴점이 된다. 이러한 시간의 블랙홀은 역설적으로 창조적 시간의
출발점이다. 이렇게 과거와 미래가 만나는 '순간' 속에 생성과 소멸이
공존하고, 다리는 무수한 정지의 순간을 품고 지속되어 가는 시간의 표
상이 된다. 환언하면, 끊어진 것을 이어놓고 이질적인 것을 소통시키는
다리는, 지속의 흐름을 무수히 끊어놓은 '간단(間斷)'의 '사이[間]'로 존재
하게 되는 것이다. 결국 공허한 현재를 파괴하는 이 순간은 시간의 단
편들로 점철된 시간, 즉 화룡점정(畫龍點睛)의 순간들의 연쇄가 된다. 이
렇게 김수영은 시간적인 흐름을 단절하는 '순간' 속에 자신을 투사함으
로써 시간의 구속으로부터 이탈해 가는 운동을 보여준다. 그리하여 이
순간의 시간은 근대적 세계의 파국적 종말로부터 새로운 비전을 끌어내
는 창조적 시간으로 탄생하게 된다. 마침내 이 순간을 통해서 시인은
고착된 정체성에 포섭되지 않는 생성의 힘을 얻게 되는 것이다.[52]

　　이러한 경계의 시간은 개진과 은폐, 혼돈과 정지, 죽음과 삶이 서로
충돌하고 긴장하는 지점이다. 김상환은 이러한 순간의 시간을 기존의
언어와 관습·지식·포즈·풍경이 구속력과 타당성을 잃어버리는 곳,
기존의 총체성이 파괴되는 지점, 구태의연한 차별과 구분법이 무화되는
영점이라고 본다.[53] 이렇듯 김수영의 시에서 순간은 대상 내부의 격동
적인 움직임, 곧 시간 속에서 전개되어 나가는 움직임을 포함하는 것이
다. 이러한 운동을 품고 있는 순간의 정지 상태는 주관성 내부로 흡수
되지 않는다는 점에서, 타자를 흡수함으로써 주관의 내부로 환원되어

---

52) 시인으로 하여금, 자신의 자아를 확증할 수 있게 하는 이 재생의 순간들은 지속의
　　연속체를 형성하지 않는 상호 무관한 점들로 남아 있다. 오영환, 앞의 책, 82면 참조
53) 김상환, 앞의 책, 49~52면.

버리는 김춘수의 순간의 시간의식과 차별된다.

흥미로운 것은 김수영의 시에서 이 순간의 시간이 '거칠기 짝이 없는' 삶의 모순을 끌어 담는 '사랑'을 통해서 구체화되고 있다는 점이다. 개별자로서의 시인은 '아들'로 상징되는 타자들과의 관계 속에서 시간적 연속성을 보장받는 존재이다. 레비나스의 말을 빌면, 미래는 타자의 얼굴로 오는 것이며, 따라서 타자와의 관계는 고정된 현재에 미래를 당겨오는 사건이 된다. 이렇게 미래를 당겨옴으로써, 시인은 세계와의 시간적 연속성을 확보할 수 있고, 동시에 자기 내부에서 자신과의 차이를 만들어내는 갱신의 가능성을 얻게 된다. 다음의 시에서 '순간'의 시간이 사랑을 통해 자기 확장을 이루어가는 양상을 살펴볼 수 있다.

> 아들아 너에게 광언을 가르치기 위한 것이 아니다
> 사랑을 알 때까지 자라라
> 人類의 종언의 날에
> 너의 술을 다 마시고 난 날에
> 美大陸에서 石油가 고갈되는 날에
> 그렇게 먼 날까지 가기 전에 너의 가슴에
> 새겨둘 말을 너는 都市의 疲勞에서
> 배울 거다
> 이 단단한 고요함을 배울 거다
> 복사씨가 사랑으로 만들어진 것이 아닌가 하고
> 의심할 거다!
> 복사씨와 살구씨가
> 한번은 이렇게
> 사랑에 미쳐 날뛸 날이 올 거다
>
> —「사랑의 변주곡」 부분

이 시에서 "人類의 종언의 날", "술을 다 마시고 난 날", "美大陸에서 石油가 고갈되는 날" 등의 진술은 일상적 시간이 종결되는 지점을 가리

킨다. 또 '먼 날'은 근대의 양화된 시간의 축적이 필연적으로 도달하게
될 우울한 종말의 시간을 암시하고 있다. 시인은 이렇게 시간의 종말을
언급함으로써, 역설적으로 현재의 절망을 성찰하고 있다. 벤야민 식으로
말하면, 진보적인 역사의 종말로부터의 구원의 가능성이란 이 무의미한
시간의 흐름을 단절하는 현재(지금)의 시간 속에서 찾아져야 하는 것이
다.54) 이러한 시간은 「현대식 교량」에서 보았듯, 과거와 미래가 교차하
는 정지의 상태를 지시하는 것으로 이해된다. 이 정지의 시간(현재)에 내
장된 구원과 혁명적인 가능성은 과거와 미래가 함께 내장된 '씨앗'의
시간으로 비유된다. '복사씨와 살구씨'가 '미쳐 날뛰는 사랑'의 시간은
근대의 흐름을 전복하고 해체하는 '혁명'의 은유이다. 지배 권력의 자장
을 이탈하는 순간의 폭발이 '혁명'의 시간이라 할 때, 그것은 하나의 선
이 부서지고 수많은 선들이 만들어지면서 교차하는 파열이면서 동시에
생성이다. 이런 점에서 혁명은 '빨리 가기'와 '늦게 가기'가 충돌하고 중
첩하면서 만들어내는 소용돌이로서의 시간을 환기시킨다.55) 시 「폭포」
에서 '나타와 안정'의 일상을 전도시키는 혁명은, '높이도 폭도 없는' 영
점화된 추락의 순간에 출현한다. 이렇게 혁명이란 일상의 흐름을 전복
하는 사건으로서의 '정지'의 순간에 매개되는 것이다.

　김수영은 이 시에서 혁명의 순간이, 단독자로서의 '나'의 시간이 아니
라, 나이면서 타자인 존재, 곧 '아들'을 통해서 실현되는 시간임을 환기
하고 있다. 그것은 「나의 가족」에서 '가족의 조화와 통일'이 보여주는
사랑이, 응고된 지층이 아니라 생명의 입김으로 확장되었던 것에서 확
인된다. 사랑의 관계 속에서 나와 아들이 접촉하는 순간에 나(주체)는 아
들(타자)이 되고, 아들(타자)은 내(주체)가 된다. 이렇게 배타적 장력을 가진
시간들이 서로 충돌하고 반향함으로써 사랑의 시간을 구축하고, 이러한
시간의 교차 속에서 나의 시간은 과거와 미래로 동시에 확장되는 것이

---

54) W. 벤야민, 반성완 역, 「역사철학적 테제」, 『발터 벤야민의 문예이론』, 민음사, 1983.
55) 김진석, 앞의 책, 84면, 92면 참조.

다. 잊지 말아야 할 것은, 이 생성의 시간이 나를 부정함으로써 종결되는 시간이 아니라, 나를 긍정함으로써 열려지는 시간적 특성을 보여준다는 점이다. 이렇게 타자와의 연관을 통해서 자기의 확장을 이루는 사랑은, 아버지로 상징되는 권력적 시간을 전복하는 역동성을 내장하고 있다. '사랑을 알 때까지 자라라'에서 '자람'이 내포한 시간적 의미가 종말과 고갈을 향한 질주가 아니라, 사랑을 통해 확장되는 지평에 닿아 있는 것으로 읽히는 까닭이 여기에 있다.

동일한 것의 반복으로 특징지어지는 근대의 시간은 자기 동일성을 복제하면서 끊임없는 붕괴에 직면한다. 김수영의 시에서 생성으로서의 사랑은 근대적 시간을 거부하면서 시간을 변주(變奏)해 나가는 힘이기도 하다. 이러한 시간 변주의 양태는 텍스트 내에서 드러나는 반복의 의미 작용을 통해서 확인할 수 있다. 그의 시쓰기에서 반복은 근대적 시간의 질서를 복제하면서 동시에 그것을 붕괴시켜 새로운 차이를 생성하는 창조성을 담고 있다. 「풀」에서 '더 늦게 가기'와 '빨리 가기'의 시간운동은 무의미한 반복으로 특징지어지는 근대적 삶의 리듬을 해체함으로써, 은폐되었던 여백의 의미를 끌어내고 있다.56) 시에서 '바람'이 시간의 움직임을 상정한다고 할 때, '풀'은 외부적 시간 변화에 기대지 않는 자전의 존재로 드러나며, 이때 바람의 움직임과 어긋나면서 만들어지는 풀의 시간운동은, 눕다 / 일어나다, 울다 / 웃다의 경계를 해체하면서 두 행위 사이의 차이를 가시화한다. 이때 '더 빨리'와 '더 늦게'의 시간이 중첩되면서 이어지는 리듬과 시간운동은 '풀'이나 '바람' 어느 하나에 귀착되지 않는, 그러면서 양자를 포괄하는 복수적인 주체의 존재 양태를 보여준다. 즉 '늦게' 혹은 '빨리'라는 풀의 운동성을 고의로 지연시키는 '더'의 시간적

---

56) 이 시의 반복이 형성하는 리듬에 대해서는 서우석의 「리듬의 회열」, 정현종의 「시와 행동, 추억과 역사」, 김현의 「웃음의 체험」(『김수영 전집』 2, 민음사, 1981)의 글을 참조할 것. 노철은 김수영의 시에서 드러나는 동일어의 반복과 반전을 정신의 일방적인 승리도 육체의 일방적인 승리도 아닌 '유동적인 정서'를 표현하려는 작전으로 보고 있다. 노철, 「김수영 시에 나타난 정신과 육체의 갈등 양상 연구」, 『안암어문학회』, 1997.8.

차이로부터 반복의 리듬을 전복하는 새로운 리듬이 탄생하는 것이다.[57) 김수영의 다른 시에서도 반복은 텍스트의 의미를 지연시키고, 새로운 의미를 생성하는 장치로서 기능하고 있다.[58) 「풀」, 「꽃잎(二)」, 「눈」 등의 시에서는 반복을 통해서 시간의 흐름이 낯설게 직조되고,[59) 그것은 일상적 시간을 지연하는 효과를 낳는다. 이러한 시간적 지연을 통해 고정된 의미가 해체되면서 새로운 의미가 생성된다. 이렇게 '반복을 거부하는 반복'이라는 역설 위에 구성되는 리듬은, 차이 없는 반복을 통해 자기 동일적 현재를 연장해 가려는 근대의 전횡을 전복하려는 부정의식을 내장하고 있다. 이러한 전복의 리듬은 근대의 고정된 주체를 해체하고 그 자리에 복수화된 주체를 생성해낸다.[60)

이상에서 살펴본 것처럼 김수영의 시간의식의 밑바탕에는 세계와의 단절이 아니라 연속성을 확보하려는 지향이 자리하고 있다. 시간의 생성에 바탕을 둔 그의 시쓰기는, 죽음으로 상징되는 억압적 시간에 대한 비동일화의 의지를 바탕으로 진행된다. 그의 시에서 대지를 향해 뻗어가는 '뿌리'의 시간은 수목의 상승적 시간에 대한 부정을 보여준다. 즉 '우연'과 '죽음'의 가치를 품고 있는 "뿌리"(「말」)는 시간에 대한 부정이면서 동시에 새로운 긍정의 움직임을 환기한다. 이렇게 김수영은 상부

---

57) 이러한 반복의 리듬은 들뢰즈의 용어로 리토르넬로라 할 수 있다. 리토르넬로는 반복에 의해 만들어지는 시간적 질서의 리듬을 지칭한다. 자본주의의 리토르넬로는 모든 차이를 무화하는 반복이며 삶을 획일화하는 리듬이다. G. 들뢰즈 & 가타리, 김재인 역, 『천 개의 고원』, 새물결, 2001, 595면; 이진경, 「사회적 시간의 역사이론을 위하여」, 『근대성의 경계를 찾아서』, 새길, 1997 참조.

58) 정남영은 「풀」에서 보여주는 시간의 경계를 들뢰즈의 말을 빌어서 이렇게 표현하고 있다. '사이시간(a meanwhile)은 영원의 일부가 아니며, 시간의 일부가 아니라 생성에 속한다.' 이렇게 경계와 혼돈, 유한과 무한을 통일하는 시간은 선형적인 역사관을 거부하는 생성의 역사를 의미한다. 그는 이러한 생성의 힘을 통해서 자본주의적 근대로부터의 탈영토화가 가능해진다고 본다. 「바꾸는 일, 바뀌는 일, 그리고 문학」, 『창작과 비평』, 1996년 겨울, 220면.

59) A. 아이스테인손, 임옥희 역, 『모더니즘문학론』, 현대미학사, 1996, 197면.

60) 고병권, 앞의 책, 196~197면.

로 뻗어 올라가는 시간이 아니라, 거꾸로 내려가는 시간의 선을 타고 감으로써, 종말을 향해 진행되는 근대적 시간의 단일한 플롯을 해체하려는 의식을 보여주고 있다.

2) 백지를 가로지르는 '화가'의 시선

근대적 세계를 살아가는 개인은 시간의 폭력성으로부터 자유로울 수 없다. 이러한 시간의 억압에 대한 대응 방식이 근대에 대한 반성적 사유와 맞물려 어떻게 시적 세계를 구축해 나가는가 하는 문제는 한 시인의 시적 자의식을 살펴볼 수 있는 중요한 지점이다. 앞에서 살펴본 것처럼 김수영은 근대의 시간 원리에 대한 반성을 통해 비가역적 시간을 새롭게 구조화하고자 한다. 그것은 미래의 이름으로 주체를 호명하는 근대의 환상적 비전을 거부하면서 새로운 시간을 생성해 내려는 역동적인 과정으로 드러난다. 지배적 시간 원리와 결별하려는 김수영의 시적 의지는 '다른 시간을 타고 가는 기술'로서의 시쓰기에 대한 자의식과 연관되어 있다. 다음의 시에서 죽음의 시간에 대응해 가는 시간적 모색으로서의 시쓰기에 대한 시인의 자의식을 읽을 수 있다.

눈은 살아있다
떨어진 눈은 살아있다
마당 위에 떨어진 눈은 살아있다

기침을 하자
젊은 詩人이여 기침을 하자
눈 위에 대하고 기침을 하자
눈더러 보라고 마음놓고 마음놓고
기침을 하자

눈은 살아있다
죽음을 잃어버린 靈魂과 肉體를 위하여
눈은 새벽이 지나도록 살아있다

기침을 하자
젊은 詩人이여 기침을 하자
눈을 바라보며
밤새도록 고인 가슴의 가래라도
마음껏 뱉자

—「눈」 전문

　이 시에서는 어둠으로 상징되는 근대적 세계를 배음으로 하여 진행되는 시쓰기의 의미를 살펴볼 수 있다. 먼저 시에서 '눈은 살아있다'라는 반복적 진술은 눈의 하강운동에 내포된 '죽음'의 의미를 '살아있음'으로 바꾸어 놓는다. 처음 3연에 걸쳐 반복되는 '살아있다'의 반복은, 눈이 쌓이는 과정을 통해 시간의 경과를 암시해 주는 동시에, 마당이라는 공간을 시각적으로 확장시키는 기능을 한다. 이때 '—어 있다'의 강조는 '살아 있음'의 현재 상태를 지속시키는 한편 역설적으로 시의 여백에 놓인 '어둠'을 텍스트의 표면으로 끌어온다. 눈이 쌓여가면서 마당의 공간이 점점 확장되고, 그럴수록 어둠으로 상징되는 과거는 배음으로 물러선다. 이렇게 '살아있다'의 반복은 '밤'의 시간 곧 마당을 채운 어둠을 환기하면서 동시에 소거하는 이중의 효과를 담고 있는 것이다. 한편 '밤'의 시간은 기존의 가치와 의미가 지배하는 죽음의 시간으로 읽혀진다. 1연에서 점층적으로 확대되는 반복의 진술을 통해 살아 있음의 시간이 확장되고, 죽음의 시간(어둠)에 대응하는 자아의 긴장된 의식이 점차 선명하게 드러나게 된다. 2, 4연의 '기침을 하자'는 이 권력화된 어둠에 대한 반항을 상징한다. 여기서 기침은 '눈의 살아있음'을 '나(시인)'의 생명력으로 바꾸는 행위이다. 시인은 일회적 단속적 행위로서의 기침을

‘밤새도록’ 이어나감으로써, 어둠이 사라진 ‘새벽’의 시간에 닿으려는 의지를 표출하고 있다.

김수영은 이 시에서 ‘젊은 시인’이라는 페르조나를 통해 근대의 죽음의 시간을 극복해 가는 과정으로서의 시쓰기에 대한 의식을 보여준다. 여기서 ‘기침’은 백지에 내포된 가능성으로서의 시간을 현재화하는 시쓰기의 상징으로 읽힌다. ‘불면’의 결핍을 ‘기침’의 창조적 행위로 바꾸는 과정을 통해서 어둠이 밀려나가고 백색의 시간이 열린다. 어둠이 소거된 ‘마당’은 시쓰기가 진행되는 백지의 공간을 상징하고 있다. 시적 진술이 진행되어 감에 따라 ‘백지’는 ‘마당’이라는 제한된 공간을 넘어서, 새로운 의미를 생성해 내는 적극적인 여백으로 전경화된다.61) 이렇게 눈의 흰빛(백색)은 어둠을 소거하고 현재의 시간을 폐허화함으로써62) 새로운 시간적 가능성을 열어놓게 된다. 결국 김수영에게 시쓰기는 ‘서적’의 고정된 의미를 수용하는 행위가 아니라, 눈 / 어둠, 백지 / 마당, 삶 / 죽음이 길항하는 긴장된 관계 속에서 실현되는 시간적 변이의 과정을 드러내는 작업이 된다. 이 시의 안정되고 견고한 어조 속에는 삶과 죽음, 근대의 시간과 이에 포섭되지 않으려는 시쓰기 사이의 팽팽한 갈등이 내포되어 있다. ‘새벽이 지나도록’이 보여주는 시간적인 초과의 상태는, 생과 사, 빛과 어둠의 긴장으로부터 여유와 안정을 확보하려는 의지의 표현으로 이해된다.

이렇듯 김수영의 시에서 ‘책을 펼치는’ 행위(「방안에서 익이가는 설움」)는 ‘시를 쓰는’ 창조 행위와 연결됨으로써 근대의 시간을 넘어서는 가능성에 대한 모색의 과정을 담고 있다. 이러한 시쓰기는 관습화된 제도로서의 ‘글쓰기’에 대항하는 과정으로 이해된다. 한 개인의 창조적 행위로서

---

61) 데리다는 텍스트의 공백으로서의 ‘여백’을 ‘수용’과 ‘생산’의 이중성을 띤 공간으로, 곧 적극적인 여백과 소극적인 여백으로 나누고 있다. 전자가 눈, 처녀성, 백지로 상징된다면, 후자는 사이, 빈 데, 간격으로 드러나게 된다. 김형효, 『데리다의 해체철학』, 민음사, 1993, 234면.

62) 이건제, 「김수영 시에 나타난 ‘죽음’의식」, 『작가연구』 5, 1997.5 참조

의 시쓰기는 동시대의 규범적이고 이데올로기화된 문체와 충돌하면서 자신의 고유한 음성을 드러내는 긴장된 행위이다. 르페브르의 말을 빌자면 글이란 신·아버지·이성의 명령을 간직한 시니피앙으로, 그것은 개인을 근대의 이데올로기의 체계에 귀속시키는 제도이자 장치이다. 김수영의 시에서 '전쟁의 파괴에서도 살아남은 불사'의 존재로 그려진 '국립도서관'과 '서적'은 이런 제도화된 글쓰기의 상징으로 읽힌다. 이러한 글/글쓰기란 '쓰여지고 고착된' 것을 현실의 모델로 변형시키고 절대화하는 상상적 관계에 바탕을 둔 행위이다. 그러나 김수영에게 있어서 시쓰기는, 이러한 억압적인 글쓰기에 내재된 상상적 관계를 해체하는 과정으로 드러난다. 그것은 '활자'와 '어둠'이 상징하는 고착된 시간성으로부터 벗어나 창조적 시간을 열어가는 것으로 이해된다. '가래'를 '기침'이라는 호흡으로 바꾸어주는 것, 활자로 응고된 '서적'을 살아 숨 쉬는 '백지'로 바꾸어 놓는 행위는 억압적 시간에 대한 해체와 전복으로서의 시쓰기의 실천적 의미를 잘 보여주고 있다.

이러한 시쓰기의 궁극적 의미와 지향은 텍스트에서 드러나는 시선의 배치 양식에 주의를 기울일 때 좀더 구체적으로 이해될 수 있다. 시선은 단순히 지각으로서의 '본다'는 감각을 넘어서, 텍스트 내에서 주체의 존재 양식을 드러내는 주요한 방식이 되기 때문이다. 주지하듯 근대의 주체는 '눈(Eye)'과 '나(I)'를 동일화함으로써 자기 동일적 존재로 구성된다. 코기토적 주체는 이 가상의 시점에서 주체의 동일성을 보장하는 허구화된 시선을 만들어낸다. 개인의 정체성이란 시각 체계에서 가동되는 권력의 시선에 대한 동일화를 통해 구성되는 것이다. 그러나 라캉에 의하면, 이러한 동일화에 기초하여 형성된 정체성의 형식은, 타자의 시선에 대한 복종의 형식으로 구성된 허구적 정체성에 다름 아니다.[63] 여기

---

63) 근대적 시각 체계에 작동하는 권력의 형식과 주체성의 문제에 주목한 푸코에 의하면, 세계와의 연관성을 배제한 채 고립성에 의해 보존되는 시선의 자기 동일성은 허구적으로 구성되어진 것이다. 이진경, 『맑스주의와 근대성』, 문화과학사, 1997, 245~247면.

서 그간에 김수영의 시세계를 설명하는 핵심어로 지적되어 온 '바로 보기'에, 보는 주체로의 자기 정립에 대한 시인의 강한 욕망이 내포되어 있음이 지적되어야 한다. 그것은 "지평선의 정시(正視)"(「바뀌어진 지평선」)에서처럼, 지평선의 소실점에 자아의 시선을 위치시키려는 절대화의 욕망으로 표출된다. 그런데 이 '바로 보기'로 표출되는 자기 정립의 욕망 한편에, 시선의 분열을 통한 자기 해체의 욕망이 함께 존재하고 있다는 점은 그의 시쓰기를 이해하는 데 중요한 의미를 지닌다. 시 「거리(二)」에서 세계를 '내려다보는' 시선에 내재된 균열은 상상적 동일화에 기반한 허구적 정체성의 붕괴를 잘 보여준다. 앞에서도 언급했듯이 거리의 운명을 투시하는 시선의 밑바탕에는 '어디로 가야 할지 모르겠다'와 같은 내적 갈등이 존재한다. 또 거리의 다양한 얼굴을 '뚫어지게 보는' 탐색적 시선의 집중은, 거리의 스펙터클을 훑고 지나가는 시선의 움직임에 의해 계속 분산되고 있다. 이러한 시선의 균열은 '바로 보기'의 주체 내부에 은폐된 균열을 표면으로 드러내 준다.

①눈더러 보라고 마음놓고 마음놓고
　기침을 하자

—「눈」 부분

②팽이는 나를 비웃는 듯이 돌고 있다

—「달나라의 장난」 부분

③누가 있어 나를 본다면은
　이것도 확실히 무서운 이야깃거리다

—「愛情遲鈍」 부분

④만일 나라는 사람을 유심히 들여다본다고 하자
　그러면 나는 내가 詩와는 反逆된 생활을 하고 있다는 것을 알 것이다

—「구름의 파수병」 부분

⑤ 그러나 사람들이 웃을까보아
　나는 적당히 넥타이를 고쳐매고 앉아있다

—「바뀌어진 지평선」 부분

　이상의 인용 시구에서 보듯 시인은 자신을 바라보는 타자의 시선에 묶여 있다. ①②에서 마당에 내린 눈과 팽이의 중심점은 나를 쳐다보는 눈(眼)이 되고, ③에서 정체를 드러내지 않는 타자는 나를 바라보는 시선으로만 존재를 드러낸다. 이렇게 자아는 타자의 시선에 포획되어 있으며(⑤), '비웃는 듯이' 자신을 바라보는 타자의 시선은 '무서운 이야깃거리'라는 억압적 대상으로 치환됨으로써, 자아의 분열을 촉발한다. ④에서 주체인 '나'는 구문상의 주체와 목적격의 주체로 이중화된다. 진술의 주체인 자아는 각각 '나는 —알 것이다'와 '내가 시와 상반된 생활을 하고 있다는 것을'의 주어와 목적어로 분열된다. 이렇게 '나의 눈을 나로부터 분리하는' 분열된 시선의 주체인 '나'는, 목적격의 '나'를 대상화하고 지배하는 권력적 시선(③의 경우)으로 드러난다. 이때 자아를 감시하고 지배하는 절대화된 시선의 포획으로부터 벗어나기 위해서는 이러한 시선의 허구성을 폭로하는 과정을 거쳐야 한다. 다음의 시에서 김수영은 '서적'과 주체의 사이에 '유리창'이라는 가상의 눈을 배치함으로써 이러한 시선의 권력으로부터 벗어나는 과정을 보여준다.

　음탕하리만치 잘 보이는 유리창
　그러난 나는 너를 통하여 아무것도
　보지 않고 있는지도 모른다
　(…중략…)
　透明의 代名詞같은 너의 몸을
　지금 나는 隱蔽物같이 생각하고
　기대고 앉아서
　安堵의 탄식을 짓는다

—「너는 언제부터 세상과 배를 대고 서기 시작했느냐」 부분

일반적으로 '유리창'을 통해 대상을 볼 때, 유리창의 물질성은 자각되지 않는다. 이때 유리창의 투명함이 나와 세상을 곧바로 연결시켜 준다고 믿는 것은 관습화된 규약에 근거한 것이다. 김수영은 이 시에서 유리창을 매개로 '아무것도 보지 않음'으로써 유리창의 투명함이라는 관습적 코드를 깨뜨린다. '투명의 대명사인 유리창', 그래서 대상을 그대로 노출한다고 믿는 유리창을, 자신의 은폐물로 치환하는 아이러니를 통해서 시인은 유리창을 둘러싼 관습과 규약을 해체하는 것이다. 이때 '유리창'이란 허구적 동일화를 가능하게 하는 '거울'과 달리, 자기 스스로를 대상화함으로써 시선을 이중화하는 기능을 한다. 즉 시인은 유리창을 '통해서' 현실(세계, 대상)을 보는 것이 아니라, 매재(媒材)로서의 '유리창의 몸'을 통해 세계와 자신 사이의 '단절'을 인식하는 것이다. 이렇게 유리창은 자기 환상으로 빠져들 수 있는 경계에서, 자아의 시선을 반사하여 스스로에게 되돌려준다. 유리창의 표면에 부딪쳐서 자신에게 되돌아오는 또 하나의 시선을 통해, 절대적 시선에 포획되지 않는 자아의 균열상을 포착할 수 있다. 앞에서 살펴본 「영사판」에서 '영사판' 역시 이러한 동일화를 가능케 하는 거울이면서, 동시에 그 환상을 깨뜨리는 '유리창'과 같은 이중적 의미를 지니고 있었다. 시 「아버지의 사진」에서 아버지―나 사이에 놓인 '안경' 역시 '유리창'과 동일한 기호이다. '안경'은 아버지의 응시와 나의 시선의 동일화가 일어나는 가상의 스크린인 동시에, 아버지에 대한 동일화의 붕괴가 시작되는 지점이다.[64] 자아의 시선과 타자의 응시를 분리시키는 라캉의 견해는 이러한 시각적 동일성이라는 허구를 해체하는 것과 연관된 것이다.[65] 여기서 자아는 '안경'을 통해 '아버지'를 본다는 '오인'을 거부함으로써, 허구적 동일화에서 벗어날 수 있게 된다.

다소 거칠게 비교하여 보자면, 박인환의 경우 '깨진 거울'의 이미지는

---

64) 주은우, 「현대성의 시각체계에 대한 연구」, 서울대 박사논문, 1998, 54면.

65) 정화열, 박현모 역, 『몸의 정치』, 민음사, 1999, 242면.

자신을 투사할 이상적 타자의 부재를 의미하는 것이었다. 자신을 비춰줄 대상을 갖지 못하기 때문에 이 깨진 거울의 이면은 죽음의 블랙홀로 빠져 들어가는 나르시시즘의 통로가 된다. 김춘수는 '가상의 거울'과의 동일화를 통해서, 자신의 시선을 거울로 만들고 있다. 그는 궁극적으로 거울에 비친 자아(ego-ideal)와의 상상적 관계를 통해 초월적 자기 통합에의 욕망을 드러낸다. 한편 김수영은 '유리창'의 이중성을 통해서, 거울의 허구성을 직접 노출함으로써 시선의 분열을 전략화한다.

그의 시에서 자기 확인 통로인 '바로 보기'의 시선이 유리창을 통해 분산, 해체되는 지점에서 무수한 변이적 시선이 생성되는데, 이 점은 시 쓰기의 문제를 살펴보는 중요한 지점이 된다. 그의 시에서 '뚫어져라 하고 들여다보다', '내려다보다', '바로보다'의 투시적 시선의 한편에 '숨어서 '보다', '비스듬히 보다, '거꾸로 보다'로 드러나는 시선의 균열이 함께 놓인다. 이렇게 '바로 보기'의 시선은 유리창에 부딪쳐 반사됨으로써 복수의 눈(複眼)'으로 분산되고 있다. 여기서 '바로 보기'와 길항하면서, 고정된 사물과 내면을 해체하는 아이러니의 시선이 만들어진다. 아이러니란 숭고한 주체로의 통합을 불가능하게 하며, 총체적인 자신의 현존 가능성을 거부하는 양식이다.[66] 이러한 아이러니의 태도 속에서 자아는 무수한 복수의 주체들로 분산된다.[67] 여기서 앞서 지적한 '아이-되기'의 과정이 단수적 의미가 아니라, '아이들'의 복수체로 의미화된다는 점에 주목해야 한다. 나와 젊은 세대(아이들)의 자리바꿈 곧 시간의 역류란 복수적 주체로 전화되는 시간적 변주에 다름 아닌 것이다.

이렇게 김수영의 시쓰기는 허구적 동일화의 붕괴를 전면화하고 자기 내부에서 스스로를 타자화하는 지점에서 실현된다. '서적'으로 상징되는 평면적 공간성을 해체하는 시쓰기는 근대성을 보증하는 주체의 붕괴 지점을 겨냥하고 있다. 이러한 분열과 해체의 과정은 시쓰기의 주체로서

---

66) 최문규, 『문학이론과 현실의식』, 문학동네, 2000, 94면 참조.
67) 유중하, 앞의 글, 412면 참조.

화가—시인의 탄생을 보여준다.

오래간만에 거리에 나와보니
나의 눈을 흡수하는 모든 물건
그 중에서도
빈 사무실에 놓인 무심한
집물 이것저것

누가 찾아오지나 않을까 망설이면서
앉아있는 마음
여기는 도회의 중심지
고개를 두리번거릴 필요도 없이
태연하다
—일은 나를 부르는 듯이
내가 일 우에 앉아있는 듯이
그러나 필경 내가 일을 끌고 가는 것이다
일을 끌고 가는 것은 나다

헌 옷과 낡은 구두가 그리 모양수통하지 않다 느끼면서
나는 옛날에 죽은 친구를
잠시 생각한다

벽에 걸어놓은 지도가
한없이 푸르다
이 푸른 바다와 산과 들 우에
화려한 태양이 날개를 펴고 걸어가는 것이다

구름도 필요없고
항구가 없어도 아쉽지 않은
내가 바로 바라다보는

저 허연 석회천정—
저것도
꿈이 아닌 꿈을 가리키는
내일의 지도다

스으라여
너는 이 세상을 點으로 가리켰지만
나는
나의 눈을 찌르는 이 따가운 가옥과
집물과 사람들의 음성과 거리의 소리들을
커다란 해양의 한 구석을 차지하는
조고마한 물방울로
그려보려 하는데
차라리 어떠할까
—이것은 구차한 선비의 보잘것없는 일일 것인가.

—「거리(一)」 전문

김수영의 시에서 '화가의 눈'의 출현은 자기 동일적 주체의 특권을 해체함으로써, 복수적인 시선이 만들어내는 시간의 생성과 시쓰기의 관계를 설명해 주는 핵심적 사건이 된다. 이 화가의 눈이 보여주는 시각의 이중화의 문제에 대해서는 메를로 퐁티가 주목한 바 있다. 퐁티는 '보는 자 / 보여지는 세계' 사이의 일방적 관계, 즉 보는 자의 특권적 시각은 성립하지 않는다는 점을 지적함으로써 근대의 시각 지배에 대한 회의를 던진다. 그는 주체가 특권적으로 세계를 보는 것이 아니라, 세계 역시 주체에게 보여진다고 보고, 화가의 시선이란 사물을 재현하는 것이 아니라 자신의 시선과 사물간의 만남을 회복하는 것이라고 지적하고 있다.[68] 김수영의 시에서도 화가—시선은 고정된 시선의 의미 체계를

---

68) 메를로 퐁티, 오병남 역, 『현상학과 예술』, 서광사, 1983.

분산시키는 분열의 시선을 내장하고 있으며, 이 분열의 시선이 바로 시 쓰기를 향한 창조적 자의식의 출현을 예비하는 것이다.

이 시에서 시쓰기는 가시적인 것에서 은폐된 것을 찾아내고 고정된 것을 복수화하는 화가의 작업과 동일한 의미로 실현된다. 시 「눈」에서 백지('마당')의 이면에 어둠의 시간이 배음화되어 있었던 것처럼, 이 시에서도 시쓰기의 공간인 '석회천정'의 배면에는 근대의 권력적 시선이 숨어 있다. 그것은 '나의 눈을 찌르는 따가운' 시각적 공격성을 통해서 암시된다. 여기서 일차적으로 사물들의 '따가운' 시선은 '누가'로 드러나는 타자의 시선에 응집되고 있다. 이때 '일하기'로 상징된 시쓰기는 '누가'가 지시하는 타자의 응시로부터 벗어나, 자신의 고유한 시선을 획득해 가는 과정으로 비유될 수 있겠다. 이와 더불어 '누가 찾아오지나 않을까'하는 망설임의 태도는 '태연히' 앉아 있는 여유로 바뀐다. 이러한 변화는 '일을 끝고 가는 것은 나'라는 자각에서 비롯되는데, 여기서 '일'은 미래를 현재로 끌어오는 행위이며, 미래를 품고 진행되는 시간성을 내포한 운동이다.

이때 '마당'과 '석회천정'은 새로운 시간의 창조를 기다리는 잠재적 여백, 곧 예술(시)이 탄생하는 백지의 은유로 읽혀진다. 새로운 상상을 담지한 창조적 시간은 기존의 사고 방식과 구태의연한 세계상이 휘발된 백지 위에서 탄생하는 것이다.[69] '석회천정'은 '벽 위에 걸어놓은 지도'가 지시하는 현실의 시공간이 아니라, "푸른 바다와 산과 들 위에 / 화려한 태양"이 펼쳐지는 새로운 시간을 환기시킨다. 지도란 공간적 구획 속에 모든 것을 배열하고 척도화하려는 근대적 사유의 상징물이다. 이러한 '오늘의 지도'를 부정함으로써, 시인은 '내일의 지도'를 창조하고자 한다. '내일의 지도'란 고정된 진리와 구획된 선을 따라가는 시간이 아니라, '한없이 푸르다'에서처럼 인위적 구획을 지움으로써 드러나는

---

69) 김상환, 『풍자와 해탈 혹은 사랑과 죽음』, 민음사, 2000, 136~137면.

무한의 가능성에 닿아 있다. 이렇게 정해진 궤도를 해체하고 고정된 동일성의 시간을 거부하는 김수영의 시쓰기는 가능성으로 열려진 시간의 선을 따라서 진행된다. 그것은 시간의 구획과 억압을 지우고 새로운 지도를 그려가는 행위로 비유될 수 있겠다. 미래의 지도는 현실을 균질화하는 근대적 시간을 모상(模像)하는 지도가 아니라, 미로와 같이 끊임없이 새롭게 열리는 다수의 입구를 가진 지도이다.[70]

김수영의 시쓰기는 근대적 시간의 권력을 해체하는 복수성의 시간이 생성되는 지점에서 펼쳐진다. 화가-시선은 '서적의 번쩍거림', '시계의 12시'가 표상하는 아버지의 권력적 시간에 대한 저항의 시선을 상징한다. 이 시에서 생성의 시간성을 응축한 '물방울'은 근대적 시간의 포획으로부터 이탈한 화가의 시선 자리 잡는 지점이다. 여기서 과부하된 근대의 스펙터클에 대한 방어적 시선은 적극적인 분열의 시선, 화가-시선으로 바뀐다. 「영사판」의 '화룡점정', 「달나라 장난」의 팽이의 중심에서 발견하는 '눈'은 이러한 화가-시선의 변주로 읽힌다.

이렇게 현실의 어둠이 배음으로 자리 잡고 있는 백지 위에서 수행되는 시쓰기는, 근대적 이념 체계와의 상상적 관계에서 벗어나려는 비동일화의 과정을 보여준다. 그것은 창조적 시간을 생성해 가는 개화(開花)의 사건이며, 주체의 균열과 복수화의 과정으로 실현된다. 지배 담론의 허구성을 내파하고 고정된 체계에 의문을 던지는 김수영의 시적 세계는 근대의 상징적 구조를 빠져나가는 모더니즘적 주체의 새로운 양상을 보여준다는 점에서 의미를 갖는다.

---

70) G. 들뢰즈 & 가타리, 김재인 역, 『천 개의 고원』, 새물결, 2001, 30면.

제 6 장

1950년대 모더니즘 시의 시간의식의 의미

1950년대 모더니즘의 시쓰기는 폭력적이고 억압적인 체계로 전화된 근대적 시간에 대한 반성적 사유로부터 출발한다. 전쟁으로 인한 세계 상실과 폐허의 의식 속에서 시인들이 경험한 혼란과 위기는 그들의 시간의식에서도 급격한 굴절의 양상으로 드러난다. '새나라' 건설이라는 이념으로 결집된 해방기의 시에서는 미래를 향해 시적 비전을 투사하는 열린 시간이 지배적으로 표출된다. 유토피아적 미래를 뒷받침하는 직선적인 시간의식으로부터 해방기를 가득 채운 계몽의 열기를 읽어내는 것은 어려운 일이 아니다. 그러나 현실의 모든 가치와 신념의 체계가 붕괴된 전후(戰後)에, 미래를 향해 질주하던 시간은 정지되고 파편화된 양상으로 변질된다. 전쟁의 불안과 공포 그리고 자기 해체의 위기를 경험한 시인들에게 현실은 죽음을 생산하는 공포의 세계이며, 이러한 인식은 자기 소외와 환멸의 의식을 동반한 균열된 시간의식으로 표출된다.

전후의 시적 출발은 근대의 억압 체계에 의해 구축된 동일성의 원리

에 대항하는 반/비동일화의 의식에 놓여 있다. 1950년대 모더니즘 시인
들은 붕괴된 시간감각과 실존적인 위기의식을 통해서 근대적 세계의 억
압적 구조를 문제삼는다. 이것은 당대 시인들의 문제의식이 근대성의
본질적 지점에 닿아 있음을 증거해 준다. 이들은 시간의 해체와 분열의
전략을 통해 근대적 주체의 붕괴를 가시화함으로써, 지배 담론으로서의
근대성의 원리에 대한 탈동일화의 태도를 다양하게 변주하고 있다. 이
러한 시쓰기의 모색은 근대성 담론을 구성하는 계몽의 기획에 대한 반
항과 전복의 미학적 실천으로 이해된다.

앞에서 살펴보았듯이, 1950년대 모더니즘 시는 근대적 시간에 내재된
위기와 불안의 징후들, 그리고 그 극단적 분출로서의 전쟁의 체험을 텍
스트 내에서 다양한 방식으로 의미화하고 있다. 박인환에게 전쟁은 근
대의 광기와 폭력의 다른 이름이다. 근대의 폭력성을 상징적으로 보여
주는 극단적 전쟁 체험을 통해서 그는 계몽이성의 이면에 숨겨진 어둠
을 포착하고, 그것을 우울과 불안의 정조로 내면화한다. 김춘수에게 전
쟁은 역사라는 이름의 집단적인 폭력이 개인을 억압하고 붕괴시키는 사
건으로 인식되며, 김수영의 경우 전쟁은 일상적 세계 속에 내재된 권력
의 형태로 파악된다. 일상의 등질화된 시간이 자아를 포박하고 억압하
는 비가시적인 권력으로 작동하는 것이다.

한편 박인환의 시에서 미래로부터 소외된 채 고립된 현재에 고착된
자아의 모습은 폐쇄된 시간에 감금된 '수인'의 이미지로 드러나고 있다.
역사와 이데올로기를 폭력과 동일한 것으로 인식하는 김춘수는 이념의
폭력성에 의해 오염된 현재를 '훼손된 몸'의 정지된 시간으로 표현함으
로써, 진보의 시간 원리에 대한 부정의 태도를 보여준다. 김수영에게 억
압 체계로 전화된 근대는 편력의 역사로 상징되는 과거의 시간으로 인
식된다. 그의 시에서 이 고착된 시간을 유동하는 운동으로 바꾸어 놓는
것은 '아픈 몸'이라는 시적 기호이다. 이렇게 세 시인들에게서 폐쇄되고
정지된 시간의식은 각각 '수인의 몸', '훼손된 몸', '아픈 몸'으로 상징된

다. 이러한 시적 인식은 근대적 시간의 특징인 진보와 속도, 미래 지향의 유토피아를 허구적인 것으로 인식하고, 이에 대응하는 1950년대 모더니즘의 시간의식을 특징적으로 드러내주는 것으로 이해된다.

근대성의 시간 원리는 모든 이질적인 것을 단일한 원리로 통합하는 억압적 동일성의 시간으로 특징지어진다. 근대성 담론에 대한 저항으로서의 모더니즘의 시간 원리는 이렇게 코드화되고 균질화된 시간적 표상에 대한 거부와 부정의 의식으로 표출된다. 박인환의 시쓰기는 근대성의 이념에 대한 동일화의 욕망이 자기 내부에서 구성된 환상에 기반한 것이었음을 자각하는 과정을 보여준다. 미래로 상정된 근대에 대한 동일화의 지향과 그 좌절은 나르시시즘적 세계로 귀환하는 주체의 모습을 통해서 구체화된다. 박인환의 나르시시즘은 자기 파괴의 욕망을 통해 역설적으로 죽음의 시간인 근대에 대응해 가는 시적 의식을 잘 보여준다. 한편 김춘수는 총체성의 유토피아로 설정된 근원적 시간을 회복하기 위해, 비본질적이고 일회적인 역사의 시간을 추방하고 부정한다. 그것은 역사를 거세한 자리에 내면의 풍경을 구축함으로써 현실의 폭력으로부터 스스로를 보존하고자 하는 반동일화의 의지로 이해된다. 그러나 이러한 반동일화 의지의 이면에 동일성의 주체로 회귀하려는 욕망이 내장되어 있다는 점에 김춘수의 시적 딜레마가 놓인다. 이에 비해 김수영은 근대성 자체를 부정하지 않으면서 그것을 목적으로 설정하지도 않는, 비동일화의 태도를 표출한다. 그는 상징적 아버지와의 거리두기를 통해 근대의 담론에 대한 동일화를 거부하는 한편, 내적 분열을 드러내는 복수의 눈(複眼)을 통해 고정된 주체를 해체하고자 한다.

전후 모더니즘의 시인들이 보여주는 이러한 분열의 전략은 서구적 근대성의 체계로부터 소외된 우리 모더니즘이 놓인 특수한 상황을 고려할 때 보다 구체적으로 이해될 수 있다. 서구적 근대의 시간 원리는 개인이 이성의 자율성을 획득함으로써 스스로 주체가 되는 것, 다시 말하면 자율적인 존재인 성년이 되는 과정으로 비유된다. 교양과 지식을 통

해 스스로 계몽적 주체로 성장해 가는 것은 『무정』 이래로 우리 근대문
학 주체들의 내면에 자리 잡은 모순적인 열망이었다고 할 수 있다. 1950
년대 모더니즘 시인들 역시 서구적 근대라는 이념적 아버지에 대한 동
일화를 지향하면서 한편으로는 그것을 부정해야 하는 모순 속에서 분열
하고 있었다. 이들은 근대화라는 창조의 로망스를 스스로 실행하고자
하는 욕망과 그 환멸을 내장한 분열적 경험을 텍스트화한다. 이러한 분
열적 자의식은 아버지의 시간인 미래와 자기가 놓인 현재 사이의 시간
적인 충돌을 통해서 선명하게 드러난다. 진보와 성장이라는 근대의 이
념에 대한 동일화의 욕망은 역설적으로 미래와 현재의 시간적 간극에
놓인 존재의 위기를 심화시키는 동인이 되는 것이다. 1950년대 시에서
발견되는 성장 거부의 모티프는 진보 이념에 대한 부정의 의식과 그 시
간적 분열을 드러내는 상징으로 이해될 수 있다.

　박인환의 시에서 '아메리카'로 상징되는 서구적 근대에 대한 동일화
의 욕망과 그 붕괴 과정은, 도달해야 할 이념적 고향의 부재 속에서 우
리의 문학 주체들이 경험하는 혼란을 상징적으로 보여준다. 그의 시에
서 전쟁이라는 근대의 광기 앞에 노출된 자아는 '기아(棄兒)'의 이미지로
표현된다. '버려진 아이'로 비유된 미성년의 자아는 근대라는 실체를 분
별할 수 없었던 지적 풍토의 미성숙을 드러내는 동시에, 개항 이래 폭
력적인 근대의 힘에 좌절할 수밖에 없었던 우리의 시적 현실을 반영하
는 상징적 이미지이다. 이 점은 김춘수의 시에서도 드러나는바, 「부다페
스트」 계열 시에서의 '죽은 아이'의 이미지 역시 근대적 세계로의 성장
의 좌절을 보여준다. 김춘수에게 근대적 시간은 성장을 왜곡하는 시간
으로만 인식되며, 폭력적 타자에 대한 동일화의 거부는 내적 동일성의
세계를 구축하려는 욕망으로 대치된다. 이렇게 김춘수가 보여주는 시원
의 유토피아를 향한 귀향 의지는 근대의 자기 분열과 상실에 대응하려
는 비극적 세계 인식에 바탕을 두고 있다. 한편 김수영은 '아이−되기'
의 지향을 통해서 근대의 성장이념에 대한 거부의 태도를 표출하고 있

다. 존재의 변환과 시간의 이행을 내포한 '아이—되기'는 직선적 시간을 거꾸로 되돌리는 퇴행이 아니라, 자기 내부의 가능성을 찾아내려는 생성의 움직임으로 실현된다.

이렇게 전후의 모더니즘이 보여주는, 근대적 시간에 대한 부정으로서의 성장의 좌절 혹은 거부의 태도는 비서구 주체의 정체성 문제와 연관지어서 생각해 볼 필요가 있다. 주지하듯 서구의 근대는 이성과 감성, 정상과 비정상, 문명과 야만, 서구와 비서구 등의 고착된 이분법을 통해 타자를 지배해 왔다. 이 과정에서 비서구는 어린아이와 같은 미성숙 혹은 미개한 존재로 유비됨으로써 계몽되어야 할 타자로서 인식되어 왔다. 여기서 주목할 것은 서구와 비서구를 가르고 차별화하는 시간화의 원리가 성장이라는 이념 속에서 반복적으로 재생산된다는 것이다. 미성숙한 비서구의 주체들에게, 성장의 이념은 그들의 미래로 상정된 서구를 향한 상상적 동일화의 욕망을 의식적 무의식적으로 강요하는 동인이 되었던 것이다. 이런 점에서 1950년대 모더니즘 시인들이 보여주는 성장 거부의 모티프는, 진보적 시간이 표상하는 서구적 동일성의 원리에 포섭되지 않는 새로운 주체 구성의 문제를 가시화한다는 점에서 의미를 지닌다.

한편 1950년대 모더니즘 시인들의 시간의식은, 근대에 대한 성찰로서의 시쓰기에 대한 자의식이 구성되는 양상을 통해서도 살펴볼 수 있다. 박인환에게 시쓰기는 근대이념에 대한 동일화의 붕괴와 나르시시즘적 죽음의 세계로 귀환하는 도정을 보여준다. 그의 시쓰기는 폭력적 세계에 대응하는 제의(祭儀)로 상징화되는데, 그것은 근대적 시간에 내포된 죽음을 지연하면서, 동시에 죽음으로 귀결되는 역설적 욕망을 담고 있다. 이때 죽음의 시간으로 이어지는 시쓰기의 최종적 지향점은 '빙화(氷花)'의 이미지를 통해서 표출된다. 박인환은 이념적 동일화의 붕괴에서 비롯되는 결핍과 소외를, 자기 내부에서 구성된 심미적 이상에 대한 상상적 관계를 통해 충족시키고자 한 것이다. 그러나 이러한 허구적 동일화는 죽음에 이르는 것으로 귀결되고, 이때 응고된 시간을 상징하는 '빙화(氷花)'의 이미지는 자기 소멸을 암시하는 상징적 기호로 출현한다. 그의 시 텍스트를 채우고 있는 혼란과 절망, 허무 그리고 죽음 충동은, 이러한 나르시시즘적 시쓰기의 필연적인 귀결인 소멸의 징후를 드러내주는 것으로 읽힌다.

한편 김춘수는 역사를 추방한 공백을 자기 충족적인 가상의 시간으로 대치한다. 이 가상의 시간에 대한 허구적 동일화를 유지함으로써 그는 현실에 대립하는 자율성의 텍스트를 구축하고자 한다. 내부의 가상에 대한 상상적인 동일화를 바탕으로 인공의 미학을 구성해가는 김춘수의 시쓰기는, 근대를 생명력이 거세된 세계로 인식하는 태도와 맞물려 있다. 그런데 가상의 세계를 건설함으로써 생산성이 거세된 현실에 대응하려는 그의 시적 지향은, 결국 폐쇄적인 내면 풍경에 고착됨으로써 외부세계를 응고시키는 또 다른 동일성의 원리를 내장하게 된다. 이렇게 시간의 전도된 풍경을 보여주는 김춘수의 시쓰기는 가상의 자족성이 피워 올린 '조화(造花)'의 시쓰기로 명명될 수 있겠다.

한편 현재의 시간을 거부하거나 파괴하지 않으면서 '시간을 타고 가는 기술'로서의 시쓰기를 지향하는 김수영의 경우는 근대적 시간의 내부에서 시간적 가능성을 열어간다. 그에게 있어서, 미래를 향해 달려가는 행위는 역설적으로 미래를 통해서 현재를 사유하는 것이며, 이때 미래이면서 동시에 과거인, 나이면서 타자인 '아이'의 존재는 직선적 시간의 플롯을 거부하는 운동 속에서 탄생한다. 그것은 근대적 시간에 내포된 죽음의 원리를 자기 속에 내포하면서 동시에 새로운 시간을 낳는 행위로 이해된다. 이렇게 기존의 관습과 제도를 부정하고 새로운 시간을 생성하는 과정은 과거와 미래를 품고 진행되는 '개화(開花)'의 이미지로 나타난다.

이렇게 1950년대 모더니즘의 시쓰기는 근대적 세계와의 동일화를 파기하는 불연속성의 시간의식을 바탕으로 하여 주체의 해체와 분열을 전면화하고 있다. 이러한 시간적 이행의 가능성을 통해서 1950년대 모더니즘의 시적 인식이 뻗어나가는 의미론적 지평을 설정해 볼 수 있다. 이를 위해서 먼저 1960년대 이후의 시사(詩史)의 대립적 양축을 이루고 있는 김춘수와 김수영의 시적 인식이 1950년대의 지평에서 어떻게 차별화되고 있는지를 소급하여 살펴볼 필요가 있다. 김춘수의 시쓰기는 역사와 현실을 배제한 괄호 속에서 자기 동일성을 유지해 가는 방식으로 구축된다. 이 점은 김춘수의 시간의식을 특징적으로 드러내주는 다음의 구절에서 확인되는데, "울고 간 새와 울지 않는 새가 만나고 있다"(「처용단장」 2부)에서 '울고 간 새'가 표상하는 과거와 '울지 않는 새'가 표상하는 현재의 시간은 동일한 시간 지평에서 합치될 수 없는 것으로 드러난다. 즉 '울고 간 새'는 이미 끝난 울음의 행위 속에서 자신의 시간을 완성하고 있으며, '울지 않는 새'의 경우는 울음을 거부하는 현재의 상태에 묶여 있다. 이때 '간'과 '않는'이라는 부정어를 통해 드러나는 현재의 시간은 과거와 미래가 추방된 공백으로 의미화된다. 이러한 시간적 간극을 극복하는 '만남'은 과거와 현재의 시간에 놓이지 않으며, '구름 위 어디선가 만나고 있다'는 진술에서 보이듯 이 두 시간과 존재를 하나로 묶어보려는 시인의 의식 속에서만 가능해지는 것이다. 이렇게 김춘수의 시적 기반을 이루는 진공의 시간은 역사적 시간과 화해하지 못하는 비동일성의 미학적 인식을 보여주고 있다.

이에 반해 김수영의 시쓰기는 '울다간 새와 울러 올 새'의 시간적 결락을 메우는 작업으로 상징된다. "울고 간 새와/ 울러 올 새의/ 寂寞 사이에서"(「冬麥」)에서 '간'과 '올'의 사이의 공백을 채우는 과정은 시쓰기를 규정하는 시간의 구성 방식을 보여준다. 이때 '적막'은 부정해야 할 과거와 도래할 시간 사이의 갈등과 충돌을 포괄하고 있다. 모든 시간적 갈등을 수렴한 이 소용돌이는 오히려 '빈 시간'의 '적막'으로 환기된다. 이 '빈 시간'은 과거와 미래를 동시에 끌어당기면서 진행하는 시간적 이행의 출발점이다. 김수영의 시쓰기는 이 '빈 시간'을 활성화함으로써 '올 시간'을 생성하는 방법론이 된다. 김춘수의 현재가 과거(기억)와 미래(예기)가 소거된 진공의 상태로 비워지는 데 반해, 김수영의 현재는 과거와 미래가 뒤섞이고 충돌하는 운동을 담고 있다. 1960년대 이후 김수영과 김춘수가 극명하게 보여준 미학적 대립은 이러한 시간 인식의 차이를 통해 1950년대에 이미 예비되어 있었던 것이다.

한편 김수영의 보여주는 시간적 이행의 가능성을 통해 1950년대 모더니즘의 시적 인식이 도달한 최대치와 그 한계를 함께 살펴볼 수 있다. 해방기 정치적 열망이 붕괴된 지점에 자신의 이념적 지평을 설정할 수밖에 없었던 1950년대의 시인들은 아버지의 시간에 대한 동일화와 그 좌절을 반복할 수밖에 없었다. 크리스테바는 자기 자신을 향한 '내부의 눈'으로 지칭되는 나르시스의 시선과 아버지를 향해 길을 떠나는 오딧세이의 시선을 대립시키고 있다.[1] 우리 시사에서 1930년대 카프와 해방기의 계몽주의자들이 아버지인 '조국'을 찾아 떠나는 반나르시스의 시선, 곧 계몽의 빛을 찾아 접근해 간 오딧세이의 영혼을 지녔다면, 외부의 빛이 사라진 1950년대의 시인들은 나르시시즘의 심연에 유폐되는 양상을 보여준다. 아버지의 시간에 대한 비동일화의 태도를 견지하는 김수영은 주체의 복수화를 통해서 나르시시즘의 심연을 가로지르는 시간적 이행의 도정을 보여준다. 이러한 시간적 가능성은 1950년대의 폐허에서 분화된 시간의식이 1960년대의 지평으로 열려질 가능성을 보여준다. 좌절된 시간이며 그러나 궁극적으로 김수영에게 사랑의 씨앗으로 인식되는 4·19는 이러한 시간의 확장과 생성으로서의 의미를 지닌다. 그는 오딧세이의 시선을 복수의 눈(複眼)으로 분산시킴으로써 근대의 억압적 체계를 넘어선다. 이러한 김수영의 시간적 이행이 도달한 임계점에 '3·8선'이라는 장벽이 놓여 있다.

---

1) J. 크리스테바, 김영 역, 『사랑의 역사』, 민음사, 1995, 170~172면.

三八線을 돌아오듯 테이블을 돌아갈 때
걸리고 울리고 일어나도 걸리고
앉아도 걸리고 항상 일어서야 하고 항상
앉아야 한다 피로하지 않으면

―「의자가 많아서 걸린다」 부분

너의 사랑은
三八線 안에서 받은 모든 굴욕이
三八線 안에서 받은 모든 굴욕이
전혀 정당한 것이 아니라는 것을 알았고
너는 너의 힘을 다해서 답째버릴 것이다

―「六五年의 새해」 부분

여기서 '3·8선'이 지시하는 경계는 시간적 전망을 창출할 수 있는 모든 가능성을 봉쇄하는 장벽을 상징한다. "우리 시의 과거는 성서와 불경과 그 이전에까지도 곧잘 소급하지만, 미래는 기껏해야 편협한 민족주의 둘레바퀴에서 벗어나지를 못한다"[2]는 김수영의 탄식에서 보듯, 3·8선은 시간적 이행을 방해하고('걸린다') 좌절시키는 "규제"(「설사의 알리바이」)로 드러난다. 허구적 이념의 응고물인 3·8선은 현해탄과 태평양으로 상징되는 모더니즘의 심연을 대신하여 시인을 포박하는 시간의 중력을 상징한다. 1950년대 이후의 시인들을 지배하는 강박은 '3·8선 너머의 다른 시간을 꿈꿀 수 없는' 상황, 시간적 가능성을 차단하는 상징적 체계의 억압을 벗어나는 문제로 모아진다.[3] '아메리카'로 상징되는 미래의 이념을 거부하면서, 시간적 이행에 스스로를 투사하려는 시인 앞에 주어진 과제는 이 허구화된 이념적 지평이 만들어 놓은 영토를 어떻게 넘어서는가 하는 문제였다. 김수영에게 '자유'란 이데올로기적 담

---

2) 김수영, 「반시론」, 『김수영 전집』 2, 민음사, 1981, 264면.
3) 김수영, 「히프레스문학론」, 위의 책, 205면.

론을 균열시키고 이념적 장벽을 넘어서려는 시간적 이행을 통해서만 가능한 것으로 인식된다. 시간의 이행(移行)은 이러한 이념적 장벽을 넘어가는 기술로서의 "이행(履行)"(「설사의 알리바이」)을 의미한다. 이렇게 이념의 억압 장치를 가시화하는 상징으로서의 '3·8선'은 김수영의 시가 도달한 시간적 이행의 임계점이며, 1960년대 이후의 그의 시쓰기는 이 3·8선이라는 상징적 아버지의 규제를 넘어서기 위한 시간적 모험으로 펼쳐지게 되는 것이다.

한편 근대성의 위기를 주체의 분열 문제로 텍스트화하는 1950년대 모더니즘 시인들의 시간의식은 당대의 전통 서정시인들과의 대비를 통해서 보다 구체적으로 이해될 수 있다. 서정주·이원섭·이동주·박재삼 등으로 대표되는 전통 서정시인들은 근대적 세계에 대한 대립항으로서 '과거'의 시간을 절대시간으로 상정하고, 이러한 시간적 유토피아로 회귀하려는 의지를 보여준다. 이상적 과거에 대한 동일화를 통해 근대의 억압성을 배제하고 거부하려는 전통 서정시인들과 달리, 모더니즘의 시인들은 자신이 되돌아갈 과거의 부재를 자각하고, 이러한 상상적 고향에 대한 동일화를 거부한다. 박인환과 김수영에게 이상화된 과거는 존재하지 않으며, 김춘수에게서도 '유년'은 현재와 통합되지 못하는 이질적인 시간으로 드러난다. 그것은 이들이 동일성의 시간 내부에 자기 정체성을 구축하는 대신, 근대의 억압과 주체의 위기에 주목하기 때문으로 보인다. 이 점은 특히 김수영의 경우에 두드러진다. 그에게 전통의 시간이란 재해석되고 되살려야 하는 시간으로서 의미를 지닌다.[4] 가능성으로서의 미래를 현재로 소환하는 의식의 역동성은 마찬가지로 고유한 과거를 매순간 새롭게 불러올린다. 그리하여 '전통'은 사물화된 시간이 아니라 생성의 사건으로 이끌어 낼 수 있는 가능성의 지점이 되는 것이다. 이렇게 모더니즘 시인들은 근대의 직선적 시간을 과거를 향해

---

4) 김상환, 『해체론 시대의 철학』, 문학과지성사, 1996, 48~40면 참조.

되구부리지 않고, 시간을 해체, 정지시키거나 새로운 시간을 생성함으로써 근대적 시간에 대응해 간다.

한편 1950년대 모더니즘 시의 위상을 파악하기 위해서는 이들의 문학적 부성(父性)이라 할 1930년대 모더니즘과의 연관 관계를 따져볼 필요가 생긴다. 주지하듯, 1950년대 모더니즘 시는 1930년대 모더니즘에 대한 부정에서 출발하는 한편, 스스로를 1930년대 모더니즘 운동의 적자로 규정하고자 하는 의식에 강하게 지배되고 있었다. 1930년대 모더니스트들이 근대의 물질적 조건에 대한 부정과 비판의 태도를 시적 근간으로 삼았다면, 1950년대 모더니스트들은 근대의 부정성을 실존적 문제로 심화시키는 가운데 새로운 시쓰기를 추구해 나간다.[5] 그것은 1950년대 모더니즘이 시대적 위기의식을 실존의 위기로 심각하게 체험하고 있음을 방증하는 것이기에,[6] 전대 모더니즘에 대한 1950년대 모더니스트들의 비판은 단순히 세대간의 인정투쟁으로만 볼 수 없는 의미를 내포한다. 1950년대 모더니즘 시인들은 모더니즘의 언어 중심, 기교적 측면, 근대성에 대한 감각적 수용의 문제를 비판하는 가운데, 1930년대 모더니즘과 스스로를 차별 짓는다. 전대의 모더니스트들은 과학과 문명의 의미를 기술적인 측면에서 이해함으로써, 그 밑바탕에 놓인 정신의 윤곽을 보지 못하였기 때문에 사회적인 의식과 감각이 부재하다는 이봉래[7]와 박인환의 비판은 이런 맥락에서 이해된다. 1930년대 모더니즘의 기교화와 언어의 감각화 등에 대해서는 김기림에 의해 광범위한 자기 비판과 방향 조정이 행해지고 있었음에도 불구하고,[8] 전후의 모더니스

---

5) 서준섭, 『한국 모더니즘 문학 연구』, 일지사, 1988, 27~29면.
6) 전기철은 1950년대 모더니즘이 전후의 실존적인 불안의식을 문학 내적으로 극복해 보려는 방법적 모색에서 출발한다고 지적한다. 『한국전후비평연구』, 국학자료원, 1994, 147면 참조.
7) 이봉래, 「한국의 모더니즘(상, 하)」, 『현대문학』, 1956.4~5.
8) 김기림, 「모더니즘의 역사적 위치」, 『인문평론』, 1939.10; 「시의 모더니티」, 『신동아』, 1933.7.

트들은 전대 모더니즘의 한계가 건강하게 극복되지 못했다고 평가하고
있는 것이다. 이 점은 박인환이 김기림보다는 이상에 경도되고 있었던
점에서 확인할 수 있는데, 이것은 박인환이 1930년대 모더니즘이 보여
준 '언어적 물질성에 대한 자각', '과학으로서의 시'로 요약되는 모더니
즘의 형식적 기율보다, 근대성에 대한 부정이라는 인식적 측면을 중심
으로 사유하고 있음을 보여준다. 이렇게 1930년대 모더니즘의 문명비판
이 정치적인 것을 거세한 '방법'으로서의 비판에 국한됨으로써[9] 현실감
각을 상실할 수밖에 없었던 것에 비해, 방법으로서의 문명비판이 실존
적 인식의 문제와 만나는 지점에서 1950년대 모더니즘이 출발하고 있다
는 점은 중요한 의미를 지닌다. 이것은 우리 시에서 '모더니티'의 문제
를 발전시키는 데 기여한 1930년대 모더니즘의 성과와 동시에 그 한계
로 지적되어 온 문제들, 즉 근대적 세계에 대한 비판적 인식과 성찰의
결여라는 문제가 1950년대 모더니즘에 와서 새롭게 전환될 계기를 마련
하고 있음을 의미한다.[10] 이 글에서 살펴보았듯이, 1950년대 모더니즘
시는 근대를 실존적 조건으로 인식하고 적극적으로 시적 사유의 대상으
로 삼음으로써 근대성에 대한 심도 있는 반성과 성찰의 과정을 보여준
다. 이것은 1950년대 모더니즘 시인들에게 근대성에 대한 성찰적 대응
이라는 화두가 시쓰기를 지배하는 기저로 내면화되고 있음을 의미하는
것이다. 따라서 1950년대 모더니즘 시의 의미는 수사학적 방법적 차원
을 넘어서, 세계 인식으로서의 모더니즘을 심화하고 있다는 점에서 찾
을 수 있을 것이다. 바로 이 지점이 1930년대 모더니즘과 1950년대 모

---

9) 오세영, 『한국 근대문학론과 근대시』, 민음사, 1996.

10) 물론 1950년대 모더니즘의 내부에는 다른 견해와 관점이 공존하고 있었으며, 이들이
    전쟁의 의미를 근대성의 외화로 보지 못하고, 즉자적으로 인식하는 경향이 짙었다는
    것도 부인할 수 없는 사실이다. 한수영은 1950년대 모더니즘론을 '언어에 대한 현대적
    자각'으로 모색되는 방향과 이러한 지향적인 흐름에 대립되는 현실 비판적이며 정치
    지향적인 흐름으로 나누어 볼 수 있다고 한다. 한수영, 『한국현대비평의 이념과 성격』,
    국학자료원, 2000, 240면.

더니즘을 적극적으로 차별짓는 요소가 되며, 근대성이 보편적 삶의 조건으로 자리잡게 되는 1960~70년대의 시사와 1950년대 모더니즘 시의 문제의식을 연결짓는 출발점이 되는 것이다.

1950년대 모더니즘 시가 주체의 분열 양상을 적극적으로 텍스트화함으로써, 근대적 세계의 존재론적 위기를 인식적 바탕으로 삼고 있다는 사실은, 1960년대 이후의 우리 모더니즘 시의 의미를 이해하는 데도 시사점을 제공한다. 이른바 '역사의 악한 의지'가 주체에게 직접적으로 가하는 고통과 상처의 시기로 의미화되는 1950년대의 시와 달리, 근대화의 진행과 그로 인한 소외가 심화되는 1960년대 시의 무의식은 '환부 없는 아픔'으로 비유되는 비가시적 억압에 침윤되어 있다.[11] 이러한 수사적 비유는 1960년대 시에서 근대성의 위기가 이미 징후적으로 내면화되고 있음을 의미한다. 이렇게 세계 상실과 허무 의지가 1960년대 문학의 전의식으로 자리 잡게 되는 과정은,[12] 근대성의 파탄과 불안의식을 존재의 위기로 내면화하는 1950년대 모더니즘 시와의 연속선상에서 해명될 수 있는 것이다. "정치적 문맥과 관련된 허무주의와 자유의지가 희석화되면서, 시적으로 변용되는 자리에서 60년대의 순수시가 탄생한다"는 진술에서 알 수 있듯,[13] 1960년대 순수시는 자기 해체 위기를 극단적으로 경험한 1950년대 시의 징후적 요소가 내면화되는 과정과 별개로 이해할 수는 없는 것이다. 즉 1960년대 모더니즘의 미학적 '순수'의 의미는, 근대성의 위기에 대응하는 1950년대 시적 양상과 함께 고려되어야 한다. 이를 통해서 근대의 위기에 대응하는 '부정의 미학'으로서의 1960년대 모더니즘의 미학적 역동성이 재인식될 수 있다. 이런 점에서 근대성에 대한 반성적 자의식을 시쓰기의 인식적 바탕으로 심화시켜 갔

---

11) 최현식, 「데포르마시옹의 시학과 현실대응 방식」, 『1960년대 문학연구』(민족문학사
    연구소 편), 깊은샘, 1998, 170면.
12) 김재홍, 「60년대의 시와 시인」, 『한국현대시연구』, 민음사, 1989.
13) 김준오, 「현대시의 추상화와 절대은유」, 『현대시사상』, 1995년 가을.

던 1950년대 모더니즘의 문제의식은 우리 시사에서 보다 적극적으로 해
석되어야 할 것이다.

폐허와 창조의 시간을 넘어서

이 글에서는 1950년대 시에 나타난 시간의식을 통해서 전후 모더니즘 시의 미학적 인식이 구축되어 가는 과정을 살펴보았다. 전후 모더니즘의 시인들은 그들이 딛고 있는 파편화된 현실을 자신의 존재론적 탐구와 결부시킴으로써 당대의 미학적 지형도를 형성하고 있다. 앞에서 살펴본 김수영·김춘수·박인환 세 시인이 보여주는 시간의식의 다양한 특성은 1950년대라는 시사적 의미의 지평으로 수렴된다. 이 시인들이 보여주는 시간의 해체와 정지 그리고 생성의 의식은 전후 모더니즘의 시쓰기가 근대성에 대한 성찰적 사유를 바탕으로 진행되고 있음을 보여주는 것이다. 또한 근대의 억압에 대응하는 시간의식과 결부된 이들의 시쓰기는 1950년대 모더니즘의 문제의식이 언어의 물질성에 대한 사유, 혹은 기법이나 수사학 등 미학적 측면뿐만 아니라 시쓰기를 이끌어가는 자의식의 문제에까지 깊숙하게 닿아 있음을 의미한다. 이 글에서는 박인환·김춘수·김수영 세 시인의 구체적인 시 작품을 분석하고 이들의 시간의식이 드러나는 양상과, 시쓰기를 이끌어가는 미적 자의식의 문제를 함께 고찰해 보았다.

박인환은 해방기 시에서는 '새나라 건설'이라는 이념적 지평 속에서 유토피아로서의 미래에 대한 강한 지향을 보여주는데, 그의 대표작 「열차」에서 이상적 종착점을 향해 달려가는 직선적 운동은 미래를 향해 뻗어나가는 근대적 시간을 상징적으로 보여준다. 그에게 전쟁은 해방기의 질주하는 시간운동을 파탄시키는 거대한 재난으로 인식되며, 이러한 시간적 파탄의 경험은 추락과 하강의 운동으로 표현되고 있다. 박인환의 시에서 미래의 이상에 대한 동일화의 지향과 좌절의 과정은 시간 해체를 통해 드러난다. 과거, 미래와의 연관성이 상실된 현재의 시간은 '닫힌 방', '수인의 육체', '벽' 등의 유폐된 공간성을 통해 표출되고 있으며, 이러한 폐쇄된 현재는 물질화된 시간의 억압성에 의해 지속적으로 위협받는다. 고립된 현재로부터 벗어나려는 시간적 모색은 미래와 과거를 향해 가는 두 방향의 '여행'으로 표출된다. '미래로 가기'는 이념적 지향점으로 상정된 '아메리카'가 상상적 이미지에 불과한 것임을 확인하는 과정으로 종결되는데, 이러한 여정은 서구적 근대성에 대한 동일화의 욕망이 '환상'에 매개된 허구적인 것이었음을 자각하는 과정이기도 하다. 한편 '회상'을 통한 '과거로 가기' 역시 파편화되고 이질적인 시간으로 변질된 현재를 구원해줄 과거의 부재를 확인하는 것으로 귀결된다. 이렇게 시간적 비전을 열어주지 못하는 좌절된 여행의 행로는 '동결된 현재'로 돌아오는 회귀의 선(線)을 따라 움직이고 있으며, 시인의 의식은 단자화된 현재의 시간에 고착된다. 박인환의 시에서 여행의 실패와 시간적 전망의 붕괴는 유토피아의 상실과 깊은 연관이 있다. 유토피아적 시간으로 상정된 '청춘'은 '기묘한 청춘' 혹은 '왜곡된 청춘'의 허구적 이미지로 표현됨으로써 현재의 고립성을 강화한다. 이때 '딸—신부—창부'로 이어지는 시간의 변화 과정은 타락과 어둠의 부정성만을 환기시키고, 생산성의 기호인 '아이'의 존재조차 '기아(棄兒)' 혹은 '죽은 아이'로 표현되고 있다. 이렇게 현재의 어둠은 시인을 미래적 비전이 봉쇄된 '미성년'의 자의식에 묶어 놓는다. 이러한 인식을 통해서 박인환은 성장의 이념에 바탕을 둔 근대적 시간에 대한 좌절과 반항의 의식을 텍스트화하고 있다. 또 그의 시에서 '깨진 거울'의 이미지는 이념적 타자에 대한 동일화의 좌절과 나르시시즘적 세계로의 귀환을 상징적으로 보여준다. 시간의 폐쇄성과 맞물린 나르시시즘적 세계에서, 외부의 억압에 노출된 불안정한 내면은 죽음 충동으로 표출된다.

이렇게 박인환은 전후 폐허의 상황을 종말과 파국의 시간으로 인식한다. 유토피아적 시간의 부재에서 기인하는 소외와 결핍, 분열을 메우려는 그의 시쓰기는, 죽음 충동의 발현으로서의 나르시시즘과 그 죽음을 지연시키는 제의의 시간 사이의 긴장 속에서 수행된다. 즉 박인환의 시쓰기는 근대라는 타자에 대한 동일화의 지향과 그 좌절의 드라마로 요약될 수 있다. 그의 시에서 근대에 대한 '환상'의 붕괴와 그 좌절의 여정은 유폐된 의식과 시간의 해체로 드러난다. 계열적 시간을 해체하고, 고립된 내면으로 귀환하는 박인환의 시적 태도는 상실된 유토피아 의식에 기반한 전후 모더니즘의 독특한 시간의식을 보여준다고 하겠다.

김춘수의 초기 시에서 드러나는 시원의 공간은 근원적 총체성을 담지한 시간적 유토피아로 상정되고 있다. 이러한 시공간은 근대적 시간이 침투하게 됨으로써 붕괴를 겪게 된다. 김춘수는 모성적 세계의 충족성과 아버지의 시간이 상징하는 억압성을 대비시킴으로써, 근대의 폭력성에 대한 비판적 인식을 보여준다. 특히 전후의 시에서 폭력적 시간에 대응하는 시인의 태도는 보다 선명하게 드러나기 시작한다. 「부다페스트에서의 소녀의 죽음」 계열의 시들에서 그는 시원의 동일성을 붕괴시키는 역사적 시간을 폭력으로 규정한다. 폭력에 의해 희생된 '죽은 소녀'의 훼손된 육체는 정지된 역사의 은유이며, 이 정지된 시간을 폐기하려는 태도는 선적 흐름으로 구성되는 근대적 시간의 플롯을 부정하려는 의식에 다름 아니다. 이렇게 김춘수의 시쓰기는 근대적 세계에 대한 동일화를 거부하는 반동일화의 의지를 바탕으로 진행된다. 그는 자기 동일적 '현재'에 은폐되어 있는 시간의 균열에 주목함으로써, 근대의 이데올로기적 지평을 구성하는 고정된 가치 체계의 불안정성을 폭로한다. 한편 그는 역사적 시간을 추방한 공백에 상실된 시원의 시간을 소환한다. '시원'·'유년'·'무한' 등의 시간적 가상을 설정함으로써 파괴된 현재의 시간을 상상적으로 봉합하고자 하는 것이다. 이러한 '무한'의 시간은 역사의 불모성, 유한성에 대립하는 '대지'의 이미지로 표상된다. 이 '대지'의 시간성은 근대의 폭력이 침투하지 못하는 모성적 충족의 세계를 향한 시인의 귀향 의지를 드러내준다. 이렇게 김춘수의 시에서 근대의 흐름에 대한 반항은 근원적 시간에 대한 향수, 회귀의 욕망과 동전의 양면처럼 겹을 이루고 있다. 이러한 귀향의 의식은 과거를 향해 시간의 흐름을 돌려놓는 가역의 양태가 아니라, 과거와 미래로 이어지는 선조적 시간을 구부려 순간의 한 점에서 끌어안는[胞胎] 양태로 가시화된다. 선조적 시간의 흐름을 단절하는 이 불연속성의 '순간'은 자아와 타자, 시작과 종말, 어제와 지금이 만나는 시간의 소실점으로 출현한다. 역사가 추방된 진공의 시간에 자신을 투사하는 '해탈'에의 지향은 근대의 연속성을 파기함으로써 탈시간화하려는 시인의 의지를 보여준다. 이러한 진공의 시간은 세계와 자아의 시간적 간극을 상상적으로 봉합하는 특성을 지닌다.

김춘수의 시쓰기는 역사의 시간에 대응하는 '내적 우주'를 창조하려는 과정으로 비유되는데, 그것은 역사가 추방된 공백을 가상의 시간으로 대치해 가는 과정에서 실현된다. 이러한 시적 원리는 자기 내부에서 창조된 가상과의 상상적 관계를 고수함으로써, 현실의 폭력(악)으로부터 스스로를 방어하려는 자기 보존의 태도에 바탕을 두고 있다. 그런데 근대의 시간에 대한 이러한 반동일화의 태도는 현실의 원리를 거부하면서도, 그 세계와 공모하는 관계를 유지하고 있다. 이것은 김춘수의 시가 보여주는 '자족적 풍경'이, 근대의 삶을 해체하고 전복하려는 실천적 의지로 펼쳐지는 대신, 스스로 근대적 세계를 마주보고 되비추는 '전도된 근대의 풍경'임을 의미한다.

근대의 시간에 대한 절대적인 부정의 태도를 보여주는 김춘수와 달리 김수영에게 근대적 시간은 거부되어야 할 것이 아니라, 새로운 시간을 만들어내기 위한 출발이 된다. 초기 시 「가까이 할 수 없는 서적」에서 김수영은 서구적 근대와 비서구 주체 사이에 놓인 공간적 거리가 시간적 차이로 위계화되고, 근대적 시간이 억압적 권력으로 전화되는 양상을 보여준다. 그는 '서적／아버지의 사진'이 의미하는 상징적 아버지에 대한 거리두기의 태도를 통해 새로운 시간을 탐색하고 있다. 김수영의 시에서 일상은 동질적인 시간의 반복으로 구성되는 근대의 포획력을 보여주는 장치로 인식되는데, 이러한 일상의 흐름 속에서 시인은 스스로를 '낙오자'의 자리에 위치짓는다. 이 '낙오자'는 코드화된 세계의 속도로부터 이탈하는 '늦게－가기'의 태도를 보여준다. 근대적 시간에 대한 반항으로서의 늦게－가기는 진보의 방향을 역으로 구부리는 퇴행이 아니라, 비가역적인 시간의 지평을 재구성하려는 역동성을 내포하고 있다. 김수영에게 미래는 도달해야 할 시간으로 자기 앞에 놓여 있는 것이 아니라, 현재를 통해서 재구성되어야 할 것이다. '오지 않은' 가능성으로서의 미래가 역류함으로써 생성되는 시간의 운동은 그의 시에서 '아이－되기'를 통해서 드러난다. 이때 '아이'는 성장의 대칭적 개념이 아니라, 창조적 가능성으로서의 미래를 상징하고 있으며, 따라서 아이－되기는 진보라는 하나의 흐름으로 구성된 근대의 성장이념에 대한 김수영의 비동일화의 태도를 보여주는 것으로 이해된다.

김수영의 '늦게－가기'와 '아이－되기'의 시간운동은 근대성 담론이 표상하는 시간의 동일성을 깨뜨림으로써, 이 동일성의 시간으로 환원되지 않는 분열의 운동을 만들어낸다. 이러한 두 개의 운동을 매개로 한 '자전(自轉)'의 역동성은 근대적 시간을 내파하는 동력으로 작용하게 된다. 이 자전의 시간은 단선적인 지속으로 이루어지는 것이 아니라, 정지의 순간을 매개로 하여 진행된다. 이때 시간의 수렴점이자 팽창점으로서의 '순간'은 동질적인 시간의 고착성을 해체하고 변주(變奏)함으로써 근대의 억압성을 해체하려는 의지가 발현되는 지점이다. 김수영의 시에서 '바로 보기'의 다양한 변주들은 '바로 보기'의 시선 속에 내포된 고정된 시선의 균열을 가시화한다. 타자와의 동일화를 거부하는 지점에서 생성되는 이 복안(複眼)의 시선은, 자기 스스로를 대상화하고 비판하는 복수적 주체의 출현을 보여준다. 이러한 시선의 아이러니는 시쓰기의 주체로서의 '화가'의 시선을 통해서 보다 구체화된다. 시간을 창조하는 주체로서의 화가─시인은 인공적으로 구획된 시간의 지배('어제의 지도')를 거부하고 '백지' 위에 새로운 시간을 창조해 가는 과정으로서의 시쓰기의 실천적 의미를 보여준다. 어둠을 배음으로 한 '백지' 위에서 수행되는 시쓰기는, 근대적 시간 내부에서 그것을 해체하려는 비동일화의 태도를 함축하고 있다. 김수영의 시에서 죽음의 시간을 극복하는 시쓰기는 사랑을 통한 시간적 확장과 변주, 그리고 자기 생성의 과정으로 의미화된다. 이렇게 지배적 시간과는 다른 흐름을 타고 가는 '기술'은 김수영의 시쓰기를 이끌어가는 방법적 원리이다. 그것은 근대의 시간과 속도를 가로지르는 탈근대의 방향으로 열려진다.

이상에서 살펴본 바와 같이 근대성의 파탄과 실존의 위기에 주목하는 1950년대 시인들의 시쓰기는, 이념적 타자로서의 근대에 대한 상상적 관계를 해체하는 과정을 보여준다. 이 시인들이 보여주는 근대적 시간에 대한 동일화의 좌절과 반동일화, 비동일화의 태도는 근대의 죽음의 시간에 대응하는 시적 전략이자 방법론이며, 여기서 출발하는 각 시인들의 시쓰기는 자기 소멸의 파토스와 자기 보존의 열정으로, 그리고 생성을 향한 의지로 뻗어나가고 있다. 이들이 만들어내는 시쓰기에 대한 성찰과 모색은 억압적인 시대의 중력으로부터 이탈하려는 역동성을 내장하고 있다. 이러한 문제의식은 근대성의 원리가 일상적 삶의 토대로 포진하는 1960년대 이후 우리 시의 흐름을 관통해 가는 것이었다.

박인환의 요절을 모더니즘운동의 종결의 상징으로 볼 수 없는 이유는
여기에 있다. 김수영·김춘수의 시적 자의식 속에는 박인환과 공유하는
1950년대적 문제의식이 지속적으로 살아 있었던 것으로 보이기 때문이
다. 이렇게 1950년대의 모더니즘은 근대성에 대한 성찰과 모색의 과정
을 시쓰기의 동력으로 삼아 폐허와 창조의 시간을 가로질러 나간다.

근대를 횡단하는 언어의 풍경

제 1 장

모더니즘의 심연을 건너는 시적 여정

1. 죽음의 쇼윈도우 응시하기

우리의 현대시 특히 모더니즘 시를 논할 때, 서구 모더니즘이라는 타자가 드리우는 그늘에서 벗어나기란 매우 어려운 것처럼 보인다. 1930년대와 1950년대 모더니즘 시에 내려진 '실패한 모더니즘' 혹은 '피상적 모더니즘'이라는 선고는, 서구의 모더니즘을 이상적 잣대로 놓고 그 기준에 미달하는 것으로서 우리 모더니즘을 바라볼 수밖에 없었던 특수한 사정을 말해 준다. 그런데 서구 모더니즘의 이념적인 요소가 충분히 수용되지 못했다는 점, 즉 언어형식적인 면이나 기법을 수용하면서도, 자본주의적 문명에 대한 부정과 반항으로서의 모더니즘의 이념적 내용을 담보하지 못했다는 점이 모더니즘의 실패의 원인으로 지적될 때, 그리고 그 원인이 식민지 근대라는 사회역사적 정황으로 귀착될 때 이러한 '결핍된 것'으로서의 모더니즘은 우리 시가 벗어 던질 수 없는 운명처럼 보이기도 한다. 이미지즘 혹은 초현실주의 등의 사조를 통해 수용된 이념으로서의 모더니즘에 대한 선험적 규정은, 모더니즘을 하나의 닫힌 체계로 바라보게 함으로써 우리 시사에서 모더니즘의 실패와 결여를 필연화할 수밖에 없기 때문이다. 이런 문제는 모더니즘이라는 개념 자체의 복잡성과 중층성에서 기인하는 것이기도 할 터인데, 이렇게 모더니즘을 고립적이고 단절적 개념으로 규정하는 관점은 우리 시사를 풍요롭게 하기보다는 구속하고 긴박하는 측면이 훨씬 많았던 것으로 보인다. 여기서 제도나 규범으로서의 모더니즘이라는 제한적 개념으로부터 벗어나, 모더니즘을 둘러싼 다양한 층위를 함께 고려해 볼 필요가 제기된다. 이것은 모더니즘 시에 대하여 미학적 기법이나 수사학적 범주가 아니라 세계 인식의 차원으로 접근함으로써, 비판 담론으로서의 모더니즘의 실천적 의미를 재구성해 볼 수 있다는 말이다.[1] 다시 말해 모더니즘이라는 용어에 내포된 해체와 전복의 의식을 살펴볼 때, 우리 시사에서 모더니즘이 갖는 위상과 의미가 새롭게 드러날 수 있는 것이다.

모더니즘의 시쓰기는 사회역사적 근대성에 대응하는 미적 근대성의 양상을 통해서 실현된다. 타락한 부르주아적 세계에 반항의 시선을 던짐으로써 새로운 가능성을 탐색하는 미적 근대성의 기율은 자본주의적 세계에 대한 부정의 미학으로서의 모더니즘의 역동성으로 발휘된다. 이러한 과정은 세계와의 대응 관계 속에서 스스로를 형성해 가는 주체의 존재 양상을 통해서 질적 함의를 얻게 된다. 따라서 타자로서의 근대에 대응함으로써, 주체의 인식 체계를 확립해 나가는 문제는 각 시인들의 시쓰기를 이끌어가는 중요한 동력이 된다. 현실을 자기화하는 논리, 다시 말해 근대와의 긴장 속에서 미적 규범이나 준거를 스스로 창출해 가

---

1) 이와 관련하여 부르주아 미학에 대한 해체와 전복의 미학으로서, 모더니즘의 전위적 성격에 주목하는 아이스테인손의 견해는 참조할 만한다. A. 아이스테인손, 임옥희 역, 『모더니즘문학론』, 현대미학사, 1996, 278~301면 참조.

는 주체의 자율성 문제가 모더니즘의 시쓰기의 성패를 가르는 관건이 된다고 하겠다. 그러므로 모더니즘 시를 구성하는 인식적 특성을 해명하기 위해서는 세계와 관계 맺는 자아의 존재 양상과 세계 인식의 방법이 어떻게 구체화되는가에 주목할 필요가 있다. 많은 논자들이 반복적으로 지적하고 있는 것처럼, 모더니즘의 선두주자인 김기림의 경우 '근대에 대한 낙관주의적' 태도가 그의 시세계 전반을 지배하고 있었다. 그것은 이른바 '쇼윈도우 속의 근대'를 파고 들어갈 인식의 결여, 곧 근대에 대한 성찰과 근원적인 반성의 부재를 드러내주는 것이기도 하다. 형식적 기법의 수준이 내적 성찰로 이어지지 못하고 지적 조작에 그치게 되었다는 1930년대 모더니즘에 대한 비판은, 결국 인식 주체의 결여라는 근본적인 문제에 닿아 있는 것이다. 이렇게 보면, 김기림 이후의 모더니즘의 과제는 성찰적 주체의 확립과, 이를 실현하는 미적 전략으로서의 언어의 자율성 확보라는 이중적인 지점에 놓이게 된다.

이 글의 목적은 1950년대의 시에 드러나는 세계 인식의 양상과 미학적 긴장 관계를 살펴보는 데 놓인다. 앞서 말했듯이, 식민지 근대의 이중성, 사회역사적 근대의 완성을 향한 열망과 미적 근대성을 통한 근대 성찰 사이의 모순적 간극에 착목할 때 이 시기 모더니즘의 내적 논리를 구체적으로 해명할 수 있을 것이다. 특히 실험적 기법에 내재된 세계 인식의 결핍, 혹은 전후의 감상과 우울의 전면화 등으로 지적되어 온 1950년대 모더니즘의 실패는, 미학적 기법이나 실험적 성취의 유무에서가 아니라, 모더니즘 시에 내장된 고유한 사유 방식과 그 의미화 양상을 함께 살펴봄으로써 새롭게 조명될 수 있을 것이다. 이 글에서 주목하는 박인환과 김수영의 경우는 1950년대라는 시대적 지평을 공유함으로써, 당대의 모더니즘이 놓인 정신사적 지형도를 가늠할 수 있게 하는 중요한 비교 텍스트가 된다.

식민지의 모더니스트들이 근대를 지향해야 할 이념으로 간주하고 자신을 투사했다면, 전쟁이라는 근대의 파탄적 징후를 체험한 1950년대 시인들에게 근대는 더 이상 동일시의 대상이 아니다. 전후의 시인들에게 근대는 자아를 위협하는 폭력이며 따라서 대결하고 극복해야 할 대상으로 인식되었던 것이다. 이 시인들의 시세계는 근대라는 억압에 대응함으로써 파탄된 현실로부터 새로운 비전을 창출하려는 강한 자의식을 내장하고 있다. 이 시기 모더니즘에 대해 당대의 비평들이 보여주는 진지한 자기 비판과 반성, 모더니티에 관한 탐색과 문제제기는 이들의 문제의식이 근대에 대한 성찰적 자의식에 뿌리를 대고 있음을 보여주는 것이다.[2]

근대의 위기에 대한 성찰적 인식이 모더니즘 시의 주요 과제로 제기될 때, 현실에 대한 반성적 사유를 이끌어가는 성찰의 주체가 중요한 범주로 제기된다. 이러한 성찰적 주체의 전범은 근대의 그림자를 집요하게 투시했던 보들레르에게서 찾아볼 수 있거니와, 근대의 부정성을 창조적으로 전화시키는 의식의 역동성이 이러한 주체가 담고 있는 의미 내용이 된다.[3] 따라서 모더니즘 시에서 세계 인식의 양상을 살펴보는 것은, 이 주체의 의미를 해명하는 작업으로 귀결된다. 물론 이러한 주체의 문제는 시인이 자기를 드러내는 언술 방식과 텍스트를 구성하는 시적 장치와 형식적 요소를 함께 고려함으로써 규명되어야 할 것이다.

이런 점을 염두에 두고 이 글에서는 텍스트에서 타자와 주체의 시선이 관계 맺는 방식을 통해서, 모더니즘 시에서 세계를 사유하고 의미화

---

2) 1950년대 모더니즘에 관한 고석규·이봉래·최일수의 논의는 이러한 문제의식의 연장선상에서 파악될 수 있을 것으로 보인다. 특히 최일수는 한국의 모더니즘이 새로운 지각의 표현에만 젖어 감성과 지성이 통일된 총화를 이루어내지 못하고 실패했으며, 따라서 서구문학에서 취해야 하는 것은 '모더니티'라고 말한다. 이러한 그의 지적은 1930년대 김기림의 문제의식과 닿아 있는 것처럼 보인다. 최일수, 「우리문학의 현대적 방향」, 『자유문학』, 1956.12; 최일수, 「모더니즘 백서」, 『자유문학』, 1959.2; 고석규, 「모더니티에 관하여」, 『신작품』 7집, 1957; 이봉래, 「한국의 모더니즘(상, 하)」, 『현대문학』, 1956.4~5.

3) 최문규, 「역사철학적 현대성과 그 이념적 맥락」, 『탈현대성과 문학의 이해』, 민음사, 1996, 40~45면.

하는 양상을 살펴볼 것이다. 주지하듯 시선은 중립적인 지각의 통로가 아니라 '보는 방식'을 구성하는 통해 세계와 자아의 관계를 의미화하는 매개이다. 따라서 시선의 문제를 논의하기 위해서는 먼저 주체가 절대적이고 고정된 것이 아니라, 타자의 개입을 통해서 형성된다는 점을 인식해야 한다. 여기서 주체를 가시성 속에서 구성되는 것이라고 본 푸코의 견해를 참조할 수 있다. 푸코는 담론의 장에서 권력이 작동하는 방식과 마찬가지로 시각장에서도 권력에 의한 시선의 배치가 일어난다고 보았으며, 주체는 이 가시성의 형식 속에서 주어지는 것이라고 보았다.[4] 한편 타자로서의 현실 역시 시각의 상관자로 주체의 발생에 개입하게 된다는 점에도 주목해야 한다. 이런 점에서 주체에 대한 관심은 시각의 문제, 또 시각을 매개로 한 타자 곧 현실에 대한 관심으로 확대될 수 있다.[5] 시 텍스트에서도 세계에 대한 자아의 태도는 시선의 존재 양상에 집중되어 드러나게 되며, 시쓰기에 대한 자의식은 이러한 시선의 문제와 깊숙하게 연관되어 있다고 하겠다. 이 글에서는 전후 모더니즘 텍스트에서 드러나는 시선의 존재 양상과 의미를 통해서, 근대라는 죽음의 쇼윈도우를 응시하는 시인의 태도와 사유 방식을 읽어보고자 한다.

2. 박인환, 근대의 이상화와 시선의 소멸

1950년대의 대표적 시인인 박인환의 시에 대해서는, 진정한 모더니즘을 구현하는 데 실패한 '광의의 모더니스트'로 보는 견해와 전후의 특질들 드러내는 중요한 시인으로 주목하는 상반된 평가가 극을 이루고 있

---

4) 주은우, 「현대성의 시각체계에 대한 연구」, 서울대 박사논문, 1998, 66면.
5) 서동욱, 「들뢰즈의 주체개념」, 『현대비평과 이론』, 1997년 가을 참조.

다. 그런데 박인환의 시세계에서 주목되는 것은 그가 조향 등『후반기』 동인들이 보여준 모더니즘적 방법론과 거리를 두면서도, 근대를 끊임없이 시적 사유의 대상으로 삼고 있다는 점이다. 박인환의 시는 근대에 대한 비판적 인식과 실존적 위기의식이 서로 충돌하는 지점에서 쓰인다. 이런 점에서 그의 시는 1950년대 모더니즘 시가 안고 가야 했던 문제적인 상황을 보여주는 중요한 텍스트라 하겠다.

다음의 시에서는 박인환의 시 전반을 관통하는 여러 가지 특징들 예컨대 근대적 세계에 대한 지향과 현실 부정의 의식, 내면의 불안과 감상적 요소들이 충돌하고 있어, 그의 시세계를 열어보는 가늠자가 된다.

> 서적은 황폐한 인간의 풍경에 광채를 띠었다.
> 서적은 행복과 자유와 어떤 지혜를
> 인간에게 알려 주었다
>
> 지금은 살륙의 시대
> 침해된 토지에서는 인간이 죽고
> 서적만이
> 한없는 역사를 이야기해 준다.
> (…중략…)
> 내가 옛날 위대한 반항을 기도하였을 때
> 서적은 백주의 장미와 같은
> 창연하고도 아름다운 풍경을
> 마음 속에 그려 주었다.
> (…중략…)
> 나는 눈을 감는다
> 평화롭던 날 나의 서재에 군집했던
> 서적의 이름을 외운다.
> 한권 한권이
> 인간처럼 개성이 있었고

죽어 간 병사처럼 나에게 눈물과
불멸의 정신을 알려준 무수한 서적의 이름을······.
이들이 모이면 인간이 살던
原野와 산과 바다와 구름과 같은
印象의 풍경을 내 마음에 투영해 주는 것이다.

―「서적과 풍경」 부분

이 시에서 서적은 '행복과 자유와 지혜'라는 긍정적 가치를 구현하고 있는 근대성의 상징으로 읽힌다. 박인환은 전쟁으로 인해 폐허가 된 현실과 대립되는 지점에 '서적'으로 표상되는 이상적 세계를 배치한다. 시에서 '현실'과 '서적'의 관계는 '살륙의 시대'와 '평화로운 날', '어둠(암흑)'과 '밝음(백설)', '추함'과 '미(美)'의 대립으로 변주되고 있다. 이러한 대립을 통해서 시인은 이상적 세계에 대한 지향을 전면화하면서 훼손된 현실에 대한 강한 비판의 의식을 드러낸다. 그런데 이러한 대립적 사유는 근대적 세계에 내포된 이중성을 은폐하는 기능을 한다는 데 문제가 있다. 진보와 발전이라는 긍정적 비전으로서의 근대와 그 이면에 숨겨진 폭력성에 대한 반성적 사유는, 근대의 부정성에 대한 비판과 부정을 창조의 활력으로 전화시켜 나가는 출발이 된다. 그러나 박인환은 현실의 부정성을 극대화하면서 그 반작용으로 이상적 타자에 대한 지향만을 강하게 드러내고 있다. 이 점은 궁극적으로 박인환이 근대의 모순을 소거하고, 그 이상적 측면에만 주목하고 있음을 보여준다. 시에서 서적의 표면을 덮고 있는 '광채'는 자아의 시선을 흡수함으로써, 현실 인식을 불가능하게 만든다. 즉 '광채'는 근대가 내장한 모순과 갈등에 대한 인식 가능성을 박탈함으로써, 자아를 수동적인 상태에 머무르게 하는 권력화된 시선을 내장하고 있는 것이다. 이렇게 하여 이상적 타자의 상징인 '서적'은 어떠한 시선의 접촉도 불가능한 지점에 놓이게 된다.

시에서 시간의 집적물인 서적은 시간(역사)으로부터 이탈된 '불멸의 정신' 속으로 사라진다. 이때 서적이 놓여 있는 곳은 자아의 시선이 사라지는 소실점의 자리이며, 라캉 식으로 말한다면 대타자의 응시(gaze)에 해당된다. 라캉에 의하면 주체가 대상을 바라볼 때 대타자가 응시의 형태로 시선을 되돌려 주며, 이러한 타자의 응시 속에서 주체가 구성된다. 다시 말해 타자의 응시는 자아를 지배하고 종속시킴으로써 허구적 주체를 만들어내는 권력의 시선이다. 시에서 타자의 응시에 포획된 자아는 오직 '눈을 감는' 상상적 행위를 통해서만 서적의 이념적 표상에 근접해 갈 수 있게 된다. 즉 자아는 자신의 시선을 폐기함으로써, '행복과 자유, 지혜'라는 보편 이념들로 표상되는 타자의 지배에 적극적으로 복종하게 되는 것이다. 이렇게 '눈을 감는' 행위는 현실을 거부하고, 보편적 가치의 실현이라는 이념에 스스로를 동일화하려는 자아의 욕망을 보여준다.

이 시에서 보듯 박인환은 '서적'으로 상징되는 근대의 지배이념과 가치에 대한 강한 동일화의 욕망에 지배된다. 근대의 이념에 대한 동일화의 욕망이, '서적'을 '읽는' 능동적 독서의 행위가 좌절된 자리, 곧 '눈을 감는' 시선의 소멸을 통해 가시화된다는 점은 역설적이다. 눈을 감는 행위는 자기 내부에서 상상된 세계에 대한 자아의 환상적 관계를 드러내준다. 그러나 앞에서 말했듯이 '백주(白晝)의 장미'와 같은 아름다운 풍경으로서의 근대, 행복과 자유의 보편 원리를 구현하는 근대라는 이상은, 현실의 부정성과 함께 고려되지 않는다면 가상의 유토피아로만 존재하게 될 성질의 것이다. 이 시에서 역사적 의미가 휘발된 서적이, '원야(原野)와 산과 바다'와 같은 원초적인 시공간에 기댄 유토피아적 이미지로만 출현하는 것은 그러한 까닭이다.

그러나 한편으로 박인환의 시에서 자아와 타자의 관계가 이러한 '환상'에 의해서 매개된다는 점은 근대의 이념에 대한 동일화의 허구성을 폭로하는 것이기도 하다. 그의 시가 담고 있는 새로운 면모는 이러한 환상적 동일화가 균열되는 지점에서 확인할 수 있다. 다음 시에서 '현실'로부터 내면으로 귀환하는 시선의 전환은 시적 인식을 지배하는 중요한 요소로 나타난다.

> 토루소의 그늘 밑에서
> 나의 불운한 편력인 일기책이 떨고
> 그 하나하나의 지면은 움울한 회상의 지대로 날아갔다
> (…중략…)
> 그러나 창 밖
> 암담한 상가
> 고통과 구토가 동결된 밤의 쇼오위인드
> 그 곁에는
> 절망과 기아의 행렬이 밤을 새우고
> 내일이 온다면
> 이 靜莫의 거리에 폭풍이 분다
>
> —「세 사람의 가족」 부분

이 시에서 쇼윈도우에 담긴 상품이 뿜어내는 화려한 빛은 '기아와 구토'로 얼룩진 현실과 대비를 이루고 있다. 여기서 자아의 시선은 '쇼오위인드'와 '창'이라는 매개를 통해 빛과 어둠으로 단절된 현실의 이중성을 포착하고 있다. 이때 자아와 세계 사이에 가로 놓인 '유리창'은 외부의 현실을 투시하게 하는 투명한 매개이면서, 동시에 자아와 세계를 단절하는 차단막의 기능을 한다. 외부와 내부의 단절은 엄격하고 냉정하며, 자아는 이 외부의 어둠에 대하여 한없이 무력하다. 그리하여 현실을 향한 자아의 시선은 이 유리의 표면에 반사되어 자신의 내부로 되돌아오게 된다. 이렇게 '상가'(거리)로부터 '방'(내부)으로 귀환하는 시선 속에서, 절망과 기아, 고통과 구토라는 세계의 어둠이 배음화되는 대신 자아의 위기의식이 전면화된다. 창 밖의 어둠은 '토루소의 그늘'이 암시하는 바와 같이 내면의 어둠을 드러내기 위해서 호명된다. 이때 '동결', '창백

한 세상과 생애' 등 죽음을 암시하는 비유동적인 시어는 내면화된 시선
이 자기 소멸의 상태로 귀결되고 있음을 보여준다. '일기책'은 현재의
시간에 대응하지 못한 도피적 자아의 내면이 응축된 상관물이다. '서적'
이 유토피아적 근대의 이념을 표상한다면, '일기책'은 고립된 내면을 상
징한다. 이 일기책 속에는 이상적 타자인 '서적'에 대한 환상적인 동일
화가 붕괴되는 순간에 자아가 부딪치게 되는 어두운 내면 풍경이 담겨
져 있다. 내면이라는 블랙홀이 자아의 불안한 시선을 빨아들여, 반성적
시선을 무장해제시켜 버리는 것이다. 이렇게 전후 폐허에 대응하는 박
인환의 시는 이상화된 근대로부터 소외된 존재의 위기의식과 죽음 충동
이 전면화되는 지점에서 펼쳐진다.

3. 상실과 고립, 나르시스의 도정

　'서적'과 '일기책'이 충돌하는 지점에서 박인환의 시쓰기는 미묘한 전
도를 겪는다. 이때 그의 시가 보여주는 자의식의 균열과 변이 양상은
전후 시인들이 경험하는 파괴된 시간의식과 긴밀하게 연관되어 있다.
박인환은 해방기의 시 「열차」에서 근대적 세계의 질주하는 속도에 대한
강한 신뢰와 동일화의 의지를 표현하였다. 미래에 대한 낙관적인 전망
으로 채워진 해방기의 진보적인 시간의식은 전쟁이라는 근대의 폭력을
경험하면서 분열되기 시작한다. 시 「낙하」에서 보이듯, 근대의 속도를
상징하는 '미끄럼판' 위에서 이어지던 질주가 추락으로 귀결됨으로써
자아는 시간적 연속성의 붕괴와 파탄을 경험하게 된다.6) 이러한 세계

---

6) G. 뿔레, 김기봉 역, 『인간의 시간』, 서강대 출판부, 1998, 352면.

상실의 체험은 "電信처럼 가벼웁고 재빠른 / 불안한 속력은 어데서 오나"(「기적인 현대」)에서처럼 근대의 질주하는 시간 속에 숨겨진 억압성에 대한 인식으로 이어진다. 낙관적 비전 속에서 미래를 향해 질주하던 '열차'의 이미지는, '승객이 사라진' 전후의 정지된 열차의 이미지로 변화된다. 이 시기에 쓰인 문제적 작품 중 하나인 「미래의 창부」에서 박인환은 현재뿐 아니라 미래 역시 오염되고 훼손된 시간이라는 절망적 인식을 드러내고 있다. 유토피아의 붕괴와 도저한 절망감은 시인의 시선을 급속하게 내면으로 선회하도록 만드는 요인이다.[7]

그의 시에서 불구적 현재로부터 도피하려는 의지는 '내성과 회상'이라는 의식을 통해 구체화된다. "모든 단편적인 기억이 / 비둘기의 날개처럼 솟아나는 틈을 타서 / 우리는 내성과 회한에의 여행을 떠났다"(「세 사람의 가족」)에서 자아는 '기억'을 통해서 과거와의 연관성을 회복하고자 한다.[8] 그러나 '단편적인 기억'이라는 시어가 보여주는 것과 같이, 파편화된 기억은 자아의 동일성을 보장해 주지 못하고 분열을 가속화한다. 이렇게 '회상'과 기억은 현실의 불모성을 헤쳐나갈 의식의 역동성을 담지하지 못한다. 그것은 정지되고 붕괴된 시간이 가져오는 불안과 환멸의 상태에 자아를 묶어 놓는 어두운 힘이다. "나는 차디찬 벽에 붙어 회상에 잠긴다"(「잠을 이루지 못하는 밤」)에서, '눈을 감는' 행위는 '벽'으로 상징되는 밀폐된 시공간에 갇힌 존재의 폐쇄성을 환기시키고 있을 뿐이다.

특히 수목할 것은 '회상'을 통해 자아의 의식이 과거의 한 지점에 고착되고 있다는 점이다. 눈을 감는 행위를 통해 자아가 도달하는 지점은 '청춘'의 시간이다. 「풍경과 서적」에서 파탄된 현실의 대립항으로 존재하던 '서적'의 의미는, 이 시에서 한층 탈색되어 '청춘'이라는 내면의 영역으로 축소되고 있다. 여기서 '청춘'은 생의 활력을 통해 의식을 고양시키지 못하고, '소멸된 청춘의 반역을 회상하면서'처럼 현재의 불안과

---

7) 송기한, 『한국 전후시와 시간의식』, 태학사, 1996, 184~185면.
8) H. 마이어호프, 김준오 역, 『문학과 시간현상학』, 삼영사, 1987, 69~73면.

혼돈에서 도피하려는 의지가 만들어낸 가상으로서 존재하게 된다. 이렇게 '청춘'의 내포적 의미가 현실적 의미를 얻지 못함으로써, 과거에 고립된 '청춘'은 어떠한 의미 생산에도 기여하지 못하는 텅 빈 기호가 되고 만다. 근대의 왜곡된 속도에 대한 성찰의 시선을 통해서 시인은 현재의 폐허를 뚫고 창조적이고 생산적 주체로서의 가능성을 열어갈 수 있다. 그러나 박인환은 '눈을 감음'으로써 '청춘'이라는 유토피아적 이미지에 대한 상상적 관계만을 지속해 가고자 한다. 박인환의 시에서 김수영 식의 '활력과 소음'이 부재하는 대신 독백적 진술이 주로 드러나는 것은, 그의 시선이 이러한 상상적이고 허구적인 동일화의 관계에 고착되는 데서 기인하는 것으로 보인다.

이러한 문제는 박인환이 보여주는 시쓰기에 대한 자의식을 통해서 보다 구체적으로 밝혀질 수 있다. 시쓰기에 대한 박인환의 의식을 살펴보기 위해, 시 「서적과 풍경」을 다시 읽어보자. 「서적과 풍경」에서 자아가 밟고 있는 '백설'은, 의미가 가시화되지 않은 '백지(白紙)'의 상태를 환기하고 있다. 백지를 탐색하는 행위는 텅 빈 현재의 시간에 의미를 채우는 시쓰기의 상징이다. 미적 실천으로서의 시쓰기란 세계의 은폐된 본질을 탐색하는 적극적인 의식을 통해서 의미를 얻을 수 있다. 그런 점에서 '백지'는 근대의 폭력에 좌절을 겪으면서 새로운 의미를 탐색해야 했던 1950년대 모더니즘의 출발점, 그 의식의 진공 상태를 상징하는 것으로 볼 수 있다. 전후의 시쓰기란 근대라는 텍스트를 탐색하는 작업이며, 그것은 자아와 현실 사이의 긴장된 '싸움'을 통해서 수행되는 고투의 과정이었던 것이다. 박인환에게 이 '싸움'은 서적과 현실 사이를 매개하기 위한 '피로한 몸'을 견디는 일이며, 피로를 창조적 활력으로 전화시키는 작업으로 이해된다. 그런데 앞에서 살펴보았듯이, 박인환의 시에서 근대라는 텍스트는 '서적'이 상징하는 허구적 이미지에 고착되어 있으며, 이 상상적 타자에 대한 동일화의 붕괴와 그로 인한 의식의 공백에서 그의 시쓰기는 긴장과 탄력을 상실하게 된다.

①아 창백한 세상과 나의 생애에
　종말이 오기 전에
　나는 고독한 피로에서
　氷花처럼 잠들은 지나간 세월을 위해
　시를 써본다

—「세 사람의 가족」 부분

②울음으로 죽음을 대치하는
　수 없는 악기들은
　고요한 이 계곡에서 더욱 서럽다

—「회상의 긴 계곡」 부분

③우리는 저 달 속에 암담한 검은 강이 흐른 것을 보았다

—「검은 강」 부분

④나의 영원한 작별의 노래가 안개 속에 울리고

—「일곱 개의 층계」 부분

　위의 예문을 통해서 박인환의 시쓰기가 생성과 활력의 시간으로 펼쳐지는 것이 아니라, 죽음의 시간('지나간 세월')으로 경사되고 있음을 확인할 수 있다. 여기서 주목되는 것은 '빙화(氷花)'의 이미지이다. 시에서 '백주(白晝)의 장미'가 보여주던 미적 세계는, '빙화(氷花)'가 환기하는 동결 곧 죽음의 세계로 변화되고 있다. ②에서 울음으로 죽음을 대치하는 '악기'는 탐미적인 예술의 세계 곧 '시'를 통해 근대의 죽음을 넘어서고자 하는 의식의 상징물로 읽히게 된다. ③에서 미적 이상을 상징하는 '달' 속에 비치는 '검은 강'의 암시는 시인의 내면을 채운 죽음의식으로 전면화된다. 이러한 죽음에의 경사는 박인환의 시쓰기가 '영원한 작별의 노래'④로 귀결될 운명임을 보여준다. 이렇게 시쓰기에 대한 박인환의 자의식은 세계에 대응할 동력을 상실한 채 죽음의 세계로 급격하게

기울어져 가는 것이다.

내면을 채운 어둠에 몰입하는 이러한 나르시시즘의 상태 속에서, 전후 박인환의 시쓰기는 죽음과 소멸에 대한 탐닉으로 귀결된다. 「검은 신」, 「밤의 미매장(未埋葬)」에서 '나'는 죽음의 상징인 '당신'에게 강하게 밀착된다. "당신은 나와 단둘이서 / 얼굴을 비벼대고 비밀을 털어놓고"(「불행한 신」)에서와 같이 죽음과 자아의 내밀한 결속이 강화된다. 그리하여 시 「서적과 풍경」에서 신의 자리에 놓였던 '서적'은 이제 죽음의 '신'으로 변모된다. 이렇게 박인환의 시쓰기는 '백지'의 의미를 탐색하는 작업이 아니라, '일기책'이라는 내면의 고백에 고착된다. '일기책'이 상징하는 검은 공간에 침잠하는 나르시시즘은 시선의 소멸을 통해서 구체화된다. 여기서 박인환의 시가 보여주는 시선의 소멸이 궁극적으로 의미하는 바가 무엇인지 확인해 보아야 한다. 시 「일곱 개의 층계」에서 박인환은 '가로수 그늘에 버려진 아이', '죽어가는 소녀'와 시적 자아를 동일시하고 있다. 세계와의 대결에서 좌절해 가는 자신을 시인은 '버려진 아이'의 이미지로 표현하고 있는 것이다. 성장이 거세된 '아이'는 시간의 흐름을 거부한 채 '영원한 미성년'에 머무르고자 하는 시인의 고립 의지를 보여준다. 즉 시인은 현실과의 연관을 차단한 채 '미성년'의 상태에 고착됨으로써 고립된 내면을 보존하고자 하는 것이다. 외부로 향하는 '시선'의 소멸은 세계와 자아에 대한 반성을 성장의 계기로 삼는 주체의 부재를 드러내주는 것으로 이해된다.

크리스테바는 자신의 내부에 고착된 채로, 자기 자신만을 대상으로 삼는 나르시스의 시선을 오딧세이의 시선과 대립시킨다.[9] 이념적 타자를 향한 동일화의 붕괴를 증거하는 이 나르시스의 시선은 새로운 이념적 지평을 찾아 떠나는 오딧세이의 모험적 시선과 대비를 이룬다. 근대적 세계를 향해 모험을 떠나는 오딧세이의 눈이 주체로서 자신을 정립

---

9) J. 크리스테바, 김영 역, 『사랑의 역사』, 민음사, 1995, 170~172면.

해 갈 수 있는 지성을 바탕으로 성립한다면, 내면에 고착된 나르시스의 눈은 자기 소멸의 충동으로 채워진다. 죽음과 절망, 폐허의 의식에 지배되는 1950년대의 시적 상황은 이러한 나르시시즘을 극복하고 반성적 주체로 자기를 확장해 나가는 것, 다시 말해 시선의 적극성을 통해 새로운 주체를 구성하는 문제와 닿아 있다고 하겠다. 그러나 박인환은 '눈을 뜨고도 볼 수 없는 상태'에서와 같은 시선의 소멸을 통해, '세계를 분별한 의식조차 상실한' 자아의 위기와 불안의 정조를 전경화하고 있다. 그는 전후의 현실과 근대라는 이상을 대립적으로만 바라봄으로써, 그것이 하나의 흐름 속에서 관계 맺어야 한다는 사실에 주목하지 못한 것이다. 그리하여 근대의 내부에서 충돌하는 모순과 갈등에 대한 성찰과 탐색은 더 이상 진전되지 못하고, 고립된 내면만이 시적 출구가 된다.

박인환의 시에서 1930년대 김기림의 시가 보여주었던 근대에 대한 지향의식과의 상동성을 발견할 수 있다. 김기림에게 서구의 문명은 부정과 비판의 순간에조차도 근본적으로 지향해야 할 이상으로서의 근대였으며, 그런 의미에서 그것은 이상화된 타자로 기능하였다. 근대문명의 파탄을 경험한 전후 세대인 박인환 역시 근대의 부정성을 사유의 대상으로 인식하기보다는 이상화, 관념화하는 양상을 보여준다. 이렇게 근대의 속도에 대한 김기림의 매혹과 박인환의 암울한 비전은 결국 근대라는 타자에 대한 상상적 동일화의 관계로 귀착된다는 점에서 닮아 있다. 그러나 근대적 세계를 문제삼았으면서도 결국은 주체의 소멸로 귀결되는 박인환의 나르시스적 도정은 역설적으로 성찰적 주체의 가능성에 대한 물음을 우리 시에 제기하고 있다는 점에서 의미를 지닌다.

4. 김수영, 근대의 반성과 시선의 긴장

전후 박인환의 시가 모더니즘의 정신이 아니라 '코스츔'만을 얻었다는 김수영의 자조적인 비판은, 근대에 대한 성찰의 깊이를 얻지 못한 1950년대 모더니즘의 피상성에 대한 지적이면서 동시에 초기 시적 출발점에 대한 김수영의 자기 부정의 진술로 읽힐 수 있다. 그 속에는 근대에 대한 반성적 탐색을 통해, 근대를 이상화한 박인환과 자신을 차별짓고자 하는 김수영의 자의식이 자리하고 있는 것이다. 바로 이 지점이 1950년대 이후 김수영의 시세계의 중심을 이루는 문제의식의 출발점이다. 근대의 상징인 '서적'에 대한 동일화의 욕망을 표출한 박인환과 달리, 김수영은 근대에 대한 욕망을 처음부터 절제하면서 '서적'과의 거리를 만들어내고자 한다.

> 나는 이 책을 멀리 보고 있다.
> 그저 멀리 보고 있는 듯한 것이 妥當한 것이므로
> 나는 괴롭다
> 오오 그와 같이 이 書籍은 있다
> 그 冊張은 번쩍이고
> 연해 나는 괴로움으로 어찌할 수 없이
> 이를 깨물고 있네!
> 가까이 할 수 없는 서적이여
> 가까이 할 수 없는 서적이여.
>
> —「가까이 할 수 없는 서적」 부분

이 시에서 시적 자아가 놓여 있는 '방'은 서적이라는 타자와의 힘겨운 대결이 이루어지는 긴장된 공간이다. '번쩍거림'으로 가시화되는 타자의 응시는 매우 공격적인 양상으로 드러나는 데 비해, '바라보는 자'

의 위치 놓인 자아의 시선은 망설임의 태도를 담고 있다. 여기서 서적
이 표상하는 '빛'은 자아의 시선을 박탈하는 권력이며, 그것은 자아에
가해지는 근대의 억압을 상징하는 것으로 해석될 수 있다. 즉 '빛'은 자
아의 시선을 책에 닿지 못하게 교란시킴으로써, 자아의 욕망을 억압하
고 차단하는 기능을 하는 것이다. 그리하여 자아는 책을 '읽는' 행위가
아니라 '보는' 상태에 머물러 있게 된다.10)

여기서 서적과 자아를 단절하는 것은 금지의 언어, 즉 '멀리 보고 있
는 것이 타당하다'라는 진술인데, 이것은 타자의 명령에 복종하려는 무
의식의 발화로 읽힌다. 이렇게 내면화된 금기를 통해 서적의 공격적 응
시와 자아의 수동적 시선 사이에는 동일화를 불가능하게 만드는 간극이
만들어진다. 이러한 간극은 '서적-나'의 관계를 '나-나'의 관계, 즉
'대상을 바라보는 나-절제하는 나'의 관계로 치환시킨다. 이렇게 김수
영은 자아와 세계와의 관계뿐 아니라, 책을 매개로 하여 발생하는 자신
과의 관계에도 주목하고 있다. 즉 이상으로서의 근대의 배면에 놓인 자
기 인식의 문제를 제기하는 것이다. 이때 자아를 지배하는 '괴로움'은,
타자와의 거리에서 비롯되는 것이 아니라 자신의 내적인 분열에서 발생
하는 징후로 읽힌다. 자기 내면에서 일어나는 이러한 분열 곧 '괴로움'
의 감각은 근대라는 텍스트를 탐색하는 김수영 시의 근본적인 문제의식
에 닿아 있어 주목을 요한다.

시 「가까이 할 수 없는 서적」에서 보여주는 서적과 자아의 거리는 시
「거리(二)」에서 다른 양상으로 변주된다. '서적'의 의미가 확장된 지점에
'거리'라는 또 하나의 책이 근대의 텍스트로 출현하고 있다.

> 여기는 서울안에서도 가장 繁雜한 거리의 한 모퉁이
> 나는 오늘 세상에 처음 나온 사람모양으로 快活하다
> 疲困을 잊어버리게 하는 밝은 太陽 밑에는

---

10) 김상환, 「김수영의 책과 죽음」, 『세계의 문학』, 1993년 가을, 202~205면.

모든 사람에게 不可能한 일이 없는 듯하다

(…중략…)

지금은 이 繁雜한 現實 우에 하나하나 幻想을 붙여서 보지 않아도 좋다

꺼먼 얼굴이며 노란 얼굴이며 찌그러진 얼굴이며가 모두 幻想과 現實의 中間

에 서서 있기에

나는 食人種같이 殘忍한 貪慾과 强烈한 意慾으로 그중의 하나하나를 일일

이 뚫어져라 하고 들여다보는 것이지만

나의 마음은 달과 바람모양으로

서늘하다

(…중략…)

내가 잠겨 있는 精神의 焦點은 感傷과 鄕愁가 아닐 것이다

靜寂이 나의 가슴에 있고

부드러움이 바로 내가 따라가는 것인 이상

나의 矜持는 애드발룬보다는 조금 무거울 것이며

叡智는 어느 煙筒보다도 훨씬 뾰죽하고 날카로울 것이다

—「거리(二)」 부분

 '방'이라는 협소한 공간에서 진행되던 세계와의 긴장된 대결이, 이 시에서는 '거리'에서 펼쳐지고 있다. "거리에 나와 보니 / 나의 눈을 흡수하는 모든 물건', '나의 눈을 찌르는 이 따가운 가옥"(「거리(一)」)에서와 같이 '거리'는 자아의 시선을 흡수하여, 대상 속에서 이를 해체시켜 버리는 폭력을 내장하고 있다. 이러한 거리의 장력에 대응하는 자아의 시선은 '식인종 같이 잔인한 탐욕과 강열한 의욕'을 통해 표출된다. 그러나 '돈 버는 여자들', '지이프를 타고 가는 청년' 등 활력적인 움직임으로 가득한 거리의 운동성과 이들을 바라보는 자아의 시선 사이에는 일정한 긴장이 유지되고 있다. 이러한 시선의 긴장은 거리에 대한 욕망의 한편에, 도시의 과잉된 활력을 절제함으로써 거리(距離)를 유지하려는 시선이 함께 존재하는 데서 얻어진다. 「가까이 할 수 없는 서적」에서, 금기의 언어를 내면화함으로써 대상과의 거리를 유지하던 시선의 긴장

이, 이 시에서는 현실에 넘쳐나는 풍요로운 이미지들에 대한 거리두기의 시선으로 변주되는 것이다.

김수영의 시쓰기는 거리에 대한 욕망을 가시화하는 '의욕하는 시선' 속에 내장된 또 하나의 '눈'에 의해 열려진다. 이 점은 시에서 자아의 시선이 거리의 대상들과 동일한 위치에서 형성되지 않는다는 사실에서 명백하게 드러난다. 현실적으로는 군중 속에 놓인 자아의 시선이 심리적으로는 대상을 조감(鳥瞰)하는 위치에 놓여 있다.11) 그의 다른 시 「구름의 파수병」, 「방안에서 익어가는 설움」 등에서도 자아의 시선은 거리를 '내려다보는' 지점에 배치된다. 또 「가까이 할 수 없는 서적」에서는 '서적'과 자아의 관계가 수평적인 거리로 유지되고 있었던 것에 비해, 「거리(二)」에서의 자아는 군중의 움직임 속에 있으면서도, 심리적으로 그들보다 우위에 존재하는 하향의 시선을 드러낸다. 이렇게 대상으로서의 거리와 자아의 관계가 상/하의 공간적 구도를 내장하게 됨으로써, 풍경에 대한 반성적 거리가 구축된다. 이러한 시선은 근대의 이면에서 새로운 가치를 발견하려는 김수영의 시적 의지를 내장하고 있다.

김수영의 시적 세계는 근대를 특징짓는 '속도'의 흐름에 귀속되지 않는, 반성적 시선의 공간을 창출하는 데서 보다 구체적으로 펼쳐진다. 이 시에서 문장의 종결을 거부한 채 진행되는 진술의 속도감은 현실의 '거리'에서 감각되는 속도감을 구체화하는 데 기여하는 한편, 이러한 속도에 대응하는 자아의 태도를 예비하고 있다. 무슨 밀인가 하면, 기리를 따라 분주히 이동하는 자아의 시선 속에 거리의 속도와 자신을 구별짓는 내면의 틈이 존재한다는 것이다. 그것은 부동하는 내면을 표상하는 '정신의 초점'이라는 시어를 통해서 확인된다. 여기서 '정신의 초점'이 환기하는 응축의 시선은 도시의 소음과 대비되는 '정적'의 상태를 담고 있다. 이 '고요와 정적'의 구심적 장력이 바깥으로 확산되는 시선의 분

---

11) 남진우, 『미적 근대성과 순간의 시학』, 소명출판, 2002, 81면 참조

산성과 팽팽한 균형을 이룬다. 거리를 조망하는 시선의 원심력과 정신의 구심력 간의 긴장 속에서 김수영의 시세계를 관류하는 제3의 시선이 드러난다. 이 제3의 눈은 거리의 풍경을 내면으로 치환하여, 반성적 사유 공간으로 변모시키는 주체의 출현을 설명해 주는 시선이다. 그것은 '환상과 현실'을 동시에 바라보는 눈이며, 거리라는 근대의 텍스트를 채운 모순적이고 충돌적인 의미를 성찰하는 눈이다. 또한 그것은 질주하는 거리의 난폭한 흐름에 놓인 시인이 자기 상실의 위기로부터 스스로를 보존하는 근거로서의 눈이다. 이러한 '눈'에 주목할 때, '바로 보기'로 요약되는 김수영 특유의 성찰적인 태도의 의미가 드러난다. 오문석은 이상의 시 「오감도(烏瞰圖)」에서 자아의 분열을 극복하지 못하고, 분열상을 들여다보는 새[鳥]의 눈을 빼어버린 불구적 자아의 모습을 읽어낸다.12) 이렇게 본다면 자본주의의 혼란과 분열, 생기와 속도감이 뒤엉킨 거리의 모습을 조감하는 김수영의 시에서 우리 시는 잃어버린 하나의 눈을 되찾은 것이며, 그것을 '지성의 눈'이라 부를 수 있을 것이다.

자기 내면으로 회귀하는 박인환의 시선이 주체의 소멸로 귀결되는 데 반해 김수영의 시선은 외부와 내부의 경계를 겨냥함으로써 의식의 긴장을 유지해 간다. 이러한 시선 속에서 타자와의 긴장을 유지하면서, 자신을 변화시키고 재구성하는 역동적인 주체가 탄생한다. 「달나라의 장난」에서 '팽이'의 운동성을 자아의 내부로 끌어들여 '자전(自轉)의 운동'으로 전이시키는 것은 이러한 시선의 운동을 통해서 이해될 수 있다. 내면의 나르시시즘에 고착된 채 죽음으로 경사되는 박인환과 달리, 폐허의 현실에 대응하는 김수영의 '의욕하는 시선'이 담고 있는 궁극적 의미는, 외부 세계의 운동을 '자전'으로 바꾸는 생성적 의식을 통해서 실현된다고 하겠다.

---

12) 오문석, 「1930년대 후반시의 '새로움'에 대한 연구」, 『1930년대 후반문학의 근대성과 자기성찰』, 깊은샘, 1998, 35면.

5. 성숙과 분열, 오딧세이의 도정

그럼에도 불구하고 두 편의 시 「가까이 할 수 없는 서적」, 「거리(二)」 사이에 놓인 간극은 남는다. 그것은 근대라는 책을 '보는' 행위와 '읽는' 행위 사이에 내재한 간극이며, 시선의 수동성과 적극성 사이에 놓인 거리이다. 이제 두 시선 사이에 놓인 간극을 넘어서기 위해, 이러한 시선의 변화를 가능케 하는 동인을 김수영의 시에서 찾아보는 작업이 필요한 것처럼 보인다. 이를 위해서는 먼저 이 두 편의 시 사이에 놓인 '설움'의 의미에 주목해 보아야 한다. '설움'은 김수영의 시 전반에 걸쳐 나타나는 중요한 화두이다. 초기 시 「거미」에서 '으스러진', '몸을 태우는' 등의 육체를 파괴하는 설움의 파토스는 '나의 열정'의 등가물로 구체화되고 있다. '내가 바라는' 것을 향한 의지와 열정이 넘칠수록 설움의 강도는 강화된다. 외부로 발산되지 못한 열정은 내면의 설움을 심화시켜, '몸을 까맣게 태우는' 죽음의 열망으로 폭발한다. 이러한 설움의 파토스는 "향로인가보다 / 나는 너와같이 자기의 그림자를 마시고 있는 향로인가보다"(「더러운 향로」)에서처럼, 외부와 단절된 내면의 어둠 속으로 자아를 흡수해 버린다.

이러한 설움의 의미는 시 「방안에서 익어 가는 설움」에서 전환을 보여준다. 이 시에서 김수영은 '설움'이라는 정지된 내면의 상대를 시간성과 결합시킴으로써 새로운 운동 위에 올려놓는다. 여기서 '책-나'의 대결이 행해지던 '방'은, 이제 '설움-나'의 내적 분리를 통해 내면을 객체화하는 새로운 운동의 공간으로 전화된다. '직선 / 대각선'으로 드러나는 세계의 움직임 위에서 '유유히 자기의 시간'을 찾아가는 설움의 시간은 '흐름'에 본질을 두고 있다. 그런데 시인은 설움이라는 내적인 상태를 자아에게서 스스로 분리시켜서 객체화한다. 설움의 운동성과 자아의 부동성(不動性)이 대립을 이루는 가운데 설움은 '나의 시간'과는 분리된 채로 스스로 흘러간다. 여기서 설움은 부정되고 배재되어야 하는 것이 아니라, 삶의 역동적인 변이와 활력을 이끌어가는 자전(自轉)의 동력으로 작용하게 된다. 이렇게 설움을 자기 운동의 동력을 삼음으로써, 김수영은 내면의 어둠을 벗어나고 있다. 시 「거리(二)」의 "거리를 굴러 다니는 설움"에서 보여준 비애와 수동성으로 착색된 설움은 과거로 사라지고, 마침내 '빈 방'에서 '설움'의 운동은 완료된다.

이상에서 살펴본 것처럼 김수영은 시선의 역동성을 확보함으로써, "몸을 태우는 설움"(「거미」)의 강도를 "힘찬 미소와 관용과 자비"(「구라중화」)라는 세계와의 치열한 긴장으로 변이시킨다. 그의 시는 근대의 속도와 그 속에 은폐된 죽음을, 주체의 운동성으로 전이시킴으로써, 폭주하는 근대의 속도와 억압을 극복해 나가는 도정을 보여준다. 이때 "죽음이 싫으면서 / 너를 딛고 일어서고 / 시간이 싫으면서 / 너를 타고 가야한다"(「레이판彈」)에서와 같이 내면에 고착된 수동성을 벗어나는 생성의 운동이 가능해진다. 그의 시쓰기는 죽음을 담고 날아가는 폭탄의 운명에 비유된다. "행복의 파편과 영광과 열도로써 / 목적을 이루게 되기 전에 // 승패의 차이를 계산할 줄 아는 / 포탄의 이성이여"(「조고마한 세상의 지혜」)에서 그 죽음의 완성을 계산하는 이성과 그것이 담지한 열정과 강열도는 근대와 대결하는 시쓰기의 실천적 가능성을 보여준다. 즉 김수영은 세계의 속도에 대항해 스스로의 죽음을 완성하는 것이야말로 죽음의 근대에 대항하는 시쓰기의 운명으로 이해하는 것이다.[13]

결국 김수영의 시쓰기는 죽음 위에서, 죽음을 극복하면서 이루어지는 생성을 탐색하는 작업이라 할 수 있겠다. 다시 말해 "죽음을 거듭하는" 행위 곧 죽음과 삶의 긴장을 통해서 꽃을 피워내는 작업이다(「구라중화」). "그러할 때면 나의 몸은 항상 / 한치를 더 자라나는 꽃이 아니더냐"(「긍지의 날」)에서처럼 그의 시쓰기는 '자라나는 꽃'과 같은 성숙의 시간을 품

---

13) 조현일, 「김수영의 모더니티관에 관한 연구」, 『작가연구』, 1998.5, 122면.

고 진행된다. 시 「거미」에서 까맣게 타버린 '몸'이 담고 있던 죽음의 빛깔은 다음 시에서 생성의 빛으로 피어난다.

> 나는
> 나의 눈을 찌르는 이 따가운 가옥과
> 집물과 사람들의 음성과 거리의 소리들을
> 커다란 해양의 한 구석을 차지하는
> 조고마한 물방울로
> 그려보려 하는데
> 차라리 어떠할까
>
> —「거리(一)」 부분

　여기서 거리의 풍경과 소음들을 그려내는 창조의 작업은 시쓰기의 상징으로 읽힐 수 있다. 시에서 시쓰기를 이끌어가는 주체의 존재 방식은 '눈을 찌르는' 타자의 공격적인 시선에 대응함으로써 은폐된 세계를 드러내는 오딧세이의 시선을 통해 가시화된다. 근대라는 광대한 공간과 그 거대한 죽음의 속도를 '물방울'이라는 응축된 공간에 그려 넣고자 하는 창조적 열정은, 폭력적인 현실에 대응하고자 했던 시인의 자의식이 어떻게 시쓰기를 통해서 창조적으로 변이되는지를 보여준다.

　지금까지 살펴본 바와 같이, 김수영의 시에서 시선의 변화는 세계에 대한 인식의 변화와 더불어 다양하게 변주된다. '책'을 '바라보는 시선'의 수동성이 거리를 '뚫어지게 들여다보는' 투시의 시선을 거쳐, 그림을 '그리는' 창조적 시선으로 바뀌어 간다. 정지된 '물방울' 속에 내장된 이 새로운 시선은 근대의 어둠과 부정성에 개입하는 생성적 주체의 자리를 예비하는 것으로 읽어도 좋을 것이다.

6. 모더니즘의 심연을 넘어서

많은 논자들이 1930년대 후반에 쓰인 김기림의 「바다와 나비」에서 우리 모더니즘의 좌절된 운명을 읽어왔다. 그런데 일본을 통해서 매개된 서구와 우리의 현실 사이의 간극을 이기지 못하고 귀환하는 나비의 비행은 우리 모더니즘 시의 운명을 상징하는 것 이상의 의미를 갖는다. 그것은 근대적 현실에 대응하는 새로운 주체의 가능성을 탐색하는 문제, 곧 근대의 '수심(水深)'을 파악할 수 있는 시선의 가능성에 대한 모색이라는 과제가 다음 세대 모더니즘의 과제로 남겨졌음을 의미하는 것이기도 하다. 사실 근대에 대한 성찰과 탐구로서의 모더니즘을 고려하려는 논의는 모더니즘론의 출발을 열었던 김기림 이후 현재까지 계속되는 문제의식이기도 하다. 김기림이 「모더니즘의 역사적 위치」(1939)에서 '문명에 대한 감수(感受)가 아니라 비판'으로서의 모더니즘을 언급하면서, 우리 시에서 모더니즘과 사회성의 심각한 종합이라는 과제를 제시했을 때, 그는 '이식된 것으로서의 모더니즘'을 넘어서는 새로운 지점을 바라보고 있었던 것이다. 또한 그가 최후의 모더니스트로 이상을 지적하면서 이상을 통해서 모더니즘의 초극을 언급했을 때, 그는 언어적 기교의 문제를 넘어서는, 부정의 정신으로서의 모더니즘을 의식하고 있었던 것으로 보인다.

1950년대 모더니즘의 의미는 이러한 시사적 위상에 비추어 새롭게 읽혀져야 할 것이다. 앞에서 언급했듯이 1950년대의 시적 가능성은 전쟁의 경험을 통해 근대의 폭발적인 힘을 경험함으로써, 그 부정성을 전면적으로 사유할 수 있게 되었다는 점에 있다. 이것은 당대의 시인들이 자신의 육체로 경험한 실존적 위기의식을 근대의 '수심(水深)'의 상징적 지표로서 삼을 수 있었다는 것을 의미한다. 이런 점에서 박인환과 김수영의 시에서 드러나는 주체의 두 가능성 곧 내면의 나르시시즘으로 소멸하는 자아와 근대라는 텍스트에 역동적으로 대응하는 주체의 모습은 곧바로 1950년대 모더니즘의 가능성과 최대치를 보여준 것으로 이해될 수 있다. 박인환이 과거의 시간에 고착되어 죽음의 상태에 머물렀다면, 김수영은 근대라는 폐허의 시간 속에서 새로운 시간적 가능성을 발견하고 이러한 가능성의 주체로서 자신 위치를 확보해 갔다. 김수영이 보여주는 반나르시스의 시선은 지성의 힘으로 사유하는 주체의 가능성을 우리 시사에 등장시킴으로써, 모더니즘의 세계 인식을 심화시켰다고 볼 수 있다. 죽음으로 비유되는 근대의 포획력으로부터 벗어나, 세계와의 대결을 수행함으로써 자신의 가능성을 드러내는 이러한 주체의 모습을 통해, 우리 모더니즘 시는 1930년대 이후 지속적으로 그들을 괴롭혀온 타자와의 간극으로부터 자유로워질 수 있는 가능성을 열어 놓았다고 보는 것은 지나친 비약일까.

여기서 1950년대의 시를 통해서는 김수영의 시가 도달한 주체의 양상을 완성된 형태로 그려 볼 수는 없다. 동일성을 획득하는 순간에 또다시 분열되고 소외되는 것이 근대의 역설이 아니던가. 따라서 근대성을 향한 모험이란 사실 이러한 자기 분열과 소외의 과정이며, 그것을 극복하려는 운동성에 놓여 있는 것이다. 김수영으로 하여금 전후의 나르시시즘을 넘어설 수 있게 하는 것, 그리하여 4·19라는 역사적 정점을 자의식의 거울로 통과할 수 있게 한 것은 바로 이러한 주체의 가능성에 뿌리내리고 있음을 지적하는 데서 마치기로 한다.

고독과 비상의 시학

1. 근대 그리고 김수영이라는 텍스트

그간 김수영의 시에 대한 후학들의 탐색은 그의 시가 담고 있는 시사적 비중에 걸맞게 방대하고 의욕적으로 진행되어 왔다. 그럼에도 불구하고 김수영이 여전히 문제적인 텍스트로 현재화되는 것은, 그의 시쓰기가 세계와의 끊임없는 갈등과 긴장을 자기 성찰의 문제와 연관지음으로써 모더니티의 획득이라는 우리 시사의 주요한 흐름을 관류하고 있기 때문으로 보인다. 현실에 대한 비판적 인식과 반성적 자기 응시를 통해 주체의 내면을 확보해 나갔던 김수영의 시적 궤적은, 세계에 대응하는 비판적 주체의 확립이라는 근대적 인식을 드러내는 역동적 텍스트라 할 수 있다.

식민지 이래 근대에의 열망은 우리의 문학 주체들에게 자기 소멸에의 공포를 동반한 것이었다. 근대적 세계가 자아를 위협하는 거대한 폭력으로 다가온 경로가 그러했고, 세계의 광포한 힘에 대응할만한 주체가 성숙하여 있지 못했다는 점에서도 역시 근대는 공포의 다른 이름이었던 것이다. 그리하여 그들의 텍스트에서는 근대를 향한 열망과 자기 소멸의 위기로부터 스스로를 보존하려는 시인들의 내적 의지가 서로 길항하게 된다. 이것은 죽음의 현실에 대응해 갈 수 있는 강력한 주체 성립의 문제가 시적 과제로서 요구되었다는 말이기도 하다. 확실히 김수영은 근대라는 죽음의 공포를 직시하고 이에 대응해 가는 새로운 주체의 모습으로 우리 시사에 각인되어 있다. 그가 보여주는 주체의 존재 방식은 자아의 내면을 끊임없이 갱신해 감으로써 근대의 동의어인 죽음을 극복해 가는 과정으로 구체화된다. 이러한 시적 태도는 식민지 근대의 억압된 내면을 왜곡된 양상으로 표출했던 이상의 공포와는 얼마나 다른 것이며, 또 그와 동시대를 경험했던 모던보이 박인환이 보여준 미성년의 절망과는 얼마나 거리를 두고 있는가. 그런데 근대의 억압에 질식하지 않고 그 내부에서 세계와의 긴장을 유지해 가는 김수영 시의 주체는 4·19라는 역사적 경험과 자본주의적 토대의 성숙이라는 외적 요소와 떼어서 생각할 수 없다. 김수영은 4·19의 경험을 누구보다도 직접적이고 깊이 있게 받아들임으로써 자신의 미학적 영토를 확장시켜 나가기 때문이다.

이 글에서는 1960년대 초반에 쓰인 김수영의 시편을 통해 그가 4·19라는 역사적 순간을 관통하면서 주체를 확립해 가는 양상을 살펴보기로 한다. 이것은 김수영이라는 텍스트의 한 지류를 더듬어보는 작업이 될 터이지만, 이를 통해 그의 시를 이해하는 새로운 길의 트임을 기대해 볼 수도 있을 것이다.

2. 설움의 육체와 검은 공간

    1948년 박인환 등에 의해 출간된 『새로운 도시와 시민들의 합창』의 동인이기도 했던 김수영의 경우, 새로운 것 서구적인 것으로 표방되는 근대적인 세계에 대한 관심과 지향이 그의 시적 세계를 출발시키는 바탕이 되었음은 물론이다. 전후의 죽음과 절망에 침윤된 박인환 등과 달리, 김수영의 초기 시를 관류하는 것은 세계에 대한 긴장된 시선을 유지하려는 노력이며, 그것은 1950년대를 특징짓는 감상적이고 폐쇄적인 내면세계를 극복함으로써 가능한 것이었다. 그의 초기 시에서는 현실과의 거리두기를 통해 주체의 자리를 보존하려는 의식이 강하게 드러나고 있다.

> 가까이 할 수 없는 서적이 있다
> 이것은 먼 바다를 건너온
> 容易하게 찾아갈 수 없는 나라에서 온 것이다
> 주변머리 없는 사람이 만져서는 아니될 冊
> 만지면 죽어버릴듯 말듯 되는 冊
> 가리포루니아라는 곳에서 온 것만은
> 確實하지만 누가 지은 것인줄도 모르는
> 第二次大戰 以後의
> 긴긴 역사를 갖춘 것 같은
> 이 嚴然한 冊이
> 지금 바람 속에 휘날리고 있다
> 어린 동생들과의 雜談도 마치고
> 오늘도 어제와 같이 괴로운 잠을
> 이루울 準備를 해야할 이 時間에
> 괴로움도 모르고
> 나는 이 책을 멀리 보고 있다.

그저 멀리 보고 있는 듯한 것이 타당한 것이므로
나는 괴롭다
오오 그와 같이 이 書籍은 있다
冊張은 번쩍이고
연해 나는 괴로움으로 어찌할 수 없이
이를 깨물고 있네!
가까이 할 수 없는 書籍이여
가까이 할 수 없는 書籍이여.

—「가까이 할 수 없는 書籍」 전문

　이 시에서 '가루포루니아에서 온 서적'은 근대의 상징적 표지이다. 그런데 '엄연한' 현실로서 존재하는 이 서적은 "만져서는 아니될" 금기의 대상으로 인식되고, '서적'을 멀리서 바라보는 자아의 내면은 괴로움으로 채워져 있다. 이 괴로움은 '번쩍이는 책장'을 통해서 드러나는 근대의 유혹과 그것에 가까이 갈 수 없다는 의식 사이의 간극에서 비롯된다. 시인은 왜 '서적'을 향해서 선뜻 다가가지 못하고 있는 것일까. 그 이유는 "만지면 죽어버릴듯 말듯 되는 책"이라는 구절을 통해서 알 수 있듯이, 근대에 잠복한 죽음의 징후를 감지하는 데서 기인한다. 즉 시인은 서적과 자아 사이의 거리를 '멀리' 떨어뜨려 놓음으로써 근대에의 경사가 가져올 죽음을 차단하고자 하는 것이다. 이렇듯 '번쩍이는 책장'의 유혹으로부터 눈을 돌리지 못 하면서도 '이를 깨물고 있는' 망설임의 태도 속에는, 근대에의 매혹과 거부라는 상반된 의지가 갈등을 이루고 있다.

　이 괴로운 간극을 어떻게 건너뛰는가 하는 문제는 김수영의 이후의 시에서 세계에 대응하는 주체의 존재 양상을 드러내주는 중요한 지점이다. '멀리 보고 있다', '이를 깨물고'에서 드러나는 것처럼, 시인은 세계와 자아의 거리를 치열한 내적 투쟁의 공간으로 전화시킴으로써 현실의 억압을 넘어서고자 한다. 그러나 김수영의 초기 시에서는 근대의 강력한 힘에 압도당한 자아의 모습이 자주 등장한다. 다음의 시에서도 시인의 시선은 세계와의 긴장을 상실한 채 폐쇄된 내면을 향하고 있다.

내가 으스러지게 설움에 몸을 태우는 것은 내가 바라는 것이 있기 때문이다.

그러나 나는 그 으스러진 설움의 풍경마저 싫어진다.

나는 너무나 자주 설움과 입을 맞추었기 때문에
가을바람에 늙어가는 거미처럼 몸이 까맣게 타버렸다.

―「거미」 전문

이 시의 분위기는 '설움'이라는 정조로 가득 차 있다. 자아의 내면을 채운 설움은 자신에게 '바라는 것'이 있다는 결핍에서 비롯된다. 이 '바라는 것'에 대한 열망은 자아의 '몸을 태우고', '으스러뜨리는' 강렬함을 동반한 것이기에 그 부재로 인한 고통의 강도는 더 심화된다. 문제는 육체가 으스러질 만큼 강한 열망에도 불구하고 자아의 시선이 대상을 향해 있지 않고 어두운 내면을 향하고 있다는 점이다. 주목해 보아야 할 것은 이러한 '열망과 절망'이 충돌하는 내면을 객관화시켜 하나의 '풍경'으로 바라보는 시인의 시선이다. 주관의 개입을 배재한 채 내면을 풍경화하는 이 시선의 건조함은 시의 전면에 흐르는 설움의 정조를 응고시킨다. '거미'는 바로 이 응고된 설움을 환기하는 상관물인 것이다.

그런데 이러한 풍경의 시선 한편에는 자신과 거리를 확보하지 못하고 설움에 젖어드는 또 하나의 시선이 공존하고 있다. '설움과 입을 맞추는' 행위는 대상과 자아의 거리를 무화시키고, 자아를 설움 속으로 침윤시킨다. 그리하여 육체와 내면을 동시에 까맣게 태워버리는 이 설움의 강도로 인해서 자아의 내부는 텅 비워진다. 이 비어버린 내면은 검은 빛으로 가득 차 있다. "3월도 되기 전에 / 그의 내부에서는 더운 물이 없어지고 / 어둠이 들어앉는다"(「수난로」)에서 자아는 어둠이 가득한 수난로와 동일시되고 있다. 고립된 내부를 채운 검은 빛은 자아의 소멸, 곧 의식의 진공 상태를 의미하는 것으로 읽힌다.[1] 내면의 공허함을 전면화하는 이 검은 빛은 주체의 부재를 환기하는 빛깔이다. 그래서 그의 시에서 내면을 가득 채운 어둠은 때로 강한 자기 연민의 그림자로 변용되기도 한다.

> 검은 철을 깎아 만든
> 고궁의 흰 지댓돌 우의
> 더러운 향로 앞으로 걸어가서
> 잃어버린 愛兒를 찾은 듯이
> 너의 거룩한 머리를 만지면서
> 우는 날이 오더라도
> (…중략…)
> 향로인가 보다
> 나는 너와같이 자기의 그림자를 마시고 있는 향로인가보다
>
> ―「더러운 향로」 부분

이 시에서 시인은 어둠에 함몰된 시선을 통해, 세계와의 긴장을 상실한 채 침묵하는 내면을 보여준다. 역사적 의미를 상실한 채 비어 있는 고궁의 더러운 향로는, 상실감으로 가득찬 시인의 그림자를 담고 있는 거울이다. 따라서 먼지 낀 향로를 만지면서 우는 것은 '자기의 그림자를 마시는' 나르시시즘적 행위에 다름 아니다. 이렇게 향로를 채우는 설움의 정조는 죽음의 검은 이미지로 떠오른다. 김수영의 시에서 설움으로 가득 찬 시선은 내면의 검은 공간 속으로 침몰하거나, 객관적 대상으로서의 세계를 향할 때조차 대상에 시선을 고정시키지 못하고 미끄러져

---

1) 김수영의 시에서 백색이 시적 사유를 촉발하는 계기로서 작용하는 것과는 대조적으로 죽음의 빛깔인 검은빛은 사유의 단절, 정신적 진공의 상태를 의미한다. 김상환, 「스으라의 점묘화」, 『철학연구』 30집, 1992년 봄, 364면.

간다. "하나의 갸날픈 物體에 도저히 固定될 수 없는／나의 눈이며 나의 정신이며"(「방안에서 익어가는 설움」), "너의 表皮의 圓滑과 角度에 이기지 못하고 미끄러지는 나의 발을 나는 미워한다"(「레이판彈」), "등 등판 光澤 巨大한 여울／미끄러져가는 나의 의지"(「풍뎅이」)에서, 시인의 시선은 세계와의 연관성을 상실한 채 현실의 표면에 머무를 뿐 그 내부로 파고들지 못한다. 대상의 표면에 부딪쳐 자신의 내부로 되돌아오는 이러한 시선의 회로는 비어 있는 내면을 채운 나르시시즘과 만나게 된다. 앞에서 살펴본 시 「가까이 할 수 없는 서적」에서 세계를 향한 시선이 '서적'의 표면에 부딪쳐 죽음을 예견한다면, 「거미」에서 자기 내부로 회귀하는 시선 역시 소멸의 상황으로 자아를 이끌어 간다.

죽음을 넘어서려는 김수영의 시적 의지는 세계와 자아의 가파른 긴장 속에서 자기를 보존하고자 하는 노력으로 표출된다. 현실은 물론 자기 내면마저도 풍경화하고, 그 풍경과 거리를 유지하고자 하는 그의 시적 지향은 이러한 자기 보존의 의지에서 비롯되는 것으로 보인다. '논리와 세계에 대한 비판적 인식이 거세된' 전후의 파토스적 현실이 시인에게 가르쳐 줄 수 없었던 것이 바로 이 거리를 인식하는 눈이었다. 1930년대 선배 시인들이 거리의 풍물에서 쉽게 피로에 젖을 수밖에 없었던 이유도 이러한 비판적 지성의 눈이 부재하는 데서 기인한 것이다.[2] 현실의 풍경을 바라보는 전대 시인들의 시선에는 자아의 시선과 대상이 충돌하면서 만들어지는 이 내면 공간이 부재하였던 것이다. 이에 비해 김수영은 자아의 내면조차 풍경으로 인식하고, 그 풍경에 관계하는 자아의 존재 방식에 주목한다. "거리의 풍경을 뚫어지게 본다"(「거리(二)」), "바로 본다"(「孔子의 生活難」)는 시어를 통해서 김수영이 보여주는 시선 속에는 세계와의 긴장을 가능케 하는 비판적 주체가 자리하고 있다. 이러한 반성적 시선을 자기 갱신에의 의지로 전화시킴으로써, 김수영은

---

2) 조영복, 『한국모더니즘 문학의 근대성과 일상성』, 다운샘, 1997, 89면.

비로소 근대의 억압을 넘어설 수 있는 가능성을 발견한다. 이렇게 그의 시적 지향이 '바로 본다'는 시선의 확보에 놓인다는 사실은, 세계에 대한 비판적 거리를 확보하려는 의지가 죽음의 근대로부터 스스로를 보존하고자 하는 의지에 닿아 있음을 보여주는 것이다.

이제 우리가 관심을 가져야 할 것은 이러한 주체의 의지가 시적으로 관철되는 방향이다. 다른 시 「방안에서 익어가는 설움」에서 '방'은 자아의 내면 공간을 상징하는데, 이 내면의 공간을 채우는 것은 역시 '설움'이다. 시에서 '방안'을 채운 '설움'은 '흐르는 시간'과 동일한 의미를 내포한다. 자기 내부에 변화의 의지를 가져오지 못하는 이러한 무의미한 시간의 흐름을 '역류'하는 것은 자아의 '정신'이며, '생명'이며, '생활'이다. 여기서 문제는 이 무의미한 시간의 흐름을 정지시키고자 하는 의지가 어떻게 발현되는가 하는 점이다. 이 점을 살펴보기 위해서 '익어가는'이라는 진행의 술어를 통해서 드러나는 시간의 흐름이 '마지막 설움'이라는 종착을 향해 귀결되고 있음에 주목해야 한다. 시에서 설움에 몸을 맡기는 시인의 행위는 수동적으로 그것에 안겨 가는 것이 아니라, 설움이 완료되는 마지막 순간을 향해 의식적으로 자기를 투사하는 행위로 드러난다. "죽음이 싫으면서 / 너를 딛고 일어서고 / 시간이 싫으면서 / 너를 타고 가야 한다 // 창조를 위하여 / 방향은 현대―"(「레이판彈」)에서처럼, 죽음을 넘어서기 위해 죽음의 시간에 자아를 맡기는 일은 살인적인 근대적 속도로부터 자기 보존을 가능케 하는 역설적 방법론이다. 근대에의 환멸과 권태, 피로라는 정신적 가사 상태에 빠졌던 이상의 경우와 달리, 김수영은 근대의 속도와 그 속에 내포된 죽음의 의미를 간파하고 이를 적극적으로 내면화함으로써 그것을 주체의 속도로 변화시켜 가는 순발력을 보여주고 있다.

근대의 시간을 부정하기 위해 그 시간 위에 올라타야 한다는 이 역설적인 상황 인식에 의해 맹목의 시간은 정지되고, 설움이 빠져나간 공백의 시간은 마침내 백색의 공간으로 전화된다. 자아와 세계에 대한 새로운 인식을 촉발하는 이 백색의 공간에서 '머물러 앉다'의 정지 상태에 놓여 있던 시인은 비로소 "책을 열어보는"(「가까이 할 수 없는 서적」)의 행위의 주체가 된다. 책이 펼쳐지는 순간 새로운 세계의 문이 열린다. '앉다', '멀리 보다'로 드러나는 정지 상태는 역동적 비상으로의 순간으로 치환되고, 그 정신의 역동성은 내면의 공간인 '방'으로부터 '푸른 하늘'이라는 광대한 공간으로 시인을 이끌어 낸다.

3. '빈 방'과 '푸른 하늘'의 이중주

김수영의 시에서 세계와 주체의 대결은 금지된 책을 읽는 행위, 방문을 열고 나오는 행위를 통해 가시화된다. 이때 금지된 책을 읽는 행위는 근대라는 텍스트와의 소통을 의미하는 것으로 이해된다. 그것은 비판적 지성을 매개로 세계와의 긴장된 대결을 수행하는 작업이다. 그것은 또한 "설움이 힘찬 미소와 더불어 寬容과 慈悲로 통하는 곳에서 / (…중략…) / 生氣와 愼重을 한몸에 지니"(「구라중화」)에서처럼, '生氣와 愼重'이라는 태도를 견지함으로써 근대의 죽음에 대응하는 일이다. 주지하듯 김수영에게 4·19라는 역사적 전환은 이러한 '생기와 신중'의 발견을 가능하게 하는 기원적 사건으로 의미를 지닌다.

우리 현대사에서 4·19는 근대라는 허울을 둘러싼 야만적 권력을 발가벗기고 자유와 민주주의라는 근대적 이념에의 요구가 최초로 모습을 드러낸 순간이었다. 4·19를 통해 드러난 민중적 열망은, 식민지 이래 문학 주체들을 짓눌러온 근대라는 가위눌림에서 벗어나 근대적 주체로서의 자아를 구축할 수 있는 가능성을 보여준 것이었다. 다시 말해 식민지에서 해방과 전쟁을 통과해온 근대에의 여정을 주체의 자기 회복

과정이라 볼 때, 4·19는 근대의 완성과 그 초극을 동시에 보여줌으로써, 시인으로 하여금 주체로서의 자기를 확인하게 한 동력이었다고 하겠다. 그러나 4·19는 시인의 눈앞에 현현했던 유토피아를 영원히 먼 곳으로 사라지게 했다는 점에서 가능성과 절망을 동시에 안겨주었다. 혁명의 좌절은 유토피아의 이미지를 현실에 정착시킬 힘이 부족한 데서 기인하는 것이며, 이것은 그 환희의 순간에 현실의 변화하는 힘을 가늠하고 그것을 주체화할 수 있는 지성의 힘이 부재했음을 의미하는 것이다. 혁명의 환희와 절망이 교차하는 지점에서, 4·19는 일회적 사건이 아니라 시인의 내면을 구성하는 실존적 인식의 매개로 전화된다. 혁명의 섬광이 내면의 어둠을 비추었을 때, 검은 나르시시즘에 침윤되었던 시인의 시선은 세계와 정면으로 마주볼 수 있게 되었던 것이다. 그것은 이후 김수영의 시적 사유를 형성하는 바탕이 되었으며, 이후 그의 시는 이 순간의 빛으로부터 한 순간도 자유로울 수 없었다. 물론 세계에 대한 비판적 인식이라는 시적 화두는 4·19라는 외적 계기만으로 얻어진 것은 아니다. 오히려 시인의 내면에 흐르던 자기 부정과 갱신에의 의지가 그것을 계기로 한층 새로운 양상을 띨 수 있었다고 보는 것이 타당할 것이다. 이렇게 김수영의 시에서 혁명은 역사적 의미를 넘어서 보다 깊은 내면적 존재론적 전환의 계기로 작용하게 된다는 점에 주목해야 한다. 그에게 혁명은 현실의 '설움을 역류하는' 의식을 통해, '생활, 생명, 정신, 시대'에 내장된 의미를 현실 속에서 가능성으로 확인할 수 있게 되었다는 것을 의미한다. 일상을 '역류'하는 혁명의 순간을 통해서, 김수영의 시를 채운 죽음의 빛이 '자유'라는 생에의 의지로 전환되어가는 장면을 목격할 수 있다.

> 혁명은 안되고 나는 방만 바꾸어버렸다
> 그 방의 벽에는 싸우라 싸우라 싸우라는 말이
> 헛소리처럼 아직도 어둠을 지키고 있을 것이다

나는 모든 노래를 그 방에 함께 남기고 왔을 게다
그렇듯 이제 나의 가슴은 이유없이 메말랐다
그 방의 벽은 나의 가슴이고 나의 사지일까
일하라 일하라 일하라는 말이
헛소리처럼 아직도 나의 가슴을 울리고 있지만
나는 그 노래도 그 전의 노래도 함께 다 잊어버리고 말았다

혁명은 안되고 나는 방만 바꾸어버렸다
나는 인제 녹슬은 펜과 뼈와 광기―
실망의 가벼움을 재산으로 삼을 줄 안다
이 가벼움 혹시나 역사일지도 모르는
이 가벼움을 나는 나의 재산으로 삼았다

혁명은 안되고 나는 방만 바꾸었지만
나의 입속에는 달콤한 의지의 잔재 대신에
다시 쓰디쓴 냄새만 되살아났지만

방을 잃고 낙서를 잃고 기대를 잃고
노래를 잃고 가벼움마저 잃어도

이제 나는 무엇인지 모르게 기쁘고
나의 가슴은 이유없이 풍성하다

―「그 방을 생각하며」 전문

　이 시에서 '방'은 '생각한다', '되살아나다' 등의 시어와 결합된 과거의 공간으로 드러난다. 그곳은 '노래'와 '어둠'이 각각 상징하듯 유토피아적 열망과 좌절이 공존했던 곳이다. 그러나 지금 '혁명'의 열망이 좌절된 방은 설움으로 충만한 어둡고 우울한 공간이다. 주목되는 것은 과거의 '방'을 생각하는 자아의 내면이 "무엇인지 모르게 기쁘고", "이유없이 풍성하다"에서 보이듯, 강한 의지와 희열에 넘친다는 것이다. 이러

한 내적인 상승은 '녹슬은 뼈, 광기, 실망, 의지의 잔재'가 보여주는 과거의 부정적 의미와 현재의 '기쁨' 사이의 간극을 극복하는 데서 얻어진다. 이러한 인식은 '쓰디쓴 과거의 찌꺼기'를 현재를 위한 '재산으로 삼는' 전환을 통해서 가능해진다. 좌절된 혁명의 '실망'과 '역사'의 무게를, '가벼움'으로 치환하는 이러한 역설의 기저에는 새로운 세계를 향한 시인의 강한 의지가 자리하고 있다.

그러나 죽음의 이미지로 가득 찬 내면의 방에서 시인은 어떻게 그토록 가볍게 빠져 나올 수 있었던 것일까. 절망으로 으스러지는 육체를 그토록 가볍고 풍성하게 바꾸어 줄 수 있는 동력을 단순히 혁명의 환희가 가져온 낙관적 전망에 편승한 것으로 보기에는 무리가 있다. 김수영은 이미 4·19 직후에 「육법전서와 혁명」이라는 시에서 혁명의 역사적 의미와 한계를 꿰뚫어 보는 날카로운 현실 인식을 보여주지 않았던가. 우리는 자아의 내면을 풍성함으로 채우는 '이유 없는' 기쁨에 대한 의혹을 해소할 수 있는 가능성을 다음의 시에서 발견하게 된다.

> 푸른 하늘을 제압하는
> 노고지리가 자유로왔다고
> 부러워하던
> 어느 시인의 말은 수정되어야 한다
>
> 자유를 위해서
> 비상하여본 일이 있는
> 사람이면 알지
> 노고지리가
> 무엇을 보고
> 노래하는가를
> 어째서 자유에는
> 피의 냄새가 섞여있는가를

혁명은
왜 고독한 것인가를

혁명은
왜 고독해야 하는 것인가를

—「푸른 하늘을」 전문

이 시에서 '푸른 하늘'의 광활함은 시인이 지향하는 '자유'의 세계를 상징하는 것으로 보인다. 하늘을 향한 힘찬 노고지리의 비상은 세계를 향해 자신을 투사하는 시인의 응축된 내면을 시각화하고 있다. '고독'하게 응축된 내면은 하늘이라는 광대한 시적 배경 속에서 강렬한 이미지로 솟아오른다. 이 자유를 향한 비상에서 시인은 혁명과 피의 의미를 읽어낸다. '피의 냄새'에서 환기되는 붉은 빛은 '하늘'의 푸른색과 충돌하면서, 그 비상에 내장된 강열도를 효과적으로 드러낸다. 이렇게 광대한 공간을 '제압하며' 솟구치는 노고지리의 속도감은 일상의 구차함과 절연된 혁명의 폭발적인 절정을 보여준다.

이 시에서 시인은 그의 시적 특징인 과잉된 수사, 요설과 절연된 단순하고 절제된 언어의 힘을 획득하고 있다. 절제된 언어의 행간은 비상의 강렬함과 속도감으로 채워진다. 이러한 비상의 이미지는 「폭포」에서 수직낙하하는 속도감이 보여주는 '고매한 정신'의 깊이와 상응하는 수직의 높이를 가시화하고 있다. 이 속도의 절정은 정신의 부동성을 지시하는데, 이러한 내면의 부동성이야말로 설움의 수평적 흐름을 정지, 비약시키는 힘이 된다. 여기서 김수영의 시가 도달하고자 했던 '자유'의 의미가 드러난다. 노고지리의 내면을 채우는 '고독'은, 현실을 제압하는 비상의 동력이다. 이 고독은 세계와 팽팽한 긴장을 유지하면서, 부동(不動)하는 자아의 내면을 환기한다. 즉 고독이야말로 정신의 비상을 가능하게 하는 내적 견인력의 출발점인 것이다.

그런데 이 시에서 김수영이 주목하는 것은 고독 자체가 아니라, '고독해야 하는' 당위에 자기를 맡기는 태도이다. 이는 시인이 내면의 고독을 승인한 후에야 진정한 비상과 혁명이 얻어지는 것임을 자각하고 있음을 보여준다. 이러한 자각을 통해서, 시인은 비상을 '부러워하는' 소극적 태도를 넘어, 고독을 향해 자신을 정면으로 투사하는 강한 역동성을 획득하게 된다. 김수영의 시가 보여주는 자기 갱신의 힘은 바로 이 고독의 당위성을 자신의 존재 근거로 삼는 태도에서 비롯된다. 이러한 시적 태도를 김수영은 「사랑의 변주곡」에서 '단단한 고요함'이라고 명명한다. 그에게 사랑이란 자기를 둘러싼 세계의 소음에 대응하는 정신적 '활력'과, 내면을 견인하는 '고요'가 통일된 순간에 얻어진다. 당시에 쓰인 산문에서 이러한 김수영의 내면을 짐작할 수 있다.

> 〈4월 26일〉 후의 나의 정신의 변이 혹은 발전이 있다면 그것은 강인한 고독의 감득과 인식이다. 이 고독이 이제로부터의 나의 창조의 원동력이 되리라는 것을 나는 너무나 뚜렷하게 느낀다. 혁명도 이 위대한 고독 없이는 되지 않는다. 두말할 나위도 없이 혁명이란 위한 창조의 추진력의 複本이니까. 요즈음의 나의 심경은 외향적 명랑성과 내향적 침잠 혹은 섬세성을 완전히 일치시키는 데 성공하고 있다.3)

여기서 알 수 있듯이, 혁명을 통해서 김수영은 '고독'의 의미를 발견하고 있다. 그에게 '고독'은 자기 내면을 채운 절망과 나르시시즘의 검은 그림자를 거둬내고, 창조의 순간을 만들어내는 추진력이다. 고독은 외부의 혼돈(소란)을 내부의 정적의 상태로 치환시킨다. 이러한 '외향적 명랑성'과 '내향적 침잠'의 상태가 팽팽한 긴장을 이루는 지점에서 그의 자유는 생성된다. 이렇게 볼 때 김수영의 시작을 관통하는 화두인 '자유'의 내포적 의미는 제도적 억압으로부터의 해방인 동시에, 근대라는 죽음의 공간에서 내적 긴장을 유지함으로써 도달하는 정신의 자유, 그리고 그에 상응하는 생에의 의지로 확장되어 감을 알 수 있다.

---

3) 김수영, 「일기초」, 『김수영 전집』 2, 민음사, 1981, 332면.

4. 고독과 비상의 시학을 위하여

이 글은 김수영의 초기 시와 4 · 19 직후의 시편을 이어 흐르는 작은 지류를 살펴본 소략한 작업이다. 이 작은 흐름을 통해서 우리는 김수영이라는 광대한 텍스트가 담고 흐르는 몇 가지 문제의식에 닿아 보고자 했다. 그것은 근대를 향한 도정에서 김수영이 보여주는 시적 자의식의 문제로 요약될 수 있을 것이다. 식민지 이래 우리 시가 걸어온 길은 근대에 대한 매혹과 환멸 사이를 오가는 분열적 도정이었다. 문학 주체들의 의식은 근대에 경사된 자기 의식의 부재와 그 속에 내포된 죽음의 이미지로부터 자유롭지 못했다. 김수영은 고립적이고 폐쇄적인 내면의 설움을 역동적인 비상으로 전화시켜 나가는 과정을 통해 주체의 자리를 확보해 간다. 이러한 태도는 세계에 대한 성찰적 시선을 놓치지 않으면서, 동시에 고독과 비상의 긴장을 유지하고자 하는 시적 노력에서 얻어지는 것으로 보인다. 근대의 텍스트인 '책'을 열어 봄으로써 세계를 향해 단호한 손을 내밀었던 김수영은 이 새로운 주체의 모습을 보여줌으로써, 근대의 억압을 극복할 수 있는 비판 정신의 획득이라는 시사적 과제에 다가갔던 것이다.

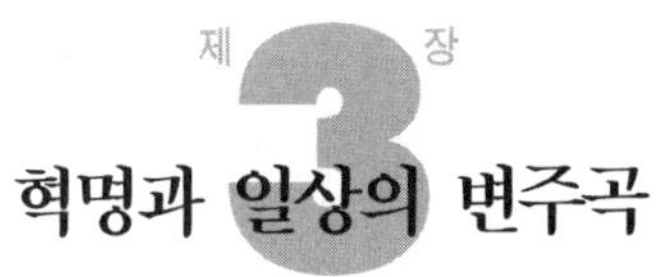

혁명과 일상의 변주곡

1. 1960년대와 두 겹의 풍경화

　이 글은 최근 우리 시사의 화두로 제기된 근대성의 문제와 연관하여 1960년대 시의 가능성과 한계를 점검하기 위해서 쓰인다. 이를 위해서 우리는 1960년대 문학의 전사로서 1930년대와 1950년대의 모더니즘이 배태하고 있던 문제의식과 미학적 성취가 1960의 인식틀 내에서 어떻게 변주, 증폭되고 있는가에 질문을 던지지 않을 수 없다. 식민지와 전쟁이라는 정신적 외상, 그리고 4 · 19라는 단절적 매개를 경과함으로써 도달한 1960년대 시의 존재 양식은, 당대의 문학이 어떻게 근대적 인식틀을 확장하고 있으며, 어떻게 사회역사적 근대성에 대응하는 미학적 성취를 보여주는가를 살피는 주요한 매개가 된다. 이 시기의 시가 놓인 지점은 4 · 19의 역사적 개화와 좌절, 그리고 잇따라 전개되는 자본주의적 일상의 이데올로기가 시인의 내면을 장악하는 지점이었다. '세계상실의식과 허무주의'로써 1960년대 시의 인식론적 기저를 설명하는 연구들은[1] 이러한 사회문화적 상황을 염두에 두고 있는 것처럼 보인다. 그렇다면 이 시기의 시를 특징짓는 허무주의와 세계 상실의 의미론적 규정성이 무엇인가에 주의를 기울이지 않을 수 없다. 이것은 세계와 언어현실의 괴리라는 시적 상황을 언어실험을 통해서 넘어서려 했던 당대 신진시인들의 성취는 물론이거니와, 당대의 문화적 조건으로 포진한 자본주의적 현실에 대응하는 주체의 자기 인식을 문제삼았던 다양한 시적 경향들을 포괄하는 총체적 관점 속에서 규명되어야 할 문제이다.

전후의 혼돈과 절망 속에서 주체의 상실을 경험한 1950년대 시인들과 달리, 4·19라는 정치적 미학적 전환을 경험함으로써 출발한 1960년대의 시인들은, 현실과의 연관성 속에서 주체의 자기 규정성을 확보하려는 모습을 보여준다. 다시 말해 이들에게 주요한 화두로 제기된 것은, 전후의 카오스를 넘어서는 것이었으며 이는 1960년대 시가 보여주는 주체 확립이라는 문제의식과 긴밀히 연관되어 있었던 것이다. 이 점은 개화기 이래 우리 문학 주체들의 의식을 지배해 온, 형식적 제도적인 근대의 의미론적 내용을 확보해 가야 할 문학사적 과제가 이 시기 문학의 과제로 이월되었음을 의미하는 것으로 이해된다. 김윤식이 1950년대의 폐허를 모든 이성적 판단과 형이상학적 노력과 권능이 무효화되거나 그 기능을 발휘할 수 없는 공간으로 파악하면서, 이른바 '화전민의식' 속에서 새로운 근대성을 향한 가능성을 읽어 냈을 때, 그는 계몽주의적 근대의 파산과 그에 대한 근원적 부정을 통한 새로운 근대성의 모색이라는 가능성을 1960년대 문학에서 찾고 있었던 것이다.[2] 이렇게 근대성의

---

1) 김준오는 부정적 세계에 대한 비극적 인식과 훼손된 존재의 본질에 대한 미학적 저항의 양상이 언어에 대한 자의식을 통해 미학적 성취의 계기로서 작용하고 있다는 점을 1960년대적 문학의 특징으로 보고 있다. 「현대시의 추상화와 절대은유─1960년대 모더니즘시의 전개」, 『현대시사상』, 1995년 가을.

2) 김윤식, 「1950년대 한국문예비평의 세 가지 양상」, 『오늘의 문예비평』, 1992년 여름.

의미론적 내용의 확보라는 문제 속에는, 주체의 외부로부터 형성되어 오던 계몽의 파산을 넘어 선 새로운 인식적 미적 원리에 대한 성찰의 요구가 내장되어 있었다.

이런 점에서 1960년대 시를 논하는 데 반성적 주체의 문제가 주요한 화두로 떠오른다. 여기서 사용하는 주체의 개념은, '행위를 가능하게 하는 행위 이전에 순수하게 존재하는 본질로서의 자아라는 주체는 더 이상 존재하지 않는다'는 아도르노의 언급에 닿아 있다. 그에 의하면 주체란 고정된 실체가 아니라 대상세계에의 경험을 통해서 형성되는 것이며, 동시에 스스로 세계를 규정하는 의식의 역동성을 함축하는 것이다.[3] 다시 말해 주체는 사회적 담론에 의해서 객관적으로 규정될 뿐만 아니라, 동시에 지배 담론의 허구를 벗어버리고 자기 자신을 비판하는 행위에 내포된 역동적 의식 그 자체로 이해될 수도 있다. 따라서 주체는 세계에 대한 부정과 비판, 그리고 자아의 내면을 향한 반성적 의식이 서로 긴장을 이루는 지점에서 출현하는 것이다.

이 글에서 관심을 갖는 것은 1960년대의 시적 주체가 세계와 관계하는 양상이다. 이 시기는 소비적 물질주의·천민자본주의의 맹아를 배태한 개발독재의 자본 증식과 이를 통한 세계 자본주의 체제로의 편입이라는 외적 조건이 형성되고 있던 시대였다. 자본주의의 성숙과 왜곡이라는 사회적 상황은 제도적 근대의 확보를 위한 물적 토대의 구축 과정과 맞물려 있었다. 그런데 제도로서의 근대가 1960년대의 도시 공간을 통해서 구체화되는 양상은 1930년대 경성의 도회적 풍물이 보여주는 현란함과는 매우 다르게 나타난다. 1930년대 경성에 흘러넘치던 물질과 근대의 환상은 전근대적 현실과 당대성이라는 이름으로 교묘히 겹쳐져 있을 뿐이었다. 현란한 백화점의 환상과 천변의 골목길로 환기되는 현실 공간은 주체와 어떤 연관도 지니지 못한 채 즉자적으로 존재하였던 것이다. 이

---

3) 최문규, 「역사철학적 현대성과 그 이념적 맥락」, 『탈현대성과 문학의 이해』, 민음사, 1996.

에 1930년대 모더니스트들이 감지하는 '피로'는 비판과 부정의 시선을 동반하지 못하고, 현실과의 관계를 상실한 주관성의 누수 상태를 보여주게 된다. 그리하여 1930년대의 모더니스트는 현실과 환각 사이를 오가며 '피로'에 젖는다. 이들의 딜레마는 구체적 현실적 경험이 유보된 채, 근대의 이미지에 대한 동일화의 욕망에 지배되는 사유의 이중성에서 기인한다. '행복'을 찾아 떠도는 작가의 고단한 행려는 '의사근대성'의 표면 위를 질주하는 기표의 놀이에 불과한 것으로 드러난다. 이러한 의식의 피로는 근대의 논리 속에서 수다한 왜곡을 경험하면서 1960년대에 이르러 새로운 양상으로 펼쳐지게 된다. 무엇보다 중요한 것은 1960년대는 사회에 포진한 자본주의적 원리가 주체를 구성하는 '현실'로서 기능한다는 점이다. 이 시기에 이르러 전면화되는 자본주의는 물적 토대로서의 규정성 확보라는 의미를 넘어선다. 그것은 시인들의 사유가 근대에의 '환각'을 넘어, 물질적 실체성을 확보하는 데 이르게 된다는 점에서 한층 문제적이다. 즉 자본주의적 생활 방식이 시인이 딛고 있는 물질적 조건으로서의 역할을 넘어서, 자아를 규율하는 제도 혹은 사유의 원리로 깊숙하게 포진하게 되었다는 것이다. 1930년대 모더니스트들이 이미지의 미로 속에서 결코 발견할 수 없었던 '현실'이 1960년대 시인들의 눈앞에 구체적 실체로서 전개되는 것이다. 이것은 시인이 능동적 사유를 통해 타자로서의 근대를 하부텍스트로서 자기 의식의 영역에 끌어들일 수 있게 되었음을 의미한다.[4)]

이렇게 제도적 근대가 타자로서 출현하는 지점에서 '일상'의 문제가 전경화된다. 르페브르의 말을 빌면, 자본주의적 생산 관계에 철저히 장악된 일상은, 개인의 존재 조건이 되는 근대적 경험의 징표라 할 수 있

---

4) 상징적 행위로서의 예술은 직접적으로 현실에 영향을 미친다기보다 하부텍스트로서의 현실을 자신의 형식 속에 끌어들여서 '역사에 대한 이야기'를 우리에게 들려주는 것이다. 하부텍스트라 함은 현실 혹은 역사를 가리키되, 그 현실 역사는 오직 텍스트의 형태로만 다가갈 수 있는 것이다. 이경덕, 「근대성과 모더니즘」, 『세계의 문학』 69, 1993년 가을, 239면.

다. 즉 일상은 자본주의적 현실에 포진한 전제 조건으로, 삶의 모든 영역을 관통하는 근대성의 무의식이라 할 수 있다. 그리하여 현대인이라면 누구나 일상의 영역에 존재하며 그로부터 구속받고 또 거기서 벗어나고자 하는 것이다. 이 시기에 와서, 일상에의 경험이 비로소 시인의 인식을 규정하는 요소로 자리 잡게 된다는 사실은, 1960년대의 근대적 기율이 어떻게 전대와 차별되는지를 보여주는 주요한 징표가 된다.5) 전대의 모더니즘이 서 있던 기반과 변별되는 이 지점이야말로, 1960년대 시가 근대라는 물질적 토대에 뿌리를 내려가고 있음을 증거하는 것이라 하겠다. 이렇게 자본주의적 일상에 대한 성찰의 문제는 일상을 영위하면서 그 속에서 새로운 가능성을 찾아내고자 하는 시적 의식과 긴밀하게 닿아 있다. 즉 '일상'이라는 범주가 어떻게 시인의 자기 인식을 형성하고 강화하는가의 문제는 동시에 시인이 그것을 미학적으로 인식하고 표현하는 방식과 연관되어 있는 것이다.

한편 1960년대 문학은 어떤 의미로든지 간에 4·19라는 개화의 순간에 뻗어나온 빛으로부터 자유롭지 못했다는 점을 환기해야 한다. 여기서 혁명의 좌절과 이후 일상적 삶이 영위되는 양상이 어떻게 서로를 규정하는지 생각해 볼 필요가 있다. 무의미한 반복을 특징으로 하는 일상의 의미는 그 일상을 전복하는 '혁명'의 순간성에 비추어 볼 때 잘 드러난다. "혁명은 (폭력적이건 비폭력적이건 간에) 새로운 의미를 갖는다. 곧 일상과의 난절, 그리고 축제의 부활이다. 지나간 시대의 혁명들은 모두 축제였다. (…중략…) 혁명은 일상성에 갑자기 그리고 천천히 호탕과 낭비를 주고 모든 제약을 폭파시켜 버림으로써 일상성을 종식시킨다. 그러므로 혁명이란 경제적 정치적 이데올로기적 측면만이 아니라 더 구체적으로는 일상의 종식으로 정의된다"는 진술에서 르페브르는 일상의 진부한 반복성과 그것을 일거에 전복하는 혁명의 순간성을 대립시킨다.

---

5) H. 르페브르, 박정자 역, 『현대사회와 일상성』, 주류일념, 1990, 59면.

즉 혁명이란 근대가 가져오는 무의미한 반복과 공허한 삶의 지속을 단절, 정지시키는 비약의 경험이라 할 수 있다. 그런데 문제는 혁명의 '순간'이 다시금 일상의 반복성과 권태에 포획될 수밖에 없다는 점이다. "열광적인 혁명에 이어서 언제나 전통의 일상적인 과정이 되풀이 되며 그리고 이때에는 그 신념의 주인공들이 물러나고 특히 그 신념 자체가 포기되거나 아니면, 더욱 비참하게 현학자들과 정치기술자들의 상투적인 미사여구가 되어 버리는 사실을 잊어서는 안 된다"[6]라는 지적에서 보이듯, 혁명에 의해 전복된 세계는 곧바로 일상의 진부함과 상투적 언어로 뒤덮여 버린다. 이런 점에서 혁명과 일상은 서로 길항하면서 권태와 열망으로 뒤섞인 삶을 이끌어 가는 것이다. 1960년대의 문학이 놓인 자리는 혁명의 순간성과 일상의 반복성이 길항하는 지점이었다. 김수영의 시에서 읽을 수 있듯이, 혁명의 좌절은 환멸과 절망, 일상의 권태를 낳는다. 따라서 일상에 내장된 가능성을 탐색하는 시선을 통해서만, 이 무의미한 시간이 혁명적 가능성으로 전화될 수 있는 것이다. 시인은 일상의 진부함 속에 숨겨진 의미를 발견하고, 그 현실의 억압에 대응하면서 창조적 주체의 자리를 찾아가고자 한다.

이 글에서는 주목하는 것은 1960년대의 대표 시인인 김수영과 신동엽의 시에서 드러나는 일상에 대한 사유 방식이다. 일상성이라는 근대적 경험 양식을 시적 사유의 물질적 조건으로 인식하고, 그 속에서 새로운 가능성을 탐색하려 한 두 시인의 시세계를 비교함으로써 1960년대 시의 인식과 미적 특성을 다시 읽어보고자 한다.

---

6) M. Weber, *Le savant et le politique*, Ed 10-18, 1963, p.180; 박재환, 『일상생활의 사회학』, 한울, 1994, 43면에서 재인용.

2. 활력과 절도, 투명한 의식의 탄생

　　1960년대의 시는 4·19의 파장과 자본주의의 개화라는 물질적 조건 위에서 전개된다. 그것은 혁명의 실패와 좌절 이후의 일상과 그 일상의 바닥을 파고드는 자본주의적 삶의 양식 속에서 시인들의 내면이 형성되었다는 것을 의미한다. 그런 점에서 이 시기의 문학이 4·19로부터 자유로울 수 없었다는 점은 여전히 문제적이다. 4·19는 문학이 추구하는 가능태로서의 이상이 현실 속에서 현현한 사건이다. 시인들은 이 역사적 사건을 겪어내면서 비로소 현실에 대해 전면적으로 새로운 시각을 확보할 수 있었다. 따라서 이 역사적 순간을 관통하면서 시인의 의식이 어떻게 그것을 각인하고 미학적 창조의 길로 나가는가에 관심을 기울여야 한다. 이 점은 혁명의 좌절 이후 일상적 삶의 경험을 시인이 어떻게 받아들이고 있으며, 그것이 자기 의식을 강화하는 방향으로 드러나는가 하는 문제와 겹을 이루는 것이다.

　　1960년대의 대표적 시인으로 김수영을 드는 것은 그가 당대적 삶을 텍스트화하는 과정에서 일상에 대한 새로운 사유 방식을 보여주기 때문이다. 먼저 1950년대에 쓰인 김수영의 시 한편을 보기로 하자.

　　　市場거리의 먼지나는 길옆의
　　　좌판 위에 쌓인 호통 마마콩 멍석의
　　　호콩 마마콩이 어쩌면 저렇게 많은지
　　　나는 저절로 웃음이 터져나왔다

　　　모든것을 制壓하는 生活 속의
　　　愛情처럼
　　　솟아오른 놈

(幼年의 기적을 잃어버리고
얼마나 많은 歲月이 흘러갔나)

여편네와 아들놈을 데리고
落伍者처럼 걸어가면서
나는 자꾸 허허…… 웃는다

無爲와 生活의 極點을 돌아서
나는 또하나의 生活의 좁은 골목 속으로
들어서면서
이 골목이라고 생각하고 무릎을 친다

生活은 孤絶이며
悲哀이었다
그처럼 나는 조용히 미쳐간다
조용히 조용히…….

—「生活」 전문

　‘모든 것을 제압하는 생활’의 무게에 짓눌린 소시민적 삶의 비애를 보여주는 작품으로 해석되어 온7) 이 시에서 일상을 대하는 시인의 새로운 태도를 읽을 수 있다. 생활의 공간인 ‘시장’에 서 있는 자아는 ‘유년의 기적’을 잃어버린 존재이다. 그는 유년의 신비가 탈색된 채 누추하게 남은 일상의 골목에 서 있는 것이다. 이때 ‘모든 것을 제압하는’ 생활의 무게는 자아를 ‘시장’이라는 자본의 세계에 붙들어 놓는 장력이다. 이렇게 시인은 ‘시장’과 ‘골목’이 상징하는 한정된 공간 속에 구속되어 있는 존재를 통해서, 생의 비전을 상실한 채 현실에 포획된 존재의 우울과 비애를 전경화한다. 그런데 시에서 자아는 갑자기 좌판에 놓인 ‘호콩, 마마콩’을 보고 웃음을 터뜨린다. 무의미한 일상의 풍경이 갑자기 균열을 일

---

7) 유종호, 「시의 자유와 관습의 굴레」, 『김수영의 문학』 2, 민음사, 1983, 242면.

으키고 그 갈라진 틈새에서 웃음이 터져 나온다. 이 웃음은 생활에 포획되지 않은 '유년'의 시간을 떠올리게 하는 사건('기적')으로 읽혀진다. 그것은 '호콩과 마마콩'의 의미를 물질적 가치, 즉 자본의 환유로 파악하지 않는 비생활인의 웃음이면서, 동시에 '모든 것을 제압하는 생활'의 무게를 단숨에 뛰어넘는 비약적인 힘을 내장한 웃음이다. 이렇게 현실의 한복판에서 사라진 유년을 새롭게 발견함으로써, 시인은 자신을 둘러싼 생활의 무게를 단숨에 벗어 던진다. 시에서 웃음을 웃는 자아는 '여편네와 아들놈'으로 구축된 생활의 세계에서는 낙오자처럼 뒤쳐진 존재로 드러난다. 자아는 자본의 속도와 일상의 리듬에 자신의 보폭을 맞추지 않는 낙오자의 자리를 적극적으로 선택하는 것이다. 이렇게 볼 때, 웃음이란 일상에 귀속되지 못한 '낙오자', 곧 생활에 매개되지 못한 존재가 자기를 드러내는 역설적 방법이 된다.

그런데 시에서 자아는 '무위와 생활의 극점을 돌아서', '또 다른 생활'의 좁은 골목으로 들어간다. 이때 '시장거리'와 '좁은 골목'은, 내면을 규정하는 양면적 공간이다. '거리'가 모든 것을 제압하는 사회적인 가치를 상징하는 한편, '좁은 골목'은 축소된 내면을 상징한다. 웃음을 통해서 이러한 공간적 대립을 전복하려는 의지는, 그러나 일상을 벗어난 순간 고독한 내면으로 귀환하게 된다. 시인은 그것을 '고절'과 '비애'라는 이중적인 정서로 표출하고 있다. '거리'로부터 단절된 '고절'의 시간은 일상과 적극적으로 연관될 수도 없고, 그것과 완전히 단절될 수도 없는 딜레마를 담고 있다. 이렇게 생활과 매개되지 못한 시인의 자의식은 '웃음'과 '비애'의 변주로 드러난다. 외부를 향한 웃음의 이면에는 내면의 비애가 자리하고, 결국 시인은 생활에 대한 성찰의 시선을 견지하지 못하고 비애로 가득 찬 내면의 동굴에서 고요히 '미쳐' 간다고 고백하고 있다. 이렇게 1950년대의 김수영은 낙오자의 시선을 통해서, 일상의 세계에 대한 성찰을 텍스트화한다. 그런데 문제는 스스로 선택한 낙오자의 시선이 자기 내면으로 귀환하게 됨으로써, 일상에 대한 비판과 자기 연민 사이에서 분열되는 양상을 보여 준다는 점이다.

그러나 다음의 시에서 김수영은 현실에 대한 집요한 응시를 통해서 텍스트 내에서 비판적 주체의 자리를 확보해 가고 있다.

여기는 서울안에서도 가장 繁雜한 거리의 한 모퉁이
나는 오늘 세상에 처음 나온 사람모양으로 快活하다
疲困을 잊어버리게 하는 밝은 太陽 밑에는
모든 사람에게 不可能한 일이 없는 듯하다
나폴레옹만한 豪氣는 없어도
나는 거리의 運命을 보고
달큼한 마음에 싸여서
어디로 가야 할지 모르는 마음—
무한히 망설이는 이 마음은 어둠과 絶望의 어제를 위하여
사는 것이 아니고
너무나 기쁜 이 마음은 무슨 까닭인지 알 수는 없지만
確實히 어리석음에서 나오는 것은
아닐텐데
—劇場이여
나도 지나간 날에는 俳優를 꿈꾸고 살던 때가 있었단다

(…중략…)

沙漠의 한 끝을 찾아가는 먼 나라의 외국사람처럼 나는 어디로 가야 할지 모르겠다

지금은 이 繁雜한 現實 우에 하나하나 幻想을 붙여서 보지 않아도 좋다
꺼면 얼굴이며 노란 얼굴이며 찌그러진 얼굴이며가 모두 幻想과現實의 中間에 서서 있기에
나는 食人種같이 殘忍한 貪慾과 强烈한 意慾으로 그중의 하나하나를 일일이 뚫어져라 하고 들여다보는 것이지만

나의 마음은 달과 바람모양으로
서늘하다

―「거리(二)」 부분

　이 시에서 '거리'는 근대가 자신을 드러내는 공간이다. 근대의 풍물을 비추는 거리는, 한편으로는 생활을 발견하는 장으로 시인의 자아를 비추는 거울과 같은 기능을 하고 있다. 자아는 번잡한 거리의 한 모퉁이에 서 있다. "오래간만에 거리에 나와보니 / 나의 눈을 흡수하는 모든 물건"(「거리(一)」)에서처럼 거리의 풍경은 시선을 붙들어 놓는다. 거리는 '돈을 버는 거리의 부인', '지프차를 타고가는 어느 젊은 사람'들의 행렬로 가득 차 있다. 이렇게 활기와 속도에 둘러싸인 자아는 자신을 채우고 있던 '피로'를 잃어버린다. '피로'가 '어둠과 절망의 어제'를 의미한다면, 현재의 거리는 밝은 빛으로 채워진 긍정적인 공간으로 떠오른다. 이러한 거리의 활력에 몸을 맡길 때, '마음의 어둠과 절망의 어제'는 '보잘 것 없는 설움'이 되어 거리를 굴러다니고 있는 것으로 인식된다. 여기서 '절망'에서 '쾌활'로 치환되는 정서의 변이는 시적 주체의 존재 방식을 설명해 주는 주요한 의미항이 된다.

　무엇보다 주목되는 것은 거리를 바라보는 시인의 시선이 자리한 지점이다. 거리의 군중 속의 한 사람으로 그들 내에 포함되어 있으면서도, 거리의 흐름과 일정한 간극을 유지하면서 그 풍경을 바라보고 있다. 자본의 속도에 휩쓸리지 않고 고유한 내면을 확보하기 위한 의지가 현실과 팽팽하게 대결하고 있는 것이다. 시에서 자아는 거리 풍경에 맹목의 시선을 던지는 것이 아니라, '식인종 같이 잔인한 탐욕과 강렬한 의욕'으로 거리를 뚫어지게 바라보고 있다. 이러한 '의욕하는 눈'은 '현실과 환상의 중간에 서 있는' 자아의 위치를 환기시킨다. '극장'과 '배우'는 현실 속에서 환상을 사는 존재들이며, 배우가 되기를 꿈꾸었던 자아는, 환상으로부터 막 현실로 귀환한 존재이다. '처음 세상에 나온 사람', '먼 나라의 외국사람'처럼 거리의 풍경을 새로운 시선으로 보는 것은, 그가 과거를 벗어나 막 현재로 넘어온 사람임을 환기시킨다. 이러한 환상과 현실의 경계에서 자아는 현실을 새로운 시선으로 탐색할 수 있게 된다. 거리의 군중 속에서 이러한 서늘한 내면의 공간을 만들어 가는 시적 태도는 보들레르의 산책자적 시선과 겹쳐진다. 일상의 체험을 내면화하는 산책자는 거리의 풍경을 관찰하고 응시하는 성찰의 주체이다. 벤야민에 따르면, 이러한 산책자는 현대적 세계에서 창조적 시선을 확보하는 예술가의 전범을 보여주는 것이다. 즉 보들레르가 '현대예술가는 자신의 집을 군중의 가슴 한가운데서 방랑성과 문화성의 한가운데에, 대도시 군중의 가슴에 세워야 한다'고 했을 때, 그것은 현대생활의 물질적 조건으로서의 일상이 예술의 토대가 되어야 함을 의미하는 동시에, 군중 속에 놓인 '의식을 구비한 만화경'으로서의 성찰적 시선이 지니는 의미를 강조하고 있는 것이다.8) 김수영은 반성적 사유를 통해 거리 풍경을 내면으로 치환하는 시선 속에 이러한 산책자−주체의 자리를 마련하고 있다.

시에서 주목해 볼 것은, 시인이 모든 사람에게 불가능이 없어 보이는 거리의 이면에서 흔들리는 자신의 모습을 바라보고 있다는 것이다. 그것은 '도시의 쾌활함에 몸을 맡기는' 태도와 '이 기쁜 마음의 근원을 묻는' 태도 사이의 균열로 드러난다. 이 균열 속에서 거리를 들여다보는 '탐욕'의 시선, 즉 '의욕하는 눈'은 곧바로 자아의 내면으로 전화된다. 이러한 시선의 전환은, '수많은 기폭을 흔드는 쾌활'한 도시의 활력 속에서 '달과 바람 모양의 서늘한 내면'을 환기시킨다. 이 서늘한 '내면'과 거리의 '쾌할' 사이를 파고드는 시선의 긴장 속에 김수영의 특유의 성찰적 시선이 자리 잡는다. 그의 시에서 도시의 피로, 일상의 권태는 이러한 시선의 활력에 의해서 극복된다. 시에 내장된 '활력'은 근대의 속도에서 나오는 것이 아니라, 역설적으로 도시적 일상적 세계의 부정성

---

8) W. 벤야민, 이태동 역, 『문예비평과 이론』, 문예출판사, 1987, 198~208면.

을 인식하고 그 환상을 간파한 데서 나온다. 김수영 시의 특유한 활력
은 현실의 풍경으로부터 내면의 투명성을 유지하게 하는 힘이며, 일상
의 풍경을 반성적 사유로 끌어들이는 힘이기도 하다.

  김수영은 거리의 속도와 '쾌활'을 내면화하면서 동시에 그 허구성을
읽어내는 이중적 주체로서 자아의 시선을 텍스트에 배치한다. 이러한
시선의 긴장을 통해, 시인은 거리의 이미지에 매혹된 욕망을 견제하고,
근대적 세계에 대응하는 반성적 주체의 자리를 예비하는 것이다. 도시
의 속도를 따라가면서도 그 흐름에 휩쓸리지 않고 이를 견제하는 '절도'
의 시선은 현실을 '통해서' 자신에게로 귀환하는 사유의 도정을 보여준
다.9) 1930년대 모더니스트들이 "산책자로서 거리에 나서서 근대풍경을
관찰하지만 곧 거리가 산책자를 압도하는 주체가 되어버리는" 것에 반
해10) 김수영의 시는 환상과 이미지가 범람하는 거리와의 대결에서 주체
—시선의 승리를 보여준다는 점에서 의미가 있다. 다음 시에서 이러한
시선의 의미를 더 구체적으로 살펴볼 수 있다.

> 오래간만에 거리에 나와보니
> 나의 눈을 흡수하는 모든 물건
> 그 중에서도
> 빈 사무실에 놓인 무심한
> 잡물 이것저것
> (…중략…)
> 구름도 필요없고
> 항구가 없어도 아쉽지 않은
> 바로 내가 바라다보는

---

9) 우리는 타자성 속에서 자신을 찾고 거기서 자신을 발견한다. 우리가 반영하고 또 우
  리의 반영인 이 타자와 하나가 되는 순간 곧바로 이 환영적 존재로부터 결별하고, 우
  리 자신의 그림자를 뒤쫓으면서 다시 자신들의 탐색에 뛰어든다. O. 빠스, 윤호병 역,
  『낭만주의에서 아방가르드까지의 현대시론』, 현대미학사, 1995, 44면.
10) 조영복, 「김기림의 수필에 나타난 일상성」, 『외국문학』, 1995년 여름, 195면.

저 허연 석회전정 —
저것도
꿈이 아닌 꿈을 가리키는
내일의 지도다

스으라여
너는 이 세상을 點으로 가리켰지만
나는
나의 눈을 찌르는 이 따가운 가옥과
집물과 사람들의 음성과 거리의 소리들을
커다란 해양의 한구석을 차지하는
조고마한 물방울로
그려 보려하는데
차라리 어떠할까
—이것은 구차한 선비의 보잘것없는 일일 것인가.

—「거리(一)」 부분

　오랜만에 거리에 나온 자아의 시선이 닿는 물건들은 그 시선을 '흡수한다.' 이렇게 사물을 '보는' 시선의 능동성이 박탈된 상태를 시인은 '무심한 사물'이라는 시어로 표현하고 있다. 즉 자아는 사물의 세계 속에 '무심하게' 무방비의 상태로 놓여 있는 것이다. 이것은 「거리(二)」에서 보여 주었던 '의욕하는 시선'이 아니라, 오히려 '도회의 중심지'인 사무실에서 경험하게 되는 의식의 사물화라 부를 수 있는 상태를 보여준다. 이런 점에서 '허연 석회천장'은 도회의 공간이 축소된 캔버스이면서, 동시에 그 속에 놓인 자아의 의식의 공백 상태를 상징한다. 모든 색채가 소멸된 천장은 "푸른 바다와 산과 들 우에 / 화려한 태양이 날개를 펴고 걸어가는" 지도의 푸른빛 이미지와 대조를 이룬다. 다음 연에서, 바라보기 위해서 시선을 위로 움직여야 하는 '천정'은 벽에 걸린 지도를 보는 시선의 자연스러움을 빼앗아버린다. 즉 고개를 들고서 '바라다' 볼 수 있는 천정의 위치는 "고개를 두리번거릴 필요도 없이 / 태연한" 삶의 태도를 불안정한 것으로 바꾸어 놓는다. 이 부자연스런 시선은 일상의 관습화된 의식에 제동을 걸면서 끊임없이 시인의 의식을 불편하게 만든다. 이러한 불편한 시선 속에서, '소음과 사물'로 가득 찬 도회의 풍경에 내장된 균열이 드러나게 된다. 이제 세계는 자아의 시선을 '흡수하는 것'이 아니라 더 나가서 '눈을 찌르는' 시각적 인식의 방해물로 전경화된다. '가옥과 집물과 사람들의 음성과 거리의 소음'은 일상을 채우는 소음이며, 이 '눈을 찌르는' 소음은 자아의 시각 행위를 근원적으로 흔들어 놓는다. 이렇게 시선을 교란하는 현실의 소음에 대해 자아는 '그림을 그리는' 행위로 대응하고 있다. '흡수하다', '눈을 찌르다'와 대립되는 '그림을 그리는' 시선의 싸움이 시작되는 것이다. 그것은 자신을 압도하는 소음과 천장의 광대함을 '조고마한 물방울'의 우주에 가두어 버리겠다는 창조적 의지의 표현으로 이어진다. 이렇게 일상에 내장된 억압에 대한 성찰은, '꿈이 아닌 꿈을 가리키는 내일의 지도'가 보여주는 미래의 시간으로 자아의 시선을 열어 놓는다.[11]

앞에서 보았듯 자아를 현실의 소음으로 빨아들이는 일상의 포획력과 이에 대한 비판은 김수영의 시를 이끌어가는 주요한 동력이다. 그는 주체의 시선을 빼앗는 현실로부터 떨어져 나와, 그 현실을 투시하려는 태도를 보여준다. 시인은 '너는 이 세상을 점으로 가리켰지만'에서 스으라의 그림을 세상을 '가리키는 것'으로 보고 있다. 스으라의 점묘화가 결국 대상의 복원, 재현을 지향하게 되는 것에 반해, 시인은 물방울이라는 자족적인 세계를 구축하고자 하는 것이다. 그것은 그림을 그리는 주체의 시선이 외부 세계를 향한 것이 아니라, 자아의 내면을 향하고 있음을 의미한다. 이렇게 단순히 대상을 '바라보는' 시선의 수동성을 넘어,

---

11) 내일의 지도를 완성하고자 하는 자아의 욕망은 타자로서의 '백색의 공간'이 촉발한 욕망이다. 그 백색의 공간이 사유를 시적 사유로 외−출(外出)하게 유도한다. 김상환, 「스으라의 점묘화」, 『철학연구』 30집, 1992년 봄, 364면.

'그리는 시선'으로의 변화는 주체의 창조적 가능성에 초점을 두고 있다. 이때 '물방울'의 응집된 정적(靜寂)의 세계는 현실의 소음에 대응하는 주체의 고요한 내면의 은유로 읽혀진다. 그것은 도시의 소음을 휘발시키는 투명한 자의식의 공간을 상징한다.

김수영의 시적 세계는 자아의 시선을 내면으로 끌어당기는 구심력과 현실을 향한 활력 사이의 긴장에 자리한다. '활력'이 소음의 현실에 대응하는 시인의 외적인 태도라면, '정적'은 주체의 내면을 환기한다. 여기서 '팽이의 속도감' 속에서 돌지 않는 '중심'—"팽이가 까맣게 서서 있는 것이다"(「달나라의 장난」)—을 발견한 시인이 '바로 본다'는 단어에 그토록 집착하게 된 이유를 짐작할 수 있다. 이 '바로 보기'에는 단순히 외부대상에 대한 시각적 인식에 국한되지 않는, 자신의 내면을 바라보는 시선이 자리하고 있다. 그것은 자아의 내면과 현실의 긴장된 틈새에서 주체의 자리를 발견하려는 시인의 욕망을 보여준다. 활력과 그늘, 요설과 침묵, 환상과 현실의 틈새에 이러한 주체의 시선이 은밀하게 자리하고 있다. 이러한 시선을 통해서 비로소 시인은 자기 의식을 찢고 나와 세계와 내면을 통찰할 수 있게 되는 것이다. 이렇게 훼손된 현실과 대결하는 염결성의 시선은 김수영이 가열한 자기 고백 혹은 자기 풍자의 방식을 통해서 드러내고자 하는 투명한 자의식의 세계이기도 하다. 바로 이곳이 '거리를 산책하다 내면의 공간으로 손쉽게 귀환해' 버린 전대의 모더니스트들과 김수영의 시세계가 변별되는 지점이라 하겠다.[12] 다음의 시에서 김수영 시의 이러한 특성을 보다 잘 이해할 수 있다.

> 욕망이여 입을 열어라 그 속에서
> 사랑을 발견하겠다 都市의 끝에

[12) 거리를 향했다가 내면의 동굴로 돌아오는 김기림의 시는 도시의 '일상성'을 너무나 쉽게 건너뛰어 유토피아적 공상으로 빠져나간다. 신범순, 「1930년대 모더니즘에서 '산책가'의 꿈과 재현의 붕괴」, 『시와 시학』, 1991년 가을, 93면.

사그러져가는 라디오의 재갈거리는 소리가
사랑처럼 들리고 그 소리가 지워지는
강이 흐르고 그 강 건너에 사랑하는
암흑이 있고 三월을 바라보는 마른나무들이
사랑의 봉오리를 준비하고 그 봉오리의
속삭임이 안개처럼 이는 저쪽에 쪽빛
산이

사랑의 기차가 지나갈 때마다 우리들의
슬픔처럼 자라나고 도야지우리의 밥찌끼
같은 서울의 등불을 무시한다
(…중략…)
난로 위에 끓어오르는 주전자의 물이 아슬
아슬하게 넘지 않는 것처럼 사랑의 節度는
열렬하다
間斷도 사랑

—「사랑의 變奏曲」 부분

　이 시는 '의욕하는 시선'에 내재된 욕망이 어떻게 내면의 시선으로
전환되고 있는지를 보여준다. 시적 자아를 둘러싸고 있는 것은 도시의
소음들이다. "라디오의 재갈거리는 소리", "도야지우리의 밥찌기 / 같은
서울의 등불"은 도시적 삶의 소란함과 비속함을 환기한다. 자본의 속도
와 욕망이 뒤섞여 만들어내는 소음은 도시가 자신을 드러내는 방식이
다. 자아는 이러한 도시적 소음 속에서 들끓는 욕망을 본다. 그것은 '라
디오의 소리'처럼, 대기 중으로 확산되고 있는데, 이러한 소음과 욕망의
증식을 가로막는 것은 '강'이다. 강을 중심으로 하여 도시와 자연은 구
획되고 있다. 시에서 자연이 구가하는 봄의 이미지들은 도시의 욕망을
넘어서는 지점에서만 펼쳐지고 있다. 도시의 욕망에서 사랑을 발견하겠
다는 시인의 의지는 이 자연의 순정한 힘이 도시의 대타적 존재로 자리

잡고 있다는 인식에서 비롯된다. 이때 자아의 시선은 '강→암흑→나무→안개→산'으로 이어지는 상승의 이미지와, 기차의 수평적 힘을 결합시킴으로써 '도시의 끝'이라는 공간의 폐쇄성을 확장시키는 데 기여한다. 도시 / 산의 대립적 공간을 하나로 이어주는 것이 '기차'인데, 시인에게 있어서 기차는 사랑의 은유이다. 기차의 가열한 속도감과 추진력이 폐쇄된 공간을 넘어서게 하는 힘을 지니는 까닭에 시인은 질주하는 기차를 통해 도시의 소음과 혼돈을 쉽게 넘어설 수 있는 것이다. 이러한 사랑의 속도감은 "도야지우리의 밥찌끼같은" 비천한 욕망을 무시할 수 있을 만큼 빠르고 강력한 것이며, '사랑의 숲'이 자아에게 벅차게 밀어닥치는 속도와 등가를 이루면서 질주한다. "욕망이여 입을 열어라 그 속에서 / 사랑을 발견하겠다"는 진술에는 도시적 삶의 부정성을 통하여 그것을 넘어서는 힘을 발견하려는 시인의 의지가 내포되어 있다. 그러나 도시의 혼돈에서 사랑을 발견하려는 의지의 한편에는, 그 사랑의 열정을 제어하려는 의식이 팽팽하게 긴장하고 있다. 시인은 사랑이 소음처럼 끝없이 확장되는 것이 아니라, 끓어오르면서도 넘치지 않는 긴장의 상태를 내포한 것으로 인식한다. 즉 '끓는 물이 아슬아슬하게 넘치지 않는 절도' 속에서 발견하는 사랑이란, '열렬함 / 간단(間斷)' 사이의 긴장 속에서 얻어지는 균형감각을 의미한다.

이러한 '절도'의 힘은 앞에서 살펴본 '활력'과 더불어 주체의 존재 방식을 규정하는 두 축이다. '활력'이 현실의 속도와 동일하게 시인의 사유를 진행시킴으로써 얻어지는 의식의 역동성을 의미한다면, '절도' 란 현실과 동일한 속도로 달려가는 시인의 의식을 견제하고 내적인 중심으로 끌어들이는 힘이다. 김수영의 시에 드러나는 속도감은 많은 논자들이 지적하였듯이, 현실의 생활이 흘러가는 시간에 대한 인식과 겹을 이룬다. 즉 그의 시에서 요설은 현실의 소음을 드러내는 기제인 동시에 자아의 '활력'을 드러내는 방법이다. 반면 '침묵'은 팽이의 중심과 마찬가지로 고요한 정지의 상태 혹은 의식의 투명성을 드러내려는 '절도'에서 비롯한다. 이러한 '절도'의 태도는 '자기를 대하는 주체의 금욕주의적 자세'와 연관된다. 금욕주의는 근대적 사유의 한 방식으로 이해될 수 있는데,13) 이는 금욕적인 자기 절제가 자기 자신과 관계 맺는 주체의 대응 방식을 표현해 주기 때문이다.14) 즉 현실의 소음과 무질서에 대한 반항으로서의 김수영의 절제 혹은 '절도'는, 결국 자신의 내면조차도 성찰의 대상으로 삼는 인식 주체의 역동성에서 발현된다. 보들레르가 당디즘이라 명명한 금욕주의적 태도 역시 이러한 '절도'를 통해서 가능해지는 것이다. 물론 김수영은 끊임없이 현실의 소음을 내적 활력으로 치환하여 자기 반성의 동력으로 삼고 있다는 점에서 냉소로 무장한 보들레르의 당디와는 변별된다. '활력'과 '절도'의 팽팽한 긴장, 현실을 향한 '비판'과 내면의 '성찰'의 긴장 속에 놓인 김수영의 시는 일상의 포획력을 벗어난 창조적 주체의 출현을 보여준다는 점에서 의미를 갖는다.

3. 영원과 순간, 유토피아의 출현

신동엽의 시는 4·19의 실패와 피행적 근대화 초기의 도시화된 현실에서 출발한다. 근대화되어 가는 도시의 한복판에서 신동엽은 절망적이고 우울한 삶의 풍경을 포착하고 있다.

이슬비 오는 날.
종로 5가 서시오판 옆에서

---

13) 김현, 『시칠리아의 암소』, 문학과지성사, 1990, 157면.
14) 김상환, 「모더니즘 또는 사유의 금욕주의」, 『현대시학』, 1993년 가을.

낯선 少年이 나를 붙잡고 동대문을 물었다.

밤 열한시 반,
통금에 쫓기는 群像 속에서 죄 없이
크고 맑기만 한 그 소년의 눈동자와
내 도시락 보자기가 비에 젖고 있었다.

국민학교를 갓 나왔을까.
새로 사 신은 운동환 벗어 품고
그 소년의 등허리선 먼 길 떠나온 고구마가
흙묻은 얼굴들을 맞부비며 저희끼리 비에 젖고 있었다.
(…중략…)

그렇지.
눈녹이 바람이 부는 질척질척한 겨울날,
宗廟 담을 끼고 돌다가 나는 보았어.
그의 누나였을까.
부은 한쪽 눈의 娼女가 양지쪽 기대 앉아
속내의 바람으로, 때 묻은 긴 편지를 읽고 있었지.

—「鐘路五街」 부분

　　도시는 파행적 근대화가 낳은 모든 모순의 집결지이다. 이 시에서 시인은 '고층빌딩과 은행국'으로 상징되는 근대화의 그늘에 시선을 맞춘다. 공사장에서 허리를 다친 '노동자'와 한쪽 눈이 부은 '창녀'는 모두 근대의 흐름에서 밀려난 소외된 존재들이다. 이들에게 근대화 프로젝트가 약속하는 장밋빛 미래는 환상에 불과하며, 그런 점에서 이들은 미래를 향해 질주하는 근대의 이면에 은폐된 빈곤과 허기를 폭로하는 상징적 존재들이다. 시에서 거리의 풍경은 노동을 마치고 집으로 돌아가는 사람들의 피로로 젖어 있다. 도시로 갓 올라온 어린 소년의 불안한 얼굴은 '통금'에 쫓기는 군상들과 겹쳐지면서, 모든 희망을 상실한 현실의 단면을 비추어낸다. 이때 자아와 소년을 함께 적시는 '비'는 이들을 둘러싼 현실의 비극성을 심화시키면서 이 소외된 존재들을 하나로 연결한다. '젖는다'라는 서술어는 자아와 소년 사이의 심리적 거리를 무화시키는 기능을 하는데, 고향을 떠나와 도시 노동자로 편입되었을 시적 자아는 어린 소년의 모습에서 자신의 과거를 발견하고, 소년의 힘든 처지에 교감을 느끼는 것이다.

그런데 이 시에서 자아는 현실의 풍경과 곧바로 마주서기보다는, 오히려 그 절망적 상황이 펼쳐놓는 분위기 속으로 젖어 들고 있다. 도시의 활력과 소음에 휩쓸려가면서도 반성적 주체로서의 내면 공간을 확보하고자 '뚫어지게' 거리를 바라보던 김수영과 비교해 보면 이 점은 더욱 뚜렷해진다. 신동엽은 현실에 대한 집요한 비판적 시선을 던지는 대신, 도시의 우울과 비애의 정조를 전경화하여 현실의 비극성을 환기시키고, 이를 통해서 당대의 모순에 다가가고자 하는 것이다.

한편 신동엽은 도시의 대립적 지점에 '고향'의 공간을 배치함으로써, 자본주의적 현실에 대한 환멸을 근원적 삶에 대한 동경으로 바꾸어 놓는다. 그에게 '고향'은 '흙가슴'으로 상징되는, 생명이 보존된 근원적 공간으로 인식된다. 그러나 신동엽의 시에서 '고향' 역시 근대화 과정에서 유린당한 폐허의 이미지로 드러나 비극성을 고조시킨다. 도시의 뒷골목에서 편지를 읽고 있는 '눈이 부은 창녀'의 모습은 이 훼손된 고향의 알레고리로 읽힌다. 파괴된 '고향'과 냉혹한 '도시' 이미지로 가시화되는 근대의 두 얼굴은, 다음과 같은 절망적인 풍경 속에서 만나고 있다.

> 내 고향은 바닷가에 있었다.
> 人跡 없는 廢家 열 구비 돌아들면
> 배추꽃 핀 돌담, 쥐쑤신 母女
> 내 고향은 언덕 아래 있었다.

봄이 가고 여름이 오면 부황 든 보리 죽
툇마루 아래 빈 토끼집엔, 어린 동생
머리 쥐어 뜯으며
쓰러져 있었다.

—「주린 땅의 지도원리」 부분

옛날 같으면 북간도에라도 갔지.
기껏해야 뻐스길 삼백리 서울로 왔지.
고층건물 침대 속 누워 肥料廣告만 뿌리는 그머리 마을,
또 무슨 넉살 꾸미기 위해 짓는지도 모를 빌딩 공사장,
도시락 차고 왔지.

—「鐘路五街」 부분

이 시에서 고향은 '인적 없는 폐가'의 모습으로 표현된다. 봄, 여름이
주는 계절적 풍요감이 '부황 든 보리죽', '빈 토끼집'의 피폐한 현실과 대
비를 이루면서 고통을 심화시키고 있다. "지금도 비행기를 바라보며 / 하
늘로 가는 길가에 / 나날이 봇짐 도시로 쏟아져간 흰 젖가슴의 물결치는
아우성을 들어보라"(「불바다」)에서 도시의 하층 노동자로 전락하는 농민
들의 모습을 통해, 시인은 도시의 출현과 성장이라는 이면에 공동체의
붕괴라는 비극이 자리하고 있음을 보여준다. 이 시에서도 '머리를 쥐어
뜯'는 가난한 현실로부터 벗어나기 위해서 도시로 탈출하는 유민의 행렬
은 식민지 시대에 북간도로 이주해야 했던 비참한 조국의 현실이 하나도
달라지지 않았음을 환기한다. 그러나 "뻐스길 삼백리"에서처럼 멀지 않
은 '서울'과 '고향' 사이의 거리는 회복할 수 없는 단절과 간극을 내장하
고 있다. 이러한 간극은 '고층건물 침대 속 누워 비료광고만 뿌리는 그머
리 마을'에서와 같이, 도시의 물질적 풍요가 고향을 파괴함으로써 얻어
지는 것이라는 점에서 기인한다. 또한 그는 "대륙의 섬나라의 / 그리고
또 오늘 저 새로운 銀行國의 / 물결이 뒹굴고 있었다"에서처럼 자본주의

발전의 이면에 자리한 외세의 권력에 주목한다. 이렇게 신동엽은 도시의 일상이 은폐하고 있는 가혹한 자본의 논리를 냉정하게 펼쳐 보임으로써 근대화의 허구성을 폭로한다. 이러한 파괴된 고향의 이미지는 훼손된 삶을 복원하려는 신동엽의 시세계를 이루는 밑바탕이 된다.

초가을, 머리에 손가락 빗질하며
남산에 올랐다.
팔각정에서 장안을 굽어보다가
갑자기 보리씨가 뿌리고 싶어졌다.
저 고층 거물들을 갈아엎고 그 광활한 땅에
보리를 심으면 그 이랑이랑마다 얼마나 싱싱한
곡식들이 사시사철 물결칠 것이랴.
(…중략…)
내일이라도 한강 다리만 끊어 놓으면
열흘도 못가 굶어죽을
특별시민들은
과연 맹목기능자이어선가
도열병약광고며, 비료광고를
신문에 내놓고 젊잖다.
(…중략…)
서울아, 너는 조국이 아니었다.
오백녀전부터도,
떼어내버리고 싶었던 맹장

그러나 나는 서울을 사랑한다
지금쯤 어디에선가, 고향을 잃은
누군가의 누나가, 19세기적인 사랑을 생각하면서

그 포도송이 같은 눈동자로, 고무신 공장에
다니고 있을 것이기 때문에.

―「서울」 부분

이 시에서 시인은 "열흘도 못가서 굶어죽을" 근대화의 허약함을 직설적 언어로 비판하고 있다. 자아는 도시의 누추한 일상을 내려다보면서, '광활한 땅에서 싱싱한 곡식의 물결'을 보고자 한다. '고층건물'과 '푸른 보리'를 대비시킴으로써, 생명력을 거세당한 도시의 불모성에 대한 비판을 직설적으로 표현하는 것이다. 시에서 현실을 바라보는 시인의 시선은 환멸과 분노로 가득 차 있다. 이러한 시인의 시선을 유연하게 바꾸어 놓는 것은, 도시의 불구성에 편입되지 않은 순결한 사랑을 발견할 수 있다는 인식이다. 시에서 '누나'가 꿈꾸는 '19세기적 사랑', '포도송이 같은 눈동자'는 도시의 삶에 훼손되지 않는 고향의 이미지를 담고 있다. 이러한 누이의 순수함은 '고무신 공장'이라는 현실이 지배하는 도시에서 억압되고 좌절될 수밖에 없는 운명에 놓인다. 그럼에도 불구하고 이 순결한 누이를 통해, "떼어내버리고 싶었던 맹장" 같은 환멸스러운 도시에서 생명의 싹을 발견하고자 하는 시적 의지는 매우 중요한 의미를 갖는다.

여기서 "나는 서울을 사랑한다"는 진술에 내포된 고통스런 아이러니는, 도시의 한복판에서 활력과 우울을 동시에 경험하는 김수영의 시적 감각과 매우 닮아 있는 것처럼 보인다. 그러나 도시의 속도에서 서늘한 내면 공간을 확보하려는 김수영의 시적 지향과 현실을 전면적으로 거부하는 신동엽의 시는 변별되는 특징을 보여준다. 김수영의 시가 근대적 흐름 내부에 놓인 자아를 반성의 대상으로 삼는 데서 출발한다면, 신동엽은 근대 현실의 비속함을 자아의 주관적 이상과 대립시키고 있다. 그는 자본주의적 활력이 아니라, 도시의 어두운 그늘 속에 자신을 위치 지운다. 도시의 가운데('종로 5가')에 있을 때조차도 그 흐름에 편입되지 못하고, 거리의 바깥으로 시선을 돌리는 것이다. 김수영이 과거와 현재, 소음과 정적, 활력과 절도를 동시에 끌어안음으로써 일상 속에서 '사랑'을 발견하고자 한다면, 신동엽의 시선은 오염된 도시의 삶에서 '19세기적 사랑'의 순결성을 보존하고자 하는 데 놓인다.

이렇게 도시의 우울과 절망을 넘어서려는 신동엽의 시적 지향은 ‘19세기적 사랑’을 현재로 끌어올리고자 하는 노력으로 구체화된다. 그것은 ‘19세기적 사랑’의 힘을 통해 상실된 고향을 회복하려는 귀향에의 의지를 보여주는 것이다. 원초적 공간으로의 귀환 의지와 근원적 생명력에 대한 강렬한 지향 속에서 시인은,[15] ‘쇠붙이’와 ‘무기’로 상징되는 근대문명의 대타적 자리에 고향을 소환한다. 이렇게 하여 ‘고향’은 시인의 주관적 이상이 투사된 유토피아의 이미지로 근대의 한복판에 출현하게 된다.[16]

> 누가 하늘을 보았다 하는가
> 누가 구름 한 송이 없이 맑은
> 하늘을 보았다 하는가.
>
> 네가 본 건, 먹구름
> 그걸 하늘로 알고
> 一生을 살아갔다.
>
> 네가 본 건, 지붕 덮은
> 쇠 항아리,
> 그걸 하늘로 알고
> 일생을 살아갔다.
>
> 닦아라 사람들아
> 네 마음속 구름
> 찢어라, 사람들아,
> 네 머리 덮은 쇠 항아리
>
> —「누가 하늘을 보았다 하는가」 부분

---

15) 신동엽의 시에서 ‘원시주의’적 요소를 읽을 수 있는 것은 이러한 근원적 세계의 회복을 지향하는 시인의 의식에서 비롯된다. 염무웅, 「5,60년대 남북한 문학의 민족문학사적 위치」, 『창작과비평』, 1992년 겨울.

16) 임철규, 「낭만주의와 유토피아」, 『세계의 문학』, 1993년 겨울, 165면.

이 시의 전면은 현실에 대한 부정과 유토피아에의 열망이 충돌하면서 뿜어내는 강렬한 파토스로 채워져 있다. '쇠 항아리'와 '영원의 하늘'이라는 시어가 환기하는 폐쇄와 개방의 대립은 현실을 거부하고 근원적 생명의 세계를 지향하는 단순하지만 뜨거운 열망을 효과적으로 드러낸다. 이때 '쇠 항아리'의 금속성은 근대문명이 배태한 파괴성을 환기하는 한편, 자아를 긴박하는 세계의 억압을 상징하고 있다. 이러한 현실의 억압을 해체하고자 하는 열망은, '누가 하늘을 보았다 하는가'라는 진술 속에 자리잡은 단호한 목소리를 통해서 실체를 얻는다. '닦아라'·'찢어라'·'보아라' 등 반복되는 명령의 어조는 비천한 현실을 소거하고 텍스트를 장악해가는 주체의 시선을 선명하게 담아내고 있다.

그런데 여기서 시적 대상('너')을 향한 진술은, 곧바로 현실에 얽매인 자아에게 던지는 각성과 결단의 요구로 되돌아오고 있다. "4월도 알맹이만 남고 / 껍데기는 가라"(「껍데기는 가라」)라는 외침 속에도 마찬가지로 자아와 변별되는 강력한 목소리의 주체가 존재한다. 이 어조에 배어 있는 당당함은 '사람들아', '너'로 대상화된 청자들에 대한 윤리적 우월감에서 비롯된다. 그것은 '먹구름을 하늘로 알고 일생을 사는 사람'의 우매함을 깨우치는 견자(見者)의 어조이다. 이렇게 신동엽은 텍스트를 지배하는 윤리적 목소리 안에, 현실에 대한 각성과 결단을 요구하는 이념적 주체를 자리를 마련하고 있다. 즉 시인의 이념적 열망을 투사한 자아의 이상(ego-ideal)이 타자화되어 스스로에게 명령하는 목소리로 되돌아오고 있는 것이다. 신동엽의 시에서는, 윤리적 우월성을 담지한 이상적 주체가 자아의 내면을 규정하는 준거가 된다. 이러한 주체는 자아의 시선을 일상적 현실로부터 분리시키는 강력한 힘을 내장하고 있다.

이렇게 텍스트 안에 새로운 주체의 자리를 마련함으로써 현실과 절연하려는 시적 의지는 '영원의 하늘'이라는 유토피아적 이상에 대한 지향에 의해서 지지된다. '영원의 하늘'로 현현하는 근원적 이미지는 근대의 폭력적 시간을 넘어서는 무시간성을 함축하고 있다. 이러한 '영원'의

이미지는 다른 시에서 '정신', '빛나는 눈동자', '지고한 빛' 등으로 변주
되어 드러난다.

> 샘터에서 살얼음 쪼개고 물을 마시는데
> 눈동자가, 그 깊고 먼, 눈동자가,
> 이 찬 겨울 천지 사이에서 조용히 나를 들여다보고 있더라.
>
> —「眞伊의 體溫」 부분

> 그 눈은
> 나의 生과 함께
> 내 열매 속에 살아남았다.
>
> 그런 빛을 가지기 위하여
> 人類는 헤매인 것이다.
>
> 精神은
> 빛나고 있었다.
> 몸은 야위었어도
> 다만 정신은 빛나고 있었다.
>
> —「빛나는 눈동자」 부분

'찬 겨울'로 환기되는 고통스런 현실에서 자아는 물 속을 들여다보고
있다. 맑은 물의 청명함은 '눈동자'로 치환되어 자신을 비추는 거울과
같은 기능을 한다. 이 눈동자는 얼음의 투명성과 어울려 '맑은 빛'의 이
미지로 고양되고 있다. 이렇듯 물 속을 들여다보는 행위는, 일상과 절연
된 자아의 정신성을 발견하는 성찰의 행위가 된다. 이때 '깊고 먼'이라
는 시어를 통해서 환기되는 거리감은, 자아가 지향하는 정신의 높이를
수직적인 깊이로 치환시키고 있다. 주목할 것은 "눈동자가, (…중략…)
나를 들여다보고 있더라"에서, 행위의 주체가 '나'에서 '눈동자'로 바뀌

고 있다는 점이다. 물 속을 들여다보는 것은 나인데, 그 물 속에서 또 다른 눈동자가 나를 들여다보고 있는 것. 이 놀라운 전도는 거울 속에 투사된 이상적 자아의 시선을 발견하는 사건이다. '빛나는 정신'을 응축한 거울-눈동자는 자아의 이상이 타자화되어 외부에서 자아를 응시하고 있음을 보여준다. 자기 내면에서 생성된 이 거울-눈동자의 응시를 통해, 자아는 스스로를 들여다보는 성찰의 주체가 된다. 이렇게 '조용히 나를 들여다보는' 응시의 시선은 파탄된 현실로부터 자신을 분리시켜, 이념적으로 고양된 주체의 자리에 스스로를 올려놓으려는 시인의 욕망에서 탄생한다.

신동엽의 시 전편을 지배하는 강렬한 자기 파괴의 욕망, 즉 "나는 나를 죽였다./비 오는 날 새벽 솜바지 저고리를 입힌 채 나는/나의 학대받은 육신을 강가로 내몰았다"(「강」)에서 보이는 가열한 소멸의 욕망, 그리고 "글면 또 허물런다/세상보다/백짓장 하나 만큼 낮은 자리에//나의 나/없는 듯 누워"(「나의 나」)에서 가시화되는 소멸에의 희구는, 이 눈동자의 응시를 통해서 비로소 새로운 출구를 얻는다. 이 눈동자야말로 혁명의 좌절과 파행적 근대가 포진해가는 척박한 일상에 대응하는 주체의 출현을 알려주는 기호이다. 근대에의 절망과 죽음 충동으로부터 시인을 이끌어내는 이 눈동자-정신은 역설적으로 현실의 모순을 관통하는 이성의 사유에서 태어난다. 그의 시에서 빈번하게 등장하는 '빛나는 눈동자', '맑은 빛' 등의 이미지는 시인으로 하여금 근대의 불합리와 모순을 간파하게 하는 이성의 빛을 상징하는 것이다. 신동엽은 내면에서 울려오는 이성의 목소리에 귀를 기울임으로써, '쇠 항아리'의 어둠을 깨뜨리고 '푸른 하늘'을 향해 나가고자 한다.

많은 연구자들이 지적했듯이, 신동엽은 근대를 외세에 의한 분단과 도시화에서 빚어지는 소외의 비극적 현장으로 인식한다. 시 「서울」에서 허위와 기만으로 채워진 '서울'에서, 시인은 가장 높은 곳인 남산 위에 올라가 거리를 내려다본다. 여기서 '내려다보는' 행위는, '샘물을 들여다보는 행위'와 동일한 의미를 지닌다. '굽어보는' 시선의 의미는 단순히 물리적 높이에서 비롯되는 것이 아니라, 도시의 비도덕성과 허위를 내려다보는 정신의 순수성에서 생성된다. 이 '내려다보는' 시선 속에는, '샘물을 들여다보는' 행위와 마찬가지로 역사적 미학적 이상을 타자로 삼음으로써 현실 속에 와해되지 않는 주체의 자리를 확보하려는 시인의 의지가 자리한다. 시인은 "그 눈은/나의 생과 함께/내 열매 속에 살아 남아"에서처럼, 그 눈동자를 자기의 생을 완성하는 계기로 삼고 있다. 순결한 '눈동자'는 현재의 자아를 보다 순수한 정신으로 고양시키는 동력이며, 근대의 추악한 삶과 가파르게 응전하게 만드는 힘이다.

시인은 이렇게 '혁명'의 순결성을 준거로 도시적 일상의 속물성에 대한 비판적 시선을 획득한다. 「껍데기는 가라」, 「누가 하늘을 보았다 하는가」 등 신동엽의 다수의 시편에서 '동학혁명'과 4·19라는 역사적 순간에 현현한 정신의 정점은 숭고한 이념으로 고양된다. 이 시들이 보여주는 준열한 어조는, 혁명적 순결성에 대한 시인의 확신과 윤리적으로 고양된 시선에 의해 지배되고 있다. 즉 현실의 모순을 변혁하려는 혁명의 순결성을 기억함으로써, 신동엽은 훼손된 삶을 비판하는 윤리적 준거를 마련할 수 있었던 것이다. 현실과 이상을 가르는 지점에서 태어난 '빛나는 정신'은 개체로서 '나의 생'을 넘어 인류를 비추는 '빛'으로 고양되고, 인류의 보편적 '정신'으로 확장된다. 또한 '야윈 몸과 정신의 빛남'이라는 대립적 상황은 일상적인 '몸'을 부정함으로써 얻어지는 '정신의 빛'을 '영원'이라는 이상으로 끌어올리고 있다.

한편 신동엽은 '영원의 하늘'에 담겨 있는 유토피아적 무시간성을, 동학혁명과 4·19가 보여준 혁명의 정신을 통해서 역사적 흐름 속으로 옮겨 놓는다. 그는 장시 「금강」을 통해 이 혁명의 순간성이 어떻게 현재의 삶을 규정하는가 하는 물음을 던졌다. 그에게 '영원'이 현현하는 '순간'으로서의 동학혁명과 4·19는 역사적으로 완료된 과거가 아니라, 끊임없이 현재화되는 역사로 인식된다. 이렇게 '영원의 하늘'에서 '금강'

이라는 현실 공간으로의 귀환은, 현실을 역사의 텍스트로 전이시켜냄으로써, 역사의 진리 속에서 현실의 모순을 부정할 가능성을 찾으려는 의식에서 비롯된다.[17] 혁명의 순간성은 일상의 무의미한 반복성, 지루한 산문성[18]을 일거에 소거하는 윤리를 출현시킨다. 다시 말해 혁명의 순간성은 일상의 추악함을 비추는 거울─정신이 되는 것이다. 혁명은 '영원'이라는 무시간성을 역사적 현재 속에 구현하는 한편, 훼손된 고향을 유토피아의 이미지로 구제한다. 이렇게 근원적 고향을 향한 시인의 열망은 이미 해체된 고향을 역사적 미래 속에 위치짓는다.[19] 그리하여 고향을 향한 시인의 행보는 과거를 향한 뒷걸음질이 아니라, 미래를 향한 전진으로 드러나게 된다.

신동엽은 「금강」의 '후화(後話)' 부분에 앞에서 살펴보았던 「종로5가」와 유사한 시 한편을 실어놓았다. 「종로5가」의 구조를 그대로 반복하고 있는 이 시에서 역사적 비전을 현실로 끌어올리고자 하는 시인의 의지를 읽을 수 있다. 「종로5가」에서 통금에 쫓기는 행렬 속으로 사라진 어린 소년의 모습은 도시의 노동자인 나의 모습과 겹쳐진다. 다시 주목할 것은 이 낯선 소년과 자아의 만남이 군중의 흐름 속에서 이루어진다는 점이다. 소년의 젖은 눈동자는 군중의 흐름에 휩쓸려 가던 시인의 의식을 날카롭게 파고 든다. 시의 화면에 클로즈업된 눈동자는 자아의 걸음을 멈추게 함으로써, 도시적 흐름에서 '정지'의 순간을 만들어낸다. 이제 군중은 시의 여백으로 사라지고 소년과 자아의 시선의 마주침이 강조된다. 이러한 정지의 순간에 일상에 매몰되었던 자아의 의식이 깨어

---

17) M. 칼리니스쿠, 이영욱 역, 『모더니티의 다섯 얼굴』, 시각과언어사, 1993, 162면.

18) 헤겔은 '근대의 시민적인 서사시'는 서사시의 생성 기반을 이루는 근원적인 시적 상태가 붕괴된 산문적 세계를 토대로 한다고 본다(최동호 역, 『헤겔 시학』, 열음사, 1987, 143면).

19) 이렇게 「금강」에서는, 현재 속에 과거의 기억과 미래의 선취를 결합하는 사유를 통하여 미래의 유토피아를 역사 속으로 끌어들이려는 시인의 의식이 드러난다. 최문규, 「역사철학적 현대성과 그 이념적 맥락」, 『세계의 문학』, 1993년 가을, 182~183면.

난다. 이때 비로소 자아는 익명의 군중들로부터 구체적으로 드러나는 민중의 모습, 즉 창녀와 노동자들의 생생한 삶의 숨결을 감각하게 되는 것이다. 이러한 모습은 1970년대를 거쳐 1980년대에 이르기까지의 노동 문학에서 보여주었던 노동자의 자기 각성 과정과 너무나 닮아 있다. 신동엽은 피로한 노동자의 모습으로 근대의 흐름 속으로 뛰어든다. 이렇게 하여, 그의 시에 감추어진 지성의 눈은 근대의 억압을 넘어서 주체로서 성장해가는 민중의 모습을 발견해낸다. 이것이 신동엽이 그리고자 했던 '미래의 지도'이다. 그의 시쓰기는 내적 이상을 타자화하여 현실의 억압에 대응하는 주체를 구축해가고자 하는 의식의 역동성을 내장하고 있다. 그의 시가 보여주는 성찰적인 주체의 시선은 민중의 시선 속에 녹아들어가 근대를 넘어서려는 의지로 전화된다. 파행적 근대를 넘어서려는 우리 시의 도정에서, 이렇게 신동엽은 1970~80년대에 꽃핀 민중문학의 싹을 마련하고 있었던 것이다.

4. 혁명과 일상의 변주와 시적 열림

우리 시사에서 신동엽은 당대의 김수영이 서 있던 자리와 대비되는 지점에 놓인다. 그것은 모더니즘과 민족주의 혹은 사실주의로 대비되는 시적 경향의 차이, 혹은 자유를 근간으로 하는 혁명적 민주주의 이념과 반외세의 민족주의라는 세계 인식의 차이에서 비롯되는 것이기도 하지만,[20] 보다 근본적으로는 근대라는 사회·물질적 조건을 텍스트화하는 시적 인식의 태도에서 갈라지는 차별성이기도 하다.

---

20) 김윤태, 「4·19혁명과 민족현실의 발견」, 『민족문학사 강좌』, 창작과비평사, 1995.

김수영은 현실의 속도에 대응하는 내면 공간을 구축하여, 그 내부에 반성적 주체의 자리를 마련하고자 했다. 그는 혁명 이후 펼쳐지는 일상에서 자본의 그림자를 인식하고, 이에 대응하는 주체의 자리를 확보하기 위해서 현실을 전면적으로 밀고 나가는 긴장으로 텍스트를 구축하였다. 현실과 자아를 동시에 비판의 대상으로 삼는 김수영의 자의식은 당대의 문제의식으로 확장될 필연성을 얻는다. 그것은 주체의 흔들림과 소멸로 귀결되곤 하던 전대 모더니즘의 허약함을 뛰어넘는 강력한 주체의 확립을 의미한다. 이러한 김수영의 시적 자의식은 또한 우리 시사에서 이성의 힘으로 사유하는 새로운 주체의 모습을 보여준다는 점에서 의미를 갖는다.

신동엽의 시는 공동체의 붕괴와 현실에 포진한 자본의 억압에 대한 전면적인 부정으로서 의미를 지닌다. 근대의 위기와 파탄을 넘어서려는 그의 시적 태도는 역사적 흐름 속에 놓인 현재의 의미를 새롭게 파악하고, 유토피아적 미래를 역사적 가능성으로 이끌어 오는 데서 빛을 발한다. 그는 윤리적 주체의 목소리를 통해서 부정적 현실을 비판적으로 밀고나가는 힘을 보여준다. 그의 시는 유토피아적 비전에 의해 역사적 전망을 선취하는 단호한 확신에 바탕을 두고 있다. 김수영이 도시의 경험을 일상의 문제로 인식하여 사유의 대상으로 삼았다면, 신동엽은 일상의 진부함으로부터 벗어나기 위해서 유토피아적 비전으로 눈을 돌린다. 이러한 유토피아에 대한 열망을 통해서, 그는 파행적 근대기획이 가져온 허구성을 간파하고 이를 초극할 가능성을 바라보고 있었던 것이다. 이렇게 신동엽의 시는 리얼리즘의 성취만이 아니라, 근대와의 대결과 고투 속에서 이후 민중문학을 예비하고 있다는 점에서 중요한 의미를 지닌다. 그의 시가 보여주는 리얼리즘적 성취의 문제는 이러한 관점에서 새롭게 읽혀야 할 것이다. 김수영과 신동엽은 그 양상의 차별성에도 불구하고, 파행적 근대를 비판적 이성의 힘으로 통과하고자 했다는 점에서 당대의 시대의식을 공유한다. 1970~80년대의 민중문학의 대두는 왜곡된 근대화에서 파생된 현실에 대한 부정의 의식에서 비롯되었으며, 이는 일상과 혁명의 변주를 통해 근대의 부정성을 반성적으로 사유했던 이들 선배시인의 노력에 힘입어 가능했던 것이다.

기초자료

김수영, 『달나라의 장난』, 춘조사, 1959.
김수영, 『김수영 전집』 1・2, 민음사, 1981.
김춘수, 『김춘수 전집』 1・2・3, 문장사, 1982.
박인환, 『박인환선시집』, 산호장, 1955.
박인환, 『박인환 전집』, 문학세계사, 1986.

국내 논문 및 평론

강연호, 「김수영 시 연구」, 고려대 박사논문, 1995.
강웅식, 「김수영의 시의식 연구―'긴장'의 시론과 '힘'의 시학을 중심으로」, 고려대
　　　　박사논문, 1997.
고봉준, 「문학, 혹은 시인이 꿈꾸는 혁명」, 『문학과경계』, 2001년 가을호.
고석규, 「모더니티에 관하여」, 『신작품』 7집, 1957.
권혁웅, 「김춘수 시 연구」, 고려대 석사논문, 1995.
김경숙, 「실존적 이성의 한계인식 혹은 극복의지」, 『1960년대 문학 연구』(민족문학
　　　　사연구소 편), 깊은샘, 1998.
김규동, 「박인환론」, 『심상』, 1978.1.
김기림, 「시의 모더니티」, 『신동아』, 1933.7
　　　　, 「모더니즘의 역사적 위치」, 『인문평론』, 1939.10.
김병옥, 「하이데거, 시, 언어」, 『현대비평과 이론』 20호, 2000.
김상환, 「스으라의 점묘화」, 『철학연구』 30집, 1992년 봄호
김영무, 「시에 있어서 두 겹의 시각」, 『세계의 문학』, 1982년 봄호
김용직, 「아네모네와 실험의식―김춘수론」, 『시문학』, 1972.4.
김우창, 「예술가의 양심과 자유」, 『궁핍한 시대의 시인』, 민음사, 1978.
김윤식, 「김수영 변증법의 표정」, 『세계의 문학』, 1982년 봄호.
김윤태, 「4・19혁명과 민족현실의 발견」, 『민족문학사 강좌』, 1995.
김인환, 「한 정직한 시인의 성숙과정」, 『신동아』, 1981.11.
김정임, 「박인환 시 연구」, 연세대 석사논문, 1993.
김종윤, 「김수영 시 연구」, 연세대 박사논문, 1978.

김종철, 「시적 진리와 시적 성취」, 『문학사상』, 1973.9.

김한식, 「시간, 이야기, 그리고 존재의 시학」, 『현대비평과 이론』 9호, 1995.

김형자, 「뉴크리티시즘의 한국적 수용양상」, 『한국전후문학연구』, 삼지원, 1996.

김혜순, 「김춘수와 김수영 시에 나타난 시간의식의 대비적 고찰」, 건국대 석사논문, 1983.

남기혁, 「1950년대 시의 전통지향성 연구」, 서울대 박사논문, 1998.

______, 「김춘수 전기시의 자아인식과 미적 근대성」, 『한국시학연구』 1집, 1998.

노 철, 「김수영과 김춘수의 창작방법연구」, 고려대 박사논문, 1998.

류순태, 「1950년대 한국 모더니즘시의 표상연구」, 서울대 박사논문, 1999.

류 신, 「김춘수와 천사, 그리고 릴케」, 『현대문학』, 2001.10.

문혜원, 「전후 한국모더니즘 성격규명을 위한 시론」, 『관악어문연구』 16집, 1991.

박미용, 「박인환 시 연구」, 공주사대 석사논문, 1987.

박민수, 「박인환론」, 『비평문학』 5호, 1991.10.

박영도, 「시간의 사회적 구성과 시간의 정치」, 『이다』 1, 1996.

백낙청, 「김수영의 시세계」, 『현대문학』 7, 1989.

______, 「역사적 인간과 시적 인간」, 『창작과비평』, 1977.

서우석, 「시와 리듬」, 『문학과지성』, 1978년 봄호

서준섭, 「순수시의 향방-1960년대 이후 김춘수의 시세계」, 『작가세계』, 1997년 여름호

송기한, 「역사의 연속성과 그 문학사적 의미-박인환의 경우」, 『1950년대 문학연구』 (문학사와비평연구회 편), 1991.

신광현, 「시간/주체/언어」, 『현대비평과 이론』, 1995년 가을호.

신범순, 「해방기 시의 리얼리즘연구」, 서울대 박사논문, 1990.

신옥희, 「레비나스의 타자개념」, 『현대시사상』, 1996년 겨울호.

염무웅, 「김수영론」, 『창작과비평』, 1976년 봄호

______, 「5,60년대 남북한 문학의 민족사적 위치」, 『창작과비평』, 1992년 겨울호

오문석, 「1930년대 후반시의 '새로움'에 대한 연구」, 『1930년대 후반문학의 근대성과 자기성찰』, 깊은샘, 1998.

오형엽, 「첨단과 정지의 변증법」, 『국어국문학』, 1999.10.

유재천, 「박인환론」, 『배달말』 14호, 1989.2.

유중하, 「김수영과 4·19-사랑을 만드는 기술」, 『당대비평』, 2000년 봄호

윤정룡, 「1950년대 한국 모더니즘 시 연구」, 서울대 박사논문, 1992.

윤평중, 「탈현대 논쟁의 철학적 조망」, 『세계의 문학』, 1991년 가을호

이건제, 「김수영 시의 변모양상 연구」, 고려대 석사논문, 1990.

______, 「김수영 시에 나타난 '죽음'의식」, 『작가연구』 5, 1997.5.

이건청, 「박인환과 모더니즘적 추구」, 『한국현대시사연구』(김용직 외), 일지사, 1983.

이경덕, 「근대성과 모더니즘」, 『세계의 문학』 69, 1993년 가을호.

이경희, 「시적 언술에 나타난 한국현대시의 병렬법 연구」, 이화여대 박사논문, 1989.

이광수, 「1950년대 모더니즘시 연구」, 고려대 박사논문, 1995.

이기성, 「1960년대 시와 근대적 주체의 두 양상」, 『1960년대 문학 연구』(민족문학사
　　　연구소 편), 깊은샘, 1998.

이미순, 「김춘수의 꽃의 해체론적 읽기」, 『한국현대시와 언어의 수사성』, 국학자료
　　　원, 1997.

이봉래, 「한국의 모더니즘(상, 하)」, 『현대문학』, 1956.4~5.

이승훈, 「1950년대 우리시의 모더니즘」, 『현대시사상』, 1995년 가을호.

______, 「김춘수의 시선과 응시의 매혹」, 『작가세계』, 1997년 여름호.

이주형, 「박인환시고」, 『국어연구』 10집, 1978.

이혜원, 「시적 해탈의 도정」, 『1950년대 시인들』, 나남, 1994.

정남영, 「바꾸는 일, 바뀌는 일, 그리고 문학」, 『창작과비평』, 1996년 겨울호.

정영진, 「박인환 시의 탈식민주의 연구」, 『반공주의와 한국문학』(상허학회 편), 깊은
　　　샘, 2005.

정재찬, 「예술가의 초상에 관하여-박인환론」, 『한국전후문학연구』(구인환 외), 삼
　　　지원, 1995.

______, 「허무주의와 그 극복」, 『1950년대 문학의 연구』(문학사와비평연구회 편), 예
　　　하, 1993.

정효구, 「김춘수 시의 변모과정」, 『20세기 한국시와 비평정신』, 새미, 1997.

조영복, 「1950년대 모더니즘 시에 있어서의 '내적 체험'의 기호화 연구」, 서울대 석
　　　사논문, 1992.

채호석, 「지금 우리에게 모더니즘이란 무엇인가」, 『20세기 한국문학의 반성과 쟁점
　　　』, 소명출판, 1999.

최미숙, 「한국모더니즘의 글쓰기 방식에 관한 연구」, 서울대 박사논문, 1997.

최원식, 「김춘수 시의 의미와 무의미」, 『한국현대시연구』, 일지사, 1983.

최하림, 「한낮의 이카루스, 박인환」, 『박인환』, 문학세계사, 1986.

최현식, 「데포르마시옹의 시학과 현실대응 방식」, 『1960년대 문학연구』(민족문학사
　　　연구소 편), 깊은샘, 1998.

최혜실, 「실존주의 문학론」, 『한국전후문학연구』, 삼지원, 1996.

하정일, 「김수영, 근대성, 그리고 민족문학」, 『실천문학』, 1998년 봄호
하희정, 「1950년대 시에 나타난 '부재'의식의 형상화 연구」, 서울대 석사논문, 1995.
한계전, 「전후시의 모더니즘적 특성과 그 가능성」, 『시와 시학』, 1991년 봄~여름호
한수영, 「'일상성'을 중심으로 본 김수영의 시와 사유방법(1)」, 『작가연구』, 1998.5.
한형구, 「1950년대 한국시」, 『한국전후문학연구』, 삼지원, 1996.

국내 단행본

강영기, 『한국현대시의 대비적 인식-김수영과 김춘수』, 푸른사상, 2005.
강웅식, 『김수영 신화의 이면-주체의 자기형성과 윤리의 미학화』, 웅동, 2004.
______, 『해석의 갈등-김수영의 풀 다시 읽기』, 청동거울, 2004.
고병권, 『니체, 천개의 눈 천개의 길』, 소명출판, 2001.
구인환 외, 『한국전후문학연구』, 삼지원, 1995.
권명아, 『가족이야기는 어떻게 만들어지는가』, 책세상, 2000.
권영민, 『한국현대문학사』, 민음사, 1993.
권혁웅, 『한국 현대시창작법 연구』, 국학자료원, 2002.
금동철, 『한국현대시의 수사학』, 국학자료원, 2001.
김규영, 『시간론』, 서강대 출판부, 1987.
김기봉, 『'역사란 무엇인가'를 넘어서』, 푸른역사, 2000.
김동춘, 『전쟁과 사회』, 돌베개, 2000.
김명인, 『김수영, 근대를 향한 모험』, 소명출판, 2000.
김명인 편, 『살아 있는 김수영』, 창작과비평사, 2005.
김상환, 『해체론 시대의 철학』, 문학과지성사, 1996.
______, 『예술가를 위한 형이상학』, 민음사, 1999.
______, 『풍자와 해탈 혹은 사랑과 죽음』, 민음사, 2000.
김성기 편, 『모더니티란 무엇인가』, 민음사, 1994.
김승희, 『김수영 다시 읽기』, 프레스21, 2001.
김영민, 『현상학과 시간』, 까치, 1994.
김영철, 『박인환』, 건국대 출판부, 2000.
김용직, 『해방기 한국시문학사』, 민음사, 1989.
김욱동, 『모더니즘과 포스트모더니즘』, 현암사, 1992.
김유동, 『아도르노와 현대사상』, 문학과지성사, 1997.
김윤배, 『온몸의 시학, 김수영』, 국학자료원, 2003.

김윤식, 『한국근대작가론고』, 일지사, 1978.

______, 『해방공간의 문학사론』, 서울대 출판부, 1989.

김재홍, 『한국전쟁과 현대시의 응전력』, 평민사, 1978.

김정현, 『니체의 몸철학』, 지성의샘, 1995.

김준오, 『시론』, 문장, 1986.

______, 『한국현대장르비평론』, 문학과지성사, 1990.

______, 『문학사와 장르』, 문학과지성사, 2005.

김진석, 『초월에서 포월로』, 솔, 1994.

김춘수, 『꽃과 여우』, 민음사, 1997.

______, 『거울 속의 천사』, 민음사, 2001.

김 현, 『시칠리아의 암소』, 문학과지성사, 1990.

______, 『김현 문학전집』, 문학과지성사, 1991.

김현·김윤식, 『한국문학사』, 민음사, 1973.

김현자, 『한국현대시 읽기』, 민음사, 1988.

김형효, 『데리다의 해체철학』, 민음사, 1993.

______, 『메를로 퐁티의 애매성의 철학』, 철학과현실사, 1995.

김혜순, 『김수영』, 건국대 출판부, 1995.

나병철, 『모더니즘과 포스트모더니즘을 넘어서』, 소명출판, 2000.

남진우, 『미적 근대성과 순간의 시학』, 소명출판, 2001.

문광훈, 『시의 희생자 김수영』, 생각의나무, 2002.

문학사와비평연구회, 『1950년대 문학연구』, 예하, 1991.

박재환, 『일상생활의 사회학』, 한울, 1994.

박찬부, 『현대정신분석비평』, 민음사, 1996.

서동욱, 『차이와 타자』, 문학과지성사, 2000.

______, 『일상의 모험』, 민음사, 2005.

서울사회과학연구소 편, 『맑스, 프로이트, 니체를 넘어서』, 새길, 1997.

서준섭, 『한국 모더니즘 문학 연구』, 일지사, 1988.

송기한, 『한국 전후시의 시간의식』, 태학사, 1996.

송하춘·이남호 편, 『1950년대 시인들』, 나남, 1994.

신범순, 『한국 현대시의 퇴폐와 작은 주체』, 신구문화사, 1998.

신주철, 『이상과 김수영 시의 아이러니』, 박이정, 2003.

여홍상, 『바흐친과 문학이론』, 문학과지성사, 1995.

여태천, 『김수영 시의 언어』, 월인, 2005.

오문석, 『백년의 연금술』, 박이정, 2005.

______, 『시는 혁명이다-김수영의 시론과 시평』, 깊은샘, 2005.

오봉옥, 『김수영을 읽는다』, 랜덤하우스중앙, 2005.

오세영, 『20세기 한국시 연구』, 새문사, 1989.

______, 『한국 근대문학론과 근대시』, 민음사, 1996.

오영환, 『화이트헤드와 인간의 시간경험』, 통나무, 1997.

윤채근, 『차이와 체계-서정과 서사의 존재론』, 월인, 2000.

윤평중, 『담론이론의 사회철학』, 문예출판사, 1998.

윤혜준, 『주체개념비판』, 서울대 출판부, 1999.

이동하, 『박인환』, 문학세계사, 1986.

이은정, 『현대시학의 두 구도』, 소명출판, 1999.

이종영, 『욕망에서 연대성으로』, 백의, 1998.

______, 『지배와 그 양식들』, 새물결, 2001.

이지엽, 『한국전후시연구』, 태학사, 1997.

이진경, 『근대적 시공간의 탄생』, 푸른숲, 1997.

______, 『맑스주의와 근대성』, 문학과학사, 1997.

이창민, 『양식과 심상』, 월인, 2000.

임철규, 『왜 유토피아인가』, 민음사, 1994.

장석원, 『김수영 시의 수사학』, 청동거울, 2005.

전기철, 『한국전후비평연구』, 국학자료원, 1994.

정화열, 박현모 역, 『몸의 정치』, 민음사, 1999.

조남현, 『한국현대소설의 해부』, 문예출판사, 1993.

조영복, 『한국모더니즘 문학의 근대성과 일상성』, 다운샘, 1997.

조현일, 『한국문학의 근대성과 리얼리즘』, 월인, 2004..

주은우, 『시각과 현대성』, 한나래, 2003.

최나영, 『김춘수-무의미시 연구』, 새미, 2004.

최문규, 『문학이론과 현실의식』, 문학동네, 2000.

______, 『탈현대성과 문학의 이해』, 민음사, 1996.

편집부, 『한국전후문학의 형성과 전개』, 태학사, 1993.

한국문학연구회, 『1950년대 남북한 문학』, 평민사, 1991.

한국현대문학연구회, 『한국의 전후문학』, 태학사, 1990.

한수영, 『한국현대비평의 이념과 성격』, 국학자료원, 2000.

홍준기, 『라캉과 현대철학』, 문학과지성사, 1999.

황수영, 『베르그손』, 이룸, 2003.

황정산, 『김수영』, 새미, 2003.

번역서 및 국외 저서

A. 기든스, 권기돈 역, 『현대성과 자아정체성』, 새물결, 1997.

A. 기든스, 이윤희 역, 『포스트모더니티』, 민영사, 1991.

A. 아이스테인손, 임옥희 역, 『모더니즘문학론』, 현대미학사, 1996.

A. 이스톱, 박인기 역, 『시와 담론』, 지식산업사, 1994.

D. 하비, 구동회 외역, 『포스트모더니티의 조건』, 한울, 1995.

D. 맥도넬, 임상훈 역, 『담론이란 무엇인가』, 한울, 1992.

David Gross, *Space, time and modern culture*, TELOS, 1981.1, Winter.

E. 런, 김병익 역, 『마르크시즘과 모더니즘』, 문학과지성사, 1991.

E. 레비나스, 강영안 역, 『시간과 타자』, 문예출판사, 1996.

E. 슈타이거, 이영유 역, 『시학의 근본개념』, 삼중당, 1976.

F. 제임슨, 여홍상·김영희 역, 『변증법적 문학이론의 전개』, 창작과비평사, 1984.

F. 커머드, 조초희 역, 『종말의식과 인간적 시간』, 문학과지성사, 1993.

G. J. 휘트로, 이종인 역, 『시간의 문화사』, 영림카디널, 1998.

G. 들뢰즈, 서동욱 역, 『칸트의 비판철학』, 민음사, 1995.

G. 들뢰즈, 서동욱·이충민 역, 『프루스트와 기호들』, 민음사, 1997.

G. 들뢰즈 & F. 가타리, 김재인 역, 『천 개의 고원』, 새물결, 2001.

G. 바타이유, 조한경 역, 『에로티즘』, 민음사, 1989.

G. 뿔레, 김기봉 역, 『인간의 시간』, 서강대 출판부, 1998.

H. 르페브르, 박정자 역, 『현대사회와 일상성』, 주류일념, 1990.

H. 마이어호프, 김준오 역, 『문학과 시간현상학』, 삼영사, 1987.

H. 베르그송, 정석해 역, 『시간과 자유의지』, 삼성출판사, 1992.

J. 데리다, 남수인 역, 『글쓰기와 차이』, 동문선, 2000.

J. 라캉, 권택영 외역, 『욕망이론』, 문예출판사, 1994.

J. 버거, 박범수 역, 『본다는 것의 의미』, 동문선, 2001.

J. 크리스테바, 김영 역, 『사랑의 역사』, 민음사, 1995.

K. 코지크, 박정호 역, 『구체성의 변증법』, 거름, 1985.

L. 알뛰세, 이종영 역, 『마르크스를 위하여』, 백의, 1992.

M. Weber, *Le savant et le politique*, Ed 10-18, 1963.

M. 바흐찐 & V. N. 볼로쉬노프, 송기한 역, 『마르크스주의의 언어철학』, 한겨레, 1988.

M. 버먼, 윤호병·이만식 역, 『현대성의 경험』, 현대미학사, 1994.

M. 칼리니스쿠, 이영유 외역, 『모더니티의 다섯 얼굴』, 시각과언어사, 1993.

M. 하이데거, 소광희 역, 『시와 철학』, 박영사, 1975.

M. 하이데거, 이기상 역, 『존재와 시간』, 까치, 1998.

M. 호르크하이머 & T. 아도르노, 김유동 외역, 『계몽의 변증법』, 문예출판사, 1995.

M. 퐁티, 오병남 역, 『현상학과 예술』, 서광사, 1983.

O. 빠스, 윤호병 역, 『낭만주의에서 아방가르드까지의 현대시론』, 현대미학사, 1995.

O. 빠스, 김은중 역, 『흙의 자식들』, 솔, 1999.

O. 빠스, 김홍근 역, 『현재를 찾아서』, 범양출판사, 1992.

P. 오스본, 김경연 역, 「사회−역사적 범주로서의 모더니티의 이해」, 『이론』 5호, 1993년 여름.

P. 휠라이트, 김태옥 역, 『은유와 실재』, 문학과지성사, 1982.

R 바르트 & S. 손탁, 송숙자 역, 『바르트와 손탁−사진론』, 현대미학사, 1994.

R. Barthes, *Writing Degree Zero*, Annett Lavers and Colin Smith trans., NewYork : Hill and Wang, 1968.

R. N. 마이어, 장남준 역, 『세계상실의 문학』, 홍성사, 1981.

R. 코젤렉, 한철 역, 『지나간 미래』, 문학동네, 1998.

R. 코워드 & J. 엘리스, 이만우 역, 『언어와 유물론』, 백의, 1994.

S. 컨, 박성관 역, 『시간과 공간의 문화사』, 휴머니스트, 2004.

T. 아도르노, 홍승용 역, 『미학이론』, 문학과지성사, 1984.

T. 이글턴, 김명환 역, 『문학이론입문』, 창작사, 1986.

W. 벤야민, 반성완 역, 『발터 벤야민의 문예이론』, 민음사, 1983.

W. 벤야민, 이태동 역, 『문예비평과 이론』, 문예출판사, 1987.

W. 벤야민, 차봉희 역, 『현대사회와 예술』, 문학과지성사, 1980.

柄谷行人, 박유하 역, 『일본 근대문학의 기원』, 민음사, 1997.

今村仁司, 이수정 역, 『근대성의 구조』, 민음사, 1999.

眞木悠介, 최정옥 외역, 『시간의 비교사회학』, 소명출판, 2004.